21世纪高等院校管理学主干课程

丛书主编：王方华

人力资源管理

（第四版）

HUMAN RESOURCE MANAGEMENT

葛玉辉　编著

清华大学出版社

北京

内 容 简 介

　　《人力资源管理》(第四版)是一本体现系统性与前沿性、理论与实践平衡、本地化与可操作性、网络教学互动、教材与教辅互动的教材。第四版将作者十余年对本科生、硕士生、MBA、EMBA和对外培训讲授人力资源管理课程中产生的许多心得体会,研究人力资源管理及其相关领域的新观点,乃至自己在做企业管理咨询和诊断等所获得的成果融入本书中,进而编写出全书博采众长,涵盖了人力资源管理研究的最新理论成果和实战经验总结。

　　为了便于教学,第四版在第三版的基础上作了调整和压缩,共分九章,从人力资源管理概述、人力资源管理理论基础、人力资源战略与规划、工作分析与工作评价、招聘甄选与录用、员工培训与开发、绩效管理、薪酬管理、职业生涯管理等方面,系统而完整地论述组织中对人的管理问题。第四版在体系安排上力争全面、新颖、别致。书中章节配有学习目标、互联网资料、实务指南、应用范例、HR测评等内容,每章末配有复习与思考题,将每章所讲授的内容利用单项选择、多项选择、简答和论述题的方式做个复习巩固,便于深刻理解和学习掌握。同时,突出开发式案例讨论,使学生通过讨论借鉴他人经验,增强运用训练。以帮助读者进一步理解和掌握相关内容。

　　第四版最显著的特点有二:一是在互联网上搭建一个编者与读者教与学开放式互动平台。将最新理论成果、策划案例分析、课程简介、课程特色、教学大纲、教材介绍、教学课件、作业习题、课程试卷、学生作业、学生作业展示及课程相关资料展示在网上(http://www.e8621.com),形成教与学互动,课程资源共享;二是教材和教辅互动。为了便于师生教学活动,针对高等学校的人力资源管理教学要求,作者出版了《人力资源管理学习指导》(葛玉辉主编,清华大学出版社2010年4月出版,ISBN:978-7-302-21955-2)的配套学习指导书,学习指导书的内容体系设计与第四版完全吻合,并对每章的单项选择题、多项选择题、判断题、名词解释、简答题、计算题、论述题等试题提供参考答案。做到教材和教辅的互动。

　　第四版适用于EMBA、MBA、MPA、经济管理专业研究生、本科生、企业内部培训以及各种类型的培训(总裁研修班、人力资源总监班)选用作为教材,也可供研究人员及各类组织的管理人员自修和培训使用。

图书在版编目(CIP)数据

人力资源管理/葛玉辉编著. —4版. —北京:清华大学出版社,2016(2022.12重印)
(21世纪高等院校管理学主干课程)
ISBN 978-7-302-44275-2

Ⅰ. ①人…　Ⅱ. ①葛…　Ⅲ. ①人力资源管理—高等学校—教材　Ⅳ. ①F241

中国版本图书馆CIP数据核字(2016)第153126号

责任编辑:刘志彬
封面设计:汉风唐韵
责任校对:宋玉莲
责任印制:沈　露
出版发行:清华大学出版社
　　　　网　　　址:http://www.tup.com.cn,http://www.wqbook.com
　　　　地　　　址:北京清华大学学研大厦A座　　　　邮　　编:100084
　　　　社 总 机:010-83470000　　　　　　　　　　邮　　购:010-62786544
　　　　投稿与读者服务:010-62776969,c-service@tup.tsinghua.edu.cn
　　　　质 量 反 馈:010-62772015,zhiliang@tup.tsinghua.edu.cn
　　　　课 件 下 载:http://www.tup.com.cn,010-62770175-4506
印 装 者:三河市科茂嘉荣印务有限公司
经　　销:全国新华书店
开　　本:185mm×260mm　　印　张:23.5　　插 页:1　　字　数:577千字
版　　次:2006年3月第1版　　2016年8月第4版　　印　次:2022年12月第12次印刷
定　　价:59.80元

产品编号:070221-02

QIAN YAN

第四版前言

　　中国经济处于增长速度换挡期、结构调整阵痛期、前期刺激政策消化期的"三期叠加期"，而商业环境剧烈变换同样也面临互联网化、大数据、云计划、社会化等交错影响。同时，中国劳动人口成本攀升、劳动力快速流动、"千禧一代"进入职场也在挑战着企业人才管理和效率的优化。在大数据、移动社交化的今天，人力资源管理将需要摆脱以往行政事务为中心的管理模式，而转而将人作为中心，基于人的管理而展开业务。关注员工的招聘、培训，绩效管理，职业发展的全生命周期的管理，与业务策略、企业发展有机结合，才能在商业环境剧变的环境中保持竞争力，实现商业革新和业务变革。商业社会的快速变化对人力资源管理要求更精细、更灵活、更贴近业务。

　　学术从来都是实践的后台，20世纪90年代初，作者就开始对本科生、硕士生讲授"人力资源管理"，后来又对 MBA、EMBA 讲授此门课程。一直想把自己在讲授此门课程中产生的许多心得体会，研究人力资源管理及其相关领域的思想和新观点，乃至自己在做企业管理咨询和诊断等所获得的成果融入书中，进而编写出一本体现系统性与前沿性、理论与实践平衡、本地化与可操作性、网络与教学互动、教材与教辅互动平台的书。呈现在读者面前的第四版书就是在这样的思路下努力的结果。

　　为方便教学，第四版在第三版的基础上作了压缩和调整，体系安排上力争全面、新颖、别致。将互联网资料、实务指南、应用范例、HR 测评等内容扩充在不同的章节，每章末配有复习与思考题，将每章所讲授的内容利用单项选择、多项选择、简答和论述题的方式做个复习巩固，便于深刻理解和学习掌握。同时，突出开发式案例讨论，使学生通过讨论借鉴他人经验，增强运用训练。以帮助读者进一步理解和掌握相关内容。第四版在编写中遵循和突出以下特色。

　　1. 理论的系统与前沿性。针对高等学校的教学要求，第四版在内容上力争涵盖人力资源管理的相关内容及主要活动，保持理论的系统性，同时，尽量收集国内外人力资源管理的理论与技术的最新进展和作者多年来的研究成果，使第四版与其他同类书相比更体现人力资源管理与时俱进的特点。

　　2. 理论与实践平衡。根据实际的教学授课情况，第四版在第三版的基础上作了较大的修订，压缩和调整了内容，并对部分章节的案例进行了更新。突出体现在阐述理论的基础上，增加实战的操作方法和步骤，并用案例加以佐证。

　　3. 本地化与可操作性。结合本土化的人力资源管理研究成果，选用最新的人力资源管理案例，对知识点进行深入透彻地分析，力求在体现本土化的人力资源管理特色的同时，注重对人力资源管理职能操作步骤和操作方法的详尽阐释，体现可操作性特色。

　　4. 网络与教材互动。在互联网上搭建一个编者与读者教与学的互动平台。将最新理论成果、策划案例分析、课程简介、课程特色、教学大纲、书介绍、教学课件、作业习题、课程试卷、学生作业、学生作业展示及课程相关资料展现在网上（http://www.e8621.com），形成教与学互动，课程资源共享。

5. 教材和教辅互动。为了便于师生教学活动，针对高等学校的人力资源管理教学要求，作者出版了《人力资源管理学习指导》（葛玉辉主编，清华大学出版社 2010 年 4 月出版，ISBN：978-7-302-21955-2）的配套学习指导书，学习指导书的内容体系设计与第四版完全吻合，并对每章的单项选择题、多项选择题、判断题、名词解释、简答题、计算题、论述题等试题提供参考答案。做到教材和教辅的互动。

在编写第四版的过程中，参阅和借鉴了大量的相关书籍与论文，在此谨向这些书籍和论文的作者表示最诚挚的谢意。本书受到上海市高原学科"管理科学与工程"的资助（项目编号：S1201YLXK），清华大学出版社的老师为第四版的出版付出了辛勤的劳动，谨此表示特别的感谢！限于编者的水平和经验，第四版难免存在一些不足之处。恳请读者予以批评指正。

葛玉辉

2016 年 5 月

http://www.e8621.com

http://boshiemc.com

E-mail:gyh118@126.com

目　录

MU LU

人力资源管理概述　第 1 章

学习目标

- 人力资源的含义
- 人力资源的数量和质量
- 人力资源的性质和作用
- 人力资源管理的含义
- 传统人事管理与现代人力资源的异同
- 人力资源管理的基本职能及其之间的关系人
- 人力资源管理目标、企业价值链和各项职能活动之间存在关系

互联网资料

http://www.ipma-hr.org
http://www.shrm.org
http://www.hrworld.com
http://www.hr.com.cn

本章关键词

资源（resource）　　　　　　　　　　人力资源（human resource）
人力资本（human capital）　　　　　　价值链（value chain）
传统人事管理（traditional personnel manager）
人力资源管理（ human resource management）

1.1　人力资源概述

1.1.1　人力资源的含义

人力资源

人力资源的概念是由管理学大师彼得·德鲁克（Peter Drucker）于 1954 年在其著作《管理实践》中首先正式提出并加以明确界定的。德鲁克之所以提出这一概念，是想表达传统人事所不能表达的意思。他认为，与其他资源相比，人力资源是一种特殊的资源，它必须通过有效的激励机制才能开发利用，并为企业带来可观的经济价值。

20 世纪 60 年代以后，随着西奥多·W. 舒尔茨（Theodore W.Schultz）提出人力资本理论，人力资源的概念更加深入人心，对人力资源的研究也越来越多。到目前为止，对于人力资源的含义，学者们给出了多种不同的解释。根据研究的角度不同，可以将这些定义分为两大类。

第一类主要是从能力的角度来解释人力资源的含义，持这种观点的人占较多的比例。如下所述：

（1）所谓人力资源，是指能够推动整个经济和社会发展的劳动者的能力，即处在劳动年龄的已直接投入建设和尚未投入建设的人口的能力。[1]

（2）人力资源是人类可用于生产或提供各种服务的活力、技能和知识。（伊凡·伯格 Ivan Berg）

（3）所谓人力资源，是指包含在人体内的一种生产能力，它是表现在劳动者的身上、以劳动者的数量和质量表示的资源，对经济起着生产性的作用，并且是企业经营中最活跃、最积极的生产要素。[2]

（4）人力资源是指社会组织内部全部劳动人口中蕴含的劳动能力的总和。[3]

（5）所谓人力资源，是指劳动过程中可以直接投入的体力、智力、心力总和及其形成的基础素质，包括知识、技能、经验、品性与态度等身心素质。[4]

（6）人力资源是指企业员工所天然拥有并自主支配使用的协调力、融合力、判断力和想象力。（彼得·德鲁克）

第二类主要是从人的角度来解释人力资源的含义，如下所述：

（1）人力资源是指一定社会区域内所有具有劳动能力的适龄劳动人口和超过劳动年龄的人口的总和。[5]

（2）人力资源是企业内部成员及外部的顾客等人员，既可以为企业提供直接或潜在服务及有利于企业实现预期经营效益的人员的总和。[梅比尔·伊莱亚斯（Nabil Elias）、伦西斯·莱克尔（Rensis Lakere）等]

（3）人力资源是指能够推动社会和经济发展的具有智力和体力劳动能力的人的总称。[6]

---

[1] 张德. 人力资源开发与管理. 北京：清华大学出版社，2001：1.
[2] 朱丹. 人力资源管理教程. 上海：上海财经大学出版社，2001：2.
[3] 陆国泰. 人力资源管理. 北京：高等教育出版社，2000：9.
[4] 萧鸣政. 人力资源管理. 北京：中央广播电视大学出版社，2001：2.
[5] 朱丹. 人力资源管理教程. 上海：上海财经大学出版社，2001：2.
[6] 陈远敦，陈全明. 人力资源开发与管理. 北京：中国统计出版社，1995：1.

我们认为，从能力的角度来理解人力资源的含义更接近它的本质。前面已经指出，资源是指财富的来源，而人对财富形成能起贡献作用的不是别的方面，而是人所具有的知识、技能、经验、体能等能力，在这个意义上，人力资源的本质就是能力，人只不过是一个载体而已。

　　因此，本书所用的人力资源概念，就是指人所具有的对价值创造起贡献作用并且能够被组织所利用的体力和脑力的总和。这个解释包括以下几个要点。

　　（1）人力资源的本质是人所具有的脑力和体力的总和，可以统称为劳动能力。

　　（2）这一能力要能为财富的创造起贡献作用，成为财富形成的来源。

　　（3）这一能力还要能够被组织所利用，这里的"组织"既可以大到一个国家或地区，也可以小到一个企业或单位。①

1.1.2　人力资源的数量和质量

　　作为一种资源，人力资源也同样具有量和质的规定性。由于人力资源是依附于人身上的劳动能力，和劳动者是密不可分的，因此可以用劳动者的数量和质量来反映人力资源的数量和质量。

1. 人力资源的数量

　　人力资源的数量是构成人力资源总量的基础，它反映了人力资源量的特性。它是指一个国家或地区拥有劳动能力的人口的数量。人力资源数量又分为绝对量和相对量两种。

　　（1）人力资源绝对量。人力资源绝对量的构成，从宏观上看，指的是一个国家或地区中具有劳动能力、从事社会劳动的人口总数，它是一个国家或地区劳动适龄人口减去其中丧失劳动能力的人口，即劳动适龄人口之中具有劳动能力的人口，反映了一个国家或地区人力资源绝对量的水平。

　　（2）人力资源相对量。人力资源的相对量是指一个国家或地区总人口中人均人力资源的拥有量。可用来国家或地区之间人力资源拥有量进行比较，相对数量越高，表明该国家或地区的经济活动有某种优势。

　　（3）人力资源数量的构成。

　　① 处于劳动年龄之内、正在从事社会劳动的人口，它占据人力资源的大部分，可称为"适龄就业人口"。

　　② 尚未达到劳动年龄、已经从事社会劳动的人口，即"未成年劳动者"，或"未成年就业人口"。

　　③ 已经超过劳动年龄、继续从事社会劳动的人口，即"老年劳动者"，或"老年就业人口"。以上三部分构成就业人口的总体。

　　④ 处于劳动年龄之内、具有劳动能力并要求参加社会劳动的人口，这部分可以称作"求业人口"或"待业人口"，它与前三部分一起构成经济活动人口。

　　⑤ 处于劳动年龄之内、正在从事学习的人口，即"就学人口"。

　　⑥ 处于劳动年龄之内、正在从事家务劳动的人口。

　　⑦ 处于劳动年龄之内、正在军队服役的人口。

　　⑧ 处于劳动年龄之内的其他人口。

---

① 董克用，叶向峰. 人力资源管理概论. 北京：中国人民大学出版社，2003：6.

　　前四部分是现实的社会劳动力供给，这是直接的、已经开发的人力资源；后四部分并未构成现实的社会劳动力供给，它们是间接的、尚未开发的、处于潜在形态的人力资源。

　　（4）影响人力资源数量的因素。

　　① 人口总量及其再生产状况。由于劳动力人口是人口总体中的一部分，而人力资源的数量体现为劳动人口的数量，因此，人力资源数量首先取决于人口总量及其通过人口的再生产形成的人口变化。从这个意义上说，人口的状况就决定了人力资源的数量。我国目前正处于生育高峰，在未来若干年内，我国的人口将迅速增长，同时也为我国提供了更丰富的人力资源。

　　② 人口的年龄构成。人口的年龄构成是影响人力资源的一个重要因素。在人口总量一定的情况下，人口的年龄构成直接决定了人力资源的数量。

　　③ 人口迁移。人口迁移可以使得一个地区的人口数量发生变化，继而使得人力资源的数量发生变化。如我国三峡工程的建设使得沿江地带的人口分布发生了重大变化，继而使人力资源也发生重大变化。

2. 人力资源的质量

　　人力资源的质量是人力资源所具有的体质、智力、知识和技能水平，以及劳动者的劳动态度。它一般体现在劳动者的体质水平、文化水平、专业技术水平、劳动的积极性上，它们往往可以用健康卫生指标（如平均寿命、婴儿死亡率、每万人口拥有的医务人员数量、人均日摄入热量等）、教育状况（如劳动者的人均受教育年限、每万人中大学生拥有量、大中小学入学比例等）、劳动者的技术等级状况（如劳动者技术职称等级的现实比例、每万人中高级职称人员所占的比例等）和劳动态度指标（如对工作的满意程度、工作的努力程度、工作的负责程度、与他人的合作性等）来衡量。

　　与人力资源数量相比较，其质量方面更为重要。随着社会生产的发展，现代的科学技术对人力资源的质量提出更高的要求。人力资源质量的重要性还体现在其内部的替代性方面。一般来说，人力资源的质量对数量的替代性较强，而数量对质量的替代作用较差，有时甚至不能替代。人力资源开发的目的在于，提高人力资源的质量，为社会经济的发展发挥更大的作用。

　　人力资源的质量主要受以下几个方面的影响。

　　① 遗传和其他先天因素。人类的体质和智能具有一定的继承性，这种继承性来源于人口代际间遗传基因的保持，并通过遗传与变异，使人类不断地进化、发展。人口的遗传，从根本上决定了人力资源的质量及最大可能达到的限度。但是，不同的人在体质水平与智力水平上先天差异是比较小的，这当然不包括那些因遗传病而致残的人。因此我们必须提倡优生优育，提高人口质量。中国现阶段提出的"少生优生"的国策就是为了使人力资源的体质、智力的潜在基础水平提高。

　　② 营养因素。营养因素是人体发育的重要条件，一个人儿童时期的营养状况，必然影响其未来成为人力资源时的体质与智力水平。营养也是人体正常活动的重要条件，充足而全面地吸收营养才能维持人力资源原有的质量水平。随着中国国民经济的不断发展，人民生活水平的不断提高，我国人民的营养水平也在不断地提高。

　　③ 教育方面的因素。教育是人为传授知识、经验的一种社会活动，是一部分人对另一部分人进行多方面影响的过程，这是赋予人力资源质量的一种最重要、最直接的手段，它能使人力资源的智力水平和专业技能水平都得到提高。

1.1.3　人口资源、劳动力资源、人力资源、人才资源和天才资源

人口资源是指一个国家或地区所拥有的人口总量，主要表现为人口的数量。是一个最基本的底数，劳动力资源、人力资源、人才资源等都是来源于这个最基本的资源中。

劳动力资源是一个国家或地区具有的劳动力人口的总称，是人口资源中拥有劳动能力的那一部分人，通常是 16～60 岁的人口群体。这一人口群体必须具备从事体力劳动或脑力劳动的能力。它偏重的是数量概念。

人力资源是指人所具有的对价值创造起贡献作用并且能够被组织所利用的体力和脑力的总和。它包含了数量和质量两个概念，它不仅要求具有劳动能力，同时还要求具有健康的、创造性的劳动，能推动社会的发展和人类的进步。

人才资源则是指一个国家或地区中具有较多科学知识、较强劳动技能，在价值创造过程中起关键或重要作用的那部分人。人才资源则主要突出质量概念，是人力资源中较杰出、较优秀的那部分人，表明的是一个国家或地区所拥有的人才质量。

天才资源通常是指在某一领域具有特殊才华的人，他们在自己的这一领域具有十分独特的创造发明能力，能在这一领域起领先作用，并具有攀登顶峰的能力。

应当说，这五个概念关注的重点不同，人口资源、劳动力资源更多的是一种数量概念，而天才资源、人才资源更多的是一种质量概念。但是，这四者在数量上却存在一种包含关系，图 1-1 和图 1-2 为五者之间的比例关系图。

图 1-1　人口资源、劳动力资源、人力资源、人才资源和天才资源的关系

图 1-2　人口资源、劳动力资源、人力资源、人才资源和天才资源的比例

1.1.4　人力资源和人力资本

"人力资源"和"人力资本"也是容易混淆的两个概念，很多人甚至将它们通用，其实这两个概念是有一定区别的。

1. 资本和人力资本

"资本"一词，语义上有三种解释：一是指掌握在资本家手里的生产资料和用来雇佣工人的货币；二是指经营工商业的本钱；三是指牟取利益的凭借。[1]马克思则认为，资本是指那些能够带来剩余价值的价值。

① 萧鸣政. 人力资源开发学. 北京：高等教育出版社，2002：28.

对于人力资本（human capital）的含义，被称为"人力资本之父"的西奥多·W. 舒尔茨认为，人力资本是体现在人身上的技能和生产知识的存量。我们之所以称这种资本是人力的，是由于它已经成为人的一部分，又因为它可以带来未来的满足或者收入，所以称其为资本。人力资本是劳动者身上所具备的两种能力：一种能力是通过先天遗传获得的，是由个人与生俱来的基因所决定的；另一种能力是后天获得的，由个人经过努力学习而形成的，而读写能力是任何民族人口的人力资本质量的关键成分。[①]

同物质资本一样，人力资本也要通过投资才能形成。按照劳动经济学的观点，人力资本的投资主要有三种形式：教育和培训、迁移、医疗保健。而且与其他类型的投资一样，人力资本的投资也包含着这样一种含义：在当前时期付出一定的成本并希望在将来能够带来收益，因此人们在进行人力资本的投资决策时主要考虑收益和成本两个因素，只有当收益大于成本或者至少等于成本时，人们才愿意进行人力资本的投资；否则，人们将不会进行人力资本的投资。

2. 人力资源和人力资本的关系

人力资源和人力资本是既有联系又有区别的两个概念。应该说，人力资源和人力资本都是以人为基础而产生的概念，研究的对象都是人所具有的脑力和体力，从这点看两者是一致的。而且，现代人力资源理论大都是以人力资本理论为根据的；人力资本理论是人力资源理论的重点内容和基础部分；人力资源经济活动及其收益的核算是基于人力资本理论进行的；两者都是在研究人力作为生产要素在经济增长和经济发展中的重要作用时产生的。

虽然这两个概念有着紧密的联系，但它们之间还是存在一定的区别的。[②]

（1）在与社会财富和社会价值的关系上两者是不同的。人力资本是由投资而形成的，因此劳动者将自己拥有的脑力和体力投入到生产过程中参与价值创造，就要据此来获取相应的劳动报酬和经济利益，它与社会价值的关系应当说是一种由因溯果的关系。而人力资源则不同，作为一种资源，劳动者拥有的脑力和体力对价值的创造起着重要的贡献作用，它与社会价值的关系应当说是一种由果溯因的关系。

（2）两者研究问题的角度和关注的重点也不同。人力资本是通过投资形成的存在于人体中的资本形式，是形成人的脑力和体力的物质资本在人身上的价值凝结，是从成本收益的角度来研究人在经济增长中的作用，关注的重点是收益问题，即投资能否带来收益以及带来多少收益的问题。人力资源则不同，它将人作为财富的来源来看待，是从投入产出的角度来研究人对经济发展的作用，关注的重点是产出问题，即人力资源对经济发展的贡献有多大，对经济发展的推动力有多强。

（3）人力资源和人力资本的计量形式不同。众所周知，资源是存量的概念，而资本则是兼有存量和流量的一个概念，人力资源和人力资本也是同样如此。人力资源是指一定时间、一定空间内人所具有的对价值创造起贡献作用并且能够被组织所利用的体力和脑力的总和。而人力资本，如果从生产活动的角度看，往往是与流量核算相联系的，表现为经验的不断累积、技能的不断增进、产出量的不断变化和体能的不断损耗；如果从投资活动的角度看，又

---

① ［美］西奥多·W. 舒尔茨. 人力资源的特殊属性和作用. 载人力资源发展跨文化通论. 上海：上海百家出版社，1991：8，291.

② 萧鸣政. 人力资源管理. 北京：中央广播电视大学出版社，2001：3.

与存量核算相联系，表现为投入教育培训、迁移和健康等方面的资本在人身上的凝结。

1.1.5　人力资源的性质和作用

1. 人力资源的性质

作为一种特殊的资源形式，人力资源具有不同于自然资源的特殊方面，我们要想准确地理解人力资源的性质，就必须从它的本质入手。人力资源的本质就是人所具有的脑力和体力，它所有的性质都是围绕这个本质而形成的。因此，我们将人力资源的性质概括为以下几个方面。[①]

（1）能动性。人力资源是劳动者所有的能力，而人总是有目的、有计划地在使用自己的脑力和体力，这也是人和其他动物的本质区别。在蜂房的建筑上，蜜蜂的本事还使许多以建筑师为业的人感到惭愧。但是，即使是最拙劣的建筑师与最灵巧的蜜蜂相比，仍然会显得优越，自然就是这个事实：建筑师在用蜂蜡构成蜂房之前，已经在他的头脑中把它构成。劳动过程结束时得到的结果，已经在劳动过程开始时存在于劳动者的观念中，所以已经观念地存在。正因如此，在价值创造过程中，人力资源总是处于主动的地位，是劳动过程中最积极、最活跃的因素。人，作为人力资源的载体，和自然资源一样是价值创造的客体，但同时它还是价值创造的主体。自然资源则相反，它在价值创造过程中总是被动的，总是处于被利用、被改造的地位，自然资源服从于人力资源。

（2）时效性。人力资源是以人为载体，表现为人的脑力和体力，因此它与人的生命周期是紧密相连的。人的生命周期一般可以分为发育成长期、成年期、老年期三个大的阶段。在人的发育成长期（我国规定为 16 岁之前），体力和脑力还处在一个不断增强和积累的过程中，这时人的脑力和体力还不足以用来进行价值创造，因此还不能称为人力资源。当人进入成年期，体力和脑力的发展达到了可以从事劳动的程度，可以对财富的创造做出贡献，因而也就形成了现实的人力资源。而继续向后，当人进入老年期，其体力和脑力都不断衰退，越来越不适合进行劳动，也就不能再称之为人力资源了。生命周期和人力资源的这种倒"U"形关系就决定了人力资源的时效性，必须在人的成年时期对其进行开发和利用，否则就浪费了宝贵的人力资源。自然资源则不同，自然界的物质资源如果不能被开发利用，一般来说它还会长久地存在，不会出现"过期作废"的现象，对自然资源而言，只存在开发利用的程度问题。

（3）增值性。与自然资源相比，人力资源具有明显的增值性。一般来说，自然资源是不会增值的，它只会因为不断地消耗而逐渐"贬值"；人力资源则不同，人力资源是人所具有的脑力和体力，对单个的人来说，人的体力不会因为使用而消失，只会因为使用而不断地增强，当然这种增强是有一个限度的。人的知识、经验和技能不会因为使用而消失，相反会因为不断地使用而更有价值，也就是说在一定的范围内，人力资源是不断增值的，创造的价值会越来越多。

（4）社会性。自然资源具有完全的自然属性，它不会因为所处的时代、社会不同而有所变化，比如，古代的黄金和现代的黄金就是一样的，中国的黄金和南非的黄金也没有什么本质的区别。人力资源则不同，人所具有的体力和脑力明显地受到时代和社会因素的影响，从而具有社会属性。社会政治、经济和文化的不同，必将导致人力资源质量的不同，例如，古

---

① 董克用，叶向峰. 人力资源管理概论. 北京：中国人民大学出版社，2003：12.

代整体的人力资源质量就远远低于现代,发达国家整体的人力资源质量也明显高于发展中国家。

（5）可变性。人力资源和自然资源不同，在使用过程中它所发挥作用的程度可能会有所变动，从而具有一定的可变性。人力资源是人所具有的脑力和体力，它必须以人为载体，因此人力资源的使用就表现为人的劳动过程，而人在劳动过程中又会因为自身心理状况的不同而影响到劳动的效果。例如，当人受到有效的激励时，就会主动地进行工作，尽可能地发挥自身的能力，人力资源的价值就能得到充分的发挥；相反，当人不愿意进行工作时，其脑力和体力就不会发挥出应有的作用。所以，人力资源作用的发挥具有一定的可变性，在相同的外部条件下，人力资源创造的价值大小可能会不同。自然资源则不同，在相同的外部条件下，它的价值大小一般不会发生变化。

2. 人力资源对经济活动的作用

人力资源是经济活动中最活跃的因素，也是一切资源中最重要的资源。它对经济增长具有特殊重要性，同时也对企业生存和发展具有重要意义。

（1）人力资源在经济增长中的作用[①]。现代经济理论认为，经济增长主要取决于四个方面的因素：① 新的资本资源的投入；② 新的可利用的自然资源的发现；③ 劳动者的平均技术水平和劳动效率的提高；④ 科学的、技术的和社会的知识储备的增加。显然，后两项因素均与人力资源密切相关。因此，人力资源决定了经济的增长。经济学家也因此将人力资源称为第一资源，如芝加哥大学教授、诺贝尔经济学奖获得者舒尔茨（T.T.Schultz）认为，人力资本是国家和地区的富裕之泉。

当代发达国家占有资本资源优势，自然资源也得到充分的利用。但是它们对这两种资源追求的难度不断增大，而且获取这两种资源对科学技术和知识的依赖程度也越来越大，同时也越来越依赖于具有先进生产知识和技能的劳动者的努力。因此，当代发达国家经济增长主要依靠劳动者的平均技术水平和劳动效率的提高以及科学的、技术的和社会的知识储备的增加。美国人力资本经济分析专家爱德华·丹尼森用因素分析法论证指出：1929—1957 年间美国国民经济的增长中有 23%的贡献份额得自教育发展，即人力资源开发方面的贡献。近年来，美国经济的稳定持续发展也充分证明知识、信息、科技的承载体——人力资源的重要性。实践中，发达国家也将人力资源发展摆在头等重要地位，通过加大本国人力资源开发力度，提高人力资源素质，同时不断从发展中国家挖取高素质人才，来增加和提高其人力资源的数量与质量。

对发展中国家而言，初期经济发展比较辉煌，主要建筑在不断增加资本资源投入，开发和利用更多的自然资源基础之上。但这已被许多国家证明并非一条持续发展的道路。原因如下所述。

① 资本和自然资源作用的发挥离不开与之相适应的劳动者对技能和科学技术知识的掌握及运用；②自然资源的进一步开发和更多资本资源的取得也需要与之相适应的科学技术、知识信息的应用以及劳动者的努力。不解决这两个相适应的问题，发展中国家就无法有效利用它们可能获得的宝贵的资本和有限的自然资源。不少发展中国家花巨额外汇购买高科技术、设备、工艺流程，最终却以失败告终，也从反面证明了这个道理。

劳动者平均技术水平和劳动效率的提高、科学技术的知识储备和运用的增加是经济增长

---

① 陈维政，余凯成，程文文. 人力资源管理. 北京：高等教育出版社，2004：2.

的关键。而这两个因素与人力资源的质量呈正相关。因此，一个国家和地区的经济发展的关键制约因素是人力资源的质量。通过对美国、韩国、泰国、坦桑尼亚、中国五国经济发展的比较研究也发现，经济发展的程度与国民小学、中学、大学的入学率呈正相关。

（2）人力资源对企业生存和发展的重要意义。企业要从事经济活动以实现其既定的目的，就必须使用各种资源作为投入。通常认为这些基本资源可分为五类，即人、财、物、信息与时间。这五类资源就其根本性质而言，还可以进一步分为人与物这两大类。财（资金）、物（设备与物料等硬件）、信息与时间都可归入"物"这一大类，因为它们都是被动的、理性的、"硬"的、"死"的；只有"人"才是能动的、感情性的、"软"的、"活"的。这里理性的一词，是指它们是机械性的，是服从简单的物理性规律的，是较易界定与测量的。这是相对于人的特点来说的。人是受制于多种因素的复杂规律的，其中包括心理性、感情性的因素，价值观的因素，是难以预计、界定和测量的。

一定的生产力条件下，在人与物这一对因素中，只有人的因素才是决定性的，因为"世间一切事物中，人是第一个可宝贵的"。现代管理大师彼得·德鲁克曾经说过："企业只有一项真正的资源：人。"IBM 公司总裁华生也说过："你可以搬走我的机器，烧毁我的厂房，但只要留下我的员工，我就可以有再生的机会。"可见人力资源是企业生存的关键资源。现代企业的生存是一种竞争性生存，人力资源自然对企业竞争力起着重要作用。依据美国田纳西大学工商管理学院管理学教授劳伦斯·S. 克雷曼（Law-rence.S.Kleiman）的观点："为了成功，企业组织必须获取并维持其对竞争对手的优势。这种竞争优势可以通过两种途径达到：一是成本优势；二是产品差异化。"人力资源对企业成本优势和产品差异化优势意义重大。

① 人力资源是企业获取并保持成本优势的控制因素。其一，高素质的雇员需要较少的职业培训，从而减少教育培训成本支出。其二，高素质员工有更高的劳动生产率，可以大大降低生产成本和支出。其三，高素质的员工更能动脑筋，寻求节约的方法，提出合理化的建议，减少浪费，从而降低能耗和原材料消耗，降低成本。其四，高素质员工表现为能力强、自觉性高，无须严密监控管理，可以大大降低管理成本。各种成本的降低就会使企业在市场竞争中处于价格优势地位。

② 人力资源是企业获取和保持产品差别优势的决定性因素。企业产品差别优势主要表现为创造比竞争对手质量更好的产品和服务，提供竞争者提供不出的创新性产品或服务。显然，对于前者，高素质的员工，包括能力、工作态度、合作精神对创造高质量的一流产品和服务具有决定性作用。对于后者，高素质的员工，尤其是具有创造能力、创新精神的研究开发人员更能设计出创新性产品或服务。二者结合起来就能使企业持续地获取和保持相对于竞争对手的产品差别优势，使企业在市场竞争中始终处于主动地位。

③ 人力资源是制约企业管理效率的关键因素。"管理出效率，人才是关键"。这里的人才是管理人才。企业效率离不开有效的管理，有效的管理离不开高素质的企业经营管理人才。例如，前述竞争优势的获取和保持，其前提条件是科学的人力资源管理，包括选人、用人、育人、激励人，以及组织人、协调人等使组织形成互相配合、取长补短的良性结构和良好气氛的一系列科学管理。企业发展依赖于一大批战略管理、市场营销管理、人力资源管理、财务管理、生产作业管理等方面的高素质管理人才。

④ 人力资源是企业在知识经济时代立于不败之地的宝贵财富。20 世纪 70 年代以来，知

识经济时代的来临将人们对人力资源的认识提高到人力资本的高度，而且将智力资本视作人力资本的核心。知识经济是以知识为基础的经济。在知识经济时代，社会发展的方方面面均依赖于知识，企业经济生产活动也不例外。其中，信息、知识、科技、创造力成为最重要的战略资源，而产生这些资源的唯一来源就是人。所以，在知识经济时代经济竞争的重点必然由物质资源、金融资本的竞争转向人才、人力资源、智力资本的竞争。

　　管理学大师们均对此表达了一致的看法。德鲁克认为：未来的工作者大部分将为知识工作者，企业成败的关键依赖于既掌握高深专门知识，又能利用科技进步。获取宝贵前沿信息，从而做出决策的人才的努力。麦克·哈默和詹姆斯·钱辟则主张知识经济条件下企业需要的是"Know why"而非"Know how"的人，员工必须能运用资讯科技、信息知识和自己的判断力对企业面临的复杂问题作正确决策。彼得·圣吉则强调了现代企业需要具有整体思维、系统思维、权变思维能力的员工，他们必须拥有洞察力、创造力、判断力，具有"整合式创新才能"，能创造性地解决企业所面临的"动态性复杂问题"。值得注意的是，健康人格也成为知识经济条件下企业的竞争性资源。因为，企业间竞争的成败也取决于员工的敬业精神，敬业的前提是乐业，员工持久的工作热情成为必要。为适应后工业社会的经济竞争，企业必须再造，而再造要求提倡实验精神。实验精神依赖持之以恒的探索和理性地对待失败及坚忍不拔的意志力。资讯信息社会是开放的社会，企业的成功取决于对各种资讯信息的开放接受程度，因而员工兼收并蓄的开放态度，愿意广纳收受各种观点尤显必要。后工业社会的企业为恢复生机而做的改造的趋势是"抛弃分工"、"再造"作业流程，在新的流程系统下更需人际协调和合作。因此，包括持久的工作热情、坚忍不拔的意志力、兼收并蓄的开放态度、人际协调沟通技能、团队合作精神等在内的健康人格均对企业竞争力具有重要意义。由此可以得出结论：在知识经济时代，企业的生存和发展依赖于智能型加心理健康型人才。

1.2　人力资源管理概述

1.2.1　人力资源管理的含义

　　人力资源管理这一概念的出现，是在德鲁克1954年提出人力资源的概念之后，虽然它出现的时间不长，但是发展的速度却非常快。对于它的含义，国内外的学者们也给出了诸多的解释，综合起来，可以将这些概念归纳为五类。

　　第一类主要是从人力资源管理的目的出发来解释它的含义，认为它是借助对人力资源的管理来实现组织的目标。如下所述。

　　（1）人力资源管理就是通过各种技术与方法，有效地运用人力资源来达成组织目标的活动。［蒙迪和诺埃（Mondy & Noe，1996）］

　　（2）人力资源管理就是通过各种管理功能，促使人力资源的有效运用，以达成组织的目标。［舒勒（Schuler，1987）］

　　（3）人力资源管理是利用人力资源实现组织的目标。[1]

　　第二类主要是从人力资源管理的过程或承担的职能出发来进行解释，把人力资源管理看

----

[1]［美］R. 韦恩·蒙迪等. 人力资源管理. 北京：经济科学出版社，1998：4.

成是一个活动过程。如下所述。

（1）人力资源管理是负责组织人员的招聘、甄选、训练及报酬等功能的活动，以达成个人与组织的目标。[舍曼（Sherman，1992）]

（2）人力资源管理是指对全社会或一个企业的各阶层、各类型的从业人员从招工、录取、培训、使用、升迁、调动直至退休的全过程管理。①

（3）人力资源管理是用来提供和协调组织中的人力资源的活动。②

第三类解释主要揭示了人力资源管理的实体，认为它就是与人有关的制度和政策等。如下所述。

（1）人力资源管理是对人力资源进行有效开发、合理配置、充分利用和科学管理的制度、法令、程序和方法的总和。③

（2）人力资源管理包括一切对组织中的员工构成直接影响的管理决策和实践活动。④

（3）人力资源管理包括影响到公司和员工之间关系的性质的所有管理决策和行为。[比尔和斯佩克特（Beer & Specktor，1984）]

（4）人力资源管理是指影响雇员的行为、态度以及绩效的各种政策、管理实践和制度。⑤

第四类主要是从人力资源管理的主体出发解释其含义，认为它是人力资源部门或人力资源管理者的工作，持这种观点的人所占的比例不多。例如，人力资源管理指那些专门的人力资源管理职能部门中的专门人员所做的工作。（余凯成，1997）

第五类则是从目的、过程等方面出发综合地进行解释，持这种观点的人占较大的比重。如下所述。

（1）人力资源开发与管理是指运用现代化的科学方法，对与一定物力相结合的人力进行合理的培训、组织与调配，使人力、物力经常保持最佳比例，同时对人的思想、心理和行为进行恰当的诱导、控制和协调，充分发挥人的主观能动性，使人尽其才、事得其人、人事相宜，以实现组织目标。⑥

（2）人力资源管理是对人力资源的取得、开发、保持和利用等方面所进行的计划、组织、指挥和控制的活动，是通过协调社会劳动组织中的人与事的关系和共事人的关系，以充分开发人力资源，挖掘人的潜力，调动人的积极性，提高工作效率，实现组织目标的理论、方法、工具与技术。⑦

应当说，从综合的角度来解释人力资源管理的含义更有助于解释它的含义。所谓人力资源管理，是指企业为了获取、开发、保持和有效利用在生产和经营过程中必不可少的人力资源，通过运用科学、系统的技术和方法进行各种相关的计划、组织、领导和控制活动，以实现企业的既定目标。⑧

① 陈远敦，陈全明主编. 人力资源开发与管理. 北京：中国统计出版社，1995：14.
② ［美］劳埃德·L. 拜厄斯，莱德利·W. 鲁. 人力资源管理. 北京：华夏出版社，2002：3.
③ 梁裕楷等. 人力资源开发与管理. 广州：中山大学出版社，1999：373.
④ 张一驰. 人力资源管理教程. 北京：北京大学出版社，1999：1.
⑤ ［美］雷蒙德·A. 诺伊等. 人力资源管理. 北京：中国人民大学出版社，2001：3.
⑥ 张德. 人力资源开发与管理. 北京：清华大学出版社，2001：4.
⑦ 韩淑娟等. 现代企业人力资源管理. 合肥：安徽人民出版社，2000：13.
⑧ 董克用. 人力资源管理概论. 北京：中国人民大学出版社，2003：28.

1.2.2　传统人事管理与现代人力资源管理

一、传统人事管理

人事管理本是与生产、营销、财务等管理一样，是工商企业的基本管理职能之一，但却曾长期受到忽视。

1. 传统人事管理的活动内容①

早期工作只限于人员招聘、选拔、调配、工资发放、档案保管之类较琐细的具体工作，后来渐次涉及工作分析、职务描述的编写，拟定绩效考评制度与方法，奖酬制度的设计与管理，其他人事规章制度的规定，员工的培训活动的规划与组织等。

2. 传统人事管理工作的性质

基本上都属行政事务性的工作，活动范围有限，短期导向，主要由人事部门职员执行，很少涉及企业高层战略决策。

传统人事管理在企业中的地位由于人事活动被视为是低档的、技术含量低的、无须特殊专长，谁去都能掌握，人事部门有时甚至被看作是安置其他部门不能胜任的人员的场所，人事功能本身也被贬低和轻视了。

二、人事管理向人本型人力资源管理转变

近30年来，发达国家的企业中发生了一系列变化，预示着下述人事管理性质的变化。

1. 始于20世纪60年代末期的变化

（1）企业首席执行官（CEO）亲自过问有关人员的管理工作，并有副总裁级领导被指定分管这方面工作。

（2）企业对有关人员的管理工作方面的投资无论在绝对值上及分配比重上，都有大幅度的增长，此趋势将继续保持。

（3）选派"强手"管理人员的工作，提高对人事工作者的资历要求，改善其待遇；人力资源经理也开始享有较大的发言权。

（4）人事工作出身的经理开始出现于大企业最高领导层中。例如，1983年，美国500家大企业中，有3位人事专家出任过被法律及财务专家独占的最高领导职务。到20世纪90年代，美国前200家大企业中竟有96位人事专家出任首席执行官。

（5）企业越来越重视各级管理者的培训工作，且有关人员的管理知识与技能并列为首选科目。

（6）人事管理一词渐次让位给人力资源管理（HRM）一词。

（7）人力资源管理渐被视为有前途的职业，被各大学的管理学院列为"工商管理硕士"（MBA）的必修课程，并纷纷开设各种与之有关的专题选修课。

（8）出现了"以人为中心""人本主义管理""人是企业最宝贵的财富""企业的首要目标是满足自己员工（内部用户）发展需要"等新的提法与概念，反映了管理价值观的深刻变化。

（9）人力资源管理被提高到企业战略高度来考虑，通过制定远期人力资源规划及人力资源战略，以配合和保障企业总体战略目标的实现。

（10）开始探索人力资本和人力资源会计的理论与实践。

---

① 陈维政等. 人力资源管理. 北京：高等教育出版社，2002：18.

2. 促成这种转变的内、外因素

（1）员工因素：员工队伍文化构成改变，平均学历显著提高，他们的期望与价值观和经历过经济危机与战争的父辈相比，都有很大差距；白领化及工会化程度也不同了。

（2）环境因素：首先是科技的发展使技术老化及更新加速，这一方面促成了部分工人失业，增加了对员工培训的要求；另一方面使企业对白领员工的依赖加强了。其次是经济方面，世界市场的形成，资金、技术、人力的跨国流动，对人力资源及其管理提出了新的要求；市场竞争激化，经济波动与通货膨胀，都对就业状况造成影响。最后是法律方面，民权运动，平等就业，各种反歧视立法纷纷出台。同时，工会施压加重，例如，美国汽车工人工会提出了提高工人"全面工作生活质量"的说法与概念。

3. 现代人力资源管理所探索的新措施

全面工作生活质量的概念涵盖面很广，几乎包含了员工的工作和生活的所有方面，人力资源管理正是为满足这些需求而筹划的。

（1）改善奖酬福利及所有权参与。目前，企业已推出多种以不同目的为基础的个人奖酬福利制度，例如，与绩效（产量、质量、生产率、技术多样性与企业目标一致性等）挂钩的奖酬制度，又如，集体（全公司或个别部门效益为基础）奖酬制度，以适应不同情况。在获酬方式上也有新花样，如"自助餐"式奖酬等。福利所包括的范围与形式越来越广且多样化，如企业资助被辞退的高级经理重新觅职等。为提高员工组织归属感，也开发出多种员工参股形式，如优惠购股制，员工股份所有制（Employee Stock Owner-Ship plan，ESOP，由本企员工独占全部股权）等。

（2）改善员工工作、生活条件。如各种工作再设计方案（工作轮换，工作扩大与丰富化，扩大工作反馈，弹性工作时间与弹性工作地点等），企业协助解决员工家庭困难和冲突等。

（3）为员工合法权益提供保障。如免费对员工提供心理咨询，保障各种平等权利法的贯彻，保护不受性骚扰，不因检举而受报复等制度。

（4）提供个人成长与发展机会。如企业鼓励、组织和资助员工的各种在职、业余及短期脱产培训进修，企业内部提升制（机会、信息提供与鼓励自荐申请等），为员工个人职业生涯发展提供咨询与指导等。

（5）发展民主参与管理和自下而上的监督。发展不同层级和程度的员工自主，如目标管理法，"开门办公制"（提供向上反映与上下沟通机会），建立各种检举渠道、质量小组、自治工作组、各类专门委员会。在西欧，有的国家还从立法上保证企业初级董事会的建立及其中员工代表的决策参与权等。以上各种措施，都是为了改善员工全面工作、生活质量，提高其工作满意感，增强他们的组织归属感。

三、战略性人力资源管理

以上我们已介绍了传统的事务型人事管理向人本型人力资源管理的转变，但这并不意味着后者排斥和取消前者，因为那些事务性的人事管理工作还是要做的。只是在观念上由把员工看作被管理和控制的工具，进化到把他们看作企业最宝贵的资源与财富。不能对他们颐指气使，呼来唤去，而应尊重他们，并尽量满足他们的各种需要，从而充分发挥其主动性与创造性。随着全球市场竞争的加剧，又出现了新的变化动向，即从人本型人力资源管理向战略性人力资源管理（或称"人力资源战略性管理"）演进的新趋势。在原有的人力资源管理中，人力资源管理部门未直接参与企业的战略决策，与其他诸如生产、营销、财务、研发等职能部门是处于较隔离的地位。新的动向是要建立"整体增长型组织"（Integrated Growth Organization），其人力资源管理部门直接参与公司战略决策，深刻领悟公司战略意图，与其他职能部门协调一致，共同实现公司战略目标。整体增长型组织的结构模式不那么严格，重视放权，其制度不那么正规，与其说是以控制为主，不如说是以帮助为主，使各部门能自主地胜任自己的工作，创造出一种敢于承担风险的创业性文化氛围；不太强调上下级及内外部的正式关系，鼓励上下级间及与外界用户间的直接接触与交往。在这种新组织结构中，人力资源管理起着核心作用，与其他职能部门充分交往，帮助企业实现其战略目标。尽管这种战略性人力资源管理还处于探索阶段，转变中会遇到许多困难，它却代表了具有生命力的新生事物。

四、传统人事管理与现代人力资源管理的异同

传统人事管理与现代人力资源管理的相同点如下所述。

（1）管理的对象相同——人。

（2）某些管理内容相同，如薪酬、编制、调配、劳动安全等。

（3）某些管理方法相同，如制度、纪律、奖惩、培训等。

传统人事管理与现代人力资源管理的不同点参见表 1-1。

表 1-1　传统人事管理与现代人力资源管理的区别

比较项目	现代人力资源管理	传统人事管理
管理视角	视员工为第一资源、资产	视员工为负担、成本
管理目的	组织和员工利益的共同实现	组织短期目标的实现
管理活动	重视培训开发	重使用、轻开发
管理内容	非常丰富	简单的事务管理
管理地位	战略层	执行层
部门性质	生产效益部门	单纯的成本中心
管理模式	以人为中心	以事为中心
管理方式	强调民主、参与	命令式、控制式
管理性质	战略性、整体性	战术式、分散性

1.2.3　人力资源管理的演进

人力资源管理发展到目前这个阶段，经历了一个长期的演变过程，要想对目前的人力资源管理有更加深入的了解，就有必要对它的发展进程进行一个简要的回顾。作为系统化和理论化的管理最早产生于西方社会，作为管理重要构成部分的人力资源管理同样如此，因此对人力资源管理发展历程的考察也就主要集中于西方发达国家。人力资源管理的发展演进大致分为六个阶段。

1. 萌芽阶段

即工业革命时代，时间大致从 18 世纪末到 19 世纪初。工业革命的出现，使社会生产方式发生了根本性的变化。由于劳动分工思想的提出，个体劳动在工厂中消失，工人的协同劳动成为主体，因此对工人的管理问题就逐渐凸显出来。这一阶段，在工人的管理方面产生了各种朴素的管理思想，例如，在劳动分工的基础上对每个工人的工作职责进行界定；实行具

有激励性的工资制度；推行职工福利制度；对工人的工作业绩进行考核等。这些管理的四项内容基本上都以经验为主，并没有形成科学的理论，但是却奠定了人力资源管理的雏形。

2. 建立阶段

即科学管理时代，时间上大致从 20 世纪初至 1930 年。科学管理思想的出现，宣告了管理时代的到来。管理从经验阶段步入科学阶段，这在管理思想发展史上有着划时代的意义。人力资源管理的一些基本职能在这一阶段初步形成，如工作分析、招聘录用和员工培训等；同时，专门的人事管理部门在这一阶段也出现了，负责招聘录用，抱怨处理和工资行政等事务，所有这些都标志着人力资源管理的初步建立。

3. 反省阶段

即人际关系时代，时间大致从 20 世纪 30 年代到第二次世界大战的结束。从 1924 年开始到 1932 年结束的霍桑实验引发了人们对科学管理思想的反思，将员工视为"经济人"的假设受到了现实的挑战。霍桑实验发现了人际关系在提高劳动生产率中的重要性，揭示了对人性的尊重、人的需要的满足、人与人相互作用以及归属意识等对工作绩效的影响。人际关系理论开创了管理中重视人的因素的时代，是西方管理思想发展史上的一个里程碑。这一理论同时也揭开了人力资源管理发展的新阶段，设置专门的培训主管、强调对员工的关心和理解、增强员工和管理者之间的沟通等人事管理的新方法被很多企业采用，人事管理人员负责设计和实施这些方案，人事管理的职能被极大地丰富了。

4. 发展阶段

即行为科学时代，时间从 20 世纪 50 年代到 70 年代。从 20 世纪 50 年代开始，人际关系的人事管理方法也逐渐受到了挑战，"快乐的员工是一个好员工"也并没有得到事实的证明，组织行为学的方法逐渐兴起。组织行为学是"一个研究领域，它探讨个性、群体以及结构对组织内部行为的影响，以便应用这些知识来改善组织的有效性"，它的发展使人事管理从对个体的研究与管理扩展到了对群体和组织的整体研究与管理，人力资源管理也从监督制裁到人性激发，从消极惩罚到积极激励、从转制领导到民主领导、从唯我独尊到意见沟通、从权力控制到感情投资，并努力寻求人与工作的配合。

5. 整合阶段

即权变管理时代，时间大致从 20 世纪 70 年代到 80 年代。在这一阶段，企业的经营环境发生了巨大的变化，各种不确定性的因素增加，企业管理不仅要考虑自身的因素，还要考虑外部各种因素的影响。在这种背景下，权变管理理论应运而生，它强调管理的方法和技术要随企业内外环境的变化而变化，应当综合运用各种管理理论而不只是某一种。在这种理论的影响下，人力资源管理也发生了深刻的变化，同样强调针对不同情况采取不同的管理方式、实施不同的管理措施。

6. 战略阶段

即战略管理时代，时间大致从 20 世纪 80 年代至今。进入 20 世纪 80 年代以后，西方经济发展过程中的一个突出现象就是兼并，为了适应兼并发展的需要，企业必须制定出明确的发展战略，因而战略管理逐渐成为企业管理的重点，而人力资源管理对企业战略的实现有着重要的支撑作用，所以从战略的角度思考人力资源管理的问题，并将其纳入企业战略的范畴已成为人力资源管理的主要特点和发展趋势。

1.2.4 人力资源管理的基本职能

1. 人力资源管理七项基本职能

人力资源管理的基本职能包含以下七个方面。

（1）人力资源规划。这一职能包括的活动有：对组织在一定时期内的人力资源需求和供给做出预测；根据预测的结果制订出平衡供需的计划等。

（2）工作分析。包括两个部分的活动：一是对组织内各职位所要从事的工作内容和承担的工作职责进行清晰地界定；二是确定各职位所要求的任职资格，如学历、专业、年龄、技能、工作经验、工作能力以及工作态度等。工作分析的结果一般体现为职位说明书。

（3）招聘录用。这一职能其实包括招聘和录用两部分：招聘是指通过各种途径发布招聘信息，将应聘者吸引过来；录用则是指从应聘者中挑选出符合要求的人选。

（4）绩效管理。根据既定的目标对员工的工作结果做出评价，发现其工作中存在的问题并加以改进，包括制订绩效计划、进行绩效考核以及实施绩效沟通等活动。

（5）薪酬管理。这一职能所要进行的活动有：确定薪酬的机构和水平，实施工作评价，制定福利和其他待遇的标准以及进行薪酬的测算和发放等。

（6）培训开发。包括建立培训体系，确定培训的需求和计划，组织实施培训过程以及对培训效果进行反馈总结等活动。

（7）员工关系管理。这一职能除了要协调劳动关系、进行企业文化建设以及营造融洽的人际关系和良好的工作氛围之外，还要对员工的职业生涯进行设计和管理。

2. 人力资源管理的基本职能关系

对于人力资源管理的各项职能，应当以一种系统的观点来看待，它们之间并不是彼此割裂、孤独存在的，而是相互联系，相互影响，共同形成了一个有机的系统，如图 1-3 所示。

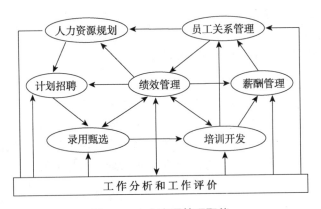

图 1-3 人力资源管理职能

（1）工作分析和工作评价是基础。工作分析和工作评价是一个平台，其他各项职能的实施基本上都要以此为基础。人力资源规划中，预测组织所需的人力资源数量和质量时，基本的依据就是职位的工作职责、工作量和任职资格，而这些正是工作分析的结果——职位说明书的主要内容；预测组织内部的人力资源供给时，要用到各职位可调动或晋升的信息，这也是职位说明书的内容。进行计划招聘时，发布的招聘信息可以说就是一个简单的职位说明书，而录用甄选的标准则主要来自职位说明书中的任职要求。绩效管理和薪酬管理与工作分析和工作评价的关系更加直接，在绩效管理中，员工的绩效考核指标可以说是完全根据职位的工作职责来确定的；而薪酬管理中，员工工资等级的确定，依据的信息主要就是职位说明书的内容。在培训开发过程中，培训需求的确定也要以职位说明书对业务知识、工作能力和工作态度的要求为依据，简单地说，将员工的现实情况和这些要求进行比较，两者的差距就是要培训的内容。

（2）绩效管理是整个系统的核心。绩效管理在整个系统中居于核心地位，其他职能或多或少地都要与它产生联系。预测组织内部的人力资源供给时，需要对现有员工的工作业绩、工作能力等做出评价，而这些都属于绩效考核的内容。计划招聘也与绩效考核有关，我们可以对来自不同渠道的员工的绩效进行比较，从中得出经验性的结论，从而实现招聘渠道的优化。录用甄选和绩效管理之间则存在着一种互动的关系，一方面我们可以依据绩效考核的结果来改进甄选过程的有效性；另一方面甄选结果也会影响到员工的绩效，有效的甄选结果将有助于员工实现良好的绩效。将员工的现实情况与职位说明书的要求进行比较后就可以确定出培训的内容，那么员工的现实情况又如何得到呢？这就要借助绩效考核了，因此培训开发和绩效管理之间存在一定的关系；此外，培训开发对员工提高绩效也是有帮助的。目前，大部分企业在设计薪酬体系时，都将员工的工资分为固定工资和浮动工资两部分，因此绩效考核的结果会对员工的工资产生重要的影响，这就在绩效管理和薪酬管理之间建立了一种直接的联系。通过员工关系管理，建立起一种融洽的氛围，这将有助于员工更加努力地工作，进而有助于实现绩效的提升。

（3）其他各职能关系密切。人力资源管理的其他职能之间同样也存在密切的关系。录用甄选要在招聘的基础上进行，没有人来应聘就无法进行甄选；而招聘计划的制订则要依据人力资源规划，招聘什么样的员工、招聘多少员工，这些都是人力资源规划的结果；培训开发也要受到甄选结果的影响，如果甄选的效果不好，员工无法满足职位的要求，那么对新员工培训的任务就会加重；反之，新员工的培训任务就比较轻。员工关系管理的目标是提高员工的组织承诺度，而培训开发和薪酬管理则是达成这一目标的重要手段。培训开发和薪酬管理之间也有联系，员工薪酬的内容，除了工资、福利等货币报酬外，还包括各种形式的非货币报酬，而培训就是其中的一种重要形式，因此从广义上来讲，培训开发构成了薪酬的一个组成部分。[①]

1.2.5　人力资源管理的目标

人力资源管理的目标应从最终目标和具体目标这两个层次来进行理解。人力资源管理的最终目标就是要有助于实现企业的整体目标，人力资源管理只是企业管理的一个组成部分，它是从属于整个企业管理的，而对于企业进行管理的目的就是要实现企业既定的目标，因此人力资源管理的目标也应当服从和服务于这一目的。需要指出的是，虽然不同的企业，其整体目标的内容可能有所不同，但最基本的目标都是一样的，那就是要创造价值以满足相关利益群体的需要。在最终目标之下，人力资源管理还要达成一系列的具体目标，这些具体目标包括[②]：

（1）保证价值源泉中人力资源的数量和质量；

---

① 董克用等. 人力资源管理概论. 北京：中国人民大学出版社，2003：36.

② 董克用等. 人力资源管理概论. 北京：中国人民大学出版社，2003：32.

（2）为价值创造营建良好的人力资源环境；

（3）保证员工价值评价的准确有效；

（4）实现员工价值分配的公平合理。

人力资源管理的具体目标与企业价值链的运作是密切相关的。价值链表明了价值在企业内部从产生到分配的全过程，是贯穿企业全部活动的一条主线，价值链中任何一个环节出现了问题，都将影响到整个价值的形成。人力资源管理的具体目标就是要从人力资源的角度出发为价值链中每个环节的有效实现提供有力的支持，如图1-4所示。

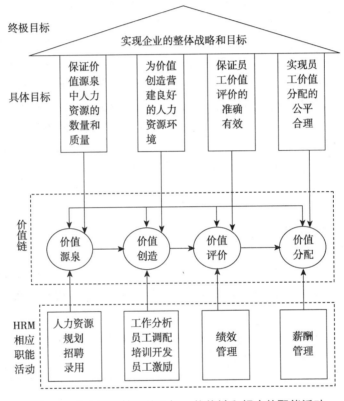

图1-4　人力资源管理的目标、价值链和相应的职能活动

在整个价值链中，价值源泉是源头和基础，只有具备了相应的资源，价值创造才有可能进行。在前文中我们已经知道，人力资源是价值创造不可或缺的资源，因此为了保证价值创造的正常进行，企业就必须拥有满足一定数量和质量要求的人力资源，否则企业的价值创造就无法实现，这就是人力资源管理的第一个具体目标，这一目标需要借助人力资源规划和招聘录用等职能活动来实现。在价值链中，价值创造是最关键的环节。通过这一环节，价值才能够被创造出来，而价值创造并不会自动发生，它需要以人力资源为中心来整合和运用其他的资源，因此就必须营建良好的人力资源环境，以实现价值的创造，这就是人力资源管理的第二个具体目标，这一目标需要借助于工作分析和设计、员工调配、培训开发以及员工激励等职能活动来实现。价值分配可以说是价值链运作的目的，通过价值分配，企业各相关利益群体的需要才能得到满足，从价值创造主体的角度来看，只有它们得到了公平合理的价值分配，那么价值创造才有可能继续发生，这就是人力资源管理的四个具体目标，这一目标需要

借助薪酬管理等职能活动来实现。为了进行价值分配，就必须对价值创造主体在价值创造过程中所做的贡献做出准确的评价，这就是人力资源管理的第三个具体目标，这一目标需要借助绩效管理等职能活动来实现。

【实务指南】案例分析的方法和技巧

人力资源管理是一门理论性和实践性都很强的学科，我们在学习时只有经常结合案例来学习，才能更好地抓住要领、把握实质。

（一）案例的概念及案例教学的特点

案例也叫个案或实例，是指用一定的视听媒介，如文字、录音、录像等，所描述的客观存在的真实情景。它作为一种研究工具早就广泛应用于社会科学的技术调研工作中。20 世纪 20 年代起，美国哈佛商学院首先把它用于管理教学，称为案例教学法。

教学案例的类型

人们往往把案例归纳为描述评价型与分析决策型两大类。描述评价型案例描述了解决某些管理问题的全过程，包括其实际后果。这样留给学生的分析任务只是对其中的做法进行事后分析和评价，以便从中取得一定的经验和教训。而分析决策型案例则只介绍了某一待解决的问题，由学生去分析，并提出对策。很显然，在培养学生分析、解决问题的能力的功能上分析决策型案例优于描述评价型案例。

教学案例的特点：

（1）教学案例的内容应是真实的，不允许虚构，即具有真实性的特点。为了保密，有关的人名、单位名、地名可以采用假名，但基本情节不得有虚假。有关数字可以放大或缩小，但相互间比例不能改变。

（2）教学案例中要包含一定的需要解决的问题，即具有一定的针对性，否则就没有学习与研究的价值。

（3）教学案例必须有明确的教学目的，即具有一定的目的性，要为学生提供模拟的管理情景，使学生获得锻炼与提高自己分析与解决问题的能力。

（二）案例教学的功能

案例具有提供知识的功能，它能使读者了解到某一国家、地区、行业、某类组织的背景知识，这是很有用的。但案例的最主要的功能，还在于为它的使用者（教师、学员、受训对象、考生、实际工作者及其他感兴趣的读者）提供一个逼真的具体管理情景，能使他们得到锻炼与提高，案例不仅对人们个人学习有作用，而且对集体（小组或全班）学习也有重要的作用。案例能为学习集体提供一个共同的关注焦点，一个取长补短、互相启发的机会。大家聚集在一起，就同一问题各抒己见，交流辩论，共同提高，这是一个十分难得的机会。集思广益，是案例极重要的一项功能。而案例的基本功能就是迫使学员去思考。

（三）案例教学的作用

案例教学是让学生自己去处理，以锻炼他们的实际管理能力。

（四）案例教学的目的

案例教学的目的主要就是培养学员的独立工作能力。这个工作能力有着广泛的内含，概括学员今后管理职业生涯中所需的一切主要能力，包括：

（1）培养学生自学能力（快速阅读、做札记、抓要点、列提纲、查资料、演绎与归纳、计算等）；

（2）培养学生解决问题的能力（发现与抓住问题、分清轻重主次、原因、拟定针对性的各种解决问题的方案、权衡与抉择、总结与评估等）；

（3）培养学生人际交往能力（书面与口头表达、辩论与听取、小组的组织与管理等）。

可以说，案例学习过程的每一个环节，都贯彻着各自独特而又很明确的教学目的性。这种教学的目的性不但反映在单个案例的学习中，而且也反映在整个案例教学的全套设计上。在一门课程或整个学期、学年乃至管理教育与培训的整个阶段中，是通过一个个众多的在表面看来互不相关、然而实际上却是经过精心选择、用心安排的案例学习活动，在反复的分析与决策实践中，经过不断对比、归纳、思考、领悟，会建立起一套独特的、与自己特别适合和有效的思维与工作体系（包括程序、方法、手段、基本观点、价值观等）。这是个缓慢而艰巨的自我参悟过程，并将给学员带来学习与工作能力的升华与质变，这是案例教学的最宝贵的特点和最核心的目的。据统计，一个两年制的哈佛企业管理研究生，在校两年中可接触与分析600～700个大小不同的案例。经过这种锻炼，他们的分析能力与决策能力得到大大提高。美国大企业的高级经理中，哈佛硕士研究生占很大比重。学校中传授的知识再多、再先进，到实践中去也会不足，也会过时；而自学中领悟出的有效工作体系却能使一个人受用无穷，终身受益。

（五）案例分析与讨论的过程

案例分析包括四个主要环节。

1. 阅读案例，个人分析

这是学生熟悉案例，进入角色独立思考问题提出建议阶段。在这个阶段里，首先明确学生的角色，并要求学生根据角色，阅读熟悉案例提供的每一个情节和相关资料，进行必要的理论准备，在综合分析的基础上形成自己独立的见解。

2. 小组讨论，形成共识

在个人充分准备的基础上，组织小组讨论，在讨论中组内成员要各抒己见，充分表达各自的想法和意见，陈述自己的理由和依据，说明自己的决策和方案，并就不同的方案进行分析比较，集思广益，达成共识。这个阶段是集中集体智慧的阶段，必须充分展开，不能走过场。

3. 课堂发言，全班讨论

这个阶段通常由老师主持，也可由学生主持。首先由各小组选出代表在全班发言，别人也可做补充。各组也可展开争论。全班交流是高潮，是全班学生形成共识的过程，需要学生和老师做好充分的准备。

4. 总结归纳，内化提升

这个阶段通常由老师对课堂讨论的全过程进行归纳、评估，对各组或全班形成的共识进行概括。

（六）案例分析的基本要求

一般来说，案例分析有三个基本要求：

（1）应结合本节、本章、本书或所规定的理论来对案例进行分析；

（2）分析应紧密联系案例中的实际情况与问题来进行；

（3）分析应有自己独特的见解，切忌人云亦云，但须注意自圆其说。

（七）分析案例的基本方法

管理案例的学习过程基本上是一个学生通过自己的努力来逐步领悟的过程，学生的自学作用是任何人无法取代的。管理案例学习的性质决定了它必然是渐进式的，是长期、缓慢甚至是痛苦的过程，是一个艰巨的个人摸索、积累到豁然开朗的过程，它不存在任何捷径。但是，以自学为主，并不排除教师的引导作用，通过教师引导有助于加速学生的体验过程，少走弯路，提高效率。但是，引导不是越俎代庖，不能把案例课变成讲授课，教师不能以权威自居，不能扮演评论员和仲裁人的角色，应该让学生充当主角。

分析案例首先要站好角度，案例分析应注意从两个基本角度出发。

（1）当事者的角度。案例分析不能站在局外旁观者的角度，"纯客观"的学究式地去分析与讨论，必须进入角色，站到案例中主要角色的立场上去观察和思考，设身处地地去体验，才能忧其所忧，急其所急，与主角同命运。这样才能有真实感、压力感和紧迫感，才能真正达到预定的学习目的。

（2）全面综合的角度。这是对综合性案例而言的。为了培养学员掌握从专业（职能）工作者转变为高层管理干部所必须的能力，就必须从全局出发，综合、协调地去分析有关案例。

其次，要针对相关案例选用恰当的理论知识，来分析案例。

（八）案例分析的具体技巧

案例分析包括两个互相关联的方面。第一方面，就是要对所指定的将供集体讨论的案例做出深刻而有意义的分析，包括找出案例所描述的情景中存在的问题与机会，找出问题产生的原因及问题间的主次轻重关系，拟定各种针对性的备选行动方案，提出它们各自的支持性论据，进行权衡对比后，从中做出抉择，制定最后决策，作为建议供集体讨论。

第二方面是以严密的逻辑、清晰而有条理的口述方式，把自己的分析表达出来，这是很重要的技巧。

案例分析过程的五个主要步骤如下所述。

1. 确定本案例在整个课程中的地位，找出此案例中的关键问题

最好是在初次浏览过案例，开始再次精读前，先向自己提几个基本问题，并反复地思索它们。

（1）本例的关键问题，亦即主要矛盾是什么？

（2）为什么老师在此时此刻布置这一案例？它是什么类型的案例？它在整个课程中处于什么地位？它跟课程中已讲过的哪些内容有关？它的教学目的是什么？

（3）除了已布置的思考题外，此案例还有没有别的重要问题？若有，是哪些？

2. 确定是否还有与已找出的关键问题有关，但却未给予布置的重要问题

这是真正地把握住案例的实质与要点所必须做的一步。凭自己的常识去找就行，但要围绕本案例的主题联系着本课程的性质去发掘。

3. 选定适合分析此案例所需采取的一般分析方法

案例的分析方法的选择取决于分析者个人的偏爱与案例的具体情况。一般可采用下面三种具体的分析方法，应根据实际情况适当选用，有时也可合并使用。

（1）系统法。就是把所分析的组织看成是处于不断地把各种投入因素转化成产出因素的一个系统，了解该系统各组成部分和它们在转化过程中的相互关系，就能更深刻地理解有关的行动和更清楚地看出问题。有时可用图表来表明整个系统的关系。

（2）行为法。这种方法，在分析时着眼于组织中各种人员的行为与人际关系。着眼于人的行为，是因为组织本身的存在，组织的"思考"与"行动"，都离不开具体的人，都要由其成员们的行为来体现；把投入变为产出，也是通过人来实现的。行为法较易于与系统法结合使用。

（3）决策法。就是要使用各种规范化、程式化的模型和工具，来评价并确定各种备选方案。

4. 明确分析的系统与主次关系，并找出构成自己分析逻辑的依据

所谓"明系统，分主次"，就是通常说的"梳辫子"。即把案例所提供的大量而杂乱的信息，归纳出条理与顺序，搞清它们的关系是主从还是并列，叠加还是平行等。在此基础上分清轻重缓急。

5. 将分析转化为口头发言的有效形式

就是把你的分析变成有利于课堂陈述的形式，这是一种专门技巧，即演讲与说服他人的能力。关于这方面的要求，如必须开门见山、言简意赅，切忌拖泥带水、不得要领等。

（九）在分析案例时应该注意的问题

1. 在案例学习中还要做好学习记录

在学习和讨论中要学会把重要内容记录下来，这对积累知识有重要的作用。记录时要精确、简明，对素材要有取舍、选择。在课堂上，主要注意力要放在听和看上，确有重要新发现、新体会，提纲挈领、只记要点。下课后，还要进行一下小结，把还能记得的要点记下来。

2. 对撰写案例的书面分析报告的看法与要求

做好案例学习的记录是案例学习的重要环节，它不仅可以增进学生对案例问题的理解，而且也为撰写案例的书面分析报告打下了基础。那么是不是所有的案例分析都要求写出书面报告呢？答案是，不一定。因为不是所有的案例作业都必须撰写出书面报告，有些案例老师可能要求只作口头分析就够了。案例的书面分析报告，是整个案例学习过程中的最后一个环节，是教师在学生结束课堂讨论后，要求学生把自己的分析以简明的书面形式呈交上来供批阅的一份文字材料。有些报告可能完全布置给个人去单独完成；有些则可能允许或要求部分依靠小组集体完成。

报告要简明扼要。写案例报告不是文学创作，不需要任何修饰堆砌，要做到一针见血、开门见山。一般不超过 3 000 字。报告不是从分析的起点入手，而是从分析的终点入手，要用一句话把案例分析的主要成果和精华概括出来，并成为报告的主题。报告的其余部分则可用来说明三种内容：

（1）为什么选中这一点作为主要信息；

（2）没选中的其他方案是什么及其未能入选的理由；

（3）支持自己的发现及所建议方案的证据。

报告定稿后，正式誊清或打印前最好请人读一遍，至少要自己读一遍，以便发现问题，及时修改。

本章小结

人力资源是指人所具有的对价值创造起贡献作用并且能够被组织所利用的体力和脑力的

总和。它包含了数量和质量两个概念，它不仅要求具有劳动能力，同时还要求具有健康的、创造性的劳动，能推动社会的发展和人类的进步。

人口资源、劳动力资源、人力资源、人才资源和天才资源概念的关注重点不同，人口资源、劳动力资源更多的是一种数量概念，而天才资源、人才资源更多的是一种质量概念。

人力资源和人力资本是既有联系又有区别的两个概念。人力资源和人力资本都是以人为基础而产生的概念，研究的对象都是人所具有的脑力和体力，从这点看两者是一致的。但它们之间在与社会财富和社会价值的关系上、两者研究问题的角度和关注的重点上，人力资源和人力资本的计量形式上存在一定的区别。

作为一种特殊的资源形式，人力资源具有不同于自然资源的特殊性质，具体表现为：能动性、时效性、增值性、社会性、可变性等。

传统人事管理与现代人力资源管理两者既有其相同点，同时两者又在管理视角、目的、活动、内容、地位、模式、方式、性质等方面存在区别。

人力资源管理发展经历了一个长期的演变过程，其演进大致分为萌芽阶段、建立阶段、反省阶段、发展阶段、整合阶段、战略阶段六个阶段。

人力资源管理包含人力资源规划、工作分析、招聘录用、绩效管理、薪酬管理、培训开发、员工关系管理七个方面。其中工作分析和工作评价是各项职能的实施基础，绩效管理是整个系统的核心。人力资源管理的目标、各项职能活动和企业价值链的运作是密切相关的。价值链表明了价值在企业内部从产生到分配的全过程，是贯穿企业全部活动的一条主线，价值链中任何一个环节出现了问题，都将影响到整个价值的形成。人力资源管理的目标和各项职能活动就是要从人力资源的角度出发为价值链中每个环节的有效实现提供有力的支持。

 复习与思考

一、单项选择题（请从每题的备选答案中选出唯一正确的答案，将其英文大写字母填入括号内）

1. 下列概念中主要突出质量概念的是（　　）。
   A. 人口资源　　　　B. 劳动力资源　　　C. 人力资源　　　　D. 人才资源

2. 经济学家将（　　）称为第一资源。
   A. 人力资源　　　　B. 财力资源　　　　C. 物力资源　　　　D. 信息资源

3. 下列对劳动要素的特点描述不正确的是（　　）。
   A. 经济性　　　　　B. 自我选择性　　　C. 动力性　　　　　D. 个体差异性

4. 下列除了（　　）之外，都是影响宏观劳动力供给质量的因素。
   A. 教育因素　　　　B. 经济体制与经济发展水平
   C. 人力投资的动力　　D. 个人对劳动力供给的偏好

5. 人力资源的（　　），是指一定的人力资源必然表现为一定的人口数量。
   A. 有限性　　　　　B. 可用性　　　　　C. 物质性　　　　　D. 能动性

6. 社会主义市场经济条件下，不属于劳动力资源宏观配置的是（　　）。
   A. 定期举办的各类人力资源招聘会　　　B. 某部门主管调至子公司任总经理

C. 用人单位到学校招聘应届毕业生　　　　D. 某劳动者从一单位跳槽到另一单位

7. 以下哪个因素是影响人力资源质量的主要因素（　　　）。

A. 教育因素　　　　B. 人种因素　　　　C. 年龄因素　　　　D. 宗教因素

8. （　　　）是赋予人力资源质量的一种最重要、最直接的手段。

A. 体育锻炼　　　　B. 医疗保健　　　　C. 教育　　　　D. 精神鼓励

9. （　　　）是人力资源管理的基础。

A. 工作分析和工作评价　　　　　　　　B. 绩效管理

C. 薪酬管理　　　　　　　　　　　　　D. 员工关系管理

10. （　　　）是人力资源管理的核心。

A. 工作分析和工作评价　　　　　　　　B. 绩效管理

C. 薪酬管理　　　　　　　　　　　　　D. 员工关系管理

11. 现代人力资源管理的内容应（　　　）。

A. 以事为中心　　　　　　　　　　　　B. 以企业为中心

C. 以人为中心　　　　　　　　　　　　D. 以社会为中心

12. 在管理形式上，现代人力资源管理是（　　　）。

A. 静态管理　　　　B. 权变管理　　　　C. 动态管理　　　　D. 权威管理

13. （　　　）是现代人力资源管理的重要特征之一。

A. 物质性　　　　B. 战略性　　　　C. 可用性　　　　D. 有限性

二、**多项选择题**（每题正确的答案为两个或两个以上，请从每题的备选答案中选出正确的答案，将其英文大写字母填入括号内）

1. 人力资源的质量主要受以下几个方面的影响（　　　）。

A. 遗传和其他先天因素　　　　　　　　B. 营养因素

C. 教育方面的因素　　　　　　　　　　D. 人口的年龄构成

2. 人力资源的性质概括为以下几个方面（　　　）。

A. 能动性　　　　B. 时效性　　　　C. 增值性

D. 可变性　　　　E. 社会性

3. 按照劳动经济学的观点，人力资本的投资形式主要有（　　　）。

A. 教育　　　　B. 培训　　　　C. 迁移　　　　D. 医疗保健

4. （　　　）不是现实的人力资源。

A. 军官　　　　B. 家庭妇女　　　　C. 退休返聘就业者

D. 失业人员　　　　E. 18 岁以上的在读大学生

5. 以下关于人力资源的正确论述是（　　　）。

A. 人力资源是从投入产出的角度来研究人对经济发展的作用，关注的重点是产出问题

B. 人力资源是经济活动中最活跃的因素，也是一切资源中最重要的资源

C. 人力资源对经济增长具有特殊重要性，同时也对企业生存和发展具有重要意义

D. 人力资源是指一定时间、一定空间内人所具有的对价值创造起贡献作用并且能够被组织所利用的体力和脑力的总和

6. 人力资源管理的发展演进大致分为（　　）等阶段。

A. 萌芽阶段　　　　B. 建立阶段　　　　C. 反省阶段

D. 发展阶段　　　　E. 整合阶段　　　　F. 战略阶段

三、名词解释

1. 人力资源
2. 人力资源的质量
3. 人力资本
4. 人力资源的绝对数量
5. 人力资源相对量
6. 人力资源管理
7. 人力资源管理的目标

四、简答题

1. 人力资源的含义是什么？
2. 人力资源的作用体现在哪些方面？
3. 人力资源的质量主要受哪些方面的影响？
4. 影响人力资源数量的因素有哪些方面？
5. 什么是人力资源的性质？
6. 促成人事管理向人本型人力资源管理转变的内、外因素。
7. 传统人事管理与现代人力资源管理的异同？
8. 现代人力资源管理所探索的新措施包括哪些？

五、论述题

1. 人力资源和人力资本之间是什么关系？
2. 人力资源对企业生存和发展的重要意义是什么？
3. 人力资源具有哪些特殊性质？
4. 人力资源管理的基本职能包括哪些？它们之间存在何种关系？
5. 人力资源管理的演进过程怎样？
6. 人力资源管理目标、企业价值链和各项职能活动之间存在何种关系？

案例分析 —— 安永的用人之道 —————————————————

近年来，国际四大会计师事务所纷纷实施中国扩张战略，加大力度"跑马圈地"，同时对人才的需求也更加强烈。安永（Ernst&Young）不到半年时间接连成立大连和武汉两个办事处，其"布点"速度之快令人瞩目。而作为校园招聘的"大户"，他们在学生中间更是拥有良好口碑，在 2005 年的北京高校巡回宣讲中，每场都有 6~7 名合伙人参会，并接受学生们的提问，足见安永对校园招聘的重视程度。

"我们唯一的财富就是人！如果对员工不好，就是拿自己的财富开玩笑！"坐在北京东方广场 16 层的办公室里，安永会计师事务所北京办事处管理合伙人刘醒雄先生微笑着说。由于他整个下午都在面试，所以神情略显疲惫，但丝毫不能削弱这句话带给人的震撼。

急速扩张的背后：高级会计人才紧俏

刘醒雄先生介绍，安永在美国的所有重要州府均设有办事机构，而在中国，截至目前只有中国香港、北京、上海、广州、深圳、大连、成都、武汉和中国澳门特别行政区 9 个办事处，这是远远不够的。安永选择设立办事机构的城市时，会考虑两方面因素，首先是目标城市及其周边地区有大量业务需求，其次是要有大量的优秀人才可以被招聘到。"对于开设新的办事处，我们在业务方面一点也不担心，但是，高级会计专业人才相对紧俏，是我们面临的最大问题。"

安永所需要的人才不仅仅是大学生，更有一些高级会计专业人员。初级员工可以通过校园招聘渠道解决，但是高级经理和合伙人却不是短时间内就可以塑造的。当前纯粹本地化的合伙人数量比较少，很多高级管理职位都须由海外公司，特别是中国香港公司委派过来，但这种局面将随着本地的合伙人数量渐渐增多而出现改变。

刘醒雄先生分析指出，从国内会计行业的发展来看，国际性的会计公司在 20 世纪 80 年代初才刚刚进入中国，那个时候往往一个公司就一个人，在宾馆包个房间就算办事处了，根本没有业务。这种局面一直持续到 20 世纪 90 年代中期才有所改观，随着 1992 年安永与华明的成功合作，外资会计师事务所在中国大陆才开始有业务。从那时算起，本地人才在国际性会计公司的从业经历最长也不过 10 余年，而这期间，还有为数不少的高级管理人员基于自身理由或跨国公司挖角情形下而离职，这也是本地合伙人数量不多的原因。

2003 年年初，当原在中国香港主持工作的安永税务部主席刘醒雄先生移师北京的时候，国内财经媒体普遍认为，中国入世一年后，安永中国的税务服务重心开始向内地转移。据了解，安永会计师事务所主要提供审计、税务以及企业财务咨询等服务，而税务咨询服务部门除了提供广泛的税务合规性服务外，还提供税务咨询服务。针对国内经济增长持续向好的大环境，上述咨询服务领域的市场需求同步增长也很快，相应地，高级税务专业人才的需求也逐步加大。

培训：让每一个员工都成为合伙人

"四大"的工资待遇之高是众所周知的，但是高薪绝非安永吸引优秀人才的撒手锏。在安永，从一名普通职员到合伙人的成长道路需要 10~12 年时间，安永给每一个员工都提供了这样的机会。安永培训秉承的原则是"有起点，没有终点"。新员工进入安永的第一天就被纳入特有的培训体系，同时也意味着开始了他们的职业发展计划。

安永的员工职业发展道路很广阔，并不局限于专做审计。员工每年都会接受年度评估和职业发展评估，不过评估标准早在年初就已明确告知本人。同时公司还会告诉所有的员工，想要晋升到更高级别需要什么条件。不同级别的员工要接受不同内容的培训，安永为新员工安排的培训课程分为一般课程和核心课程两大类，而对于有相当实务经验的高级专业人员，培训课程的重点将从专业知识逐渐转移到管理技巧和个人素质的发展与提高上。

"我们希望每个员工都成为公司的合伙人！"刘醒雄先生表示，"如果想成为合伙人，必须具备很多条件，但是公司会给高级经理提供培训，具体讲授如何成为合伙人。当然，安达信的例子也提醒着我们对于合伙人的选择必须慎重，因为风险管理和质量控制最终都需要由合伙人来把关，因此不能说具备某些资历就一定能成为合伙人，但是所有的合伙人都会有某些共性的要求。"

重视从校园揽才

刘醒雄先生有着 20 多年的面试经验，谈及 2015 年的校园招聘情况，他认为：一是收到简历数量继续增加，录取比例也水涨船高。2005 年安永计划招收约 800 个职位，而在全国范围共收到简历 1.5 万份左右，其中仅北京地区就收到约 6 000 份简历；二是学生整体水平非常高。他所面试的北京地区学生大多拥有知名院校的学历背景，综合素质和专业水平非常突出，大部分都不逊色于英国和中国香港的学生。

关于安永选择大学生的标准，刘醒雄先生表示并无秘密可言。安永需要什么样的人才，肯定会在校园宣讲中明确告诉学生。他认为，团队精神和沟通能力是特别重要的素质之一，此外拥有外向的性格、容易与人相处并能愉快交往也是安永特别看重的。刘先生同时建议大学生们要及早动手为就业做准备。第一要有目标，更要有具体的方案。当前的竞争很激烈，因此需要提前为自己做好准备，从中学开始，就要设立自己未来的目标，而目标定下来之后最重要的，就是要有具体的方案；第二不要怕吃苦，不要对眼前利益斤斤计较，不要跟别人比较，应该相信自己，眼光放得长远一些。

另外，安永的全球实习生计划也是颇具特色。每个实习生到了安永都会有人带领，去做一些简单却又具体的工作，公司主要观察他们的基本素质和能力，比如沟通能力和适应环境的能力，还有学习能力等。安永的实习生计划是全球范围的，并在各个国家和地区间进行交流，2015 年 8 月，来自北京和上海的两名中国学生就作为代表，参加了在美国佛罗里达州迪斯尼乐园召开的安永全球实习生大会。

除了校园招聘，安永补充人才的渠道和方式还有很多，作为国际性大公司，安永会采取全球招聘和系统内部调动的方式，补充中国大陆地区人才缺口，以满足急剧增长的业务需要。第一，在安永全球系统内，从其他国家和地区比较成熟的办事处调人过来，在中国地区工作，以中国香港办事处的员工调动居多；第二，全球招聘，选拔有经验的员工来中国工作，比如英国、美国、马来西亚、新加坡、日本、中国台湾地区等；第三，从国内招聘有经验的员工，其中包括内部员工推荐。

在安永感受 PeopleFirst

"PeopleFirst"翻译成中文就是"以人为本"，在安永，这绝不是口号！安永的"以人为本"体现于每一个细节，不仅是完善的培训体系、具有竞争力的薪酬待遇、职业生涯规划和成长空间，更重要的是让员工有归属感，甚至是家的感觉，这也是安永最具特色的企业文化和留住人才的关键。

很多公司都会说自己的培训做得好，但是安永不会滔滔不绝地表白自己，而是化为具体的行动，至于口碑，则是外界评给他们的众多奖项，诸如"最佳雇主""最受推崇的知识型企业"（1998—2004）、"最受员工欢迎之《财富》100 强公司"（1999—2004）、"《人才培训》10强最佳学习型机构"（2002—2004）……安永北京办事处位于寸土寸金的东方广场，他们将两层办公区的其中半层作为培训中心，师资配备是各地最优秀的老师，而且为每一位员工度身订制出培训计划和时间表，各个级别的员工都有培训机会，并且是提升的必要条件之一。

"每个员工都有压力，工作都非常辛苦，但不仅仅是普通员工，合伙人也如此。比如前几天一位合伙人半夜 3 点与伦敦的同事打电话商榷某公司上市事宜，结果这个电话一直打到翌日中午。"刘醒雄先生话锋一转，"但是在安永，大家做得都非常开心，这是很重要的。公司会组织很多活动，普通员工，高级经理和合伙人都参加，彼此没有什么拘束，玩得都很开心。比如我们每个月最后一个星期五都会开联欢会，就在楼下的培训中心，而且我们每个月都有卡拉 OK 比赛、保龄球比赛等活动，不久前公司还组织了 300 多人集体去郊外度假。"

安永北京分办事处设置了"意见箱"，当有员工反映楼下办公室没有冰箱，必须上楼才能拿到冷饮时，一天后就会有崭新的冰箱摆在楼下办公室；公司的发薪日期原来是月底，但因为银行转账等原因，在个别情况下，员工会在下个月的 2~3 日才能顺利提款，于是公司就提前了发薪日期，以保证每月 25 日员工的工资就能到账。类似的例子不胜枚举，在安永，"以人为本"是做出来的，而不是简单的口号。也正因为此，才能长期保持较低的员工流失率。

安永中国业务重心的转变和高速扩张战略，势必对人才产生更多更强烈的需求。而作为国际知名的"四大"之一，安永吸引人才之处不仅靠其身上的"金字招牌"，更是他们在用人理念和企业文化中渗透出来的"PeopleFirs"——能够将"人"视作"唯一的财富"，再次把我们熟知的"以人为本"理念诠释出崭新内含。

讨论题

1. 概括安永公司人力资源管理的主要特点。（提示：多元化、企业文化）
2. 安永公司在人力资源管理的作法是否具有普遍价值？为什么？（提示：多角度、特殊性）

人力资源管理理论基础

第**2**章

学习目标

- 人性假设理论的内容
- 激励理论的内容
- 不同的激励理论对人力资源管理的指导意义

互联网资料

http://www.shrm.org
http://www.hroot.com/

本章关键词

人性假设理论（humanity assumption theory）   ERG 理论（ERG theory）

双因素理论（two-factor theory）   公平理论（equity theory）

需求层次理论（hierachy of needs theory）   期望理论（expectancy theory）

目标理论（objective theory）   强化理论（reinforcement theory）

成就激励理论（achivement actuation theory）   波特—劳勒理论（porter-Lawler theory）

2.1 人性假设理论

　　人力资源管理是对人进行的管理，因此对人的基本看法将直接决定人力资源管理的具体管理方式与管理方法，人性假设从而也就构成了人力资源管理的一个理论基础。

　　人力资源管理的最终目的是实现企业的整体战略和目标，这一目的的达成是以每个员工个人绩效的实现作为基本前提和保证，在外部环境条件一定的情况下，员工的个人绩效又是由工作能力和工作态度这两个因素决定的。一般来说，一个人的工作能力具有相对的稳定性，在短时期内很难发生大的变化，因此员工的工作绩效在很大程度上就取决于他的工作态度。正因如此，如何激发员工的工作热情、调动他们的工作积极性和主动性就成为人力资源管理需要解决的首要问题，从这一角度理解，激励理论就构成了人力资源管理的另一个理论基础。因此，在具体介绍人力资源管理职能之前，我们先介绍一下人性假设理论和激励理论。①

对于人性假设理论，很多学者都作过深入的研究，其中最具代表性的就是美国行为科学家道格拉斯·M. 麦格雷戈（Douglas M.McGregor）提出的"X 理论-Y 理论"和美国行为科学家埃德加·H. 沙因（Edgar H.Schei）提出的"四种人性假设理论"。

2.1.1　X 理论—Y 理论

麦格雷戈认为，有关人的性质和人的行为的假设对于决定管理人员的工作方式来讲是极为重要的，不同的管理人员之所以会采用不同的方式来组织、控制和激励人们，原因就在于他们对人的性质的假设是不同的。他经过长期研究后，在 1957 年 11 月的美国《管理评论》杂志上发表了《企业中人的方面》一文，提出了著名的"X 理论—Y 理论"，并在以后的著作中对这一理论作了进一步发展和完善。

1. X 理论

麦格雷戈将传统的人们对人性的假设称为 X 理论，并将这一观点的内容归纳为以下几个方面。

（1）大多数人生性都是懒惰的，他们尽可能地逃避工作。

（2）大多数人都没有什么雄心壮志，不喜欢负什么责任，宁可让别人领导。

（3）大多数人都是以个人为中心的，这会导致个人目标与组织目标相互矛盾，为了达到组织目标必须靠外力严加管制。

（4）大多数人都是缺乏理智的，不能克制自己，很容易受别人影响。

（5）大多数人习惯于保守，反对变革，安于现状。

（6）大多数人都是为了满足基本的生理需要和安全需要，他们将选择那些在经济上获利最大的事去做。

（7）只有少数人能克制自己，这部分人应当担负起管理的责任。

X 理论的观点非常类似于我国古代的性恶论，认为"人之初，性本恶"。在这种理论的指导下，必然会形成严格控制的管理方式，以金钱作为激励人们努力工作的主要手段，对消极怠工的行为采取严厉的惩罚，以权力或控制体系来保护组织本身和引导员工。

2. Y 理论

基于 X 理论，麦格雷戈提出了与之完全相反的 Y 理论，这一理论的主要观点如下所述。

（1）一般人并不是天性就不喜欢工作的，工作中体力和脑力的消耗就像游戏和休息一样自然，工作可能是一种满足，因而自愿去执行，也可能是一种处罚，因而只要可能就想逃避，到底怎样，要视环境而定。

（2）外来的控制和惩罚并不是促使人们为实现组织的目标而努力的唯一方法，它甚至对人是一种威胁和阻碍，并放慢了人成熟的脚步，人们愿意实行自我管理和自我控制来完成应当完成的目标。

（3）人的自我实现的要求和组织要求的行为之间是没有矛盾的，如果给人提供适当的机

① 参见董克用，叶向峰. 人力资源管理概论. 北京：中国人民大学出版社，2003：104.

会，就能将个人目标和组织目标统一起来。

（4）一般人在适当条件下，不仅学会了接受职责，而且还学会了谋求职责，逃避责任、缺乏抱负以及强调安全感通常是经验的结果，而不是人的本性。

（5）所谓的承诺与达到目标后获得的报酬是直接相关的，它是达成目标的报酬函数。

（6）大多数人，而不是少数人，在解决组织的困难与问题时，都能发挥较高的想象力、聪明才智和创造性，但是在现代工业生活的条件下，一般人的智慧潜能只是部分地得到了发挥。

Y 理论的观点非常类似我国古代的性善论，认为"人之初，性本善"。以这一理论为指导，管理的方式和方法必然也会不同，管理者的重要任务不再是监督控制，而是创造一个使人得以发挥才能的工作环境，发挥员工的潜力，使员工在完成组织目标的同时也达到自己的个人目标；同时对人的激励主要是给予来自工作本身的内在激励，让员工担当具有挑战性的工作，担负更多的责任，满足其自我实现的需要。

麦格雷戈认为 Y 理论较 X 理论更为优越，因此管理应当按照 Y 理论来行事。但是后来，约翰·J. 莫尔斯（John J-Morse）和杰伊·W. 洛希（Jay W.ldomeh）这两位学者经过实验证明麦格雷戈的这一观点是不正确的，他们于 1970 年在《哈佛商业评论》上发表了《超 Y 理论》一文，提出了著名的"超 Y 理论"，对麦格雷戈的"X 理论—Y 理论"作了进一步的完善。该理论的主要观点如下所述。

（1）人们是抱着各种各样的愿望和需要加入企业组织的，人们的需要和愿望有不同的类型。有的人愿意在正规化、有严格规章制度的组织中工作；有的人却需要更多的自治和更多的责任，需要有更多发挥创造性的机会。

（2）组织形式和管理方法要与工作性质和人们的需要相适应，不同的人对管理方式的要求是不一样的。对上述的第一种人应当以 X 理论为指导来进行管理，而第二种人则应当以 Y 理论为指导来进行管理。

（3）组织机构和管理层次的划分，员工的培训和工作的分配，工资报酬、控制程度的安排都要从工作的性质、工作的目标和员工的素质等方面考虑，不可能完全一样。

（4）当一个目标达到以后，可以激起员工的胜任感和满足感，使之为达到新的更高的目标而努力。

按照超 Y 理论的观点，在进行人力资源管理活动时要根据不同的情况，采取不同的管理方式和方法。

2.1.2　四种人性假设理论

美国行为科学家埃德加·沙因在其 1965 年出版的《组织心理学》一书中把前人对人性假设的研究成果归纳为"经济人假设""社会人假设"和"自我实现人假设"，并在此基础上提出了"复杂人假设"，它将这四种假设排列称为"四种人性假设"。到目前为止，应当说这是对人性假设所作的最为全面的一种概括和研究。

1. 经济人假设

这种假设相当于麦格雷戈提出的 X 理论，沙因将经济人假设的观点总结为以下几个方面。

（1）人是由经济诱因来引发工作动机的，其目的在于获得最大的经济利益。

（2）经济诱因在组织的控制之下，因此，人总是被动地在组织的操纵、激励和控制之下从事工作。

（3）人以一种合乎理性的、精打细算的方式行事，总是力图用最小的投入获得满意的报酬。

（4）人的情感是非理性的，会干预人对经济利益的合理追求，组织必须设法控制人的感情。

2. 社会人假设

这种假设是人际关系学派的倡导者梅奥等人提出的，它最初的依据就是历时长达 8 年之久的霍桑实验所得出的一些结论。按照社会人的假设，管理的重点就是要营造和谐融洽的人际关系。沙因将社会人假设的观点总结为以下四点。

（1）人类工作的主要动机是社会需要，人们要求有一个良好的工作氛围，要求与同事之间建立良好的人际关系，通过与同事的关系获得基本的认同感。

（2）工业革命和工作合理化的结果，使得工作变得单调而无意义，因此必须从工作的社会关系中寻求工作的意义。

（3）非正式组织有利于满足人们的社会需要，因此非正式组织的社会影响比正式组织的经济诱因对人有更大的影响力。

（4）人们对领导者的最强烈期望是能够承认并满足他们的社会需要。

3. 自我实现人假设

这种假设相当于麦格雷戈提出的 Y 理论，此外马斯洛（Maslow）的"需求层次理论" 中自我实现的需要和克里斯·阿吉里斯（Chris Argyris）的"不成熟——成熟"理论中个性的成熟也都属于自我实现人的假设，沙因将自我实现人假设的观点总结为以下几点。

（1）人的需要有低级和高级之分，从低级到高级可以划分为多个层次，人的最终目的是满足自我实现的需要，寻求工作上的意义。

（2）人们力求在工作上有所成就，实现自治和独立，发展自己的能力和技术，以便富有弹性，能适应环境。

（3）人们能够自我激励和自我控制，外部的激励和外部的控制会对人产生威胁，产生不良的后果。

（4）个人自我实现的目标和组织的目标并不是冲突的，而是能够达成一致的，在适当的条件下，个人会自动地调整自己的目标并使之与组织目标相配合。

4. 复杂人假设

这种假设类似约翰·J.莫尔斯和杰伊·W.洛希提出的超 Y 理论。沙因认为，经济人假设、社会人假设和自我实现人假设并不是绝对的，它们在不同的环境下针对不同的人分别具有一定的合理性，由于人们的需要是复杂的，因此不能简单地相信或使用某一种假设，在关于人的本质的问题上，存在一个有趣的现象：中国古代至近现代许多思想家和学者，对人的本质的认识取得了与上述四种假设相似的结论。

中西观点的类似，说明人类在认识自己的过程中逐渐取得了共识，也说明了这些观点的典型意义。人性假设理论见表2-1。

为此他提出了复杂人假设。这一假设包括以下几个方面的观点。

（1）每个人都有不同的需要和不同的能力，工作的动机不但非常复杂而且变动性也很大，人们的动机安排在各种重要的需求层次上，这种动机阶层的构造不但因人而异，而且对同一个人来说，在不同的时间和地点也是不一样的。

表 2-1　关于人性的假设

西方理论	经济人（x）	社会人	自我实现人（y）	复杂人（超y）
中国古代理论	性恶论	性善论	尽性主义	流水人性
内涵	目好色，耳好声，口好味，心好利，骨体肤里好愉逸。（荀子）	恻隐之心，羞恶之心，辞让之心，是非之心。（孟子）	把各人的天赋良能发挥到十分圆满，人人可以自立。（梁启超）	人性无善与不善，决诸东方则东流，决诸西方则西流。（告子）

资料来源：张德. 人力资源开发与管理. 北京：清华大学出版社，2001：19.

（2）人的很多需要不是与生俱来的，而是在后天环境的影响下形成的，一个人在组织中可以形成新的需求和动机，因此，一个人在组织中表现的动机模式是他原来的动机模式与组织经验交互作用的结果。

（3）人们在不同的组织和不同的部门中可能有不同的动机模式，例如有人在正式组织中满足物质利益的需要，而在非正式组织中满足人际关系方面的需要。

（4）一个人在组织中是否感到心满意足，是否肯为组织奉献，取决于组织的状况与个人的动机结构之间的相互关系，工作的性质、本人的工作能力和技术水平、动机的强弱以及同事之间的关系等都可能对个人的工作态度产生影响。

（5）人们依据自己的动机、能力以及工作性质，会对一定的管理方式产生不同的反应。

按照复杂人假设，实际上不存在一种适合于任何时代和任何人的通用管理方式和方法，管理必须是权变的，要根据不同的人的不同需要和不同情况采取相应的管理方式。

【实务指南 2-1】X、Y、Z 理论在人力资源管理中的应用

1. X 理论的应用

按照 X 理论，管理者应在组织管理中对员工进行经济和物质利益上的刺激或激励。对应的人力资源管理方式的特点体现为：管理的重点是让员工完成工作任务、提高工作效率；管理制度上应注意发挥正式组织的功能，建立有权威性的管理机构，完善各项规章制度；奖励方式上主张金钱刺激，突出个人奖励并力图扩大奖励差别，同时对消极怠工者采取严厉的惩罚，采用"萝卜加大棒"。管理者是工作的指挥者，管理方式是一种任务导向型管理。在现实的企业管理中，很多企业都会用到这一假设及其管理原理，从而有效地激励和管理员工的生产经营活动。事实上，人首先就应该是一个"经济人"，只有当你满足了一个人的经济利益和物质利益后，对人的管理才具有经济基础和物质基础，建立现代人力资源管理机制才具备了第一步。作为一个组织，要想管理好人才，留住人才，应首先给员工以适合的经济利益和物质利益。人要生存，没有经济基础和物质基础是不可能的。无论管理多么现代化，管理好人才还得靠合适的薪酬，这也许是第一要素。

2. Y 理论的应用

Y 理论所对应的管理方式体现为：管理的重点在于给被管理者创造能发挥其才能的工作环境，以工作本身的挑战性来激发被管理者的潜力，使人们在完成组织目标的同时也能实现自己的目标；管理制度上则给予人们更多的自主权，使其自由决定自己的工作方式和方法，以充分展示个人才能，释放个人活力，达到个人所希望的成就；管理方式上则主张给予人们具有挑战性的工作，并使其担负更多的责任，以满足尊重需求和自我实现等高层次的需要。其

主要任务就是创造条件使个人和组织的目标融合一致，为发挥人们的聪明才智营建良好的环境条件，并帮助人们尽可能减少或消除在自我实现过程中遇到的障碍。显然，这种自我实现观念的管理方式是一种目标管理或自主管理模式。在人力资源管理的基础阶段，需要适当的薪酬来刺激；当薪酬达到一定程度的时候，如果再继续增加薪酬筹码，起到的激励效果可能就不会与投入成正向关系。

当员工获得高薪后，便觉得自己已经具有一定物质基础，其深层次的如安全保障、受人尊重、社会交际、社会知名度等开始由隐性变为显性，开始由"经济人"向"社会人"转变。从实践的角度尤其应该注意的：一是以管理者个人的人格魅力来领导员工；二是创造具有亲和力的企业文化氛围；三是合理配置工作岗位，充分发挥员工的潜力；四是以培训和事业发展前景激励员工。

3. Z 理论的应用

与复杂人性假设的 Z 理论相对应的管理方式是：人们是怀着许多不同的需要加入工作组织的，各自有不同的情况，有的人自由散漫，不愿参与决策，也不愿承担责任，这就需要正规化的组织机构和严格的规章制度加以约束；有的人责任心强，积极向上，则需要更多的自治、责任和发挥创造性的机会去实现尊重和自我实现的需要。组织形式和管理方法要与工作性质和人们的需要相适应，这时候人力资源管理应该做的是如下内容。

（1）树立核心价值观。企业的核心价值观是企业组织对自己、未来、顾客、员工、社区、社会等各方面的基本看法和价值取向。作为企业文化的核心维度，它是企业在成长中所坚持的基本信条，是决定企业能否持续发展的关键。核心价值观对组织的发展都具有巨大的引导作用，通过核心价值观的整合把员工不同的价值取向内化为企业核心价值观，形成合力。

（2）根据员工的差异实现多维度的管理。管理者要依据企业的内外环境变化确定不同的组织形式和管理方式。要善于发现员工在需求、动机、能力、个性的差异，因人、因时、因事、因地制宜地采取灵活多变的管理方式与奖酬方式，实现灵活多变的多维度的管理方法。

2.2　激励理论

2.2.1　激励的基本过程

简单地说，激励就是激发人内在的行为动机并使之朝着既定目标前进的整个过程，由此可见，激励是与人们的行为联系在一起的，因此我们首先要简要了解一下行为的形成过程。

心理学的大量研究表明，人们的行为都是由动机决定和支配的，而动机则是在需要的基础上产生的。当人们产生了某种需要而这种需要又没有得到满足时，就会出现一种紧张和不安的情绪，为了消除这种紧张和不安，人们就会去寻找满足需要的对象，从而产生进行活动的动机。在动机的支配下，人们会进行满足需要的行为，在需要不断得到满足的过程中，动机会逐渐减弱，当人们的需要完全得到满足时，紧张和不安的心理状态就会消除，然后就会产生新的需要，形成新的动机，引发新的行为，见图 2-1。

根据行为的形成过程，美国管理学家 A.D.希拉季（A.D.Szilagyi）和 M.J.华尔斯（M.J. Wallace）把激励的过程分为七个阶段，见图 2-2。

由图 2-2 中可以看出，激励过程中的七个阶段如下所述。

（1）需要的产生，在人的内心产生不平衡，引起心理上的紧张。

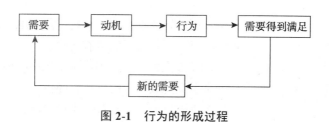

图 2-1 行为的形成过程

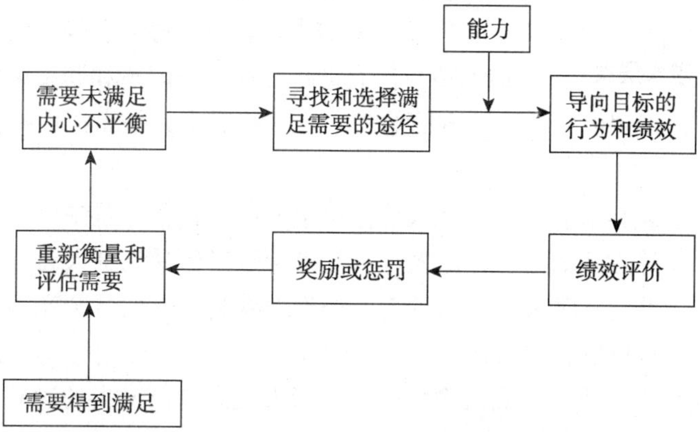

图 2-2 激励的基本过程

资料来源：徐子建. 管理学. 北京：对外经济贸易大学出版社，2002：206.

（2）个人寻找和选择满足需要的对象和方法，当然在选择满足需求的途径时，要以自身的能力为基础来进行，不能选择那些不现实的方法。

（3）个人按照既定的目标去行动，为实现目标而努力。

（4）组织对个人在实现目标方面的绩效进行评价。

（5）根据绩效考核的结果进行奖励或惩罚。

（6）根据奖励和惩罚重新衡量和评估需要。

（7）如果这一激励过程满足了需要，个人就会产生满足感；如果需要没有得到满足，激励过程就会重复，可能要选择另一种不同的行为。

2.2.2 内容型激励理论

管理心理学认为，需要是激励过程的起点，即从人的动机、行为之源头——人的需要出发，试图阐述引起、维持并指导某种行为去实现目标的人的种种内在因素。

内容型激励理论主要是研究激励的原因和起激励作用的因素的具体内容，马斯洛的需求层次理论、阿尔德弗的 ERG 理论、赫茨伯格的双因素理论和麦克利兰的成就激励理论是最为典型的几种内容型激励理论。

1. 需求层次理论

美国心理学家马斯洛在 1943 年出版的《人类激励的一种理论》一书中首次提出了需求层次理论，1954 年在《激励与个性》一书中又对该理论作了进一步的阐述。他将人们的需要划分为五个层次：生理需求、安全需求、社交需求、尊重需求和自我实现需求，见图 2-3。

（1）生理需求。这是人类维持自身生存所必需的最基本的需求，包括衣、食、住、行的

图 2-3　马斯洛需求层次

各个方面，如食物、水、空气以及住房等。生理需求如果得不到满足，人们将无法生存下去。

（2）安全需求。这种需求不仅指身体上的，希望人身得到安全、免受威胁，而且还有经济上的、心理上的以及工作上的等多个方面，如具有一份稳定的职业、心理不会受到刺激或者惊吓、退休后生活有所保障等。

（3）社交需求。有时也称作友爱和归属的需求，是指人们希望与他人进行交往，与同事和朋友保持良好的关系，成为某个组织的成员，得到他人关爱等方面的需求。这种需求如果无法得到满足，可能就会影响人们精神的健康。

（4）尊重需求。包括自我尊重和他人尊重两个方面。自我尊重主要是指对自尊心、自信心、成就感和独立权等方面的需求，他人尊重是指希望自己受到别人的尊重、得到别人的承认，如名誉、表扬、赞赏、重视等。这种需求得到了满足，人们就会充满信心，感到自己有价值，否则就会产生自卑感，容易使人沮丧、颓废。

（5）自我实现需求。这是最高层次的需求，指人发挥自己最大的潜能，实现自我的发展和自我的完善，成为自己所期望的人的一种愿望。

按照马斯洛的观点，人们的这五种需求是按照生理需求、安全需求、社交需求、尊重需求、自我实现需求的顺序从低级到高级依次排列的。满足需求的顺序也同样如此，只有当低一级的需求得到基本的满足以后，人们才会去追求更高一级的需求；在同一时间，人们可能会存在几个不同层次的需求，但总有一个层次的需求是发挥主导作用的，这种需求就称为优势需求；只有那些未满足的需求才能成为激励因素；任何一种满足了的低层次需求并不会因为高层次需求的发展而消失，只是不再成为行为的激励因素而已；这五种需求的次序是普遍意义上的，并非适用于每个人，一个人需求的出现往往会受到职业、年龄、性格、经历、社会背景以及受教育程度等多种因素的影响，有时可能会出现颠倒的情况。

马斯洛的需求层次理论将人们的需求进行了内容上的区分，揭示了人类心理发展的一般规律，这对于管理的实践具有一定的指导意义，但同时也存在一些问题。马斯洛自己也承认，这一理论并没有得到实证研究的证明。此外，他将需求层次看成是固定的机械上升运动，没有考虑到人们的主观能动性；他认为满足的需求将不再成为人们的动机，但是对于满足的意义解释却不是很明确；在现实中，当一种需求得到满足以后，很难预测到哪一种更高层次的需求会成为下一个必须满足的需求。

2. ERG 理论

这是美国心理学家克雷顿·阿尔德弗（Clayton Alderfer）提出的一种理论，他在大量研究的基础上，对马斯洛的需求层次理论进行了修正，认为人的需求主要有三种：生存需求（existence）、关系需求（relatedness）和成长需求（growth），由于这三个词的第一个英文大写字母分别是 E，R，G，因此又被称为 ERG 理论。

（1）生存需求。这是人类最基本的需求，包括生理上和物质上的需求，这类需求相当于马斯洛提出的生理需求和安全需求。

（2）关系需求。指与他人进行交往和联系的需求，这相当于需求层次理论中的社交需求和尊重需求中的他人尊重部分。

（3）成长需求。指人们希望在事业上有所成就，在能力上有所提高，不断发展、完善自己的需求，这可以与需求层次理论中的自我实现需求以及尊重需求中的自我尊重部分相对应。

阿尔德弗认为，各个层次的需求得到的满足越少，人们就越希望满足这种需求；较低层次的需求得到越多的满足，就越渴望得到较高层次的需求；如果较高层次的需求受到挫折、得不到满足，人们的需求就会退到较低层次，重新追求低层次的需求。据此阿尔德弗提出，在满足需求的过程中，既存在需求层次理论中提到的"满足—上升"趋势，也存在"挫折—倒退"趋势。此外，他还指出，人们所有的需求并不都是天生就有的，有些需求是经过后天学习和培养得到的，尤其是较高层次的需求。

应当说，阿尔德弗的 ERG 理论并没有突破马斯洛的需求层次理论，只是将后者的需求层次进行了简化，并作了更加符合人们心理状态和行为表现的解释。根据他们的理论，在人力资源管理过程中，为了调动员工的工作积极性和主动性，管理者必须首先明确员工的哪些需求没有得到满足，以及员工最希望得到的是哪些需求，然后再有针对性地来满足员工的这些需求，这样才能最大限度地刺激员工的动机，发挥激励的效果。

3. 双因素理论

双因素理论，又称作"激励—保健因素"理论，这是美国行为科学家弗雷德里克•赫茨伯格（Frederick Herzberg）提出的一种激励理论。20 世纪 50 年代末，赫茨伯格及同时对匹兹堡地区 9 家工业企业的 200 多位工程师和会计师进行了访谈，调查被访者对工作感到满意和不满意的原因分别是什么，在调查研究的基础上，他提出了这一理论。

调查的结果表明，使员工感到满意的因素往往与工作本身或工作内容有关，赫茨伯格将其称为"激励因素"，包括成就、认可、工作本身、责任、晋升和成长 6 个方面；而使员工感到不满意的因素则大多与工作环境和工作条件有关，赫茨伯格将其称为"保健因素"，主要体现在公司政策和行政管理、监督、与主管的关系、工作条件、薪金、同事关系、个人生活、与下属的关系、地位以及安全保障 10 个方面。

对于保健因素，如果不具备时往往会引起员工的不满或消极情绪，对这些因素进行改进以后则会消除员工的不满，但却并不能使员工感到满意；而对于激励因素，如果员工得到满足以后，往往会使员工感到满意，使他们具有较高的工作积极性和主动性，当这些因素缺乏时，员工的满意度会降低或消失，但是并不会出现不满意的情况。也就是说，保健因素只会导致不满，却不会产生满意；而激励因素则只会产生满意，却不会导致不满，这两个因素是彼此相对独立的。

据此，赫茨伯格针对传统的工作满意和不满意的观点，提出了自己不同的看法。传统的观点认为，"满意"的对立面就是"不满意"，因此消除了"不满意"就会产生"满意"；赫茨伯格则认为，"满意"的对立面是"没有满意"，"不满意"的对立面是"没有不满意"；消除"不满意"只会产生"没有不满意"，并不能导致"满意"。

赫茨伯格的双因素理论与马斯洛的需求层次理论有相似之处，他提出的保健因素就相当于马斯洛提出的生理需要、安全需要和社交需要等较低级的需要；激励因素则相当于受人尊敬的需要、自我实现需要等较高级的需要，但这两个理论解释问题的角度是不同的。相比需求层次理论，双因素理论也更进了一步，它使管理者在进行激励时的目标更加明确，也更有针对性。

当然，这一理论同样也有不足的地方。首先，它进行调查的样本的代表性不够，工程师和会计师等白领和一般工人还是存在着较大差异的，因此调查得到的结论并不具有广泛的适用性；其次，人们总是把好的结果归结于自己的努力，而把不好的结果归于客观条件或他人身上，问卷调查没有考虑这种一般的心理状态；最后，许多行为科学家认为，高度的工作满意不一定就产生激励作用，这取决于环境和员工心理方面的许多条件。

赫茨伯格的双因素理论对于人力资源管理的指导意义是，管理者在激励员工时必须区分激励因素和保健因素，对于保健因素不能无限制地满足，这样做并不能激发他们的动机，调动他们的积极性，而应当更多地从激励因素入手，满足员工在这方面的需要，这样才能使员工更加积极主动地工作。此外，在人力资源管理过程中要采取有效的措施，将保健因素尽可能转化为激励因素，从而扩大激励的范围，例如工资本来是属于保健因素的，但是如果将工资与员工的绩效水平挂钩，使工资成为工作结果好坏的一种反映，那么它就会在一定程度上变为与工作本身有关的激励因素，这样就能使工资发挥更大的效用。

4. 成就激励理论

美国心理学家戴维·麦克利兰（David McClleland）等人自 20 世纪 50 年代开始，经过大量的调查和实验，尤其是对企业家等高级人才的激励进行了广泛的研究之后，提出了这一理论。由于这些人员的生存条件和物质需求得到了相对的满足，因此麦克利兰的研究主要集中于在生理需求得到满足的前提下人们还有哪些需求，他的结论是权力需求、归属需求和成就需求。

（1）权力需求。就是对他人施加影响和控制他人的欲望，相比归属需求和成就需求而言，权力需求往往是决定管理者取得成功的关键因素。

（2）归属需求。就是与别人建立良好的人际关系，寻求别人接纳和友谊的需求，这种需求成为保持社会交往和维持人际关系的重要条件之一。

（3）成就需求。就是人们实现具有挑战性的目标和追求事业成功的愿望。

麦克利兰认为，不同的人对上述三种需求的排列层次和所占比重是不同的。成就需求强烈的人往往具有内在的工作动机，这种人对于企业、组织和国家有着重要的作用，一个组织拥有这样的人越多，它的发展就越快，获利就越多。特别是，麦克利兰认为成就需求不是天生就有的，而是通过教育和培训就可以造就出具有高成就需求的人。

这一理论对于管理者来说具有非常重要的指导意义，在进行人力资源管理时，管理者应当充分发掘和培养员工的成就需求，给员工安排具有一定挑战性的工作和任务，从而使员工具有内在的工作动力。

2.2.3　过程型激励理论

过程型激励理论主要研究从动机出现到行为产生、发展变化这一过程中人的心理活动规律，以及其中主要的调节因素，阐明了如何通过心理激励使人的积极性维持在一个较高的水平上。此理论主要是研究行为是如何被引发、怎样向着一定的方向发展、如何保持以及怎样结束这种行为的全过程，其中比较典型的有期望理论、公平理论和目标理论三种。

1. 期望理论

期望理论有很多学者进行研究，其中以美国心理学家 V.H.弗鲁姆（V.H.Vroom）于 1964

年在其著作《工作与激励》一书中提出的理论最具有代表性。在这一理论中，弗鲁姆认为激励力（motivation）的效果取决于效价（value）和期望值（expectance）两个因素，即

$$激励力 = 效价 \times 期望值 \qquad M = V \cdot E$$

在公式中，激励力表示人们受到激励的程度。效价指人们对某一行动所产生的结果的主观评价，取值范围在+1 ~ −1。如果结果对个人越重要，效价值就越接近+1；如果结果对个人无关紧要，效价值就等于0；如果结果越是个人不愿意出现而尽力避免的，效价值就越接近与−1。期望值是指人们对某一行动导致某一结果的可能性大小的估计，它的取值范围是0 ~ 1。

由公式可以看出，当人们把某一结果的价值看得越大，估计结果能实现的概率越大，那么这一结果的激励作用才会越大；当效价和期望值中有一个为零时，激励就会失去作用。

后来，一些行为科学家在弗鲁姆的期望理论中加进了一个总要的变量，即所谓的媒介值，这是指工作绩效和所得报酬之间的关系，它的取值范围也在0 ~ 1，这样就构造出了人们的期望模型，见图2-4。

图2-4　期望理论的基本模式

由此可以看出，在一个组织中激励作用的发挥，取决于三个关系：第一个是个人努力和个人绩效之间的关系；第二个是个人绩效和组织奖励之间的关系；第三个是组织奖励和个人目标之间的关系。只有当人们认为经过个人的努力可以取得一定的绩效，所取得的绩效会得到组织的奖励，同时组织的奖励能够满足自己的需要时，他才会有努力工作的动机，这三个关系中的任何一个减弱，都会影响整个激励的效果。

按照期望理论的观点，人力资源管理为了达到激励员工的目的，必须对绩效管理系统和薪酬管理系统进行相应的改善。在绩效管理中，给员工制定的绩效目标要切实可行，必须是员工经过努力能够实现的；要及时地对员工进行绩效反馈，帮助员工更好地实现目标。对薪酬管理而言，一方面要根据绩效考核的结果及时给予各种报酬和奖励；另一方面就是要根据员工不同的需要设计个性化的报酬体系，以满足员工不同的需要。

2. 公平理论

这是美国心理学家J.S.亚当斯（J.S.Adams）于1956年从人的认识角度出发提出的一种激励理论，这是在社会比较中研究个人所做的贡献与所得的报酬之间如何平衡的一种理论，侧重研究报酬的公平性、合理性对员工积极性的影响。

亚当斯认为，员工的工作积极性不仅受到绝对报酬的影响，还受到相对报酬的影响。当一个人取得报酬以后，不仅关心自己收入的绝对值，还关心自己收入的相对值，也就是说，每个人都会自觉或不自觉地把自己获得的报酬和投入的比率与他人或自己过去的报酬和投入的比率进行比较：

$$(O / I)_A \leftrightarrow (O / I)_B$$

式中，O（outcome）为报酬，包括内在报酬和外在报酬，如工资、奖金、提升和赏识等；I（input）为投入，如工作的数量与质量、技术水平、努力程度、时间和精力等；A 为自己；B 为参照系，一般是与自己大致相当的同事、同行、邻居和朋友等，也可以是过去的自己。与

他人的比较称为社会比较或横向比较，与自己的比较称为纵向比较，人们一般都使用横向的比较。比较的结果会有三种情况：

$$(O/I)_A = (O/I)_B$$
$$(O/I)_A > (O/I)_B$$
$$(O/I)_A < (O/I)_B$$

当 $(O/I)_A = (O/I)_B$ 时，人们会觉得报酬是公平的，他会保持原有的工作投入；当 $(O/I)_A > (O/I)_B$ 或 $(O/I)_A < (O/I)_B$ 时，人们往往会感到不平衡，就会产生紧张，引起动机，会采取多种方法来消除这种不平衡，寻求自己所感觉的公平和合理。

（1）改变投入。人们可以选择对组织增加或减少投入的方式来达到平衡，例如在 $(O/I)_A > (O/I)_B$ 时增加投入，在 $(O/I)_A < (O/I)_B$ 时减少投入。

（2）改变报酬。由于人们一般不会主动要求降低报酬，因此报酬的改变主要是正向的，即通过增加报酬来达到平衡，例如在 $(O/I)_A < (O/I)_B$ 时，要求组织给予自己更多的报酬。

（3）改变对投入和报酬的知觉。在实际报酬和投入没有发生变化的情况下，人们可以通过改变对这些要素的知觉来达到比较的平衡。

（4）改变参照系。人们还可以通过改变比较的对象来减轻原有比较所产生的不公平感。

（5）流动。如果在一个特定的组织中，人们总是会感到不公平，最极端的方法就是离开这个环境，到一个新的部门或一个新的组织中去。

从激励的角度来看，公平理论的意义更多的是消除员工的不满意，保持他们的满意度，从而避免员工降低工作积极性，减少自己的投入。

公平理论对于人力资源管理的意义更多地集中在薪酬管理方面，就是要实施具有公平性的报酬体系，这种公平体现在内部公平、外部公平和自我公平三个方面，要使员工感到自己的付出得到了相应的回报，从而避免员工产生不满情绪。为了保证薪酬体系的公平合理，要从两个方面入手：一方面是薪酬体系的设计，如采用薪酬调查、职位评价等技术来保证公平；另一方面是薪酬的支付，要与绩效考核挂钩，多劳多得，少劳少得，这就从另一个角度对绩效考核体系的公平提出了要求。

3. 目标理论

这一理论也被称作目标设置理论，是美国马里兰大学心理学教授 E.A.洛克（E.A.Locke）于 1968 年提出来的。他和同事经过大量研究发现，对人们的激励大多是通过设置目标来实现的，目标具有引导员工工作方向和努力程度的作用，因此应当重视目标在激励过程中的作用，洛克提出了目标理论的一个基本模式，见图 2-5。

由图 2-5 可以看出，激励的效果主要取决于目标的明确度和目标的难度这两个因素。目标的明确度是指目标能够准确衡量的程度，目标的难度则是指实现目标的难易程度。洛克的研究表明，就激励的效果来说，有目标的任务比没有目标的任务要好；有具体目标的任务比只有笼统目标的任务要好；有一定难度但经过努力能够实现目标的任务比没有难度或者难度过大的任务要好。当然，目标理论发挥作用还必须有一个前提，那就是员工必须承认并接受这一目标。

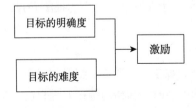

图 2-5　目标理论的基本模式

相比公平理论，目标理论对人力资源管理的意义则更多地体现在绩效管理方面。按照目标理论的要求，在制定员工的绩效目标时要注意以下几个问题：一是目标必须具体、明确；二是目标要有一定的难度，通俗地说就是让员工"跳一跳能够摘到桃子"；三是制定目标时要让员工共同参与，使员工能够认同和接受这一目标。

2.2.4　行为改造型激励理论

行为改造型激励理论以行为主义的条件反射为理论基础，着重研究被管理者的行为的改造，这一理论主要是研究如何改造和转化人们的行为，变消极为积极；以期达到预定的目标。行为改造型激励理论以美国哈佛大学 B.F.斯金纳（B.F.Skinner）的强化理论最为典型。

斯金纳以在巴甫洛夫的条件反射论、华生的行为主义和桑代克的尝试—错误学习理论为基础，经过大量的研究，于 1938 年在《有机体的行为》一书中提出了这种激励理论。这一理论特别重视环境对行为的影响作用，认为人的行为只是对外部环境刺激所做的反应，当行为的结果对自己有利时，这种行为就会加强或重复出现，当行为的结果对自己不利时，这种行为就会减弱或停止。因此按照强化理论的观点，只要控制行为的后果，就可以达到控制和改变人们行为的目的。斯金纳认为，对行为进行改变可以通过四种方法来实现。

（1）正强化。是指在某种行为发生以后，立即用物质的或精神的奖励来肯定这种行为，利用这种刺激使人感到这种行为是有利的或符合要求的，从而增加这种行为在以后出现的频率。

（2）负强化。是指预先告知人们某种不符合要求的行为可能引起的后果，从而使人们为了避免不良的后果而不出现这种不符合要求的行为。负强化同正强化的目的是一样的，只不过两者采取的手段不同。

（3）惩罚。是指当某种不符合要求的行为发生后，给予相应的处罚和惩戒，以这种刺激表示对这种行为的否定，从而减少或阻止这种行为在以后的出现。惩罚虽然能够阻止某一要求行为的发生，但是却不能鼓励任何一种合乎要求行为的出现，而且惩罚往往还会引起员工的抵触、厌烦情绪。

（4）衰减。是指撤销对原来可以接受的行为的强化，由于一段时间内连续的不强化，使该行为逐渐降低了重复发生的频率，甚至最终消失。

强化理论指出，要报据员工行为情况的不同来选择不同的强化方式，见图 2-6。

连续强化指在每次行为发生之后都进行强化。间隔强化指间隔性地进行强化。其中，固定强化就是在固定的一段时间后给予强化；固定比率指在确定数量的行为发生后给予强化；可变间隔指给予强化的时间间隔是变动的，但是时间的长短围绕一个平均数变动；可变比率指在一定数量的行为发生后给予强化，这一数量虽然不是确定的，但却围绕某个确定的数值变动。

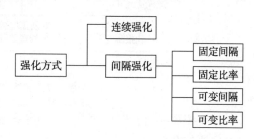

图 2-6　强化方式的类型

强化理论对人力资源管理的借鉴意义在于要建立完善的绩效管理体系和奖惩制度；对员工的绩效考核不仅要注重目标，还要注意过程；要及时发现员工的有效行为和不良行为并及时给予奖励或惩罚，以达到引导和纠正员工行为的目的。此外，还要加强人力资源管理的培训活动，通过培训对员工的行为进行有计划、有目的的训练，并不断强化，使员工的行为与组织的目标紧密结合起来。

2.2.5 综合激励理论

综合激励理论试图综合各种激励理论，从系统的角度解释人的行为激励过程，以期能解决较为复杂的激励问题。

上述各种类型的激励理论都是从不同角度出发来研究激励问题的，因此都不可避免地存在这样或那样的问题，而综合型的激励理论则试图综合考虑各种因素，从系统的角度来理解和解释激励问题，这种理论主要有勒温的早期结合激励理论、波特和劳勒的综合激励理论。

1. 勒温的早期综合激励理论

最早期的综合激励理论是由心理学家勒温（Lewin）提出来的，称作场动力理论，用函数关系可以表示为

$$B = f(P \times E)$$

式中，E 为个人行为的方向和向量；f 为某一个函数关系；P 为个人的内部动力；E 为环境的刺激。这一公式表明，个人的行为向量是由个人内部动力和环境刺激的乘积决定的。

根据勒温的理论，外部刺激是否能够成为激励因素，还要看内部动力的大小，两者的乘积才决定了个人的行为方向，如果个人的内部动力为零，那么外部环境的刺激就不会发生作用；如果个人的内部动力为负数，外部环境的刺激就有可能产生相反的作用。

2. 波特和劳勒的综合激励理论

这是美国学者 L.W.波特（L. W. Porter）和 E.E.劳勒（E. E. Lawler）在弗鲁姆期望理论的基础上，于 1968 年提出的一种综合性的激励理论，它包括努力、绩效、能力、环境、认识、奖酬和满足等变量，它们之间的关系见图 2-7。

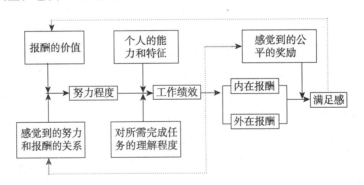

图 2-7　波特和劳勒的综合激励模型

这一模型表明，先有激励，激励导致努力，努力产生绩效，绩效导致满足。它包括以下几个主要的变量。

（1）努力程度。它是指员工所受到的激励程度和所发挥出来的力量，取决于员工对某项报酬价值的主观看法，以及经过努力得到报酬的可能性的主观估计。报酬的价值大小与对员工的激励程度是成正比的，报酬的价值越大，对员工的激励程度就越大，反之就越小；员工每次行为最终得到的满足会反过来影响他对这种报酬的价值估计。同时，努力程度与经过努

力得到报酬的可能性大小也成正比，经过努力取得绩效进而获得报酬的可能性越大，努力程度就越大；员工每一次行为所形成的绩效也会反过来影响他对这种可能性的估计。

（2）工作绩效。工作绩效不仅取决于员工的努力程度，还取决于员工自身的能力和特征，以及他对所需完成任务的理解程度。如果员工自身不具备相应的能力，即使他再努力也可能无法完成工作任务；如果员工对自己所要完成的任务了解的不是很清楚，那么也会影响工作绩效的取得。

（3）工作报酬。报酬包括内在报酬和外在报酬，它们和员工主观上感觉到的公平的奖励一起影响着员工的满足感。

（4）满足感。这是个人实现某项预期目标或完成某项预定任务时所体验到的满意感，它依赖于所在得报酬同所期望得到的结果之间的一致性，当实际的结果大于或等于预期时，员工会比较满足；当实际的结果小于预期时，员工会产生不满。

波特和劳勒认为，员工的工作行为是受多种因素结合激励的结果。要想使员工做出好的工作业绩，首先要激发他们的工作动机，使他们努力工作；然后根据员工的工作绩效实施奖励，在奖励过程中要注意公平，否则就会影响员工的满足感；而员工的满足感反过来又会变成新的激励因素，促使员工努力工作获得新的绩效，如此循环往复。

上面我们简要地介绍了几种最具代表性的激励理论，应当说，这些理论对激励问题做出了比较深入和准确的研究，这对人力资源管理的实践活动具有非常重要的指导意义。但是需要注意的是，这些理论都是在一定的条件和环境下得出的，因此都有相应的适用范围，并不是绝对的真理，在实践过程中，我们必须根据具体的情况灵活加以运用，绝对不能生搬硬套。此外，这些理论对激励的解释基本都是从不同的角度入手进行的，不可避免地具有一定的片面性，因此在实践中，我们应当对这些理论综合加以运用。

☆人力资源管理备忘录——激励理论研究的新趋势

进入 21 世纪，流程再造、团队管理、知识管理、人本管理等管理方法和哲学的兴起将企业管理理论研究推进到了一个新的阶段。在这种新环境下，激励理论研究将呈现以下四大趋势。

1. 基于行为主义研究结果基础上的激励约束机制研究

现有的针对企业高层经营管理者的激励约束机制研究模型基本上是在"经济人假设"基础上进行的。然而，行为主义学者的研究结果已经使"经济人假设"的弊端昭然若揭。将行为主义学者研究的思路纳入基于非对称信息博弈的激励约束机制研究模型，体现两大研究思路的融合，这是一种必然的趋势。事实上，"隐性激励机制""代理人市场声誉模型"以及"股票期权激励"正是在这方面做的尝试，前两者打破了"经济人假设"，而"股票期权激励"则体现了激励约束机制研究模型与行为主义研究思路中的期望理论的结合。同时，行为主义学者也需要运用行为学的研究方法进一步深入研究高层经营管理者追求的目标以及这些目标是如何去激励高层经营管理者的。

2. 基于团队的激励模式研究

在团队管理思想已经深入人心、团队管理方式已经被广泛运用的今天，传统的管理制度和管理方式已经显得力不从心，基于团队管理的一些理论迫切需要发展和完善。基于团队的激励模式研究尤其如此。阿尔钦和德姆塞茨，以及霍姆斯特姆和米尔格罗姆对工作团队激励的研究仅仅局限在"经济人假设"基础上的成本效益研究。行为主义学者对群体的研究形成了一些有关群体压力、群体凝聚力等方面的重要研究成果。与激励单个员工相比，在工作团队中，员工并不仅仅追求经济利益这一点体现得更为明显。如何把行为主义学者有关群体理论的研究成果运用到团队激励模式研究中去，建立更为合理、更接近现实、具有更大实用性的团队激励模型自然也就成了一个亟待研究的课题。

3. 基于扁平化组织中的员工激励模式研究

企业流程再造和组织结构扁平化也代表了当今管理的一大趋势。在传统的科层式组织中，企业能够为组织中的员工提供较广阔的职位晋升空间，能够满足员工"尊重感"方面的需求。但在流程再造后扁平化的组织结构中，中层管理者职位被大量削减了，已经不能提供足够的职位晋升机会去满足员工的"尊重感"需求。在这样的情况下，企业如何应对？研究可能会向三个方向发展：（1）研究除了"职位晋升"以外的其他能满足员工"尊重感"需求的手段，比如配备轿车；（2）研究给予机会并引导员工追求比"尊重感"需求更高一层的"自我实现需求"，比如给予员工更多的授权；（3）根据"受挫—倒退"规律，研究员工在因为没有职位晋升而不能满足"尊重感"需求的情况下，可能会在哪些方面产生更强烈的需求，管理者如何去满足这些需求。

4. 基于自我实现基础上的员工授权研究

在较低层次需要得到广泛满足的今天，越来越多的员工开始追求"自我实现"的需求。他们希望能够尽可能不受控制地去干自己喜欢干的事情，并从中体验到快乐。针对这些员工，如何进行激励？目标管理已经初步给了我们答案：那就是设定目标，然后给予员工足够的授权，通过目标去控制员工的工作成果，而不是干预、控制员工的工作过程。那么，"如何有效地授权"就成了一个需要深入研究的课题。相关的研究从 20 世纪 90 年代中期开始就已经成了国外学术界的一个研究热点。这一研究热点仍将持续。

【实务指南 2-2】西方激励理论在我国企业管理中的借鉴与应用

1. 根据不同需求采取不同的激励手段

（1）采用多种方式进行物质激励。根据物质激励的特点，为提高激励效果，企业在物质激励方式上要不断创新。从近年发达国家企业工资结构来看，福利费用所占的比例越来越大。这种变化趋势说明，对于员工利益的保证机制正在向较深层次发展。企业在交通、住房、休假等浅层次方面的问题也应妥善解决，要给员工提供一个良好的工作环境和工作条件。另外，作为分配的又一种形式应将员工的养老保险、失业保险、医疗保险、住房公积金等纳入现行的福利计划。这些保健因素对留住人才是至关重要的，对于将要离职的人来说，这些因素恰恰是他的离职成本，是他所不得不认真考虑的因素。国有企业在较低收入及激励状况下仍能留住大量的人才，以上福利待遇起到了相当大的作用。

（2）注重工作激励。一是让职工充分参与管理与决策。参与激励又被称为民主激励，充分地尊重员工的民主权利，并为员工行使民主权利创造条件，让员工参与管理，参与决策，可以极大地提高员工的投入程度，提高员工工作的积极性和自觉性，感到自己是集体中的重要一员，而不是可有可无的。如此结果既可以密切领导与员工的关系，增强民主的气氛，又能产生极大的向心力。

二是使工作丰富化。现在多数企业都实行了目标成本管理和质量管理。对每个岗位都有成本目标和质量标准要求，这对加强管理非常重要，但如能在分解目标任务时相应地赋予职工一定的权力，使每个人的身上都有目标、有责任、有权力，会对完成目标任务起到激励作用。这些权力包括有权拒收上道工序的不合格产品，在不影响企业整体目标完成的前提下自主决定本岗位的工作程序和进度等。对中层以上技术管理人员和销售人员制订富有挑战性的工作目标和给予更大的工作权限，以满足其渴望挑战，渴望进取成功的需求。

三是不要侵占职工应有的业余时间。现在越来越多的职工希望有接受再教育和休闲娱乐、放松身心的自由支配时间，但目前在一些企业，职工的双休日被剥夺，并经常被要求加班加点，长此下去，会使职工对工作产生厌倦，对企业产生不满，会降低工作效率，进而对企业的发展会产生负面影响，这个问题应引起企业管理者的注意。

（3）不能忽视情感激励。实施情感激励对增强企业凝聚力和竞争力有着重要作用。现在，多数企业对情感激励都非常重视，如尽力改善职工的工作和生活条件；经常与职工沟通，及时了解他们在生活上的困难并全力解决，让职工满意；尊重信任职工，重视他们的意见或建议等。但也有少数企业在这方面还做得相当不够。如有的企业职工长期生活、工作在恶劣的环境中，身心健康受到损害；有的企业经营者实行家长制管理，高高在上；有的企业不尊重职工，排挤外来人员等。这些企业的经营者必须转变管理方式，重视情感激励，否则企业迟早会被市场淘汰。

（4）侧重教育激励。现在，企业面临技术创新、职工就业压力不断增大，这一切使得企业职工特别是青年职工迫切需要接受再教育，掌握多种技能，提高自身素质。因此，企业应更加侧重教育激励，增加这方面支出，为职工提供更多受教育的机会和条件。一些企业已成立了自己的大学或职工培训中心、职工夜校；多数企业实行了全员培训、岗位培训；一些企业还将工作表现好的职工送外进修学习等。这样做不仅满足了职工渴望再教育的需求，也为企业培训了大批人才。

（5）领导者的言行激励。企业的领导者是企业生产经营活动的决策者，组织者和指挥者，也是企业员工的教育者。因此，企业的领导者除去通过各种工作激励人的积极性外，还要通过自己的言行，思想情感影响激励员工的积极性。领导者的言行激励，首先表现在领导者的行为上。古人云："其身正，不令而行，其身不正，有令不从"。因此，领导者的言行激励一要提高自身素质，二要以身作则。其次是领导者对下属的支持激励，在平时的工作中，领导者应该尊重下属，而不能唯己是才、唯我独尊，除必要的指导外，要充分的信任下属，真正做到"用人不疑，疑人不用"。同时还要正确运用强化措施，即表扬、奖励和批评等。在政治上和生活上关怀下属，解除他们的后顾之忧。

（6）企业文化的激励，是提高员工积极性的有效途径。实践证明，培养企业职工的内在动力的一条良策就是创造优秀的企业文化，优秀的企业文化对增强企业凝聚力、向心力，提高效益具有巨大的推动作用。

2. 对所有员工一视同仁

由于劳动力资源的富余和技术、管理人才的稀缺，企业长期以来普遍对中高层人才的激励比较重视，能运用物质、精神、工作、情感等多种激励手段激发其积极性和创造性，而对普通职工的激励相对重视不够。虽然由于需求不同、贡献不同，对技术管理人才和一般职工的激励方法组合和给予激励的标准会有差别，但在激励重视程度上应一视同仁。只有这样，才能调动全体员工的积极性和创造性，增加企业整体凝聚力，促进企业更快地发展。

本章——小结

人力资源管理是对人进行的管理，因此对人的基本看法将直接决定人力资源管理的具体管理方式与管理方法，人性假设从而也就构成了人力资源管理的一个理论基础。

麦格雷戈在 1957 年提出了著名的"X 理论—Y 理论"。

美国行为科学家沙因在其 1965 年把前人对人性假设的研究成果归纳为"经济人假设""社会人假设"和"自我实现人假设"，并在此基础上提出了"复杂人假设"，它将这四种假设排列称为"四种人性假设"。

激励理论主要包括有以下几类。

内容型激励理论——主要是研究激励的原因和起激励作用的因素的具体内容，马斯洛的需求层次理论、阿尔德弗的 ERG 理论、赫茨伯格的双因素理论和麦克利兰的成就激励理论是最为典型的几种内容型激励理论。

过程型激励理论——主要是研究行为是如何被引发、怎样向着一定的方向发展、如何保持以及怎样结束这种行为的全过程，其中比较典型的有期望理论、公平理论和目标理论三种。

行为改造型激励理论——主要是研究如何改造和转化人们的行为，变消极为积极；以期达到预定的目标。行为改造型激励理论以强化理论最为典型。

综合型的激励理论则试图综合考虑各种因素，从系统的角度来理解和解释激励问题，这种理论主要代表有勒温的早期结合激励理论、波特和劳勒的综合激励理论。

 复习与思考

一、**单项选择题**（请从每题的备选答案中选出唯一正确的答案，将其英文大写字母填入括号内）

　　1. 人力资源管理的理论基础是（　　）。

　　　　A. 人性假设理论　　　B. 需求层次理论　　　C. 双因素理论　　　D. 公平理论

　　2. 下列不属于内容型激励理论的是（　　）。

　　　　A. 需求层次理论　　　　　　　　　B. 公平理论

　　　　C. ERG 理论　　　　　　　　　　　D. 双因素理论

　　3. 下列属于 Y 理论观点的是（　　）。

　　　　A. 大多数人生性都是懒惰的，他们尽可能地逃避工作

　　　　B. 大多数人习惯于保守，反对变革，安于现状

　　　　C. 只有少数人能克制自己，这部分人应当担负起管理的责任

　　　　D. 承诺与达到目标后获得的报酬是直接相关的，它是达成目标的报酬函数

　　4. 双因素理论是由（　　）提出的。

　　　　A. 马斯洛　　　　B. 阿尔德弗　　　　C. 赫茨伯格　　　　D. 麦克利兰

二、**多项选择题**（每题正确的答案为两个或以上，请从每题的备选答案中选出正确的答案，将其英文大写字母填入括号内）

　　1. 激励理论有（　　）的类型。

　　　　A. 内容型激励理论　　　　　　　　B. 过程型激励理论

　　　　C. 行为改造型激励理论　　　　　　D. 综合型激励理论

2. "人性假设"理论包括（　　　　）。

    A. 经济人假设　　　　　B. 社会人假设　　　　C. 自我实现人假设　　　　D. 复杂人假设

3. 下列属于过程型激励理论的是（　　　　）。

    A. 期望理论　　　　　　B. 公平理论　　　　　C. 强化理论　　　　　　D. 目标理论

4. 强化理论认为，对人们的行为进行改变可以通过（　　　　）方法来实现。

    A. 衰减　　　　　　　　B. 正强化　　　　　C. 负强化　　　　　　　D. 惩罚

三、名词解释

1. X 理论、Y 理论、Z 理论

2. 马斯洛的需求层次理论

四、问答题

1. 人性假设理论包括哪四种？并会怎样影响企业的管理方式？

2. 激励过程中的七个阶段分别是什么？

3. ERG 理论的主要内容是什么？对人力资源管理有什么意义？

4. 双因素理论的主要内容是什么？对人力资源管理有什么意义？

5. 成就激励理论的主要内容是什么？对人力资源管理有什么意义？

6. 公平理论的主要内容是什么？对人力资源管理有什么意义？

五、论述题

1. 每种类型的激励理论的主要内容是什么？对管理的实践有何指导意义？

2. 人力资源管理为什么要重视激励理论？

案例分析 --

案例一：贾厂长的管理模式

贾炳灿同志原是上海高压油泵厂厂长，治厂有方，使该厂连获"行业排头兵"与"优秀企业"称号，是颇有名望的管理干部。1984 年，他主动向局里请求，调到问题较多的上海液压件三厂。局里对他能迅速改变三厂的落后面貌寄予厚望。

贾厂长到任不久，就发现原有厂纪厂规中确有不少不尽合理之处，需要改革。但他觉得先要找到一个能引起震动的突破口，并能改得公平合理，令人信服。

他终于选中了一条。原来厂里规定，本厂干部和职工，凡上班迟到者一律扣当月奖金 1元。他觉得这规定貌似公平，其实不然。因为干部们发现自己可能来不及了，便先去局里或公司兜一圈再来厂，有个堂而皇之的因公晚来借口免于受罚，工人则无借口可依。厂里 400来人，近半数是女工，孩子妈妈，家务事多，早上还要送孩子上学或入园，有的甚至得抱孩子来厂入托。本厂未建家属宿舍，职工散住全市各地，远的途中要换乘一两趟车；还有人住在浦东，要摆渡上班。碰上塞车停渡，尤其雨、雪、大雾，尽管提前很早出门，仍难免迟到。他们想迁到工厂附近，无处可迁；要调往住处附近工厂，很难成功，女工更难办。所有这些理由，使迟到不能责怪工人自己。贾厂长认为应当从取消这条厂规下手改革。

　　有的干部提醒他，莫轻举妄动，此禁一开，纪律松弛，不可收拾；又说别的厂还设有考勤钟，迟到一次扣 10 元，而且是累进式罚款，第二次罚 20 元，第三次罚 30 元。我厂才扣 1 元，算个啥？

　　但贾厂长斟酌再三，这条一定得改，因为一元钱虽少，工人觉得不公、不服，气不顺，就影响到工作的积极性。于是在 3 月末召开的全厂职工会上，他正式宣布，从 4 月 1 日起，工人迟到不再扣奖金，并说明了理由。这项政策的确引起了全厂的轰动，职工们报以热烈的掌声。

　　不过贾厂长又补充道："迟到不扣奖金，是因为常有客观原因。但早退则不可原谅，因为责在自己，理应重罚；所以凡未到点而提前洗手、洗澡、吃饭者，要扣半年奖金！"这有时等于几个月的工资啊。贾厂长觉得这条补充规定跟前面取消原规定同样公平合理，但工人们却反应冷淡。

　　新厂规颁布不久，发现有 7 名女工提前 2～3 分钟不等去洗澡。人事科请示怎么办，贾厂长断然说道："照厂规扣她们半年奖金，这才能令行禁止嘛。"于是处分的告示贴了出来。次日中午，贾厂长偶过厂门，遇上了受罚女工之一的小郭，问她道："罚了你，服气不？"小郭不理而疾走，老贾追上几步，又问。小郭悻悻然扭头道："有什么服不服？还不是你厂长说了算！"她一边离去一边喃喃地说："你厂长大人可曾上女澡堂去看过那像啥样子？"

　　贾厂长默然。他想："我是男的，怎么会去过女澡堂？"但当天下午趁澡堂还没开放，跟总务科长老陈和工会主席老梁一块去看了一趟女澡堂。原来这澡堂低矮狭小，破旧阴暗，一共才设有 12 个淋浴喷头，其中还有 3 个不太好使。贾厂长想，全厂 194 名女工，分两班也每班有近百人，淋一次浴要排多久队？下了小夜班洗完澡，到家该几点了？明早还有家务活要干呢。她们对早退受重罚不服，是有道理的。看来这条厂规制定时，对这些有关情况欠调查了解了……

　　下一步怎么办？处分布告已经公布了，难道又收回不成？厂长新到任定的厂规，马上又取消或更改，不就等于厂长公开认错，以后还有啥威信？私下悄悄撤销对她们的处分，以后这一条厂规就此不了了之，行不？……贾厂长皱起了眉头。

　　（资料来源：参见萧鸣政. 人力资源管理. 北京：中央广播电视大学出版社，2001：16.）

　　思考题：
　　1. 贾厂长是以什么样的人性观来对待员工的？（提示：经济人、社会人、复杂人）
　　2. 如果你是贾厂长，你准备怎样来对待员工？你想采用什么样的激励手段和管理方式？（提示：尊重员工、调查研究）

案例二：浙江"方太"的人力资源激励

　　浙江"方太"厨具有限公司，仅用 6 年时间，就从无到有，由 200 多家吸油烟机厂的最后一名做成中国厨具行业的第二大品牌。除了其二次创业转型成功、父子顺利交接班以外，在人力资源开发方面，"方太"也有独到之处，以下是"方太"在人力资源激励方面的一些"镜头"。

　　●如何管好董事长、总经理"身边的人"？"方太"的做法是，太太如果没有能力管理企业，还是尽量不要让她参与。女儿也要求其另搞企业当总经理。身边的其他人，比如小车司机、秘书，虽然没有职位，但别人会对他另眼相看；还有办公室主任，他掌握的事特别多，其一言一行，均会影响企业形象。这些"董事长、总经理身边的人"往往因自己特殊的身份而产生优越感，进而忽视纪律约束。"方太"对这些"身边的人"，一是经常教育，要求他们带头遵守厂纪厂规，做工作的模范；二是一旦他们违反厂纪厂规，则坚决处理，绝不护短。

● 董事长茅理翔身边的一个工作人员将调任另一部门做他想做的事。此人与茅理翔之间合作得很好。在其写调职申请报告时，有很多人持担心态度，茅理翔也有顾虑，再招一个新手会不会马上适应？尽管这会给茅理翔的工作带来很大不便，但最后茅理翔还是尊重他的选择。临走的时候，他对茅理翔说："董事长，谢谢您！您是我职业生涯中最好的老师。"

● "方太"针对人才跳槽的问题，试验了内部人才流动的办法，效果很好。

● "方太"根据公司的实际情况，搞了车间承包责任制，把生产部门分成 4 个车间，把主要模具工提拔为车间主任，让他们独立承包，并授予一定的权力，如招工权、酬劳分配权等。

● "方太"文化，最具特色的是市场文化和品牌文化。"方太"的企业价值观是"让家的感觉更好"。在品牌文化上，他们提出产品、厂品、人品"三品合一""文化兴牌"的战略，着力提高"方太"的文化品位。他们非常重视党建工作，成立了慈溪市第一家乡镇企业党校，职工文化也开展得有声有色。

（资料来源：参见萧鸣政. 人力资源管理. 北京：中央广播电视大学出版社，2001：2.）

思考题：

1. 本案例给我们带来哪些启示？（提示：激励理论的实际运用）
2. 如何对待事业型的下属？（提示：发展激励、工作激励、授权激励、文化激励）
3. 对家族企业来说如何妥善处理"亲情与经营"的矛盾？（提示：约束激励）

人力资源战略与规划

第 **3** 章

学习目标

- 经营战略的概念和类型
- 人力资源战略理念和分类
- 人力资源规划的含义
- 人力资源规划的内容和分类
- 人力资源规划与人力资源管理其他职能的关系
- 人力资源规划的程序
- 人力资源需求的预测及其方法
- 人力资源供给的预测及其方法
- 人力资源供需的平衡

互联网资料

http://www.cpcb-hrdp.com/
http://csirhrdg.res.in

人力资源规划（human resource planning，HRP）需求预测（requirement forecasting）

供给预测（availability forecasting）主观判断法（subjective estimation method）

德尔菲法（delphi method）趋势预测法（trend forecasting method）

回归预测法（regression forecasting method）比率预测法（ratio forecasting method）

技能清单（skill list）人员替换（personnel replacement）

马尔可夫模型（Markov Model）

3.1　企业人力资源战略分析

人力资源战略属于智能战略，用以支持企业总体战略，所以必须与企业经营战略配合，才能发挥最大效用。

3.1.1　人力资源战略理念

1. 软性的人力资源战略
这种战略认为员工是企业最宝贵的资源，故应珍惜、奖励、发展和并入企业的组织文化里。

2. 硬性的人力资源战略
这种战略则认为员工和企业其他资源一样，都应予以尽量有效益及节约地运用。

两种不同观点不但影响到员工所得到的待遇，而且还代表着两种不同的劳动关系。特别要指出的是，同一种人力资源战略有时可包含两种观点在内，管理者要留意战略所带来的信念，是否跟管理层拟传达给员工的观点一致。

3.1.2　人力资源战略的分类

1. 康奈尔大学的分类
根据美国康奈尔大学的研究，人力资源战略可分为三种：诱引战略、投资战略和参与战略。

（1）诱引战略。这种战略主要是通过丰厚的薪酬去诱引和培养人才，从而形成一支稳定的高素质的员工队伍。常用的薪酬制度包括利润分享计划、奖励政策、绩效奖酬、附加福利等。由于薪酬较高，人工成本势必增加。为了控制人工成本，企业在实行高薪酬的诱引战略时，往往严格控制员工数量，所吸引的也通常是技能高度专业化的员工，招聘和培训的费用相对较低，管理上则采取以单纯利益交换为基础的严密的科学管理模式。

（2）投资战略。这种战略主要是通过聘用数量较多的员工，形成一个备用人才库，以提高企业的灵活性，并储备多种专业技能人才。这种战略注意员工的开发和培训，注意培育良好的劳动关系。在这方面，管理人员担负了较重的责任，确保员工得到所需的资源、培训和支持。采取投资战略的企业目的是要与员工建立长期的工作关系，故企业十分重视员工，视员工为投资对象，使员工感到有较高的工作保障。

（3）参与战略。这种战略谋求员工有较大的决策参与机会和权力，使员工在工作中有自主权，管理人员更像教练一样为员工提供必要的咨询和帮助。采取这种战略的企业很注重团队建设、自我管理和授权管理。企业在对员工的培训上也较重视员工的沟通技巧、解决问题的方法、团队工作等，如日本企业开创的 QC 小组就是这种人力资源战略的典型。

2. 史戴斯和顿菲的分类
根据史戴斯和顿菲的研究（1994），人力资源战略可能因企业变革的程度不同而采取以下四种战略：家长式战略、发展式战略、任务式战略和转型式战略（见表 3-1）。

（1）家长式人力资源战略。这种战略主要运用于避免变革，寻求稳定的企业，其主要特点是：

① 集中控制人事的管理；

表 3-1　史戴斯和顿菲的人力资源战略分类

变革程度	管理方式	人力资源战略
基本稳定，微小调整	指令式管理为主	家长式战略
循序渐进，不断变革	咨询式管理为主，指令式管理为辅	发展式战略
局部改革	指令式管理为主，咨询式管理为辅	任务式战略
总体改革	指令式管理与高压式管理并用	转型式战略

② 强调程序、先例和一致性；

③ 进行组织和方法研究；

④ 硬性的内部任免制度；

⑤ 强调操作和督导；

⑥ 人力资源管理的基础是奖惩和协议。

（2）发展式人力资源战略。当企业处于一个不断变化和发展的经营环境时，为适应环境的变化，企业采取渐进变革式和发展式人力资源战略，其主要特点是：

① 注重发展个人和团队；

② 尽量从内部进行招聘；

③ 大规模的发展和培训计划；

④ 运用内在激励多于外在激励；

⑤ 优先考虑企业的总体发展；

⑥ 强调企业整体文化；

⑦ 重视绩效管理。

（3）任务式人力资源战略。这种企业面对的局部变革，战略的制定是采取自上而下的指令方式。这种单位在战略推行上有较大的自主权，但要对本单位的效益负责。采取这种战略的企业依赖于有效的管理制度，其主要特点是：

① 非常注重业绩和绩效管理；

② 强调人力资源规划、工作再设计和工作常检查；

③ 注重物质奖励；

④ 内部和外部招聘并重；

⑤ 进行正规的技能培训；

⑥ 有正规程序处理劳动关系问题；

⑦ 非常强调战略事业单位的组织文化。

（4）转型式人力资源战略。当企业已完全不能再适应经营环境而陷入危机时，全面变革急不可待，企业在这种紧急情况下没有时间让员工较大范围地参与决策，因为彻底的变革有可能触及相当部分员工的利益而不可能得到员工的普遍支持，企业只能采取强制高压式和指令式的管理，包括企业战略、组织机构和人事的重大改变，创立新的结构、领导和文化。与这种彻底变革相配合的是转型式人力资源战略，其主要特点是：

① 进行影响到整个企业和事业结构的重大变革；

② 调整员工队伍的结构，进行必要的裁员，缩减开支；

③ 从外部招聘管理骨干；

④ 对管理人员进行团队训练，建立新的"理念"和"文化"；

⑤ 打破传统习惯，摒弃旧的组织文化；

⑥ 建立适应经营环境的新的人力资源系统和机制。

3.2 人力资源战略与企业总体经营战略的整合

人力资源战略必须与企业的总体经营战略、发展战略和文化战略等相互配合、相互支持，才能发挥最大效用。人力资源战略与企业总体经营战略的整合有以下形式。

配合式。人力资源战略完全根据企业总体战略的需要而制订，人力资源管理者并不参与总体战略的制定。

互动式。人力资源规划和企业总体规划之间有双向的沟通，人力资源管理一方面促进总体战略的制定，另一方面亦回应总体战略的需要。

完全整合式。人力资源管理者积极参与企业总体战略的制定，参与形式包括正式和非正式两方面。

人力资源战略是职能战略中的一种，企业的任何战略目标的完成，都离不开人力资源战略的配合。人力资源战略也必须与企业的基本经营战略、发展战略和文化战略等相互配合、相互支持，才可能发挥最大效用。

3.2.1 人力资源战略与企业基本竞争战略和文化战略的配合

根据奎因的研究，企业的基本经营战略和企业文化战略与人力资源战略可以有下述配合方式（见表3-2）。

表 3-2 企业基本经营战略和企业文化战略与人力资源战略的配合

基本经营战略	文化战略	人力资源战略
低成本、低价格经营战略	官僚式企业文化	诱引式人力资源战略
独创性产品经营战略	发展式企业文化	投资式人力资源战略
高品质产品经营战略	家族式企业文化	参与式人力资源战略

采用成本领先的企业多为集权式管理，生产技术较稳定，市场也较成熟，因此企业主要考虑的是员工的可靠性和稳定性，工作通常是高度分工和严格控制。企业追求的是员工在指定的工作范围内有稳定一致的表现，如果员工经常缺勤或表现参差不齐，必将对生产过程和成本构成严重影响。

采用产品差别化战略的企业主要以创新性产品和独特性产品去战胜竞争对手，其生产技术一般较复杂，企业处在不断成长和创新的过程中。这种企业的成败取决于员工的创造性，注重培养员工的独立思考和创新工作的能力。员工的工作内容较模糊，无常规做法，非重复性并具有一定的风险。企业的任务就是为员工创造一个有利的环境，鼓励员工发挥其独创性。

采取高品质产品战略的企业依赖于广大员工的主动参与，才能保证其产品的优秀品质。企业重视培养员工的归属感和合作参与精神，通过授权，鼓励员工参与决策或通过团队建设让员工自主决策。如日本企业就广泛采取了这种战略配合。

3.2.2　人力资源战略与企业发展战略的配合

根据冯布龙·蒂契和迪维纳的研究（《战略性人力资源管理》，1984），企业发展战略对人力资源战略有较大影响，尤其是在人员招聘、绩效考评、薪酬政策和员工发展等方面。他们认为，人力资源管理的这些方面应与企业的发展战略相配合，这样才能实现企业的发展目标。企业发展战略和人力资源战略的配合分析如下所述。

1. 集中式单一产品发展战略与家长式人力资源战略的配合

企业采取这种发展战略时，往往具有规范的职能型组织结构和运作机制，高度集权的控制和严密的层级指挥系统，各部门和人员都有严格的分工。这种企业常采用家长式人力资源战略，在员工选择招聘和绩效考评上，较多从职能作用上评判，且较多依靠各级主管的主观判断。在薪酬上，这种企业采用自上而下的家长式分配方式，即上司说了算。在员工的培训和发展方面，以单一的职能技术为主，较少考虑整个系统。

2. 纵向不整合式发展战略与任务式人力资源战略的配合

采取这种发展战略的企业在组织结构上仍较多实行规范性职能型结构的运作机制，控制和指挥同样较集中，但这种企业更注重各部门实际效率和效益。其人力资源战略多为任务式，即人员的挑选、招聘和绩效考评较多依靠客观标准，立足于事实和具体数据，奖酬的依据主要是工作业绩和效率，员工的发展仍以专业化人力培养为主，少数通才则主要通过工作轮换来培养和发展。

3. 多元化发展战略与发展式人力资源战略的配合

采取这种发展战略的企业因为经营不同产业的产品系列，其组织结构较多采用战略事业单位（SBU）或事业部制。这种事业单位都保持着相对独立的经营权。这类企业的发展变化较为频繁，其人力资源管理多为发展式战略。在人员招聘和选择上，较多运用系统化标准；对员工的绩效考评主要是看员工对企业的贡献，主客观评价标准并用；奖酬的基础主要是对企业的贡献和企业的投资效益；员工的培训和发展往往是跨职能、跨部门，甚至跨事业单位的系统化开发。

具体联系如表3-3所示。

总之，由于人力资源是管理中的首要因素，人力资源管理越来越成为企业决策层考虑的

表3-3　人力资源管理与经营战略和组织结构的联系

经营战略	组织结构	人力资源管理			
		员工甄选	绩效评估	薪酬	员工发展
单一产品	职能型	职能导向：运用主观确定	主观化：经由个人接触去量度	非系统化、家长式分配方法	非系统化、主要通过工作经验：以单一功能为主
单一产品（垂直整合）	职能型	职能导向：运用标准确定	非个人化：基于成本和生产力数据	系于表现和生产力	职能专才和若干通才：主要通过工作轮换
通过收购没有相关的事业的增长	独立、自给自足的事业单位	职能导向；系统化的程度视乎个别业务而定	非个人化：基于投资回报率和盈利	依据公式计算，包括投资回报率和盈利在内	跨职能但非跨事业

经营战略	组织结构	人力资源管理			
		员工甄选	绩效评估	薪酬	员工发展
通过内部增长和收购相关产品线的多元化增长	多元事业部门	职能和通才导向：运用系统化确定	非个人化：基于投资收益回报率、生产力及对公司整体贡献的主观评估	大额奖金：基于盈利和对公司整体贡献的主观评估	跨职能、跨部门和跨事业/部门：正式发展
多国家多元产品	全球性企业（以地区为中心的世界性企业）	职能和通才导向：运用系统化确定	非个人化：基于多项目确定，例如投资回报率作为某国家产品特别拟定的盈利目标	奖金：基于多项计划目标计算，容许高层管理者有中度的酌情权	跨部门和跨附属公司以致企业：正式和系统化

重点，人力资源管理战略也就不仅成为企业总体战略中必不可少的组成部分，甚至成为其中最关键的部分。国际大企业在我国京、沪、穗等地的分公司都设置了直接向总裁报告的人力资源总监。为了使他们专心于人力资源战略管理，把日常人力资源管理活动，如招聘、评估、培训等功能，分包给外界专门的咨询机构去完成，此现象已经较为普遍，且此趋势尚有蔓延扩展之势。

3.3　人力资源规划概述

中国有句古话说得好，"凡事预则立，不预则废"，意思是说在做任何事情的时候，如果想要取得成功就必须提前做好计划，否则往往会失败。人力资源管理同样如此，为了保证整个系统正常地运转，发挥其应有的作用，也必须认真做好计划。人力资源管理的计划是通过人力资源规划这一职能实现的。[①]

3.3.1　人力资源规划的含义

人力资源规划（human resource planning，HRP），是指在企业发展战略和经营规划的指导下进行人员的供需平衡，以满足企业在不同发展时期对人员的需求，为企业的发展提供符合质量和数量要求的人力资源保证。简单地讲，人力资源规划就是对企业在某个时期内的人员供给和人员需求进行预测，并根据预测的结果采取相应的措施来平衡人力资源的供需。

准确地理解人力资源规划的含义，必须把握以下几个要点。

（1）人力资源规划要在企业发展战略和经营规划的基础上来进行。前面已经讲过，人力资源管理只是企业经营管理系统的一个子系统，是要为企业经营发展提供人力资源支持的，因此人力资源规划必须以企业的最高战略为坐标，否则人力资源规划将无从谈起。

（2）人力资源规划应当包括两个部分的活动，一是对企业在特定时期内的人员供给和需求进行预测；二是根据预测的结果采取相应的措施进行供需平衡。这两部分内容，前者是后者的基础，离开了预测，将无法进行人力资源的平衡；后者则是前者的目的，如果不采取措

① 董克用等. 人力资源管理概论. 北京：中国人民大学出版社，2003：153.

施平衡供需，进行预测就将失去意义。

（3）人力资源规划对企业人力资源供给和需求的预测要从数量和质量这两个方面来进行，企业对人力资源的需求，数量只是一个方面，更重要的是要保证质量，也就是说，供给和需求不仅要在数量上平衡，还要在结构上匹配，而对于后者，人们往往容易忽视。

通过人力资源规划，我们要能够回答或者说要能够解决下面几个问题。

（1）企业在某一特定时期内对人力资源的需求是什么，即企业需要多少人员，这些人员的构成和要求是什么。

（2）企业在相应的时间内能得到多少人力资源的供给，这些供给必须与需求的层次和类别相对应。

（3）在这段时期内，企业人力资源供给和需求比较的结果是什么，企业应当通过什么方式来达到人力资源供需的平衡。

可以说，上述三个问题形成了人力资源规划的三个基本要素，涵盖了人力资源规划的主要方面；如果能够对这三个问题做出比较明确的回答，那么人力资源规划的主要任务就完成了。

3.3.2　人力资源规划的内容

人力资源规划的内容，也就是它的最终结果，主要包括两个方面。

1. 人力资源整体规划

它是指对计划期内人力资源规划结果的总体描述，包括预测的需求和供给分别是多少。做出这些预测的依据是什么，供给和需求的比较结果是什么，企业平衡供需的指导原则和总体政策是什么等。

在总体规划中，最主要的内容就是供给和需求的比较结果，也可以称作净需求。进行人力资源规划的目的就是得出这一结果。

2. 人力资源业务规划

人力资源业务规划是总体规划的分解和具体，它包括人员补充计划，人员配置计划，人员接替和提升计划，人员培训开发计划，工资激励计划，员工关系计划和退休解聘计划等内容。这些业务规划的每一项都应当设定出自己的目标，任务和实施步骤，它们的有效实施是总体规划得以实现的重要保证，人力资源业务规划的内容，见表3-4。

3.3.3　人力资源规划的分类

在实践中，人力资源规划存在不同的形式，对这些形式的区分，将有助于我们更加深入地把握人力资源规划的内容。

1. 按照规划的性质划分

从规划的性质上划分，可分为战略性人力资源规划和战术性人力资源规划。战略性人力资源规划具有全局性和长远性，一般是人力资源战略的具体表现形式。是将战略性人力资源规划看作人力资源战略的具体表现形式，强调为实现组织战略出发的人力资源战略而展开的整体性、全局性和长期性的人力资源规划。战术性人力资源规划是具体的、短期的、具有专门针对性的业务计划。近年来，人力资源战略规划已成为学术界和企业界关注的热点。

表 3-4　人力资源业务规划的内容

规划名称	目标	政策	预算
人员补充计划	类型、数量、层次对人员素质结构的改善	人员的资格标准、人员的来源范围、人员的起点待遇	招聘选拔费用
人员配置计划	部门编制、人力资源结构优化、职位匹配、职位轮换	任职条件、职位轮换的范围和时间	按使用规模、类别和人员状况决定薪酬预算
人员接替和提升计划	后备人员数量保持、人员结构的改善	选拔标准、提升比例、未提升人员的安置	职位变动引起的工资变动
人员培训开发计划	培训的数量和类型、提升内部供给、提高工作效率	培训计划的安排、培训时间和效果的保证	培训开发的总成本
工资激励计划	劳动供给增加、士气提高、绩效改善	工资政策、激励政策、激励方式	增加工资奖金的数额
员工关系计划	提高工作效率、员工关系改善、离职率降低	民主管理、加强沟通	法律诉讼费用
退休解聘计划	劳动力成本降低，生产率提高	退休政策及解聘程序	安置费用

2. 按照规划的独立性划分

以人力资源规划是否单独进行为标准，可以将它划分为独立性的人力资源规划和附属性的人力资源规划。独立性的人力资源规划是指将人力资源规划作为一项专门的职责来进行，最终结果体现为一份单独的规划报告，这就类似于市场、生产、研发等职能部门的职能性战略计划；附属性的人力资源规划则是指将人力资源规划作为企业整体战略计划的一部分，在规划整体战略的过程中来对人力资源进行规划，并不是专门进行的，其最终结果大多不单独出现。独立性的人力资源规划，其内容往往都比较详细；而附属的人力资源规划，内容则比较简单，有些项目甚至省略。

3. 按照规划的范围大小划分

按照规划的范围大小为标准，可以将它划分为整体的人力资源规划和部门的人力资源规划。整体的人力资源规划是指在整个企业范围内进行的规划，它将企业的所有部门都纳入规划的范围之内；部门的人力资源规划是指在某个或某几个部门范围内进行的规划。虽然整体的人力资源规划是以部门的人力资源规划为基础进行的，但是这两者并没有从属关系，有时企业可能只是进行部门的而不进行整体的人力资源规划。

4. 按照规划的时间长短划分

按照人力资源规划的规划期长短，可以将它划分为短期的人力资源规划，中期的人力资源规划和长期的人力资源规划三类。短期的人力资源规划是指 1 年及其 1 年以内的规划，这类规划由于时间相对较短，因此其目标比较明确，内容也比较具体，更多地体现为可操作性的东西。长期人力资源规划是指导 5 年或者 5 年以上的规划，由于规划的时间较长，对各种因素不可能做出准确的预测，因此这类规划往往是指导性的，在具体实施时要随着内外部环境的变化而进行不断调整，具有强烈的战略性色彩。中期人力资源规划则介于长期和短期之间，一般是指 1 年以上 5 年以内的规划。对短期规划来说，中期规划具有一定的指导性，但是对长期规划来说，中期规划又是它的具体落实，就好比是长期规划的阶段性目标，往往具有战术性的特点。

3.3.4　人力资源规划的意义和作用

应当说，人力资源规划的实施，对于企业的良性发展以及人力资源管理系统的有效运转具有非常重要的作用。

1. 人力资源规划有助于企业发展战略的制定

前面已经提到，在进行人力资源规划时要以企业的发展战略和经营规划作为依据，但是这两者之间并不仅仅是这样一种简单的单向关系，而是存在一种双向的互动关系。企业的发展战略是对未来的一种规划，这种规划同样也需要将自身的人力资源状况作为一个重要的变量加以考虑。例如，如果预测的人力资源供给无法满足设定的目标，那么就要对战略和规划做出相应的调整。因此，做好人力资源规划反过来会有利于企业战略的制定，使战略更加切实可行。

2. 人力资源规划有助于企业保持人员状况的稳定

企业的正常运转需要自身的人员状况保持相对的稳定，但企业都是在复杂的内外部环境条件下进行生产经营活动的，而这些环境因素又处于不断的发展变化之中，因此企业为了自身的生存和发展，必须随时依据环境的变化及时做出相应的调整，如改变经营计划，变革组织结构等，这些调整往往会引起人员数量和结构的变化；此外，企业内部的人力资源自身也处于不断的变化之中，如辞职，退休等，这也会引起人员数量和结构的变化。由于人力资源的特殊性质，这些变化造成的影响往往具有一定的时滞，因此企业为了保证人员状况的稳定，就必须提前了解这些变化并制定出相应的措施，在这种情况下，人力资源规划就显得非常有必要。

3. 人力资源规划有助于企业降低人工成本的开支

虽然人力资源对企业来说具有非常重要的意义，但是它在为企业创造价值的同时也给企业带来了一定的成本开支，而理性的企业又是以利润最大化为目标的，追求以最小的投入实现最大的产出，因此企业不可能使拥有的人力资源超出自己的需求，这样不仅造成了人力资源的浪费，而且还会增加人工成本的开支。通过人力资源规划，企业就可以将员工的数量和质量控制在合理的范围内，从而节省人工成本的支出。

4. 人力资源规划还对人力资源管理的其他职能具有指导意义

这就如同人力资源规划和企业战略之间的关系，虽然人力资源规划目标的实现需要以人力资源管理的其他职能作为基础，但是它反过来对于这些职能也具有一定的指导意义，为它们提供了行动的信息和依据，使这些职能活动与企业发展结合得更加紧密。

3.3.5　人力资源规划与人力资源管理其他职能的关系

从上面所讲的人力资源规划的内容可以看出，作为人力资源管理的一项重要职能，它与人力资源管理的其他职能之间存在非常密切的关系，可以用图3-1加以表示。

1. 与薪酬管理的关系

人力资源需求的预测结果可以作为企业制订薪酬计划的依据，由于需求的预测不仅包括数量而且还包括质量，这样企业就可以根据预测期内人员的分布状况，并结合自身的薪酬政策进行薪酬总额的预测，或者根据预先设定的薪酬总额调整薪酬的结构和水平。

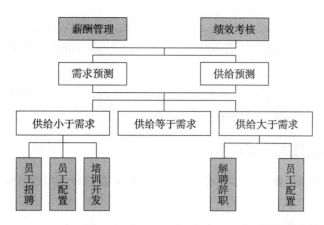

图 3-1　人力资源规划与人力资源管理其他职能的关系

注：这里的供给等于需求是指数量和质量上的全面匹配，因此就不需要采用特殊的措施，
但这种情况在现实中是很难出现的。

此外，企业的薪酬政策也是预测供给时需要考虑的一个重要因素，人员供给的预测是针对有效供给来进行的。先来看外部供给，如果企业自身没有吸引力，那么再大的外部供给市场对它来说也是没有意义的，因此在进行外部供给预测时需要衡量企业自身的吸引力，而薪酬就是衡量吸引力时的一个重要指标。对内部供给来说，各职位的薪酬水平也会影响供给的情况，薪酬水平高的职位供给量肯定会大于薪酬水平低的职位。

2. 与绩效管理的关系

人力资源规划中，绩效考核是进行人员需求和供给预测的一个重要基础，通过对员工工作业绩以及态度能力的评价，企业可以对员工的状况做出判断，如果员工不符合职位的需求，就要进行相应的调整，这样造成的职位空缺就形成了需求预测的一个来源；同时，对于具体的职位来说，通过绩效考核可以发现企业内部有哪些人能够从事这一职位，这也是内部供给预测的一个重要方面。

3. 与员工招聘的关系

人力资源规划与员工招聘有着直接的关系，当预测的供给小于需求，而企业内部的供给又无法满足这种需求时，就要到外部进行招聘，招聘的主要依据就是人力资源规划的结果，这其中包括招聘的人员数量和人品质量。

4. 与员工配置的关系

员工配置就是在企业内部进行人员的晋升，调动和降职，员工的配置的决策取决于多种因素，如企业规模的变化，组织架构的变动以及员工绩效的表现等。而人力资源规划也是其中一个重要的因素，员工配置的一项很重要作用就是进行内部的人力资源供给，当然这种供给只是针对某个层次而言的。在需求预测出来以后，企业就可以根据预测的结果和现有的人员状况，制订相应的员工配置计划来调整内部的人力资源供给以实现两者的平衡。

5. 与员工培训的关系

人力资源规划与员工培训的关系更多地体现在员工的质量方面。企业培训工作中关键的一项内容就是确定培训的需求，只有培训的需求符合企业的实际，培训才有可能发挥作用。

而供需预测的结果则是培训需求确定的一个重要来源，通过比较现有员工质量和所需员工的质量，就可以确定出培训的需求，这样通过培训就可以提高内部供给的质量，增加内部供给。

6. 与员工解聘的关系

人力资源规划与员工解聘的关系是比较明显而直接的，在长期内如果需求小于内部的供给，就要进行人员的解聘辞退以实现供需的平衡。

3.3.6　人力资源规划的程序

为了能够达到预期的目的，在进行人力资源规划时需要按照一定的程序来进行，这一程序如图 3-2 所示。

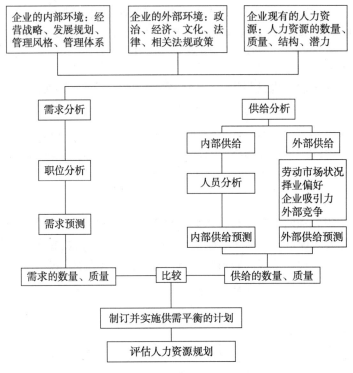

图 3-2　人力资源规划的程序

人力资源规划的过程一般包括以下四个步骤：准备阶段，预测阶段，实施监控阶段和评估阶段。下面结合这四个步骤对人力资源规划的整个过程进行简要说明。

1. 准备阶段

任何一项规划或者计划要想做好，都必须充分地占有相关的信息，人力资源规划也不例外。由于影响企业人力资源供给和需求的因素有很多，为了能够比较准确地做出预测，就需要收集和调查与之有关的各种信息，这些信息主要包括以下几个方面的内容。

（1）外部环境的信息。这些信息包括两类，一是经营环境的信息，如社会的政治、经济、文化以及法律环境等，由于人力资源规划同企业的生产经营活动是紧密联系在一起的，因此这些影响企业生产的因素都会对人力资源的供给和需求产生作用；二是直接影响人力资源供给和需求的信息，如外部劳动力市场的供求状况，政府的职业培训政策，国家的教育政策以及竞争对手的人力资源管理政策等。

（2）内部环境的信息。这些信息也包括两个方面，一是组织环境的信息，如企业的发展战略、经营规划、生产技术以及产品结构等；二是管理环境的信息，如公司的组织结构，企业文化，管理风格，管理结构（管理层次与跨度）以及人力资源管理政策等，这些因素都直接决定着企业人力资源的供给和需求。

（3）现有人力资源的信息。这其实是对企业现有人力资源的数量、质量、结构和潜力等进行"盘点"。根据经验，"盘点"的资料应当包括员工的自然情况，录用资料，教育资料，工作经历，工作业绩记录，工作能力和态度记录等方面的信息。只有及时准确地掌握企业现有人力资源的状况，人力资源规划才有意义，为此就需要借助于完善的人力资源信息系统，以便能够及时更新，修正和提供相关的信息。

盘点现有人力资源信息应包括以下几个方面：

① 个人自然情况，如姓名、性别、出生日期、身体自然状况和健康状况、婚姻、民族和所参加的党派等；

② 录用资料，包括合同签订时间、候选人征募来源、管理经历、外语种类和水平、特殊技能，以及对企业有潜在价值的爱好或特长；

③ 教育资料，包括受教育的程度、专业领域、各类培训证书等；

④ 工资资料，包括工资类别、等级、工资额、上次加薪日期以及对下次加薪日期和量的预测；

⑤ 工作执行评价，包括上次评价时间、评价或成绩报告、历次评价的原始资料等；

⑥ 工作经历，包括以往的工作单位和部门、学徒或特殊培训资料、升降职原因、有否受过处分的原因和类型、最后一次内部转换的资料等；

⑦ 服务与离职资料，包括任职时间长度、离职次数及离职原因；

⑧ 工作态度，包括生产效率、质量状态、缺勤和迟到早退记录、有否建议及建议数量和采纳数，有无抱怨及抱怨经常性和抱怨内容等；

⑨ 安全与事故资料，包括因工受伤和非因工受伤、伤害程度、事故次数类型及原因等；

⑩ 工作环境情况及工作或职务的历史资料等。

利用计算机进行管理的企业和组织可以十分方便地存储和利用这些信息。

2. 预测阶段

这一阶段的主要任务就是要在充分掌握信息的基础上，选择使用有效的预测方法，对企业在未来某一时期的人力资源供给和需求做出预测。在整个人力资源规划中，这是最为关键的一部分，也是难度最大的一部分，直接决定了规划的成败。只有准确地预测出供给和需求，才能采取有效的措施进行平衡。

（1）人力需求预测。这一步工作与人力资源核查可同时进行，主要是根据企业的发展战略规划和本企业的内外部条件选择预测技术，然后对人力需求的结构和数量、质量进行预测。

在预测人员需求时，应充分考虑以下因素对人员需求的数量上和质量上以及构成上的影响：

① 市场需求、产品或服务质量升级或决定进入新的市场；

② 产品和服务的要求；

③ 人力稳定性，如计划内更替（辞职和辞退的结果）、人员流失（跳槽）；

④ 培训和教育（与公司变化的需求相关）；

⑤ 为提高生产率而进行的技术和组织管理革新；

⑥ 工作时间；

⑦ 预测活动的变化；

⑧ 各部门可用的财务预算。

在预测过程中，预测者及其管理判断能力与预测的准确与否关系重大。一般来说，商业因素是影响员工需要类型、数量的重要变量，预测者通过分离这些因素，并且收集历史资料去做预测的基础。从逻辑上讲，人力资源需求是产量、销量、税收等的函数，但对不同的企业或组织，每一因素的影响并不相同。

（2）人力供给预测。人员供给预测也称为人员拥有量预测，是人力预测的又一个关键环节，只有进行人员拥有量预测并把它与人员需求量相对比之后，才能制定各种具体的规划。人力供给预测包括两部分：一是内部拥有量预测，即是根据现有人力资源即其未来变动情况，预测出规划各时间点上的人员拥有量；另一部分是对外部人力资源供给量进行预测，确定在规划各时间点上的各类人员的可供量。

3. 实施监控阶段

人力资源规划应包括预算、目标和标准设置，它同时也应承担执行和控制的责任，并建立一整套报告程序来保证对规划的监控。可以只报告对全公司的雇佣总数量（确认那些在岗的和正在上岗前期的）和为达到招聘目标而招聘的人员数量。同时应报告与预算相比雇佣费用情况如何，损耗量和雇佣量的比率变化趋势如何。

（1）执行确定的行动计划。在各分类规划的指导下，确定企业如何具体实施规划，是这一步的主要内容。一般来说，在技术上或操作上没有什么困难。

（2）实施监控。实施监控的目的在于为总体规划和具体规划的修订或调整提供可靠信息，强调监控的重要性。在预测中，由于不可控因素很多，常会发生令人意想不到的变化或问题，如若不对规划进行动态的监控、调整，人力规划最后就可能成为一纸空文，失去了指导意义。因此，执行监控是非常重要的一个环节。此外，监控还有加强执行控制的作用。

4. 评估阶段

对人力资源规划实施的效果进行评估是整个规划过程的最后一步，由于预测不可能做到完全准确，因此人力资源规划也不是一成不变的，它是一个开放的动态系统。人力资源规划的评估包括两层含义，一是指在实施的过程中，要随时根据内外部环境的变化来修正供给和需求的预测结果，并对平衡供需的措施做出调整；二是指要对预测的结果以及制定的措施进行评估，对预测的准确性和措施的有效性做出衡量，找出其中存在的问题以及有益的经验，为以后的规划提供借鉴和帮助。①

对人力资源规划进行评估时应考虑以下具体问题：

① 预测所依据的信息的质量、广泛性、详尽性、可靠性，以及信息的误差及原因；

② 预测所选择的主要因素的影响与人力需求的相关度，预测方法在使用的时间、范围、对象的特点与数据类型等方面的适用性程度；

③ 人力资源规划者熟悉人事问题的程度以及对他们的重视程度；

---

① 董克用等. 人力资源管理概论. 北京：中国人民大学出版社，2003：160.

④ 他们与提供数据和使用人力资源规划的人事、财务部门以及各业务部门经理之间的工作关系如何；

⑤ 在有关部门之间信息交流的难易程度（如人力资源规划者去各部门经理处询问情况是否方便）；

⑥ 决策者对人力资源规划中提出的预测结果、行动方案和建议的利用程度；

⑦ 人力资源规划在决策者心目中的价值如何；

⑧ 规划实施的可行性。评估预测结果是否符合社会、环境条件的许可，能否取得达到预测成果所必需的人、财、物、信息、时间等条件。

为了提高人力资源预测的可靠性，有必要使评估连续化，除了上述因素可以对一项人力资源规划评价时提供重要参考外，还要对如下几个因素进行比较：

① 实际招聘人数与预测的人员需求量比较；

② 劳动生产率的实际水平与预测水平比较；

③ 实际的与预测的人员流动率的比较；

④ 实际执行的行动方案与规划的行动方案比较；

⑤ 实施行动方案后的实际结果与预测结果比较；

⑥ 劳动力和行动方案的成本与预算额的比较；

⑦ 行动方案的收益与成本的比较。

评估既要客观、公正和准确；同时也要进行成本—效益分析以及审核规划的有效性；在评估时一定要征求部门经理和基层领导人的意见，因为他们是规划的直接受益者，最有发言权。

3.4　基于战略的人力资源规划

3.4.1　战略性人力资源规划的定义

战略性人力资源规划是具有全局性和长远性的人力资源规划。在其研究发展过程首先被称之为人力资源战略规划，并将其视为企业战略规划的一部分。企业组织经营环境的复杂性和不稳定性，导致人力资源战略规划在企业发展战略规划中日益凸显出特殊的重要性。近年来，人力资源战略规划已成为学术界和企业界关注的热点。

传统人力资源规划是组织基于其未来业务发展所需要人力资源数量与质量而进行计划的过程与系统方法，它最终将使企业的人力资源数量和质量适应企业的战略和业务要求，从而对企业的战略起到支持作用。战略人力资源规划要求规划主体在组织愿景、组织目标和战略规划的指引下，针对人力资源活动的特点，从组织全局和长远的角度对组织发展的方向及其实现途径进行设计，战略性地把握人力资源的需求与供给，动态地对人力资源进行统筹规划，努力平衡人力资源的需求与供给，从而促进并保证组织目标的实现。战略人力资源规划是一种系统的思维方法和工具。它既是一个过程，同时也是一套人力资源规划的方法论系统。

3.4.2　战略性人力资源规划的内容及流程

战略性人力资源规划包括两个层次：总体规划和业务计划。人力资源总体规划是指在有关计划期内人力资源管理的总目标、总政策、实施步骤和总预算的安排。人力资源业务计划则包括人员补充计划、分配计划、提升计划、教育培训计划、工资计划、保险福利计划、劳动关系计划、退休计划等。

战略性人力资源规划主要有以下四个阶段：

① 收集分析人力资源信息，对人力资源需求和供给进行预测；

② 建立人力资源规划的目标与政策；

③ 制订人力资源的规划方案；

④ 人力资源规划实施控制和效果评价。

其基本流程见图 3-3。

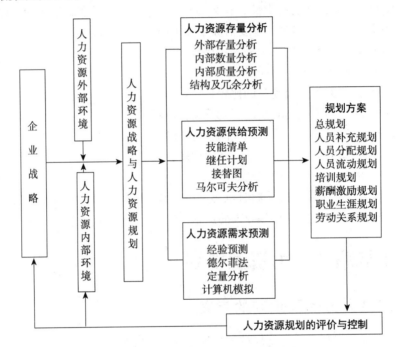

图 3-3　基于战略的人力资源规划流程

3.4.3　实施战略性人力资源规划的途径

1. 适时调整人力资源发展战略

由于企业所处的内外部环境总在不断变化，企业的战略变革和调整就成为必然。人力资源战略是企业战略的一项重要职能战略，它以企业战略为依据，同时又影响着企业战略的制订和执行。因此，人力资源规划必须能够在企业不同发展阶段及时做出相应调整（见表 3-5），以支持企业战略的变化。

（1）创业阶段调整。凝聚人心和业务导向是这个时期企业战略的关注点。因此，人力资源规划就应该侧重在有魄力的领导和专业型业务人才的选拔、培养、使用和激励上。那种能够利用个人魅力吸引员工的人和那些能够独立完成艰难任务的人才，是本阶段人力资源发展的重点对象。

（2）成长阶段调整。组织扩张和有序管理并重是这个时期企业战略的关注点。因此，人力资源规划的侧重点就应该从单纯强调企业家精神和个人英雄主义转变到规范化、职业化管

表 3-5　企业不同发展阶段人力资源规划的战略调整

	企业战略	人力资源规划侧重点
创业阶段	凝聚人心 业务导向	高层领导和专业型业务人才的选拔、培养、使用和激励
成长阶段	组织扩张 有序管理	基层领导、职业经理人实现规范化、职业化管理
成熟阶段	塑造企业核心竞争力预测未来 战略发展变化	人力资源管理的专业性人才和能够审时度势、临机应变、制定企业长远发展战略的人才的培养
衰退阶段	战略方向的调整	组织结构、业务流程、岗位职能和人员更叠、岗位评估、绩效考评和薪酬激励等人力资源管理工作

理上来。此时，那种能够带领属下到基层实干的领导人才以及能够帮助公司实现管理正规化的"职业经理人"就成了公司最需要的人才。

（3）成熟阶段调整。这个时期企业战略的关注点有两个：第一个是如何深化自己的管理水平并将其塑造成为企业的核心竞争力；第二个，也是更重要的一个，就是如何为自己未来的战略发展变化做好充分准备。因此，对那些能够帮助企业进一步深化人力资源管理水平的专业性人才和能够审时度势、临机应变、制定企业长远发展战略的人才培养就成为这一阶段人力资源规划的主要战略目标。

（4）衰退阶段调整。从深化人力资源管理水平的角度来看，企业就需要在自己的人力资源发展规划中注意不同类型员工的性格、兴趣、素质、结构与组织战略、组织岗位的匹配；注意加强对员工的沟通、培训，强调员工思维方式和行为模式的规范性和一致性；注意塑造强有力的企业文化，增强员工的组织性，提高整体战斗力，从而推动组织继续成长。

2. 全面提高人力资源从业人员的素质

企业所面临的外部环境竞争激烈，使得人力资源规划的制定更为复杂，这就要求企业人力资源规划的制定者应具有高超而立体的战略思维与丰富的实际操作经验。加强培养高层次、高素质的人力资源管理队伍，提升整体专业素质，不断增强企业智力资本竞争的优势，成为实施战略性人力资源规划的关键因素。人力资源管理者应当了解企业的经营目标、各业务部门的需求，以及企业职能、产品、生产、销售、企业使命、价值观、企业文化等多个方面，并围绕目标实现的高度来设计对员工基本技能和知识、态度的要求，深入企业的各个环节来调动和开发人的潜能，更好地为业务部门提供增值服务。

3. 大幅度提升人力资源管理部门的定位

科学全面地认识人力资源规划，就必须明确现代企业的战略性人力资源规划不同于一般意义的人力资源计划，其主要目标和任务是获得和保持企业在未来一个相当长时期内的市场竞争优势，分析的依据是企业未来的发展战略和支持战略发展所需要的组织和流程，规划的核心内容是未来的组织需要什么样的人力资源来实现企业的最高管理层确定的目标。因此企业经营决策层要高度重视，全面提升人力资源规划的战略地位，并将其纳入企业整体发展战略中去。在此基础之上把握整个公司走向并对整个行业走势做出前瞻性预测，确保人力资源规划的制订和实施切合企业的发展实际，实现人力资源规划与企业发展战略的融合，达到企业人力资源规划发展的最高境界。

4. 有效利用人力资源外包模式

专业化的分工大大促进了社会的发展。从企业上说也是专业化分工的产物。在分工越来越细，效率不断提高的今天，企业内部许多行政事务都可以交由专业化的公司来运作，比如说员工的招聘、各种培训、薪资设计等。通过将日常的管理工作交给专业化程度更高的外包公司等专业机构来运作，企业内部的人力资源管理者可以将更多的精力集中在对企业价值更大的管理实践开发以及战略经营伙伴的形成等功能上。

3.5　人力资源预测

3.5.1　人力资源需求的预测

人力资源需求的预测就是指对企业的未来某一特定时期内所需要的人力资源的数量、质量以及结构进行估计。这里所指的需求是完全需求，是在不考虑企业现有人力资源状况和变动情况下的需求，至于净需求，要和预测的供给进行比较后才能够得到。例如，企业现有100人，明年有10人退休，如果没有其他因素的变动，那么明年的人力资源需求仍然为100人，但是内部的人力资源供给却只有90人，两者比较后的净需求为10人。

1. 人力资源需求的分析

对人力资源的需求进行预测，不同的人可能有着不同的思路，为了便于理解的操作，这里我们是按照对职位进行分析的思路来预测人力资源需求的。企业对人力资源的需求直接与企业内部的职位联系在一起，企业设置有多少职位，它就需要有多少的人员；企业设置有什么样的职位，它就需要有什么样的人员。因此，只有能够预测出企业内部职位的变动，相应地就可以预测出企业对人力资源的需求，当然这种预测既要有数量上的也要有结构上的。预测职位变动时通常需要考虑以下几个因素。

（1）企业的发展战略和经营规划。这直接决定着企业未来的职位设置情况，例如，当企业决定实行扩张战略，未来企业设置的职位肯定就要增加；再如，当企业调整经营领域时，未来企业的职位结构就会发生相应的变化。

（2）产品和服务的需求。按照经济学的观点，企业对人力资源的需求是一种派生需求，它源自顾客对企业产品和服务的需求，这两种需求之间是一种正相关的关系，当产品和服务的需求增加时，企业设置的职位相应也会增加；反之，企业设置的职位就会减少。产品和服务需求数量的变化，直接体现在企业经营规模的变化上。

（3）职位的工作量。如果职位的工作量不饱满，就要合并相关的职位，职位数量就要减少；相反，如果职位的工作量超负荷，就要增设相应的职位，职位数量就要增加。衡量职位的工作量是否合理，主要借助工作分析来进行。

（4）生产效率的变化。在其他条件不变的情况下，生产效率的变化会引起职位数量的反向变化，生产效率提高，同一职位承担的工作量增加，职位的设置会减少；生产效率降低，职位的设置就要增加。而引起生产效率变化的原因又有很多，如生产技术的改变，工作方式的调整，对员工进行的培训，薪酬水平的提高以及员工能力和态度的变化等。

需要强调的是，上述每一项分析都是在假定其他因素不变的前提下进行的，如果多个因素同时作用，产生的结果可能会有所不同。例如，员工的生产效率提高，即使产品和服务的需求增加，职位的设置可能也不会增加，因为这两种相反的作用相互抵消了影响。

通过以上分析，可以得出未来企业职位设置的变化值，将它和现有的职位进行比较就能够计算出未来一定时期内企业的职位设置情况，从而就可以预测出人力资源的需求。

☆人力资源管理备忘录——人力资源规划的动态性

人力资源规划的制定不是设计未来的发展趋势，而是顺应与尊重现实以及未来的发展趋势。在市场经济体系下，面对市场竞争的严峻的挑战，处于转型期的中国工商企业界有自身无法克服的缺陷和不足，面对来自国内和国际市场的竞争压力，面对瞬息万变的信息和技术革新、纷繁复杂的市场需求，多数中国企业在管理上、经营上、观念上都有应变和适应上的滞后现象。

在人力资源开发与管理中往往缺乏动态的人力资源规划和开发观念，而是把人力资源规划理解为静态地信息收集和相关的人事政策设定，无论在观念上还是实践上都有依赖以往规划，一劳永逸的思想。这种静态观念与动态的市场需求和人才自身发展的需求是极不适应的，造成人力资源得不到合理的利用，甚至严重地影响了人力资源的稳定性，造成企业人才的流失，对企业的发展壮大是不利的。

因此，企业在做人力资源规划时必须强调人力资源规划的动态性。体现在：

（1）参考信息的动态性；

（2）依据企业内外情境的动态变化，制订和调整人力资源全局规划和具体规划的经常性；

（3）执行规划的灵活性；

（4）具体规划措施的灵活性和动态性；

（5）对规划操作的动态监控。

2. 人力资源需求预测的方法

人力资源需求预测的方法一般可分为两大类：主观判断法与定量分析预测法。

（1）主观判断法。这是一种较为简单、常用的方法。此方法是由有经验的专家或管理人员进行直觉判断预测，其精度取决于预测者的个人经验和判断力。主观判断法又包括经验推断法和团体预测法两种。

① 经验推断法。经验推断法是先推断企业产品或服务的需求，然后就产品或服务的特性、所需技术、行政支援等，将需求转化为工作量预算，再按数量比率转为人力需求。经验推断法较适用于短期预测，长期预测因为较复杂，较宜采用定量分析预测法。

② 团体预测法。团体预测法是集结多数专家和管理者的推断而作出的规划，主要方式有德尔菲法和名义团体法。

德尔菲法。德尔菲法是有步骤地使用专家的意见去解决问题。首先，企业必须设定预测的问题，并将之细分为不同的组成部分。再从有关方面搜集相关的资料和不同的分析角度，然后通过中间人整合所有参与专家的意见。中间人将背景资料和问题，以问卷形式个别传递给参与的专家，再将专家所作出的预测整理后，分别传递给参与的专家，让他们作重新的预测，如此反复数次，直至专家的意见渐趋一致而得出结论。这种方式的特点是故意将专家分开以扩大预测的幅度。

名义团体法。名义团体法是让专家在一起讨论，让他们先进行脑力激荡以便将所有意见列出，再逐一分析这些意见，并排列出意见的实际性和优先次序。

团体预测法的好处是能集思广益，又因为管理者参与分析和决策的程度较高，对决策的投入感和承担也会较强。只是两种方式的团体预测法都很费时和昂贵，企业应考虑其实际需要和能力而决定是否需要采取这种方法。

【实务指南3-1】德尔菲法的应用

1. 德尔菲法的概念

德尔菲法（DelphiMethod）是在20世纪40年代由O.赫尔姆和N.达尔克首创，经过T. J. 戈尔登和兰德公司进一步发展而成的。德尔菲这一名称起源于古希腊有关太阳神阿波罗的神话。传说中阿波罗具有预见未来的能力。因此，这种预测方法被命名为德尔菲法。1946年，兰德公司首次用这种方法用来进行预测，后来该方法被迅速广泛采用。

德尔菲法是为了克服专家会议法的缺点而产生的一种专家预测方法。在预测过程中，依据系统的程序，采用匿名发表意见的方式，即专家之间不得互相讨论，不发生横向联系，只能与调查人员发生关系，通过多轮次调查专家对问卷所提问题的看法，经过反复征询、归纳、修改，最后汇总成专家基本一致的看法，作为预测的结果。这种方法具有广泛的代表性，较为可靠。这就克服了在专家会议法中经常发生的专家们不能充分发表意见、权威人物的意见左右其他人的意见等弊病，各位专家能真正充分地发表自己的预测意见。德尔菲法流程图见图3-4。

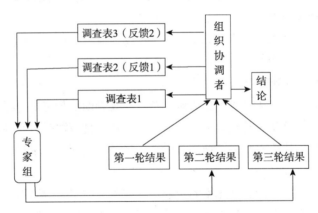

图3-4　德尔菲法流程

2. 德尔菲法的实施步骤

德尔菲法的具体实施步骤如下（见图3-5）。

（1）组成专家小组。按照课题所需要的知识范围，确定专家。专家人数的多少，可根据预测课题的大小和涉及面的宽窄而定，一般不超过20人。

（2）向所有专家提出所要预测的问题及有关要求，并附上有关这个问题的所有背景材料，同时请专家提出还需要什么材料。然后，由专家做书面答复。

（3）各个专家根据他们所收到的材料，提出自己的预测意见，并说明自己是怎样利用这些材料并提出预测值的。

（4）将各位专家第一次判断意见汇总，列成图表，进行对比，再分发给各位专家，让专家比较自己同他人的不同意见，修改自己的意见和判断。也可以把各位专家的意见加以整理，或请身份更高的其他专家加以评论，然后把这些意见再分送给各位专家，以便他们参考后修

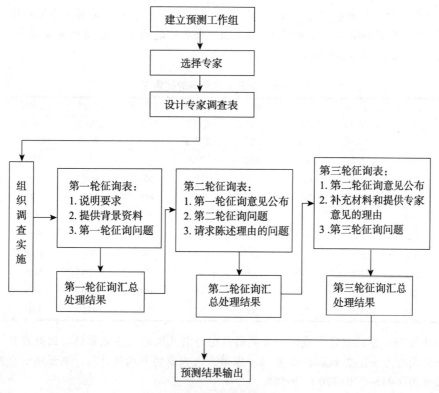

图 3-5　德尔菲法预测程序

改自己的意见。

（5）将所有专家的修改意见收集起来，汇总，再次分发给各位专家，以便做第二次修改。逐轮收集意见并为专家反馈信息是德尔菲法的主要环节。收集意见和信息反馈一般要经过三、四轮。在向专家进行反馈的时候，只给出各种意见，但并不说明发表各种意见的专家的具体姓名。这一过程重复进行，直到每一个专家不再改变自己的意见为止。

（6）对专家的意见进行综合处理。德尔菲法同常见的召集专家开会、通过集体讨论、得出一致预测意见的专家会议法既有联系又有区别。

德尔菲法能发挥专家会议法的优点：①能充分发挥各位专家的作用，集思广益，准确性高；②能把各位专家意见的分歧点表达出来，取各家之长，避各家之短。

同时，德尔菲法又能避免专家会议法的缺点：①权威人士的意见影响他人的意见；②有些专家碍于情面，不愿意发表与其他人不同的意见；③出于自尊心而不愿意修改自己原来不全面的意见。德尔菲法的主要缺点是过程比较复杂，花费时间较长。

需要注意以下两点。

（1）并不是所有被预测的事件都要经过四步。可能有的事件在第二步就达到统一，而不必在第三步中出现。

（2）在第四步结束后，专家对各事件的预测也不一定都达到统一。不统一也可以用中位数和上下四分点来作结论。事实上，总会有许多事件的预测结果都是不统一的。

3. 德尔菲法应用案例

某公司研制出一种新兴产品，现在市场上还没有相似产品出现，因此没有历史数据可以获得。公司需要对可能的销售量做出预测，以决定产量。于是该公司成立专家小组，并聘请业务经理、市场专家和销售人员等8位专家，预测全年可能的销售量。8位专家提出个人判断，经过三次反馈得到结果见表3-6。

表3-6　专家小组预测的销售量

专家编号	第一次 最低销售量	第一次 最可能销售量	第一次 最高销售量	第二次 最低销售量	第二次 最可能销售量	第二次 最高销售量	第三次 最低销售量	第三次 最可能销售量	第三次 最高销售量
1	500	750	900	600	750	900	550	750	900
2	200	450	600	300	500	650	400	500	650
3	400	600	800	500	700	800	500	700	800
4	750	900	1 500	600	750	1 500	500	600	1 250
5	100	200	350	220	400	500	300	500	600
6	300	500	750	300	500	750	300	600	750
7	250	300	400	250	400	500	400	500	600
8	260	300	500	350	400	600	370	410	610
平均数	345	500	725	390	550	775	415	570	770

平均值预测：在预测时，最终一次判断是综合前几次的反馈做出的，因此在预测时一般以最后一次判断为主。则如果按照8位专家第三次判断的平均值计算，则预测这个新产品的平均销售量为（415+570+770）/3=585。

加权平均预测：将最可能销售量、最低销售量和最高销售量分别按0.50、0.20和0.30的概率加权平均，则预测平均销售量为 $570 \times 0.5 + 415 \times 0.2 + 770 \times 0.3 = 599$。

中位数预测：用中位数计算，可将第三次判断按预测值高低排列如下：

最低销售量：　　300　370　400　500　550

最可能销售量：　410　500　600　700　750

最高销售量：　　600　610　650　750　800　900　1 250

最高销售量的中位数为第四项的数字，即750。

将可最能销售量、最低销售量和最高销售量分别按0.50、0.20和0.30的概率加权平均，则预测平均销售量为 $600 \times 0.5 + 400 \times 0.2 + 750 \times 0.3 = 695$。

（2）定量分析预测法。定量分析预测法是利用数学和统计学的方法进行分析预测，常用的较为简便的方法有以下几种。

① 总体预测法。这个模式同时计算了内在因素和外在因素的影响，其公式如下：

$$E_N = \frac{(L_{agg} + G)\dfrac{1}{X}}{Y}$$

E_N——代表 N 年后预测劳动力的数值；

L——代表目前企业活动的总值；

G——代表企业活动在 N 年后的成长总值；

X——代表 N 年后劳动生产力的增加比率（假如增加5%，则 $X=1.05$）；

Y——代表目前企业活动对人力资源的转换总值；

agg——代表总体的数字。

这种方法假定企业的经营活动和雇用人数有正比例的关系，类似的方法有各种生产功能模式，这些模式均以生产量作为预测的主要变项因素。

例1　一间工厂现年的销售额（L）为 6 000 万元，预计 5 年后是 8 000 万元，即增长（G）2 000 万元，预计每年生产效率提高 1%，即 5 年共提高 5%（$X=1.05$），转换数值按经验和工作设计推算为 6 000 万元的销售额用 60 人，即每 100 万元用 1 人（$Y=100$ 万），依此推算，5 年后需用人数为：

$$E_5 = \frac{(6\,000万 + 2\,000万) \times \dfrac{1}{1.05}}{100万}$$

$$=76.19$$

$$\approx 77(人)$$

②　工作负荷法。即按照历史数据，先计算出对某一特定的工作每单位时间（如每天）的每人的工作负荷（如产量），再根据未来的生产量目标（或劳务目标）计算出所完成的总工作量，然后根据前一标准折算出所需的人力资源数。

例2　某工厂新设一车间，其中有四类工作。现拟预测未来三年操作所需的最低人力数。

第一步：根据现有资料得知这四类工作分别所需的标准任务时间为：0.5，2.0，1.5，1.0 小时/件。

第二步：估计未来三年每一类工作的工作量，即产量（见表 3-7）。

第三步：折算为所需工作时数（见表 3-8）。

第四步：根据实际的每人每年可工作时数，折算所需人力。假设每人每年工作小时数为 1 800 小时，从表 3-8 数据可知，未来三年所需的人力数分别为：138，147 和 171 人。

表3-7　某新设车间的工作量估计　　　　　　　　单位：件

时间 工作	第一年	第二年	第三年
工作 1	12 000	12 000	10 000
工作 2	95 000	100 000	120 000
工作 3	29 000	34 000	38 000
工作 4	8 000	6 000	5 000

表3-8　某新设车间的工作时数估计　　　　　　　　单位：小时

时间 工作	第一年	第二年	第三年
工作 1	6 000	6 000	5 000
工作 2	190 000	200 000	240 000
工作 3	43 500	51 000	57 000
工作 4	8 000	6 000	5 000
总　计	247 500	263 000	307 000

③　趋势预测法。这是比较简单的方法。预测者必须拥有过去一段时间的历史数据资料，然后用最小平方法求得趋势线，将这趋势线延长，就可预测未来的数值。

趋势预测法以时间或产量等单个因素作为自变量，人力数为因变量，且假设过去人力的增减趋势保持不变，一切内外影响因素保持不变。

例3　某公司，已知过去 12 年的人力数量（见表 3-9）。

表 3-9　某公司过去 12 年人力数量

年度	1	2	3	4	5	6	7	8	9	10	11	12
人数	510	480	490	540	570	600	640	720	770	820	740	930

利用最小平方法，求直线方程：$y=a+bx$。

其中：

$$a = \overline{y} - b\overline{x} \qquad b = \frac{\sum_{i=1}^{n}(x_i - \overline{x})(y_i - \overline{y})}{\sum_{i=1}^{n}(x_i - \overline{x})^2}$$

$$\overline{y} = \frac{\sum_{i=1}^{n} y_i}{n} \qquad \overline{x} = \frac{\sum_{i=1}^{n} x_i}{n}$$

得出：$a=390.7$　　　$b=41.3$　　　$y=390.7+41.3x$

则可预测未来第三年的人数为：$y=390.7+41.3×15=1\ 010$（人）

④　多元回归预测法。它与上一种方法不同的是，它是一种从事物变化的因果关系来进行预测的方法，它不再把时间或产量单个因素作为自变量，而将多个影响因素作为自变量。它运用事物之间的各种因果关系，根据多个自变量的变化来推测与之有关的因变量变化。组织中人力资源需求的变化总是与某个或某几个因素关联的，所以，我们找出和确定人力资源需求随各因素的变化趋势，就可推测出将来的数值。

这个方法有五个步骤。

第一步：确定适当的与人力资源需求量有关的组织因素。组织因素应与组织的基本特征直接相关，而且它的变化必须与所需的人力资源需求量变化成比例。

第二步：找出历史上组织因素与员工数量之间的关系。例如，医院中病人与护士数量的比例关系，学校中学生与教师的比例关系等。

第三步：计算劳动生产率。例如，表 3-10 为某医院 1974—1986 年每三名护士平均日护理病例的数量。这样，每年病人数的总数乘以同一年的劳动生产率即得护士的总数。

表 3-10　某医院 1974—1986 年病人与护士数量比例数

年份	组织因素	劳动生产率	人员需求
	病人数/年	护士数/病人数	护士人数
1974	3 000	3/15	600
1978	2 880	3/12	720
1982	2 800	3/10	840
1986	1 920	3/6	960

（注：本例为简便起见，只将劳动生产率这个单一因素作为自变量。）

第四步：确立劳动生产率的变化趋势以及对趋势的调整。要确定过去一段时间中劳动生产率的变化趋势必须收集该时期的产量和劳动力数量的数据，依此算出平均每年生产率变化和组织因素的变化，这样就可预测下一年的变化。

第五步：预测未来某一年的人员需求量。表 3-11 列出了 1974—1998 年实际和预测的组织因素水平（病人数/年）及劳动生产率。其中，1990—1998 年的病人数可以运用趋势法和社会需求分析法预测，劳动生产率是经过对历史数据分析调整后的数值，这两个变量一旦确定，便可以计算出人员需求。

表 3-11　对该医院 1990—1998 年护士需求量的预测

年份	组织因素	劳动生产率	人员需求	
	病人数/年	护士数/病人数	护士人数	
1974	3 000	3/15	600	实际
1978	2 880	3/12	720	
1982	2 800	3/10	840	
1986	1 920	3/6	960	
1990	1 400	3/4	1 050	预测
1994	1 520	3/4	1 140	
1998	1 660	3/4	1 245	

很显然，多元回归法由于不只以时间作为预测变量，能够考虑组织内外多个因素对人力资源需求的影响，它预测的结果要比趋势法准确，但是这种方法却非常复杂。

3.5.2　人力资源供给预测

人力资源的供给预测就是指对在未来某一特定时期内能够提供给企业的人力资源的数量、质量以及结构进行估计。由于超出企业获取能力的供给对企业来说是没有任何意义的，因此在预测供给时必须要对有效的人力资源供给进行预测。一般来说，人力资源的供给包括内部供给和外部供给两个来源，内部供给是指从内部劳动力市场提供的人力资源；外部供给则是指从外部劳动力市场提供的人力资源。

1. 人力资源供给的分析

如果说对人力资源需求的分析更多的是以"事"为中心而展开的话，那么对人力资源供给的分析就要以"人"为中心来进行。由于人力资源的供给有两个来源，因此对供给的分析也要从这两个方面入手。相比内部供给来说，企业对外部人力资源供给的可控性比较差，因此人力资源供给的预测主要是侧重于内部的供给。

（1）外部供给的分析。由于外部供给在大多数情况下并不能被企业所直接掌握和控制，因此外部供给的分析主要是对影响供给的因素进行判断，从而对外部供给的有效性和变化趋势做出预测。

一般来说，影响外部供给的因素主要有外部劳动力市场的状况、人们的就业意识、企业的吸引力等。当外部劳动力市场紧张时，外部供给的数量就会减少；而当外部劳动力市场宽松时，供给的数量就会增多。人们的就业意识也会影响外部的供给，如果企业不属于人们择业时的首选行业，那么外部供给量自然就比较少；反之就比较多。还有企业的吸引力也会影响外部的供给，当企业对人们的吸引力比较强时，人们都会愿意到这里来工作，供给量也就会比较多；相反，如果企业不具有吸引力，人们都不愿意到这里来工作，那么供给量就会减少。在分析企业的吸引力时，不仅要看绝对的水平，还要看相对的水平，也就是与竞争对手相比的吸引力如何，这对于吸引专业性较强的人力资源来说更有意义。

（2）内部供给的分析。由于人力资源的内部供给来自企业内部，因此企业在预测期内所拥有的人力资源就形成了内部供给的全部来源，所以内部供给的分析主要是对现有人力资源

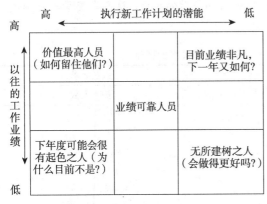

图 3-6　现有人员配置分析图

的存量及其在未来的变化情况做出判断，这种分析主要有以下几种。

① 现有人力资源的分析。人力资源不同于其他资源，即使外部条件都保持不变，人力资源自身的自然变化也会影响到未来的供给，比如退休、生育等，因此在预测未来人力资源的供给时，需要对现有的人力资源状况做出分析。例如，企业现有 58 岁的男性员工 30 人，那么即使没有其他因素的影响，由于这些人两年后要退休，因此两年后企业内部的人力资源供给就会减少 30 人。一般来说，现有人力资源的分析主要是对年龄结构做出分析，因为人力资源自身的变化大多与年龄有关，此外还有员工的性别、身体状况等也要进行分析。

利用下列模型分析目前人员配置情况见图 3-6。

【实务指南 3-2】企业人力资源年龄结构分析工具

表 3-12　企业人力资源年龄结构分析工具——部门维度表

企业人力资源年龄结构分析工具——部门维度								
年份	部门	青少年 18~25岁	青年 26~35岁	青壮年 36~40岁	中青年 41~45岁	中年 46~50岁	壮年 51~60岁	老年 61~70岁	部门人数合计
年度 1	部门 1								0
	部门 2								0
	部门 3								0
	部门 4								0
	部门 5								0
年龄维度数量总计		0	0	0	0	0	0	0	公司人数总计
年龄分布率									0

表 3-13　企业人力资源年龄结构分析工具——产品维度表

年份	部门	青少年 18~25岁	青年 26~35岁	青壮年 36~40岁	中青年 41~45岁	中年 46~50岁	壮年 51~60岁	老年 61~70岁	部门人数合计
产品 1	部门 1								0
	部门 2								0
	部门 3								0
	部门 4								0
	部门 5								0
年龄维度数量总计		0	0	0	0	0	0	0	公司人数总计
年龄分布率									0

② 人员流动的分析。在进行人员流动分析时，假定人员的质量不发生变化，人员的流动

主要包括两种。

一是人员由企业流出。由企业流出的人员数量就形成了内部人力资源供给减少的数量，造成人员流出的原因有很多，如辞职、辞退等。举一个例子，比如企业现有 1 000 人，预测后年的辞职率为 3%，那么后年的人力资源供给就要减少 30 人。

二是人员在企业内部的流动。对这种流动的分析应针对具体的部门、职位层次或职位类别来进行，虽然这种流动对于整个企业来说并没有影响到人力资源的供给，但是对内部的供给结构却造成了影响。例如，当人员由 B 部门流入到 A 部门时，对 A 部门来说，由于流入了人员，供给量会增加，流入了多少人员，其内部的人力资源供给就增加了多少；而对 B 部门来说，由于流出了人员，供给量会减少，流出了多少人员，其内部的人力资源供给量就减少了多少。在分析企业内部人员流动时，不仅要分析实际发生的流动，还要分析可能的流动，也就是说，要分析现有人员在企业内部调换职位的可能性，这可以预测出潜在的内部供给，例如对于 A 职位来说，在未来的第三年有 15 名员工可以从事该职位，那么对于这一职位来说就有 15 人的内部供给。同实际流动的分析一样，分析可能的流动时也要针对具体的部门、职位层次或职位类别来进行。分析员工可能的流动性，主要的依据是绩效考核即对员工工作业绩、工作能力的评价结果。

【实务指南 3-3】企业人力资源流动分析——部门维度

表 3-14　企业人员流动分析表

年度	部门名称	年初人数	期间增加		期间减少				年末人数
			外部流入	内部流入	外部流出人数			内部流出	
					主动流出	被动流出			
年度 1	部门 1								
	部门 2								
	部门 3								
	部门 4								
	部门 5								

表 3-15　企业人力资源流动分析——职位维度表

年度	部门名称	年初人数	期间增加		期间减少			年末人数	年平均人数
			外部流入	内部流入	外部流出人数		内部流出		
					主动流出	被动流出			
年度 1	经管—权威								
	经管—高级								
	经管—中级								
	经管——般								
	经管合计								
	分布率								
	生研—权威								
	生研—高级								

续表

年度	部门名称	年初人数	期间增加		期间减少				年末人数	年平均人数
			外部流入	内部流入	外部流出人数			内部流出		
					主动流出	被动流出				
年度1	生研—中级									
	生研——般									
	生研合计									
	分布率									

表3-16　人力资源流动成本分析表

	招聘直接成本	量值		内部调动直接成本
1	总招聘人数		19	总调动人数
2	广告费		20	申请人费用
3	查询与代理费		21	搬家调迁费用
4	内部分派奖金		22	管理人员工资福利
5	申请人费用		23	就业办公室管理费
6	搬家调迁费用		24	总调动直接成本
7	招聘管理人员工资与福利		25	人均调动直接成本（24/19）
8	就业办公室管理费		26	人均高层领导占用时间
9	招聘人员费用		27	人均直接领导时间占用
10	总招聘直接成本		28	人均培训时间
11	新职员人均直接成本		29	人均因不熟练造成的生产损失
	招聘间接成本		30	调动人员人均总间接成本
12	新职员人均高层领导时间占用		31	调动人员人均总调动成本
13	新员工人均直接领导时间占用		32	内部调动总成本
14	新员工人均定岗培训费用		33	人员流动总成本
15	新员工人均因不熟练造成的生产损失		34	成本降低率
16	新职员人均总间接成本		35	潜在节约额
17	新职员人均总招聘成本			
18	总招聘成本			

③ 人员质量的分析。进行人员质量分析时，假定人员没有发生流动，人员质量的变化会影响到内部的供给，质量的变动主要表现为生产效率的变化。当其他条件不变时，生产效率提高，内部的人力资源供给相应增加；相反，内部的供给就减少。影响人员质量的因素有很多，如工资的增加、技能的培训等。对人员质量的分析不仅要分析显性的，而且还要分析隐性的，例如加班加点，虽然员工实际的生产效率没有发生变化，但是由于工作时间延长了，相应的每个人完成的工作量就增多了，这同样增加了内部的供给，类似的还有工作分享、缩短工作时间等。

同需求的分析一样，上述每一项的分析都是在假定其他因素不变的前提下进行的，如果多个因素同时作用，产生的结果可能会有所不同。例如，即使发生了人员的流出，但是如果员工的生产效率提高，而且提高的比率正好可以等于人员流出所造成的工作量的增加，那么人力资源的内部供给就保持不变。

通过上述分析可以得出企业未来人力资源内部供给的变化值，将它和现有的人力资源进行比较就能计算出未来一定时期内企业内部所能提供的人力资源，从而就可以预测出人力资源的内部供给。

2. 人力资源供给预测的方法

人力资源供给预测的方法主要是针对内部供给预测而言的，预测的方法也有很多，这里我们只是选取几种有代表性的方法进行简单介绍一下。

（1）技能清单。技能清单是一个反映员工工作能力特征的列表，这些特征包括员工的培训背景，工作经历，持有的资格证书以及工作能力的评价等内容。技能清单是对员工竞争力的一个反映，可以用来帮助预测潜在的人力资源供给。人力资源规划的目的不仅是要保证为企业的空缺岗位提供相当数量的员工，还要保证这些员工的质量，因此就有必要建立员工能力的记录。技能清单主要服务于晋升人选的确定，职位调动的决策，对特殊项目的工作分配，培训以及职业生涯规划等。技能清单可以包括所有的员工，也可以只包括部分员工。表 3-21 就是技能清单的一个例子。

【实务指南 3-4】企业人力资源专业能力分析工具

表 3-17　企业人力资源专业能力分析——部门维度表

年度	部门	受教育程度					本行业工作经历						
		大学以下	大专	本科	研究生	博士	0～5年	6～10年	11～15年	16～20年	21～30年	31～40年	40～50年
年度1	部门1												
	部门2												
	部门3												
	部门4												
	部门5												
专业能力数量总计													
专业能力分布率													

表 3-18　企业人力资源专业能力分析——职位维度表

年度	部门	受教育程度					专业工作年限						
		大学以下	大专	本科	研究生	博士	0～5年	6～10年	11～15年	16～20年	21～30年	31～40年	40～50年
年度1	经管—权威												
	经管—高级												
	经管—中级												
	经管——般												
	经管合计												
	分布率												
	生研—权威												

续表

年度	部门	受教育程度					专业工作年限						
		大学以下	大专	本科	研究生	博士	0～5年	6～10年	11～15年	16～20年	21～30年	31～40年	40～50年
	生研—高级												
	生研—中级												
	生研——一般												
	生研合计												
	分布率												

表 3-19　企业人力资源专业能力分析——产品维度表

年度	部门	受教育程度					本行业工作经历						
		大学以下	大专	本科	研究生	博士	0～5年	6～10年	11～15年	16～20年	21～30年	31～40年	40～50年
产品1	部门1												
	部门2												
	部门3												
	部门4												
	部门5												
专业能力数量总计		0	0	0	0	0	0	0	0	0	0	0	0
专业能力分布率													

表 3-20　××××年度受教育程度与人力资源成本分析表

年度	实际生产产值	生产部人力资源成本总额					生产部人力资源平均成本					预测生产产量	投入产出比				
		高中及以下	大专	本科	研究生	博士	高中及以下	大专	本科	研究生	博士		高中及以下	大专	本科	研究生	博士
年度1																	
年度2																	
年度3																	
年度4																	
年度5																	

表 3-21　技能清单示例

姓名：		职位：		部门：
出生年月：		婚姻状况：		到职日期：
教育背景	类别	学校	毕业日期	主修科目
	大学			
	硕士			
	博士			
技能	技能种类		所获证书	
训练背景	训练主题	训练机构		训练时间

续表

志向	你是否愿意担任其他类型的工作？	是	否
	你是否愿意到其他部门去工作？	是	否
	你是否接受工作轮换以丰富工作经验？	是	否
	如果有可能，你愿意承担哪种工作？		
你认为自己需要接受何种训练	改善目前的技能和绩效：		
	晋升所需要的经验和能力：		
你认为自己现在可以接受哪种工作指派？			

（2）人员替换。这种方法是对企业现有人员的状况作出评价，然后对他们晋升或者调动的可能性做出判断，以此来预测企业潜在的内部供给，这样当某一职位出现空缺时，就可以及时的进行补充。为了直观起见，往往将这种替换制作成图表，见图 3-7，表 3-22和表 3-23。

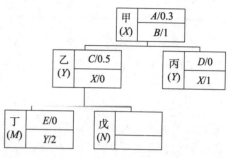

图 3-7　某个部门的人员替换

我们对图 3-7 作一简单解释，假设这是公司某个部门的组织架构图，该部门有 X，Y，Z，M，N 五个职位，分别由甲、乙、丙、丁、戊五个人来从事，在每个职位后面的两个方框中，上面的方框中记录了目前从事该职位的员工能够调动的岗位以及适应新岗位的时间，下面的方框中记录了该员工可以晋升的职位以及晋升所需的时间。例如对甲来说，他还可以从事 A 职位的工作，完全适应新职位需要 0.3 年，也就是大约三个半月的时间；此外他还可以晋升到 B 职位上去，晋升到这一职位需要 1 年的时间。需要指出，由于这种方法预测的是潜在的供给，因此对于甲来说，他 1 年以后并非就一定可以晋升到 B 职位。再比如对于丁来说，他还可以从事 E 职位的工作，而且能够立即适应新的职位；此外他还可以晋升到 Y 职位上去，但需要 2 年的时间，同样的道理，2 年后他也并非一定就可以晋升到 Y 职位上去。由图 3-7 还可以看出，戊既不能调动，也不能晋升。

表 3-22　人员接替计划表

员工							接替人员							
职务	任职者姓名	任职时间	级别	业绩	潜能	特殊群体	姓名	职务	任职时间	目前情况		潜能	特殊群体	处所或单位
										业绩	级别			

表 3-23　管理人员接续计划数据表单

序号	姓名	所在部门	拟接岗位	潜力值	优	3	业绩值	优	3	状态值	接班速率	可以提升	3
					良	2		良	2			需要培训	2
					中	1		中	1			观察考虑	1
01													
02													
03													
04													
05													

为了保证预测的准确性，需要对人员的替换信息进行及时的更新，例如戊经过培训后，具有了相应的技能，能够调动到别的职位上工作，那么在下一年度的替换图中，就要把这一信息添加进去。

（3）人力资源"水池"模型。人力资源"水池"模型是在预测企业内部人员流动的基础上来预测人力资源的内部供应，它与人员替换有些类似，不同的是人员替换是从员工出发来进行分析，而且预测的是一种潜在的供给；"水池"模型则是从职位出发进行分析，预测的是未来某一时间现实的供给。这种方法一般要针对具体的部门，职位层次或职位类别来进行，由于他要在现有人员的基础上通过计算流入量来预测未来的供给，这就好比是计算一个水池未来的蓄水量，因此称之为"水池"模型。下面通过一个职位层次分析的例子来看一下这个模型是如何运用的。

首先，我们要分析每一层次职位的人员流动情况，可以用下面的公式来进行预测：

未来的供给量＝现有的人员数量＋流入人员的数量－流出人员的数量见图 3-8。

对每一层次的职位来说，人员流入的原因有平行调入、上级职位降职和下级职位晋升；流出的原因有向上级职位晋升，向下级职位降职，平行调出和离职。

对所有层次的职位分析完之后，将它们合并在一张图中，就可以得出企业未来各个层次职位的内部供给量以及总的供给量，见图 3-9。

（4）马尔可夫模型。马尔可夫模型是用来预测等事件间隔点上（一般为 1 年）各类人员分布状况

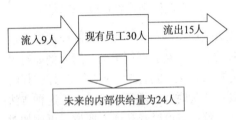

图 3-8　某一层次职位的内部人力资源供应

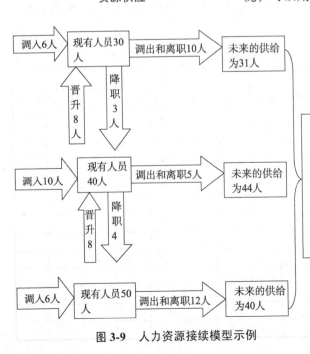

图 3-9　人力资源接续模型示例

的一种动态预测方法。这也是从统计学中借鉴过来的一种定量预测方法。它的基本思想是找出过去人力资源流动的比例，依此来预测未来人力资源供给的情况。

对于这一模型的原理，我们不作过多的阐述，这里主要揭示一下它是如何具体运用的，看下面这个例子。

假设某企业有四类职位，从低到高依次是 A，B，C，D，各类人员的分布情况见表 3-24，请预测一下未来人员的分布情况。

在预测时，首先我们要确定出各类职位的人员转移率，这一转移率可以表示为一个矩阵变动表，见表 3-25。

表 3-25 中的每一个数字都表示，在固定的时期（通常为 1 年）内，两类职位之间转移的员工数量。例如，表 3-25 表示在任何一年内，A 类职位的人有 90%留在公司；B 类职位中 80%留在公司，其中 10%转移到 A 类职位，70%留在原来的职位。这样有了各类人员原始的人数和转移率，就可以预测出未来的人力资源供给情况，将初期的人数与每类的转移率相乘，然后再纵向相加，就得到每类职位第二年的供给量，见表 3-26。

表 3-24　企业人员的分布情况表

职位	A	B	C	D
人数	40	80	100	150

表 3-25　人员转移率矩阵表

	A	B	C	D	离职率合计
A	0.9				0.1
B	0.1	0.7			0.2
C		0.1	0.75	0.05	0.1
D			0.2	0.6	0.2

表 3-26　第二年企业人员的分布情况

	初期人数	A	B	C	D	离职合计
A	40	36				4
B	80	8	56			16
C	100		10	75	5	10
D	150			30	90	30
预测的供给		44	66	105	95	60

由表 3-26 可以看出，在第二年中，A 类职位的供给量为 44，B 类职位的供给量为 66，C 类职位的供给量为 105，D 类职位的供给量为 95，整个企业的供给量则为 310，将这一供给量的预测和需求一比较，就可以得出企业在明年的净需求。如果要对第三年做出预测，只需将第二年的预测数据作为初期数据就可以了。

使用马尔可夫模型进行人力资源供给预测的关键是要确定出人员转移率矩阵表，而在实际预测时，由于受到各种因素的影响，人员转移率是很难准确确定出来的，往往都是一种大致的估计，这就会影响预测结果的准确性。

3.5.3　人力资源供需的平衡

人力资源规划的最终目的是要实现企业人力资源供给和需求的平衡，因此在预测出人力资源的供给和需求之后，就要对这两者进行比较，并根据比较的结果来采取相应的措施。

企业人力资源供给和需求预测的比较，一般会有以下几种结果：①供给和需求在数量、质量以及结构方面都基本相等；②供给和需求在总量上平衡，但是结构上不匹配；③供给大于需求；④供给小于需求。如果出现第一种情况，那就说明企业未来的人力资源供给和需求基本上是平衡的，这当然是一种比较理想的结果，但是现实中这种情况几乎是不可能的。对于企业来说，更多地会出现后面三种情况，这就要求企业针对具体的情况采取相应的措施，以实现供需的平衡。当然，即便是第一种情况，也并不是说企业就不用采取任何措施了，因为对供给和需求的预测是在一定假设条件下进行的，所以企业要保证这些假设条件能够实现。如果条件发生了变化，供给和需求可能就会出现新的不平衡。

【实务指南3-5】××计划期间所需增减人力类别表（见表3-27）

表3-27　　××计划期间所需增减人力类别表

人 类别	年度 数	年度 职员	工员	小计	年度 职员	工员	小计	年度 职员	工员	小计	年度 职员	工员	小计	年度 职员	工员	小计	年度 职员	工员	小计
管理	企业管理																		
	一般管理																		
	财务																		
	会计																		
	电子计算																		
	法务																		
	土地																		
	小计																		
业务	业务																		
	物料																		
	运输																		
	小计																		
工程	电机																		
	机械																		
工程	化工																		
	土木																		
	核工																		
	电子																		

续表

人 类别	年度 数	年度			年度			年度			年度			年度			年度		
		职员	工员	小计	职员	工员	小计	职员	工员	小计	职员	工员	小计	职员	工员	小计	职员	工员	小计
工程	一般工程																		
	工业工程																		
	资讯																		
	环境工程																		
	小计																		
合计																			

1. 供给和需求总量平衡，结构不匹配

企业人力资源供给和需求完全平衡一般是很难发生的，即使在供需总量上达到了平衡，往往也会在层次和结构上出现不平衡。对于结构性的人力资源供需不平衡，一般要采取下列措施实现平衡。

第一，进行人员内部的重新配置，包括晋升、调动、降职等来弥补那些空缺的职位，满足这部分的人力资源需求。

第二，对人员进行有针对性的专门培训，使他们能够从事空缺职位的工作。

第三，进行人员的置换，释放那些企业不需要的人员，补充企业需要的人员，以调整人员的结构。

2. 供给大于需求

当预测的供给大于需求时，可以采取以下措施从供给和需求两方面来平衡供需。

第一，企业要扩大经营规模或者开拓新的增长点，以增加对人力资源的需求，例如，企业可以实施多种经营来吸纳过剩的人力资源供给。

第二，永久性的裁员或者辞退员工，这种方法虽然比较直接，但是由于会给社会带来不安定因素，因此往往会受到政府的限制。

第三，鼓励员工提前退休，就是给那些接近退休年龄的员工以优惠的政策，让他们提前离开企业。

第四，冻结招聘，就是停止从外部招聘人员，通过自然减员来减少供给。

第五，缩短员工的工作时间，实行工作分享或者降低员工的工资，通过这种方式也可以减少供给。

第六，对富余员工实施培训，这相当于进行人员的储备，为将来的发展做好准备。

3. 供给小于需求

当预测的供给小于需求时，同样可以从供给和需求两个角度来平衡供需，可以采取下列措施。

第一，从外部雇用人员，包括返聘退休人员，这是最为直接的一种方法，可以雇用全职的也可以雇用兼职的，这要根据企业自身的情况来确定，如果需求是长期的，就要雇用全职的；如果是短期需求增加，就可以雇佣兼职的或临时的人员。

第二，提高现有员工的工作效率，这也是增加供给的一种有效方法，提高工作效率的方法有很多，例如改进生产技术，增加工资，进行技能培训，调整工作方式等。

第三，延长工作时间，让员工加班加点。

第四，降低员工的离职率，减少员工的流失，同时进行内部调整，增加内部的流动来提高某些职位的供给。

第五，可以将企业的有些业务进行外包，这其实等于减少了对人力资源的需求。

上述平衡供需的方法在实施过程中具有不同的效果，例如靠自然减员来减少供给，过程就比较长；而裁员的方法见效就比较快。表3-28对这些方法的效果进行了比较。

由于企业人力资源供给和需求的不平衡，不可能是单一的供给大于需求或者供给小于需求，往往会相互交织在一起，出现某些部门或某些职位的供给大于需求，而其他部门或其他职位的供给小于需求，例如关键职位的供给小于需求，但是普通职位的供给大于需求，因此企业在制定平衡供需的措施时，应当从实际出发，综合运用这些方法，使人力资源的供给和需求在数量、质量以及结构上都达到平衡匹配。

表3-28　供需平衡的方法比较

方法		速度	员工受伤的程度
供给 大于 需求	裁员	快	高
	减薪	快	高
	降级	快	高
	工作分享或工作轮换	快	中等
	退休	慢	低
	自然减员	慢	低
	再培训	慢	低
方法		速度	可以撤回的程度
供给 小于 需求	加班	快	高
	临时雇用	快	高
	外包	快	高
	培训后换岗	慢	高
	减少流动数量	慢	中等
	外部雇佣新人	慢	低
	技术创新	慢	低

资料来源：［美］雷蒙德·A. 诺伊等. 人力资源管理. 北京：中国人民大学出版社，2001：186.

本章 小结

计划是管理之首，人力资源规划，也是人力资源管理活动的开始。只有科学、合理与组织战略相符的规划，才能保证人力资源管理工作的有效开展。人力资源规划与组织的战略紧密地联系在一起。不同的组织会有不同的战略，同一个组织在不同的时期也有不同的战略，这就决定了人力资源规划的动态性，只有随着组织战略而变化，才能发挥其应有的作用，保证整个系统正常地运转。

 复习与思考

一、单项选择题（请从每题的备选答案中选出唯一正确的答案，将其英文大写字母填入括号内）

1. 人力资源需求预测方法中的集体预测方也称（　　　）。

A. 回归分析方法　　　　B. 劳动定额法　　　　C. 转换比率法

D. 德尔菲预测技术　　　E. 计算机模拟法

2. 以下不属于人力资源需求预测内容的是（　　　）。

A. 现实人力资源预测　　　　B. 未来人力资源需求预测

C. 现实人力资源需求预测　　D. 未来流失人力资源预测

3. 以下关于人力资源预测方法的说法不正确的是（　　　）。

A. 德尔菲法适合于对人力需求的长期趋势预测

B. 转换比率法假定企业的劳动生产率是可变的

C. 转换比率法没能说明不同类别员工需求的差异

D. 德尔菲法可用于企业整体人力资源需求量的预测

二、多项选择题（每题正确的答案为两个或以上，请从每题的备选答案中选出正确的答案，将其英文大写字母填入括号内）

1. 人力资源战略与企业总体经营战略的整合有以下形式（　　　）。

A. 完全整合式　　　B. 分散式　　　C. 配合式　　　D. 互动式

2. 按照人力资源规划的规划期长短，可以将它划分为（　　　）。

A. 部门的人力资源规划　　　　B. 短期的人力资源规划

C. 中期的人力资源规划　　　　D. 长期的人力资源规划

3. 预测职位变动时通常需要考虑以下几个因素（　　　）。

A. 企业的发展战略和经营规划　　B. 产品和服务的需求

C. 生产效率的变化　　　　　　　D. 职位的工作量

三、名词解释

1. 人力资源规划

2. 德尔菲法

3. 战略性人力资源规划

四、问答题

1. 人力资源规划的意义和作用是什么？

2. 人力资源需求预测的方法有哪些？

3. 人力资源供给预测的方法有哪些？

4. 制定人才发展战略的程序和流程是什么？

五、论述题

1. 人力资源规划的程序是什么？

2. 人力资源规划与人力资源管理其他职能的关系。

六、计算题（先根据题意进行计算，然后进行必要分析，只有计算结果没有计算过程不得分）

某企业主要生产 A、B、C 三种产品。三种产品的单位产品工时定额和 2009 年的产品订单见表 3-29。预计该企业在 2009 年的定额完成率为 110%，废品率为 3%，员工出勤率为 95%。

表 3-29　2009 年的产品订单

产品类型	单位产品工时定额（小时）	2008 年的订单（台）
A 产品	100	30
B 产品	200	50
C 产品	300	60

请计算该企业 2009 年生产人员的定员人数。

五金制品公司的人力资源规划

案例分析

冯如生刚调到五金制品公司的人力资源部当助理，就接受了一项紧迫的任务，要求他在 10 天内提交一份本公司 5 年的人力资源规划。虽然老冯从事人力资源管理工作已经多年，但面对桌上那一大堆文件、报表，不免一筹莫展。经过几天的整理和苦思，他觉得要编制好这个规划，必须考虑下列几项关键因素。

首先，是本公司现状。生产与维修工人共 825 人，行政和文秘类白领职员 143 人，基层与中层管理干部 79 人，工作技术人员 38 人，销售员 23 人。其次，是公司人员变动情况。据统计，近五年来职工的平均离职率为 4%，没理由预计会有什么改变。不过，不同类别的职工的离职率并不一样，生产工人离职率高达 8%，而技术人员和管理干部则只有 3%。再者，按照既定的扩产计划，白领职员和销售员要新增 10%～15%，工程技术人员要增 5%～6%，中、基层干部不增也不减，而生产与维修的蓝领工人要增加 5%。最后，本地政府政策。最近本地政府颁布了一项政策，要求当地企业招收新职工时，要优先照顾妇女和下岗职工。本公司一直未曾有意排斥妇女或下岗职工，只要他们来申请，就会按同一种标准进行选拔，并无歧视，但也未予特殊照顾。如今的事实却是，销售员除一名女员工外其余全是男的；中、基层管理人员中有两名女干部；技术人员中也只有三名女工程师；蓝领工人中约有 11% 是妇女和下岗职工，而且都集中在最低层的劳动岗位上。

冯如生还有 5 天就得交出计划，其中包括各类干部和职工的人数、从外界招收的各类人员的人数以及如何贯彻市政府关于照顾妇女与下岗人员政策的计划。此外，五金制品公司刚开发出几种有吸引力的新产品，所以预计公司销售额五年内会翻一番，冯如生还得提出一项应变计划以备应付这类快速增长。

资料来源：http://wenku.baidu.com/view/94ee4624192e45361066f5d5.html.

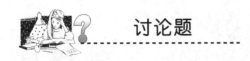

讨论题

1. 老冯在编制人力资源规划时要考虑哪些情况和因素？（提示：根据人力资源规划的内容进行分析）

2. 他该制定一项什么样的招工方案？（提示：可根据人力资源需求预测进行制定）

3. 在预测公司人力资源需求时，他能采用哪些技术？（提示：根据人力资源需求预测的方法进行考虑）

 思考题

马尔可夫分析

试用马尔可夫分析法对某公司业务部人员明年供给情况进行预测，根据公司发展情况需要经理 15 人、科长 22 人、业务员 65 人。请在表内根据各种人员现有人数和每年平均变动概率，计算和填写出各种人员的变动数和需补充的人数（见表 3-30）。

表 3-30　某公司业务部人员的马尔可夫分析

职务	现有人数（人）	人员变动概率（%）			
		经理	科长	业务员	离职
经理	10	0.80	0.00	0.00	0.20
科长	20	0.10	0.80	0.05	0.05
业务员	60	0.00	0.05	0.8	0.15
总人数	90				
需补充人数					

工作分析与工作评价

第 4 章

学习目标

- 工作分析的含义
- 工作分析的相关概念
- 工作分析的作用和意义
- 工作分析的步骤
- 工作说明书的编写
- 工作分析的方法
- 工作评价的含义
- 各种工作评价方法的特点

互联网资料

http://harvey.psyc.vt.edu
http://www.hr-guide.com/jobanalysis.htm

本章关键词

工作分析（job analysis）

履行职责（duty）

行动（action）

业绩标准（performance criteria）

任务（task）

工作关系（job relationship）

职责（responsibility）

职位（position）

工作的环境（working environment）

工作条件（working condition）

职务（headship）

工作族（job family）

工作（job）

工作评价（job evaluation）

职业（profession）

职位排序法（position ranking method）

职业生涯（career）

职位分类法（position classification method）

因素比较法（factor comparison method）

评分法（point method）

职位概要（position summary）

4.1　工作分析概述

人力资源管理不仅仅是对人的管理，在组织内部这种管理也并不是抽象的，它总是以组织所承担或所从事的活动为基础来进行的，而一个组织所进行的活动最终都要落实在具体的职位上，表现为职位所对应的工作。因此，为了更好地进行人力资源管理，首先必须对组织内部各个职位的工作活动进行充分的了解，这正是工作分析所要完成的任务。

4.1.1　工作分析的含义

工作分析（job analysis），也可以叫作职位分析、岗位分析，它是指了解组织内的一种职位并以一种格式把与这种职位有关的信息描述出来，从而使其他人能了解这种职位的过程。

具体来说，工作分析就是要为管理活动提供与工作有关的各种信息，这些信息可以用"6 W 1 H"加以概括：who，谁来完成这些工作？what，这一职位具体的工作内容是什么？when，工作的时间安排是什么？where，这些工作是在哪里进行？why，从事这些工作的目的是什么？for who，这些工作的服务对象是谁？how，如何来进行这些工作？[1]

作为人力资源管理的一项职能活动，工作分析同样也具备任何一种活动所必备的基本要素，这一活动的主体是工作分析者，客体是组织内部的各个职位，内容是与各个职位有关的情况，结果是工作说明书，也可以叫作职位说明书或者岗位说明书。

通过工作分析，我们要回答或者说要解决以下两个主要的问题。

第一，"某一职位是做什么事情的？"这一问题与职位上的工作活动有关，包括职位的名称、工作的职责、工作的要求、工作的场所、工作的时间以及工作的条件等一系列内容。

第二，"什么样的人来做这些事情最适合？"这一问题则与从事该职位的人的资格有关，包括专业、年龄、必要的知识和能力、必备的证书、工作的经历以及心理要求等内容。

4.1.2　与工作分析相关的概念

由于工作分析与职位以及职位对应的工作活动是紧密联系在一起的，因此有必要澄清与之相关的一些概念。

（1）行动（action）。也称工作要素，指工作活动中不便再继续分解的最小单位。比如，秘书接听电话前拿起电话是一个行动，司机开车前插入钥匙也是一个行动。

（2）任务（task）。也称工作任务，指工作活动中为达到某一目的而由相关行动直接组成的集合，是对一个人从事的事情所作的具体描述。它可以由一个或多个行动（工作要素）组成。比如复印文件，为了达到最终的工作目的，复印员必须从事以下具体行动：① 启动复印机；② 将复印纸放入复印机内；③ 将要复印的文件放好；④ 按动按钮进行复印。也就是说，复印文件这一任务，是上述四项行动直接组成的一个集合。

（3）职责（responsibility）。也称工作职责或工作责任，由某人在某一方面承担的一项或多项任务组成的相关任务集合。是某人在工作岗位上需要完成的主要任务或大部分任务，它可以由有一个或多个任务组成。比如，监控员工的满意度是人力资源经理的一项职责，这一

---

① 董克用等. 人力资源管理概论. 北京：中国人民大学出版社，2003：124.

职责由下列五项任务组成：① 设计满意度的调查问卷；② 进行问卷调查；③ 统计分析问卷调查的结果；④ 向企业高层反馈调查的结果；⑤ 根据调查的结果采取相应的措施。

（4）职位（position）。也称岗位，由一个人完成的一项或多项相关职责组成的集合。例如，人力资源部经理这一职位，它所承担的职责有以下几个方面：员工的招聘录用；员工的培训开发；企业的薪酬管理；企业的绩效管理；员工关系的管理等。

在组织中的每一个人都对应着一个职位或岗位，因此从理论上说职位的数量应该等于人员的数量，组织有多少人员相应地就有多少职位。[①]

（5）职务（headship）。是指主要职责在重要性和数量上相当的一组职位的统称。比如，人力资源部设有两个副经理的职位，一个主要分管招聘录用和培训开发；另一个主要分管薪酬管理和绩效管理。虽然，这两个职位的工作职责并不完全相同，但是就整个人力资源部来说，这两个职位的职责重要性和数量比较一致，因此这两个职位可以统称为副经理职务。

和职位不同，职位与员工是一一对应的，而职务却并非一一对应。一个职务可能不止一个职位，如上面所举的例子，副经理职务就有两个职位与之对应。

（6）工作（job）。是指一个或一组职责类似的职位所形成的组合。一项工作可能只涉及一个职位，也可能涉及多个职位。例如在企业中，产品销售一项工作，它就是由销售员、销售经理等职位组成的。

（7）工作族（occupation）。企业内部具有非常广泛的相似工作内容的相关工作群，又被称为职位族、工作群。比如，企业内所有从事技术的职位组成技术类工作组，所有从事销售工作的职位组成销售类工作族。

（8）职业（profession）。由不同组织中的相似工作组成的跨组织工作集合。比如，教师职业、秘书职业等。

（9）职业生涯（career）。指一个人在其工作生活中所经历的一系列职位、工作或职业。例如，某人刚参加工作时是学校的老师，后来去了政府机关担任公务员，最后又到了公司担任经理，那么老师、公务员、经理就构成了这个人的职业生涯。

4.1.3　工作分析的特征、目的和原则

1. 工作分析的特征

工作分析作为企业的一项基础性工作，为企业人力资源管理及企业管理提供基本依据和参考，具有以下四个主要特征。

（1）工作分析是以岗位为基本出发点。岗位是企业结构划分中最小的组成部分，它是企业的战略目标和组织结构决定的，有什么样的战略，就需要有什么样的岗位体系与之相匹配，就要求有相应的职责、权限、领导关系和任职资格与之相匹配。工作分析就是以岗位为基本出发点，围绕岗位进行分析，最后确定出最适合本岗位要求的工作分析文件。

（2）工作分析是一个系统的、调查、分析、评价的过程。工作分析是一项基础性的工作，在这个过程中，需要通过系统、科学的调查、分析、评价的阶段，才能给工作分析扎下坚实的基础。在实施工作分析的过程中，要根据实际情况制定系统调整方案和方法。在制定工作

---

① 但是在现实中，也会有不对应的情况出现。例如对于倒班的工人来说，他们的工作内容是完全一样的，只是工作的时间不同而已，在这种情况下，职位的数量和人员的数量就不相等，人员的数量会大于职位的数量。

分析文件时也要从系统的角度出发，综合考虑各方面因素。所以说工作分析是一个系统的、调查、分析、评价的过程。

（3）工作分析要求企业全员参加。工作分析不仅涉及面广，而且分析的全过程都要求企业全体员工能够积极参加和大力配合，保证工作分析顺利进行。如果在工作分析的过程没有得到广大员工的参与和配合，工作分析结果的准确性以及工作分析过程的顺利都会受到不同程度的影响，甚至导致工作分析的失败。

（4）工作分析是一个动态过程。岗位在组织中处于一个相对稳定的状态——它通常是稳定的，但是组织的使命和目标发生改变时，岗位的职责、功能和价值也常常会发生相应的变化，因此工作分析应该是一个动态的过程。尤其在当今面临瞬息万变的市场，企业更要根据市场的需要不断调整自己的战略目标，随之而来的就是岗位系统的变化或是岗位职责的变化，这就要求及时进行工作分析，将工作分析的基础工作做稳、做实。

2. 工作分析的目的

任何一个岗位都是工作，这是由岗位主持人、职责与职权、环境、激励与约束机制五个要素构成，工作分析对于岗位的五个要素都要涉及，并且都要进行深入的分析。因此，工作分析的目的是收集人力资源管理人员所需要的一切有关员工及工作状况的详细资料，为企业有关的人力资源决策提供依据。

（1）了解工作的五大特征。

① 工作的输出特征。工作的输出特征也就是一项工作的最终成果表现形式，如工作分析的输出结果就是最终形成的工作说明书、任职资格书、员工的工作最终可能表现为产品或服务等，通过这些来具体界定每一个工作岗位的工作职责和工作任务，并以此为前提来确定绩效考核的标准。

② 工作的输入特征。工作的输入特征是为了获得上述结果，应当输入什么内容，包括物质资源、人力资源、资金、信息、设备工具等，只有明确了解这些才能确定工作的来源和工作的条件。

③ 工作的转换特征。工作的转换特征主要是指一项工作是如何从输入状态转化为输出状态，转化的程序、技术、方法是什么，在这个过程中员工的行为起到什么作用，产生哪些影响，这些是进行工作分析所必须了解的一项内容。

④ 工作的关联特征。工作的关联特征是指每个岗位在企业中的位置是什么，工作的职责和权限是什么，该工作和企业中的哪些部门或岗位发生联系等，这些是工作分析中界定工作关系和任职资格的基础。

⑤ 工作的动态特征。由于外部条件的变化，每个工作岗位的工作任务和职责都是不断变化的，这就是工作的动态性。在实际的工作分析过程中，要考虑到的可变因素包括人员因素、时间因素和情景因素等。

（2）相关调查和分析。将工作分析的目的具体阐述、展开，可以将工作分析的目的理解为解决七个问题和四个方面的分析。

七个问题的调查是指 6 个 W 和 1 个 H（前边已经做了阐述）。

四个方面的分析包括：① 工作名称分析，包括对工作特征与概述，工作名称的选择与表述的分析；② 工作规模分析，包括对工作分析任务责任、工作关系与工作强度的分析；③ 工作环境分析，包括对工作的物理环境、安全环境与社会环境的分析；④ 工作条件分析，包括从事该工作的员工所必备的知识、经验、操作技能和心理素质的分析。

3. 工作分析的原则

为了提高工作分析研究的科学性、合理性，在企业中实施工作分析应注意遵循以下几个原则。

（1）系统原则。任何一个组织都是相对独立的系统。在对某一职务进行工作分析时，要注意该职务与其他职务的关系，以及该职务在整个组织中所处的地位，从总体上把握该工作的特征及对人员的要求。

（2）动态原则。工作分析的结果不是一成不变的。要根据战略意图、环境的变化、业务的调整，经常性地对工作分析的结果进行调整。工作分析是一项常规性的工作，需要定期地予以修订。

（3）目的性原则。工作分析是为了明确工作职责，那么分析的重点在于工作范围、工作职能、工作任务的划分；如果工作分析的目的在于选聘人才，那么工作重点在于任职资格界定；如果目的在于决定薪酬的标准，那么重点又在于对工作责任、工作量、工作环境、工作条件的界定等。

（4）参与原则。工作分析尽管是人力资源部主持开展的工作，但它需要各级管理人员与员工的广泛参与，尤其是要高层管理者加以重视，业务部门大力配合才能取得成功。

（5）经济原则。工作分析是一项费时、费力、费钱的事情，它涉及企业组织的各个方面。根据工作分析的目的，采用合理的方法。

（6）岗位原则。工作分析的出发点是从职位出发，分析职位的内容、性质、关系、环境以及人员胜任特征，即完成这个职位工作的从业人员需具备什么样的资格与条件，而不是分析在岗的人员如何。否则，会产生社会赞许行为与防御心理等不利于工作分析结果的问题。

（7）应用原则。应用原则是指工作分析的结果，即工作描述与工作规范，一旦形成工作说明书后，要用于公司管理的相关方面。

4.1.4　工作分析的作用和意义

工作分析是人力资源管理的一项基础性工作，它在整个人力资源管理系统中占有非常重要的地位，发挥着非常重要的作用。

1. 工作分析为其他人力资源管理活动提供依据

工作分析为人力资源管理提供了一个平台，人力资源管理的其他所有职能活动应当说都是在此基础上进行的。

（1）工作分析为人力资源规划提供了必要的信息。通过工作分析可以对企业内部各个职位的工作量进行科学的分析判断，从而为职位的增减提供必要的信息；此外，工作分析对各个职位任职资格的要求也有助于企业进行人力资源的内部供给预测。

（2）工作分析为人员招聘录用提供了明确的标准。由于工作分析对各个职位所必需的任职资格条件作了充分的分析，因此在招聘录用过程中就有了明确的标准，减少了主观判断的成分，有利于提高招聘录用的质量。

（3）工作分析为人员的培训开发提供了明确的依据。工作分析对各个职位的工作内容和任职资格都做出了明确的规定，因此可以据此对新员工进行上岗前的培训，让他们了解自己的工作；还可以根据员工与职位任职资格要求的差距进行相应的培训，以提高员工与职位的匹配程度。

（4）工作分析为制定公平合理的薪酬政策奠定了基础。按照前面所讲的公平理论的要求，企业在制定薪酬政策时必须保证公平合理，而工作分析则对各个职位承担的责任、从事的活动、资格的要求等做出了具体的描述，这样企业就可以根据各个职位在企业内部相对重要性的大小给予不同的报酬，从而确保薪酬的内部公平性。

（5）工作分析还为科学的绩效管理提供了帮助。通过工作分析，每一职位从事的工作以及所要达到的标准都有了明确的界定，这就为绩效考核提供了明确的标准，减少了评价的主观因素，提高了考核的科学性。

2. 工作分析对企业的管理具有一定的溢出效应

工作分析除了对人力资源管理本身具有重要的意义之外，还对企业的整体管理具有一定的帮助。

（1）通过工作分析，有助于员工本人反省和审查自己的工作内容和工作行为，以帮助员工自觉主动地寻找工作中存在的问题并且圆满地实现职位对于企业的贡献。

（2）在工作分析过程中，企业人力资源管理人员能够充分地了解企业经营的各个重要业务环节和业务流程，从而有助于公司的人力资源管理职能真正上升到战略地位。

（3）借助于工作分析，企业的最高经营管理层能够充分了解每一个工作岗位上的人目前所做的工作，可以发现职位之间的职责交叉和职责空缺现象。通过职位的及时调整，从而有助于提高企业的协同效应。

为了更加直观地了解工作分析这一活动，我们用一个系统模型把它加以表示，见图4-1。

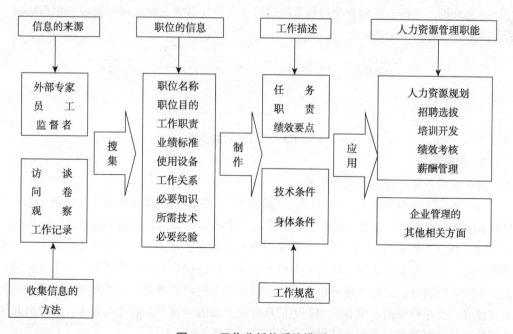

图4-1　工作分析的系统模型

工作职责分歧

一名机床操作工把大量的液体洒在他机床周围的地板上，车间主任叫操作工把洒在地板上的液体打扫干净，操作工拒绝执行，理由是任职说明书里并没有包括清扫的条文。车间主任顾不上去查任职说明书上的原文，就找来一名服务工来做清扫工作。但服务工同样拒绝，他的理由是任职说明书里同样也没有包括这一类工作，这个工作应由勤杂工来完成，因为勤杂工的职责之一是做好清扫工作。车间主任威胁服务工说要解雇他，因为这种服务工是分配到车间来做杂务的临时工。服务工勉强同意，但是干完以后就立即向公司投诉。

有关领导看了投诉以后，审阅了这三类人员的任职说明书：机床操作工、服务工和勤杂工。机床操作工的任职说明书规定：操作工有责任保持机床的清洁，使之处于可操作的状态，但并未提及清扫地板；服务工的任职说明书规定：服务工有责任以各种方式协助操作工，如领取原料和工具，随叫随到，即时服务，但也没有包括清扫工作；勤杂工的任职说明书里确实包括了各种形式的清扫工作，但他的工作时间是从正常工人下班以后开始。如果你是该领导，你会如何处理这件事情？

4.2 工作分析的具体实施

在人力资源管理系统中，工作分析是一项技术性非常强的工作，为了保证实施的效果，在实际的操作过程中必须遵循一定的步骤并注意相关的问题。

4.2.1 工作分析的步骤

一般来说，工作分析的整个过程要经过以下几个步骤来完成：准备阶段、调查阶段、分析阶段和完成阶段，见图4-2。

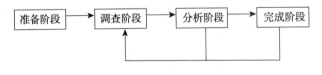

图 4-2　工作分析的步骤

1. 准备阶段

这一阶段主要完成以下几项任务。

（1）确定工作分析的目的和用途。也就是说，要明确分析资料到底是要用来干什么的，是要解决什么问题的。工作分析的目的不同，所要收集的信息和要使用的方法也会不同。

（2）成立工作分析小组。为了保证工作分析的顺利进行，在准备阶段还要成立一个工作分析小组，从人员上为这项工作的开展做好准备。小组的成员一般由以下三类人员组成：一是企业的高层领导；二是工作分析人员，主要由人力资源管理专业人员和熟悉本部门情况的人员组成；三是外部的专家和顾问，他们具有这方面的丰富经验和专门技术，可以防止工作分析的过程出现偏差，有利于结果的客观性和科学性。

（3）对工作分析人员进行培训。为了保证工作分析的效果，还要由外部的专家和顾问对本企业参加工作分析小组的人员进行业务上的培训。

（4）做好其他必要的准备。例如，由各部门抽调参加工作分析小组的人员，部门经理应对其工作进行适当的调整，以保证他们有充足的时间进行这项工作；在企业内部对这项工作进行宣传，消除员工不必要的误解和紧张。

2. 调查阶段

这一阶段需要完成的任务主要有以下几项。

（1）制定工作分析的时间计划进度表，以保证这项工作能够按部就班地进行。

（2）根据工作分析的目的，选择搜集工作内容及相关信息的方法。工作分析的方法有很多，我们将在下一节进行详细的介绍。

（3）搜集工作的背景资料，这些资料包括公司组织结构图、工作流程图以及国家的职位分类标准，如果可能的话，还应当找来以前保留的工作分析资料。组织结构图指明了某一职位在整个组织中的位置，以及上下级隶属关系和左右的工作关系；工作流程图指出了工作过程中信息的流向和相关的权限，这些都有助于更加全面地了解职位的情况。职位分类标准和以前的工作分析资料也有助于更好地了解职位的情况，但是在使用这些资料时要注意绝对不能照搬照抄，而应当根据企业现时的具体情况，有选择地加以利用。

（4）搜集职位的相关信息。在完成以上的工作之后，就可以正式开始搜集职位的相关信息了。一般来说，工作分析中需要搜集的信息主要有以下几类。

① 工作活动。包括承担工作所必须进行的与工作有关的活动和过程；活动的记录；进行工作所运用的程序；个人在工作中的权力和责任等。

② 工作中的人的活动。包括人的行为，如身体行动以及工作中的沟通；作业方法，分析其中所使用的基本动作；工作对人的要求，如精力的耗费、体力的耗费等。

③ 在工作中所使用的机器、工具、设备以及工作辅助用品，如电话、计算机、传真机、汽车、对讲机、仪器以及车床等。

④ 与工作有关的有形和无形因素。包括完成工作所要涉及或者要运用的知识，如公司的会计需要运用会计方面的知识，法律事务主管需要懂得法律知识等；工作中所加工处理的材料；所生产的产品或提供的服务。

⑤ 工作绩效的信息。如完成工作所耗费的时间、所需要投入的成本以及工作中出现的误差等。需要注意的是，这里只是搜集与绩效相关的信息，并不是要制定与各项工作相对应的绩效目标，后者是分析阶段所要完成的任务。

⑥ 工作的背景条件。包括个人时间；工作的地点，如是在室内还是在室外；工作的物理条件，如有没有噪声、是不是在高温条件下等。

⑦ 工作对人的要求。包括个人特征，如个性和兴趣；所需要的教育与培训水平；工作的经验等。

上述的工作信息，一般要从以下几个渠道来获得：工作执行者本人、管理监督者、顾客、分析专家、职业名称辞典以及以往的分析资料。在通过这些渠道搜集工作分析所需的信息时需要注意：由于各种主观原因的存在，不同的信息源提供的信息会存在一定程度的差异。例如，工作执行者本人在提供信息时往往会夸大工作的难度；而顾客在提供信息时也往往会从自己的利益出发，从而导致某些信息特别是与绩效有关的信息高于实际的情况。因此，工作分析人员应该站在中立的立场来听取各方面不同的意见，条件允许或者必要的时候还要亲自实践一下有关的工作活动，以期掌握准确可靠的信息。

3. 分析阶段

在搜集完与职位相关的信息之后，就要进入到工作分析的下一个阶段，即分析阶段。在这一阶段需要进行以下几项工作。

（1）整理资料。将搜集到的信息按照工作说明书的各项要求进行归类整理，看是否有遗漏的项目，如果有的话要返回到上一个步骤，继续进行调查搜集。

（2）审查资料。资料进行归类整理以后，工作分析小组的成员要以期对所获工作信息的准确性进行审查，如有疑问，就需要找相关的人员进行核实，或者回到上一个步骤，重新进行调查。

（3）分析资料。如果搜集的资料没有遗漏，也没有错误，那么接下来就要对这些资料进行深入的分析，也就是说，要归纳总结工作分析的必需材料和要素，解释出各个职位的主要成分的关键因素。在分析的过程中，一般要遵循以下几项基本原则。

① 对工作活动是分析而不是罗列。工作分析是反映职位上的工作情况，但却不是一种直接的反映，而要经过一定的加工。分析时，应当将某项职责分解为几个重要的组成部分，然后再将其重新进行组合，而不是对任务或活动的简单列举和罗列。例如，对公司前台小姐转接电话这项职责，经过分析后应当这样描述，"按照公司的要求接听电话，并迅速转接到相应的人员那里"，而不应该将所有的活动都罗列上去，"听到电话铃响后，拿起电话，放到耳边，说出公司的名字，然后询问对方的要求，再按下转接键，转接到相应的人员那里"。

② 针对的是职位而不是人。工作分析并不关心任职者的任何情况，它只关心职位的情况。例如，某一职位本来需要本科学历的人来从事，但由于各种原因，现在只是由一名中专生担任这一职位，那么在分析这一职位资格时就要规定为本科，而不是根据现在的状况将学历要求规定为中专。

③ 分析要以当前的工作为依据。工作分析的任务是为了获取某一特定时间内的职位情况，因此应当以目前的工作现状为基础来进行分析，而不能把自己或别人对这一职位的工作设想加到分析中去。只有如实地反映出职位目前地工作状况，才能据此进行分析判断，发现职位设置或职责分配上的问题。

根据实践经验，在分析资料的过程中，如果觉得分析起来比较困难，这说明对职位情况的了解还不是很深入，或者搜集的资料还不是很全面，也许要返回到上一个阶段，再继续了解和搜集。

4. 完成阶段

这是整个工作分析过程的最后一个阶段，这一阶段的任务如下所述。

（1）编写工作说明书。根据对资料的分析，首先要按照一定的格式编写工作说明书的初稿；然后反馈给相关的人员进行核实，意见不一致的地方要重点进去讨论，无法达成一致的还要返回到第二个阶段，重新进行分析；最后，形成工作说明书的定稿。至于工作说明书如何编写，我们将在下面进行详细的说明。

（2）对整个工作分析构成进行总结，找出其中成功的经验和存在的问题，以利于以后更好地进行工作分析。

（3）将工作分析过程的结果运用于人力资源管理以及企业管理地相关方面，真正发挥工作分析的作用。近几年来，随着人力资源管理的逐渐升温，很多企业投入了大量的人力和物力来进行工作分析，但是在这项工作结束以后，却将形成的职位说明书束之高阁，根本没有加以利用，这无疑是一种极大的浪费。

需要强调的是，作为人力资源管理的这一项活动，工作分析是一个连续不断的动态过程，企业绝不能有一劳永逸的思想，不能认为做过一次工作分析以后就可以不用再做了，而应当根据企业的发展变化随时进行这项工作，要使工作说明书能及时地反映职位的变化情况。

4.2.2 工作说明书的编写

在编写工作说明书时，一般都要按照一定的格式来进行，这里我们首先来看几种工作说明书的格式，见表 4-1、表 4-2 和表 4-3。

表 4-1 工作说明书范例一

职位名称		部门	
工作内容：			
1.			
2.			
3.			
任职资格：			
1. 学历要求：			
2. 工作经验要求：			
3. 必要的知识和能力：			
4. 综合素质要求：			
5. 其他要求：			
工作环境：			
1. 工作地点：			
2. 工作条件：			

表 4-2 工作说明书范例二

职称名称：		所在部门：	
职位编码：		编制日期：	
职位概要：			
职位职责			
1.（职责一）			
1. 1			
1. 2			
关键绩效指标（KPI）			
任职资格			
项目	必备要求		期望要求
学历及专业要求			
所需资格证书			
工作经验			

知识要求	
技能要求	
能力要求	
个性需求	
主要关系	
关系性质	关系对象
直接上级	
直接下级	
内部沟通	
外部沟通	
职位环境和条件	
工作场所	
工作设备	
工作条件	
工作时间	
备注	

表 4-3　工作说明书范例三

职位编号		职位名称		所属部门	
职位类型		上级职位		编写日期	

职位概要

履行职责及考核要点

履行责任		占用时间	绩效标准

工作关系	直接下属人数		间接下属人数	
	内部主要关系			
	外部主要关系			
工作条件	工作场所			
	工作时间			
	使用设备			
职位关系	可转换的职位	部门：　　　职位：		
		部门：　　　职位：		
	可晋升的职位	部门：　　　职位：		
		部门：　　　职位：		
	职位关系图			

任职资格要求				
一般条件	最佳学历		最低学历	
	专业要求			
	资格证书			
	年龄要求		性别要求	
必要知识和工作经验	必要知识			
	外语要求			
	计算机要求			
	工作经验			
必要的业务培训				
必要的能力和工作态度	能力			
	态度			
其他事项				

表 4-1 是一种相对简单的描述式的工作说明书，而表 4-2 和表 4-3 则是一种相对复杂的表格式的工作说明书，此外还有其他格式的工作说明书。不管格式如何变化，工作说明书都要包括两大部分的内容：一是工作描述，反映了职位的工作情况，是关于职位所从事或承担的任务、职责以及责任的目录清单，也可都称作 TRDs；二是工作规范，它反映了职位对承担这些工作活动的人的要求，是人们为了完成这些工作活动所必须具备的知识、技能、能力和其他特征的目录清单，也可称作 KSAOs。

一般来说，一个内容比较完整的工作说明书都要包括以下几个具体项目：①职位标识；②职位概要；③履行职责；④业绩标准；⑤工作关系；⑥使用设备；⑦工作的环境和工作条件；⑧任职资格；⑨其他信息。这些信息中第①～⑦项都属于工作描述，第⑧项任职资格属于工作规范，下面将结合这些项目来具体解释一下应该如何编写工作说明书。

1. 职位标识

这就如同职位的一个标签，让人们能够对职位有一个直观的印象，一般要包括以下几项内容：职位编号、职位名称、所属部门、直接上级和职位薪点。

职位编号主要是为了方便职位的管理，企业可以根据自己的实际情况来决定应包含的信息。例如在某企业中，有一个职位前编号为 HR-03-06，其中 HR 表示人力资源部，03 表示主管级，06 表示人力资源部全体员工的顺序编号；再如，MS-04-TS—08，其中 MS 表示市场销售部（market 和 sales 的首字母缩写），04 表示普通员工，TS 表示职位属于技术支持类，08 表示市场销售部全体员工的顺序号。

职位名称确定时应当简洁明确，尽可能地反映职位的主要职责内容，让别人一看就能够大概知道这一职位主要是干什么的；职位名称中还要反映出这一职位的职务，如销售部总经理、人力资源经理、招聘主管、培训专员等。在确定职位名称时，最好要按照社会上通行的做法来做，这样既便于人们的理解，也便于在薪资调查时进行比较。

所属部门一般指岗位所属的部门。

直接上级是工作布置直接人和工作汇报直接责任人，一般情况下只有一个直接上级，否则会形成多头领导。

职位薪点是工作评价所得到的结果，反映了这一职位在企业内部的相对重要性，是确定这一职位基本工资标准的基础。薪点如何得到，在薪酬管理一章中会进行具体的介绍。

2. 职位概要

就是要用一句或几句比较简练的话来说明这一职位的主要工作职责，要让一个对这一职位毫无了解的人一看职位概要就知道它大概要承担哪些职责，例如人力资源部经理的职位概要可以这样描述，"制定、实施公司的人力资源战略和年度规划，主持制定完善人力资源管理制度以及相关政策，指导解决公司人力资源管理中存在的问题，努力提高员工的绩效水平和工作满意度，塑造一支敬业、团结协作的员工队伍，为实现公司的经营目标和战略意图提供人力资源支持"。而公司前台的职位概要则要这样描述，"承担公司前台服务工作，接待安排客户的来电、来访，负责员工午餐餐券以及报纸杂志的发放和管理等行政服务工作，维护公司的良好形象"。

3. 履行职责

就是职位概要的具体细化，要描述这一职位承担的职责以及每项职责的主要任务和活动。在实践过程中，这一部分是相对较难的，要经过反复的实践才能准确地把握。首先，要将职位所有的工作活动划分为几项职责，然后再将每项职责进一步地细分，分解为不同的任务，这一过程见图 4-3。

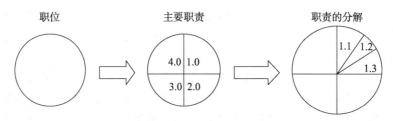

图 4-3　职位履行职责的分解

如果我们将老师看成一个职位的话，那么来看看这个职位的职责是如何分解的。首先，要将老师从事的活动划分成几项职责，可以划分为教学、研究、学生指导和学校服务等几项。然后，继续对每项职责进行细分，例如教学这项职责可以细分为课前备课、课堂讲授、课后批改作业和期末进行考试这四项任务；研究这项职责也可以细分为在刊物上发表论文、编写著作书籍和参加学术研讨会三项任务。

将职位的活动分解完之后，就要针对每项任务来进行描述。描述时一般要注意下面几个问题。

（1）要按照动宾短语的格式来描述，既按照"动词+宾语+目的状语"的格式来进行描述。动词表明这项任务是怎么进行的；宾语表明了活动实施的对象，可以是人也可以是事情，宾语有时也可以是双宾语；目的状语则表明了这项任务要取得什么样的结果。例如，"监督和控制部门年度预算，以保证开支符合业务计划要求"，其中，"监督和控制"是动词，"部门年度预算"是宾语，"以保证开支符合业务计划要求"是目的状语；再如，"指导下属制订招聘计划，以保证各部门的人员需求"，在这里，"指导"是动词，"下属"和"制订招聘计划"就是一个双宾语，"以保证各部门的人员需求"是目的状语。在美国劳工部门的工作分析手册中，对这种职责描述的格式有详细的说明，在实际描述中可以作为参考。

（2）要准确使用动词。使用动宾短语进行描述时，动词的使用是最为关键的部分，一定要能够准确地表示出员工是如何进行该项任务的，以及在这项任务上的权限，而不能过于笼统。

先来看几个例子，"负责公司的预算工作……""负责公司的培训工作……""负责公司的保卫工作……"，这是国内大多数企业在编写工作说明书时常用的语句，虽然也使用了动宾短语的格式，但是由于动词的使用不准确，因此并没有清楚地揭示出任务应当如何来完成。"负责"这个动词表面上看起来比较清楚，但是深究起来问题很多，拿"负责公司的培训工作"来说，什么是负责，是指导别人来完成培训叫负责呢，还是自己亲自完成培训叫负责呢，根本没有说清楚，因此要尽量避免使用"负责"这类模糊不清的动词，根据实际情况来准确地选择和使用动词。还拿这个例子来说，如果是人力资源经理，可以这样描述，"制订公司的培训计划……"；如果是培训的主管，则可以这样描述，"具体实施培训计划……"，通过使用"制订""实施"这样的动词，就清楚地表明经理和主管分别是如何来完成培训这项任务的。

在工作分析中，针对不同的任务和主体，应当选择使用不同的动词，下面就列举出一些例子来供大家参考，见表 4-4。

表 4-4　工作分析中常见的动词举例

对象或主体	动词
针对计划、制度	编制、制订、拟订、起草、审定、审查、转呈、转交、提交、呈报、存档、提出意见
针对信息、资料	调查、收集、整理、分析、归纳、总结、提供、汇报、通知、发布、维护管理
思考行为	研究、分析、评估、发展、建议、参与、推荐、计划
直接行动	组织、实行、执行、指导、控制、采用、生产、参与、提供、协助
上级行为	主持、组织、指导、协调、指示、监督、控制、牵头、审批、审定、批准
下级行为	核对、收集、获得、提交、制作
其他	维持、保持、建立、开发、准备、处理、翻译、操作、保证、预防、解决

在选择使用动词时还应注意，如果有专业术语，就要使用这些术语，例如"雕刻木制品"和"制作木制品"这两个描述，虽然"制作"是一个比较具体的动词，但是远没有"雕刻"这个转移术语表达的意思清楚。

为了让大家能更直观地理解上面所讲的内容，我们来看一个具体的例子，见表 4-5。

在履行职责部分，还有一个问题需要注意，如果某一职位是由多项职责组成的，那么就要将这些职责按照一定的顺序进行排列，而不能是胡乱地堆砌。在排列职责时有以下两个原则。

（1）按照这些职责的内在逻辑顺序进行排列，也就是说，如果某一职位的职责具有逻辑上的先后顺序，那么就要按照这一顺序进行排列。例如人力资源部培训主管，这一职位由拟订培训计划、实施培训计划、评估培训效果和总结培训经验等几项职责组成，这些职责在时间上有一个先后的顺序，因此在排列时就要依次进行。

（2）按照各项职责所占用时间的多少进行排列。有些职位的职责并没有逻辑的顺序，那么就要按照完成各项职责所用的时间多少来进行排列，当然这一时间比例并不需要非常准确，只是一个大概的估计，一般来说以 5% 作为最小单位。

在实践中，对各项职责所占用的时间进行估计，还有助于衡量职位的工作量是否饱满。如果某一职位的大量时间都分配给了非常简单的职责，那么就说明它的工作量是饱满的；相反，一些本来应该占用很多时间的职责在某一职位那里只被分配了很少的时间，那么说明这一职位的工作量有些超负荷。例如，对于人力资源的招聘主管，"制订招聘计划"这项职责占

表 4-5　履行职责描述的示例

职　　责	任　　务
设备保养	1. 根据保养时间要求更换零部件以及添加润滑剂 2. 保持对机器设备所做保养的所有记录 3. 定期检查机器设备上的量器和负荷指示器，以发现可能表明设备出现问题的不正常现象 4. 根据要求完成非常规性保养任务 5. 承担对执行维护任务的操作工进行有限监督和培训的任务
设备修理	1. 对设备进行检查并提出报废或修理某一零部件的建议 2. 如果设备需要被修理，则需要采取任何必要的措施来使该零部件恢复正常工作，其中包括使用各种手工工具和设备来对该零部件进行部分或者全部的重组，最主要的是内燃机和水压机的全面大修以及故障排除
测试与批准	1. 确保所有要求完成的保养和维修工作均已完成，并且必须是按照设备生产商所提供的说明书来进行的保养和维修 2. 批准或否决某设备已经达到在某工作中被使用的条件
库存保持	1. 保持设备保养和维修所需要的库存零部件 2. 以最低的成本采购令人满意的零部件
其他职责	上级分配的其他临时性任务

资料来源：［美］雷蒙德·A. 诺伊等. 人力资源管理. 北京：中国人民大学出版社，2001：146.

到了全部工作时间的 40%，那么说明这一职位的工作量是不饱满的，因为按照正常的情况，"拟定招聘计划"根本就用不了那么多时间。再比如财务的会计，"编制会计报表"这项职责只占了全部时间的 10%，在其他职责的时间分配比较合理的情况下，就说明这一职位的工作量超负荷了，因为按照正常的情况，"编制会计报表"这一职责不应该只占用那么少的时间，这说明分配给这一职位的其他职责太多了。通过职责占用的时间进行工作量的衡量，必须要对这些职责非常了解才可以。

逻辑顺序和时间顺序相比较，排列职责是应当优先考虑逻辑顺序，其次再考虑时间顺序。

4. 业绩标准

业绩标准就是职位上每项职责的工作业绩衡量要素和衡量标准，衡量要素是指对于每项职责，应当从哪些方面来衡量它是完成的好还是完成的不好；衡量标准则是指这些要素必须达到的最低要求，这一标准可以是具体的数字，也可以是百分比。

例如，对于销售经理这一职位，工作完成的好坏主要表现在销售收入、销售成本方面，因此他的业绩衡量要素就是销售收入和销售成本；只有收入要达到多少、成本要控制在多少就属于衡量标准的范畴了，可以规定销售收入每月 100 万元，销售成本每月 30 万元。再如，对于人力资源的薪酬主管，衡量其工作完成的好坏主要看薪酬发放是否准确、及时，因此其业绩要素就是薪酬发放的准确率和及时性；至于准确率要达到多少、及时性如何表示就是衡量标准的范畴了，可以规定准确率要达到 98%，薪酬迟发的时间最多不能超过 2 天。

5. 工作关系

工作关系是指某一职位在正常工作情况下，主要与企业内部哪些部门和职位发生工作关系，以及需要与企业外部哪些部门和人员发生工作关系。这个问题比较简单，需要注意的问题是，偶尔发生联系的部门和职位一般不列入工作关系的范围之内。

6. 使用设备

使用设备是指工作过程中需要使用的各种仪器、工具、设备等。

7. 工作的环境和工作条件

包括工作的时间要求、工作的地点要求以及工作的物理环境条件等。

以上内容属于工作描述的范畴。工作描述是否清楚明了，可以用一个简单的方法来测试。编写工作描述的分析人员可以问自己："一个从来没有接触过这一职位的人看了工作描述之后，如果让他来从事这一职位，他是否知道自己要干什么以及如何去干？"如果不能得到肯定的答案，说明这份工作描述还需要继续修改。

8. 任职资格

这属于工作规范的范畴。对于任职资格的具体内容，学者们的看法是不一致的。罗杰（Rodger）与 1952 年提出了七项基本内容：①体貌特征（健康状况和外表等）；②成就（教育、资格证书和经历）；③一般智力；④特殊能力（动手能力、数学运算能力和沟通能力）；⑤兴趣（文化、体育等）；⑥性格（友善、可靠和忍耐等）；⑦特殊的工作环境（大量的出差等）。此外，芒罗·弗雷泽（Munro Fraser）在 1958 年提出了另一种工作规范的内容体系，包括五项：①对他人的影响力（通过身体、外表和表达方式等）；②取得的资格（教育、培训和经历）；③先天的天赋（理解力、学习能力等）；④激励水平（设定目标并达成目标的决心）；⑤调节能力（在压力下保持稳定和他人保持良好合作关系的能力）。

综合各方面的研究成果，一般来说，任职资格应包括以下几项内容：所学的专业、学历水平、资格证书、工作经验、必要的知识和能力以及身体状况。需要强调的是，不管任职资格包括什么内容，其要求都是最基本的，也就是说是承担这一职位工作的最低要求。

任职资格要求的规定，有些内容是强硬的，必须遵守国家和行业的有关规定，例如电焊工，必须要持有劳动部门颁发的焊工证书；再如司机，不能是色盲，同时还必须持有相应的车型的驾驶执照。其他内容的要求，则可以根据工作的内容和工作的绩效通过两种方法来确定：一是判断的方法，就是根据实际的情况或者主管人员的经验判断来确定任职资格要求；二是统计的方法，就是首先设定影响工作绩效的要素，然后利用统计分析的方法验证这些要素与绩效之间的关系，依此来确定任职资格要求。一般来说与工作内容有关的要求，如专业、学历水平和身体状况等，应当通过第一种方法来确定；与工作绩效有关的内容，如能力、知识和素质等，应当通过第二种方法来确定；但是第二种方法比较复杂，因此在目前的实践中，与工作绩效有关的内容的要求，也大多是用第一种方法确定的，不过随着人力资源管理在我国的深入发展，使用第二种方法来确定任职资格的要求会越来越普遍。

9. 其他信息

这属于备注的性质，如果还有其他需要说明，但又不属于工作描述和工作规范范围的可以在其他信息中加以说明。

工作分析的四大误区

在实际工作中，多数企业对工作分析的理解和运用仍停留在表层，难免走入工作分析的误区雷阵，往往事倍功半。现在，我们就来分析一下工作分析容易陷入的误区有哪些，并讨论避免走入这些误区的解决之道。

误区一：重技术，轻理念

工作分析的实质就是以某职位的任职资格条件、工作环境等外部条件作为工作输入，分析经过怎样的工作流程、工作关联等进行工作转换后，应该输出什么样工作结果，并确定如何评估其工作结果的过程。

很多人力资源工作者认为，工作分析是一项技术性很强的工作，需要在工作描述和工作规范中，清晰界定每一职位的工作范围、工作职责，揭示出相关职位之间的工作流程、权利链的运行等，因而认为只要掌握工作分析的各种方法，如访谈调查法、问卷调查法、职位分析问卷（PAQ）等，便可以把工作分析做好，陷入"重技术，轻理念"的实用主义误区。任何的管理活动都不能没有相应管理理念的支撑，否则再高超的管理技巧与管理方法都只能是无本之木、无花之果，没有灵魂和持久的生命力。

工作分析同样需要首先确定一个企业的管理理念，可以是抽象化的管理思想，也可以是具体的管理目标，比如通用性的"以人为本""以职位为核心的人力资源管理整体解决方案"，或依据企业自身特点而定的"激励头鸟""实现人岗匹配""明确职责权限""梳理工作流程""组织变革"等。在管理理念和具体工作目标指导下开展的工作分析，才可能选择恰当的方法，运用恰当的分析技术，有的放矢，遇到问题时才能够有解决问题的思路。

误区二：重结果，轻过程

工作分析的结果是一套科学、合理的工作说明书，一般既包括工作描述又包括工作规范。工作说明书的编写是在职位信息的收集、比较、分类的基础上进行的，是工作分析的最后一个环节。

实践中，一些企业的老总甚至很多人力资源工作者认为工作分析的重要性和工作成果只体现在最后生成的工作说明书上，动辄要求整个工作分析工作在十几个工作日之内完成，主观认为只要最后得出一套工作说明书，工作分析的过程如何进行并不重要。事实上，工作分析过程的优化程度决定其结果的质量。

一般地，工作分析包括准备阶段、调查阶段、分析阶段和完成阶段（具体见图 4-2）。工作说明书只能代表工作分析的实体结果，必须认识到工作分析过程本身亦即企业进行人力资源管理的过程，其过程意义远大于结果的生成意义。

一定意义上，准备阶段的工作成效直接决定工作分析的成败。人力资源部经理首先要与企业高层充分沟通，让高层认可工作分析的价值性和必要性，力求获得高层的鼎力支持，以为整个工作分析的顺利开展打下坚实基础。

接下来，召开全员参加的工作分析启动会议，由老总亲自宣讲工作分析的重要意义，布置工作任务，要求全员配合，各部门协调一致，为工作分析提供各方面的资源保证。启动会上，人力资源部要着重宣讲工作分析的理念与目的，让员工认同工作分析的价值，了解工作分析的科学性，减少因对工作分析的陌生和不了解工作分析的目的而产生的抵触情绪。成立"工作分析工作小组"，主要由人力资源部工作人员组成，但要吸收一些业务部门的负责人，共同负责工作分析工作的开展和工作说明书的编写。

有了高层领导的全力支持和各部门员工的倾力配合，进入调查阶段后便很容易在较少阻力的情况下收集到工作分析所需的信息。工作分析有多种分析技术，其中问卷调查法和访谈调查法由于可操作性强、信息采集效果好而成为最为常用的两种方法。

员工填写问卷的过程是促使他们思考自己的工作内容、职责权限、工作流程等工作分析所需主干信息的过程。当员工遇到对工作职责等不甚清晰的问题时要与其主管沟通明确，这也是加强上下级之间充分沟通的过程。员工在填写问卷的过程中潜移默化的思考着自己日常工作的每一个环节、每一项职责和职业化要求，反思自己的工作态度与工作成果，这本身即为人力资源管理的基本任务之一。

访谈调查法主要用于了解有关被分析工作的细节信息，可以对工作分析所需的重点信息进行深入挖掘。访谈调查的过程也是人力资源工作者与企业员工充分沟通的过程，在相互沟通中，人力资源工作者和各部门员工增进了解，建立良好的工作关系，有利于双方在日后工作中的协助配合。同时，访谈也不失为新入职的人力资源工作者尽快导入工作正轨的有效途径，在访谈企业员工的同时了解企业的运作流程，尽快熟悉情况。

如果缺少准备阶段的积极宣讲与调查阶段的充分沟通等工作分析过程，由人力资源部闭门造车式编写的工作说明书，即使科学、合理、切合实际，也很难在实际工作中得到高层的认可和广大员工的认同，推广应用的难度可想而知。

误区三：重繁复，轻简洁

一直以来，众多人力资源管理教科书中讲述的工作说明书都是比较繁复的，现今流行的几种版式的工作说明书一般都包括工作识别、工作摘要、工作职责、工作关系、工作标准、关键业绩指标（KPI）、工作环境条件、任职资格说明等。人力资源管理者在实际操作中往往参照这几种版式，无视企业的具体特点和个性需求，以为只有繁复的工作说明书才能最大限度的说明问题、解决问题，一味求多求全，陷入"重繁复，轻简洁"的形式主义误区。

工作分析的目的决定工作说明书的撰写风格。若工作分析的目的是让企业所有员工明确各自的工作职责和工作范围，则要求工作说明书能够明确划分出职位与职位之间的职责权限，揭示出每一职位主要工作的工作流程，其他部分可以适当弱化分析，化繁为简。若重点为了有效选拔和使用所需要的人员，则在明确工作职责的基础上，重点说明具有何种资格的人才能适应职位的要求即可。工作职责和任职资格是工作说明书的核心，最简洁的工作说明书可以只包括这两个部分。但是，当工作分析的目的是制定考核标准及方案、科学开展绩效考核工作，或是设计公平合理的薪酬方案，则可借助工作分析的过程着重分析每一职位的价值所在并明示评估标准，以节省日后制定绩效考核指标体系和职位评估的时间。

简洁的工作说明书可以节约工作分析时间和分析成本，也可针对具体的工作分析目的而有效解决问题，易使高层领导见到人力资源管理成效，节约管理成本。对于一般员工和操作工人，工作说明书更是要力求简洁通俗，尽量使用能够让使用者理解的语言和表述。

误区四：重形式，轻应用

在实际工作中，一些企业虽然进行了工作分析，得出一套工作说明书，但却束之高阁，权当作人力资源部曾经完成的一项工作任务，从未有效利用工作分析的结果开展其他人力资源管理工作。只把工作说明书当成一种形式，不重视其应用，就好比病人去医院开了治病良药却将之供奉起来，以为只要良药在手，即使不服用也能"药到病除"。但是，纵是仙丹妙药，也需切实服用才能真正发挥作用，否则闲置的良药只能是一种资源的浪费，于病情毫无疗效可言。

工作分析最忌讳只重形式不重应用。企业的工作说明书在制定和使用中出现了"两张皮"的现象，工作说明书形同虚设，没有发挥应有的作用，人力资源管理工作也无法以工作分析为良好开端有序进行。工作分析的效用大打折扣，必将影响后续人力资源。

4.2.3　工作说明书的举例

1. 高层管理人员工作说明书范例

总经理工作说明书，见表 4-6。

表 4-6　总经理工作说明书

单位名称			
岗位名称	总经理	直接上级	
直接下级	人力资源部经理、财务部经理、质量部经理、生产副总、商务副总等	下级人数	
工作职责	组织分析公司的战略环境，在公司战略指导下制订经营计划并组织计划的实施，对经营活动的过程和结果负责		
工作内容	（1）战略规划及制度管理 ① 遵守《公司法》等国家法律法规的有关规定，主持公司的经营管理工作； ② 组织分析研究公司所处的外部环境和内部条件，监督、指导行政人事部制定公司的战略规划和战略目标； ③ 审批、完善公司各项管理制度，保证公司管理体系科学、有效、高速运行。 （2）组织结构及业务流程 ① 组织拟订公司内部管理机构设置方案，并组织实施； ② 组织拟订公司各项业务开展所应遵循的标准业务流程，并监督执行； ③ 对各职能部门的设立、合并、撤销、变更提出建议。 （3）年度经营计划 ① 组织拟订公司年度经营计划，并组织实施； ② 组织年度经营计划的分解和下达； ③ 督导各项经营目标的完成进展，并随时给予下属方向性、指导性意见。 （4）财务管理 ① 组织进行公司重大投资项目的可行性论证以及公司重大投资项目计划和融资方案，并督导计划及方案的实施； ② 监控公司资金的筹集、调配及使用，督导对公司新开发项目进行投资风险、资金保障等方面的分析，掌握公司经济运行状况、财务状况； ③ 审批各项财务支出。 （5）人力资源管理 ① 拟订公司高层人员配置方案，批准下属部门中层管理人员聘任方案； ② 审批公司年度人员编制计划及薪酬方案； ③ 定期听取直接下级的工作述职，并对其工作业绩进行考核评定。 （6）质量管理 ① 负责组织建立健全公司质量管理体系，并领导公司产品的全面质量管理工作； ② 负责组织制订公司年度质量计划，建立、健全质量指标考核体系，并监督检查质量成本统计、分析与控制及质量管理制度执行情况。 （7）技术管理 ① 负责组织建立健全公司技术管理体系，审批新产品开发申请； ② 组织重大技术改造项目的论证重大技术及质量难题进行的技术攻关； ③ 审批公司模具设计、采购及验收方案。 （8）生产及采购管理 审批公司年度生产、采购计划及采购资金预算，并对计划的实施情况进行监督考核。 （9）商务管理 ① 负责组织制订公司营销策略及发展规划，审批公司年度销售目标及销售计划，并对计划的实施情况进行监督考核； ② 监控商务部应收账款的回收工作，审批各项销售费用，控制销售费用开支； ③ 定期听取商务副总的工作述职，并对其工作业绩进行考核评定。		

工作内容	（10）企业文化与公共关系 ① 培育和发展品牌，依据公司经营方针、战略决定公司企业文化及形象宣传的基调与主题，塑造良好公司形象； ② 代表公司对外开展商务活动，与政府有关部门和社会团体、机构建立和保持良好的合作关系。 （11）事务管理 ① 代表公司签署各种合同、协议，签发公司的日常行政、业务文件； ② 主持总经理办公例会，召集下属参加公司重要专题会议； ③ 巡视、监督、检查和推动公司各部门的工作； ④ 在必要情况下对所属下级授权； ⑤ 指导协调公司各职能部门工作，及时对直接下级的工作争议做出裁决。 （12）履行公司章程规定的其他职责
权限	（1）公司中层管理人员聘任解聘权。 （2）下属部门及负责人业绩考核权。 （3）直接下级奖惩决定权。 （4）财务规定的资金使用及审批权。 （5）董事会规定的其他权限
责任	（1）对公司经营计划的完成负责。 （2）对公司内部管理的有效性负责。 （3）对公司的品牌塑造负责。 （4）对公司中层管理人员的人事决策风险负责。 （5）公司章程规定的其他责任

任职资格	性别	不限	年龄	35 岁以上
	学历	本科及以上	专业	企业管理、市场营销、财务管理等
	经验	八年以上企业管理工作经验，在生产制造企业中从事管理工作并担任高层管理职位五年以上，具备现代企业管理的先进理念		
	知识	熟悉：生产管理、人力资源管理、财务管理相关专业知识； 了解：行业动态，国家相关政策		
	技能	较强的领导能力、谈判能力、判断能力、协调沟通能力、应变能力、创新开拓能力，熟悉工业企业管理及管理现代化方法等知识		
	职业道德	诚信、廉洁、敬业、严谨、执着坚韧、事业心强、严守公司秘密		

2. 中层人员工作说明书范例

①总经理办公室主任工作说明书，见表 4-7。

表 4-7 总经理办公室主任工作说明书

单位：	职位名称：总经理办公室		编制日期：20××／×月／×日
部门：总经理办公室	任职人：		任职人签字：
	直接主管：总经理		直接主管签字：
	直接下属：（　）人		间接下属：（　）人
职位编号：	说明书编号：		批准日期：

职位概要

　协助总经理工作，与各总监、各职能部门及政府有关部门进行沟通，把各部门的工作紧密结合起来，确保公司的正常工作秩序和年度经营目标的实现

责任范围	汇报责任	直接上报＿＿＿人	间接上报＿＿＿人
	督导责任	直接督导＿＿＿人	间接督导＿＿＿人
	培训责任	培训下属	现场指导下属的文案管理、会务安排等行政工作
		专业培训	定期举行行政管理、文秘管理等相关培训，提高下属的工作能力和水平
	成本责任	通信费、接待费	根据公司相关管理规定
		计算机安全	维护办公计算机安全，保证文件的安全
		办公用品设备	对办公用品的采购和使用负有责任
责任范围	奖惩责任	对下属成员的工作情况、表现情况负有奖惩责任	
	预算责任	对部门费用使用情况负有预算责任	
	档案管理责任	对部门文件、公文档案负有管理责任	
	参会责任	负有参与总经理安排参加的相关会议的责任	
权利范围	权利项目	主要内容	
	审核权	对总经理办公室通过的决议具有审核权	
	解释权	对本部门相关管理规定和文件管理要求具有解释权	
	财务权	对总经理办公室相关费用的使用具有财务权	
	考核权	对部门成员的业绩具有考核权	
	联络权	对完成总经理交办的相应事宜具有对内对外的联络权	
	接待权	对来访的客户、相关社会团体具有接待权	

工作范围	工作依据	负责程度	建议考核标准
1. 对内关系协调： 全面协调总经理与各总监之间的工作事务，协调总经理和各职能部门、各子公司进行联络、沟通与协调；协助其他部门组织公司的重大活动	部门之间沟通公司内部管理的有关规定	全责	公司内领导和员工的满意度
2. 对外关系协调： 协调公司与政府有关主管部门的关系，协调与行业有关管理机构的关系，协调公司与其他相关各企业的关系，经总经理授权代表公司出席各种外部会议	公司对外关系管理的相关规定	全责	外部单位满意度
3. 对外接待： 妥善安排接待相关单位的来访接待工作	公司对外接待的相关管理规定	全责	外部单位、公司领导的满意度
4. 会议组织管理： 组织安排总经理办公室及其他日常会议，安排会议记录、纪要工作；对公司总部会议上的设备进行管理	公司关于会议管理的相关制度和领导要求	全责	会议开展情况及会务管理结果评价
5. 文书档案管理： 组织制定公司的文件制度，根据管理制度制订年度文件编号；这种对公司各种文件进行登记、归档管理；安排公司内外各种来往的核稿、颁布和下发工作	公司的具体管理要求和质量体系所要求的文件管理规定	全责	文件编码、发放及时、文书档案管理完整无损，公司领导和各部门领导满意度

工作关系	内部关系	所受监督	受总经理的管理和监督
		所施监督	对总经理办公室成员工作的管理和监督
		合作关系	为完成总经理办公室的工作目标与相关部门合作
	外部关系	与外部来访客户、政府部门代表、行业组织的接待和协调	

任职条件		学历专业	
任职条件	必备知识	本科以上，企业管理、行政管理专业	
	必备知识工作经验	专业知识：行政管理、公共关系管理、文案管理、公文管理等	
		外语要求：四级以上	
		计算机要求：全国计算机等级考试二级以上，熟练操作各种办公软件	
	业务了解范围	三年以上大、中型企业办公室或者行政工作经验	
	能力素质要求	熟悉企业行政管理和公共关系管理知识，全面了解公司内部工作和业务流程	
职位晋升	能力项目	能力标准	
	组织能力	公司各种重要会议的召集、组织和安排能力	
	沟通协调能力	沟通协调相关部门和人员完成总经理交办事宜的能力	
	监控能力	监督、管理下属完成部门内部事务的能力	
	联络能力	对外接待能力	
职位晋升	可直接晋升的职位		副总经理
	可相互轮换的职位		总经理助理
	可晋升至此的职位		总经理办公室文员、部门经理助理

② 某公司人事行政部经理工作说明书，见表 4-8。

表 4-8　某公司人事行政部经理工作说明书

一、基本信息

职位名称	人事行政部经理	所在部门	人事行政部
目前任职者		职位等级	
工作代码		工作分析员	
分析时间	2009 年 6 月	有效期	2 年

二、职位目的

根据公司发展战略和经营计划，进行人力资源发展规划，组织制定和推行人力资源管理政策，以保证公司拥有良好的用人环境，使公司的人力资源价值得到很好的实现

三、职位位置

四、工作联系

联系对象（部门或单位）		联系主要内容
与公司总部各部门	发展规划部、财务部	研讨和解决日常事务
	总公司各业务部门	商讨关键岗位人员的配置、落实培训计划、商讨考核指标和办法
与子公司	物业、热力公司	商讨关键岗位人员的配置、落实培训计划、商讨考核指标和办法
与公司外部单位	劳动、人事局	人才索取
	外部咨询、培训机构	确定培训、咨询事宜

五、职位职责

1. 制定公司人力资源管理、行政管理政策与制度

2. 制定公司 3~5 年人力资源战略与规划

3. 指导协助各高级专员和专员制定公司薪酬福利、考核、招聘、培训、人力资源开发制度，监督指导各部门、子公司执行

4. 指导、监督、考核下属各高级专员和专员的工作

5. 组织对各部门员工、子公司主管以上员工进行考核，对其提供技术支持与指导

6. 处理公司员工在考核、薪酬福利方面的争议申诉

7. 根据项目部需要，为各项目部派驻行政管理专员，对其工作进行指导

8. 进行公司的对外接待，外部关系的维护沟通与协调

9. 建设与维护公司的企业文化

六、工作特征

维度	具体界定	选择
工作时间	定时制：一个工作周期内（管理人员一般为一个月，或者更长）基本上工作量没有太大的变化，比如出纳员	
	适度波动：一个工作周期内，出现以天计的工作忙闲不均的情况。比如工资发放的主管，在月末比较忙，而平时工作比较简单	
	周期性：在长期的工作过程中，出现强烈的反差，比如市场人员，在投标前期工作极其紧张，但是交接工程部门以后，相对轻松	√
工作负荷	轻松：工作的节奏、时限自己可以掌握，没有紧迫感	
	正常：大部分时间的工作节奏、时限可以自己掌握，有时比较紧张，但持续时间不长，一般没有加班情况	
	满负荷：工作的节奏、时限自己无法控制，明显感到紧张，出现少量加班	√
	超负荷：完成每日工作须加快工作节奏，持续保持注意力的高度集中，经常感到疲劳，有经常加班的现象	
出差	占总时间的 10%（写百分比）	

七、任职资格

1. 学历——工作经验替代表

	中专以下	中专、高中	大专	本科	硕士
应届毕业					
1 年					
2 年					
3 年					
4 年					
5 年					
6 年					

学习专业	管理类
资格证书	无

2. 专业培训

培训内容	培训方式	每年的计划时间
人力资源管理	长期脱产培训	每年一期
非财务人员财务管理	短期集中培训	每年两期
市场营销	短期集中培训	每年两期

3. 工作技能

维度	表述	选择
外语能力	不需要	
	国家英语四级，能读写简单的英语文章	√
	国家英语六级，进行简单的英语交流，看懂专业文章	

续表

	熟悉一般公文写作格式，符合行文要求	
公文处理能力	能抓住要点，并加以归纳整理	
	具有较强的文字表达能力，言简意赅，行文流畅	√
	熟练使用办公室工作软件	√
计算机	熟练使用本专业专业软件	
	能针对需求编程	

4. 能力与素质

素质或能力项目	等级
业务能力：掌握本职位的工作所具备的专业知识和技能，能有效地发现问题并及时加以解决	1　2　3　<u>4</u>　5
学习能力：善于读书学习，能总结经验教训，吸取他人的长处，接受新知识，注重自我提升	1　2　<u>3</u>　4　5
创新能力：在工作中不断提出新设想、新方案，改进工作方式和方法，开拓新局面的能力	1　2　<u>3</u>　4　5
协调能力：与人融洽相处，在人际交往中随和大度，能坚持立场，有效化解冲突。与上司、下属、客户保持友好关系的能力	1　2　3　<u>4</u>　5
沟通能力：通过口头语言准确、简洁地表达自己的思想和感情，根据表述内容和沟通对象的特点采取适当表达方式和技巧的能力，在人际交往的情景中，能通过各种途径和线索准确地把握和理解对方的意图，抓住关键信息，做出恰当反映的能力。使别人接纳自己意见和建议的能力	1　2　3　<u>4</u>　5
公关能力：采取恰当的方式与媒体、政府部门及公众沟通，以达到预定的目标	1　2　3　<u>4</u>　5
适应性：能根据不同的环境和条件及时调整自己的心态和工作方法，在新的自然和人文环境下能很快胜任工作要求，采取相应的应变措施	1　2　<u>3</u>　4　5

3. 基层人员工作说明书范例

①某公司培训主管工作说明书，见表 4-9。

表 4-9　某公司培训主管工作说明书

岗位名称	培训主管	岗位编号	
直接上级	人力资源部部长	所属部门	人力资源部
工资级别		直接管理人数	
岗位目的			

工作内容：

1. 分析、诊断公司员工的知识结构和实践技能特点及水平
2. 根据员工现职岗位的具体要求，判断员工在知识结构和实践技能方面的现实差距，明确员工的个性化培训需求
3. 分析汇总培训需求，设计多样化的公司员工培训方案并组织实施
4. 编制公司年度培训预算和确定培训人数
5. 推动公司各职能、业务部门向学习型团队的转化
6. 设计员工实际能力发展方案，包括工作轮换、一对一教练式培养、现场锻炼等
7. 协助制订公司员工职业发展计划并组织实施

工作职责：

1. 对培训需求判断的准确性负责
2. 对培训方案的设计及其有效性负责
3. 对员工实际工作能力的提高负责

续表

所受上级的领导：接受人力资源部部长的书面和口头指导

同级沟通：与公司各相关部门、各控股企业相应负责人保持沟通

给予下级的指导：与员工保持良好沟通

岗位资格要求：

　　1. 教育背景：大学本科以上学历，人力资源管理相关专业

　　2. 经验：3 年以上工作经历，2 年以上大中型企业人力资源培训相关工作经验

岗位技能要求：

　　1. 专业知识：熟悉国家有关政策法规，掌握国际人力资源管理模式，熟悉人力资源培训实务

　　2. 能力与技能：较强的组织和沟通能力， 较高的文字和口头表达能力，熟练的计算机操作水平

　　②发货员职务描述书，见表 4-10。

表 4-10　发货员职务描述书

职务：发货员

部门：货品收发部门

地点：仓库 C 大楼

职务概况：

听仓库经理指挥，根据销售部门送来的发货委托单据，将货品发往客户。和其他发货员、打包工一起，徒手或靠电动设备从货架搬卸货品，打包装箱，以备卡车、火车、空运或邮递。正确填写和递送相应的单据报表，保存有关记录文件

教育程度：高中毕业

工作经验：可有可无

岗位责任：

1.70%的工作时间从事以下工作

（1）从货架上搬卸货品，打包装箱；

（2）根据运输单位在货运单上标明的要求，磅秤纸箱并贴上标签；

（3）协助送货装车

2.15%的工作时间从事以下工作

（1）填写有关运货的各种表格，例如装箱单、发货单、提货单等；

（2）凭借计算机或理货单，保存发货记录；

（3）打印各类表格和标签；

（4）把有关文件整理归档

3. 剩余时间从事以下工作

（1）开公司的卡车去邮局进货，偶尔也从事当地的直接投递；

（2）协助别人盘点存货；

（3）为其他的发货员或收货员核查货品；

（4）保持工作场所清洁，井井有条

管理状态：

听从仓库经理指挥，除非遇到特殊问题，皆要求独立工作

工作关系：

与打包工、仓库保管员等密切配合，共同工作。装车时与卡车司机联系，同时也和销售部门的人接触

工作设备：

操纵提货升降机、电动运输带、打包机、计算机终端及打字机

工作环境：

干净、明亮、有保暖设备。行走自如，攀登安全，提货方便。开门发货时要自己动手启门

4.2.4　工作说明书的发展趋势

以上讲的是传统的工作说明书的编写方法和注意要点，近几年来，工作说明书又有了新的发展趋势。

随着外部竞争环境的日趋激烈，很多企业都是在改变传统的工作方式，进行着以客户为导向的工作流程的改造和重组。在这一浪潮的冲击下，传统的以"命令—执行"为特征的工作方式正转变为以"服务"为特征的工作方式。在这种工作方式中，企业内部的每一个职位都以服务者和被服务者的双重身份出现，需要接受上游职位的工作输入，又要对下游职位进行工作输入，工作的链条关系越来越重要。为了反映这种关系，结合工作流程编写"履行职责"已成为一个趋势。

结合工作流程编写"履行职责"就是在搞清楚工作链相互关系的基础上，在描述职责的任务时加入对象状语，也就说加入工作输入和工作输出即可。结合工作流程的描述可以提炼成下面的格式，"输入的对象和内容+动词+宾语+输出的对象和内容+目的状语"。例如，招聘主管拟定招聘计划的职责，结合工作流程可以这样描述，"接受各部门的招聘需求信息，制订招聘计划，提交给经理审批，以保证招聘工作的顺利进行"。

第二个趋势就是企业越来越重视工作规范，尤其是其中的能力和素质要求，以"素质模型"为主要标志的新的招聘标准正在逐步形成。这是因为在新经济条件下，人的因素已经变得越来越重要，拥有优秀的员工已成为企业成功的关键，为了招聘到合格的人员，必须对任职资格条件做出详细的规定，因此工作规范就变得越来越重要。

4.3　工作分析的方法

工作分析内容确定之后，则应该选择适当的分析方法与工具。

1. 资料分析法

为了降低工作分析的成本，应当尽量利用现有资料，例如，岗位责任制文本等，以便对每个工作的任务、责任、权力、工作负荷、任职资格等有一个大致的了解，为进一步调查奠定基础。

岗位责任制是国内企业特别是大中型企业十分重视的一项制度。但是，岗位责任制只规定了工作的责任与任务，没有规定该工作的其他要求，如工作的社会条件、物理环境、聘用条件、工作流程以及任职条件等。如果根据各企业的具体情况，对岗位责任制添加一些必要的内容，则可形成一份完整的工作描述与任职说明书。表 4-11 是一份较完善的岗位责任制，对工作分析有较大的参考价值。

从表 4-11 中可为工作描述与任职说明提供许多有用的信息。另外，我们还可通过作业统计，如对每个生产工人出勤、产量、质量、消耗的统计，对工人的工作内容、负荷有更深的了解，它是建立工作标准的重要依据。人事档案则可提供任职者的基本素质资料，如性别、年龄、文化程度、专业技能等。

2. 访谈法

访谈法主要是由工作分析专家与被分析工作的任职者就该项工作进行面对面的谈话，主要围绕以下内容进行。

表 4-11　某炼铁厂计划科综合统计员的岗位经济责任制

职责

在科长的领导下，按照专业管理制度和上级有关规定，负责全厂生产、经济、技术指标综合统计工作，归口数据管理。

工作标准

（1）综合统计、编制报表、图表。月报于次月 6 日前报出，季、年报表于季后第 1 月 7 日前、次年 1 月 10 日前报出，每月 15 日前完成图表上墙，每月 28 日前提出产品、品种及主要经济指标预测，准确率达 9 项。

（2）负责结算炼铁厂生产原料、燃料耗用量。每月 1 日与烧结厂、原料处结算烧结矿、废铁数量，做到准确无差错。

（3）负责收集国内外同行业有关生产经济指标等资料。每月 20 日前将 16 个单位主要指标登入台账，填写图表上墙。

（4）负责提出统计分析，每月 28 日前完成。

（5）建立健全数据管理制度，建立厂级数据库，使全厂数据管理系统化、规范化。

任职条件

必须熟悉上级有关统计规章制度、统计方法，并严格执行，懂得炼铁生产工艺及主要设备生产能力；掌握企业管理的一般知识和工业统计理论知识及统计计算技能。

① 工作目标；

② 工作内容；

③ 工作的性质和范围；

④ 所负责任；

⑤ 所需知识与技能等。

为求资料的一致，企业当找出多位相同工作的员工参与访谈，并有系统地进行。从访谈中，可以得到有关该职务的以下信息：

① 企业设置该职务的理由；

② 对该职务进行报酬的根据；

③ 该职务的最终工作成果以及如何评价；

④ 该职务的主要工作职责以及任职条件等。

这种方法也有弊端，如耗时较多，成本较高。另外，访谈双方的谈话技巧对效果影响较大。因此，工作分析者在访谈时应注意以下几点：

① 尊重被访谈人，态度要真诚热情，语言恰当；

② 营造良好的访谈氛围，使被访谈人感到轻松愉快；

③ 应注意对被访谈人的启发、引导，但应避免发表自己个人的观点和看法；

④ 访谈前应预先准备好相关问题和访谈记录表（见表 4-12）。

3. 观察法

观察法是运用感觉器官或其他工具观察员工的工作过程、行为、内容、特点、性质、工具、环境等，并用文字或图表形式记录下来，然后进行分析与归纳总结。观察法有其局限性，一方面，观察法只适宜于一些变化少而动作性强的工作；另一方面，就是动作性强，观察亦未能带来重要的资料（如显示工作的重要性）。因此观察法宜与其他方法一起使用。

（1）观察法的使用原则。

① 被观察者的工作应相对稳定，即在一定的时间内，工作内容、程序、对工作人员的要求不会发生明显的变化；

表 4-12　访谈记录表

姓　　名：＿＿＿＿　　日期：＿＿＿＿　　地点：＿＿＿＿＿＿＿＿＿＿＿＿＿

任职时间：＿＿＿＿　　现时职位和级别：＿＿＿＿＿＿＿＿＿＿＿＿＿＿

部　　门：＿＿＿＿　　组别：＿＿＿＿　　主管姓名：＿＿＿＿＿＿＿＿＿＿＿＿

1. 工作目的：

＿＿＿＿＿＿＿＿＿＿＿＿＿＿＿＿＿＿＿＿＿＿＿＿＿＿＿＿＿＿＿＿＿＿＿

＿＿＿＿＿＿＿＿＿＿＿＿＿＿＿＿＿＿＿＿＿＿＿＿＿＿＿＿＿＿＿＿＿＿＿

＿＿＿＿＿＿＿＿＿＿＿＿＿＿＿＿＿＿＿＿＿＿＿＿＿＿＿＿＿＿＿＿＿＿＿

2. 主要职责：

＿＿＿＿＿＿＿＿＿＿＿＿＿＿＿＿＿＿＿＿＿＿＿＿＿＿＿＿＿＿＿＿＿＿＿

＿＿＿＿＿＿＿＿＿＿＿＿＿＿＿＿＿＿＿＿＿＿＿＿＿＿＿＿＿＿＿＿＿＿＿

3. 次要职责：

＿＿＿＿＿＿＿＿＿＿＿＿＿＿＿＿＿＿＿＿＿＿＿＿＿＿＿＿＿＿＿＿＿＿＿

＿＿＿＿＿＿＿＿＿＿＿＿＿＿＿＿＿＿＿＿＿＿＿＿＿＿＿＿＿＿＿＿＿＿＿

4. 使用设备：	连续使用	经常使用	偶尔使用
	＿＿＿＿	＿＿＿＿	＿＿＿＿
	＿＿＿＿	＿＿＿＿	＿＿＿＿

② 适用于大量标准化的、周期较短的以体力活动为主的工作，不适用于脑力活动为主的工作；

③ 要注意工作行为样本的代表性，有时，有些行为在观察过程中可能未表现出来；

④ 观察人员尽可能不要引起被观察者的注意，不应干扰被观察者的工作。

⑤ 观察前要有详细的观察提纲和行为标准。

（2）现场观察法的观察提纲。在运用现场观察法时，一定要有一份详细的观察提纲，这样观察才能及时准确。下面是一个观察提纲的例子（见表 4-13）。

表 4-13　工作分析观察提纲（部分）

被观察者姓名：＿＿＿＿＿＿　　日期：＿＿＿＿＿＿＿＿＿＿＿＿＿＿

观察者姓名：＿＿＿＿＿＿　　观察时间：＿＿＿＿＿＿＿＿＿＿＿＿＿

工作类型：＿＿＿＿＿＿　　工作部门：＿＿＿＿＿＿＿＿＿＿＿＿＿

观察内容：＿＿＿＿＿＿＿＿＿＿＿＿＿＿＿＿＿＿＿＿＿＿＿＿＿＿

1. 什么时候开始正式工作？＿＿＿＿＿＿

2. 上午工作多少小时？＿＿＿＿＿＿

3. 上午休息几次？＿＿＿＿＿＿

4. 第一次休息时间从＿＿＿＿＿到＿＿＿＿＿。

5. 第二次休息时间从＿＿＿＿＿到＿＿＿＿＿。

6. 上午完成产品多少件？＿＿＿＿＿＿

7. 平均多长时间完成一件产品？＿＿＿＿＿＿

8. 与同事交谈几次：＿＿＿＿＿＿

9. 每次交谈约多长时间？＿＿＿＿＿＿

10. 室内温度＿＿＿＿＿度。

11. 上午抽了几支香烟？＿＿＿＿＿＿

12. 上午喝了几次水？＿＿＿＿＿＿

13. 什么时候开始午休？＿＿＿＿＿＿

14. 出了多少次品？＿＿＿＿＿＿

15. 搬了多少次原材料？＿＿＿＿＿＿

16. 工作地噪声分贝是多少？＿＿＿＿＿＿

（3）观察法的操作。观察法进行时，有几种方式，第一种方式是工作分析人员可以在员工的工作期间观察并记录员工的工作活动，然后和员工进行面谈，请员工进行补充。工作分析人员也可以一边观察员工的工作，一边和员工交谈。第二种方式是通过问卷获得基本信息，再通过访谈和直接观察来确认和补充已了解的情况。

（4）观察法工作分析的程序。

第一步：初步了解工作信息

① 检查现有文件，形成工作的总体概念：工作使命、主要任务和作用、工作流程。

② 准备一个初步的任务清单，作为面谈的框架。

③ 为在数据收集过程中涉及的还不清楚的主要项目做一个注释。

第二步：进行面谈

① 最好是首先选择一个主管或有经验的员工进行面谈，因为他们了解工作的整体情况以及各项任务是如何配合起来的。

② 确保所选择的面谈对象具有代表性。

第三步：合并工作信息

工作信息的合并是把各种信息合并为一个综合的工作描述：主管工作者、现场观察者、有关工作的书面资料。

① 在合并阶段，工作分析人员应该随时补充资料。

② 检查最初的任务或问题清单，确保每一项都已经得到回答或确认。

第四步：核实工作描述

核实阶段要把所有面谈对象都召集在一起，目的是确定在合并信息阶段得到的工作描述具有完整性和精确性。

① 核实阶段应该以小组的形式进行。把工作描述分发给主管和工作的承担者。

② 工作分析人员要逐字逐句地检查整个工作的描述，并在遗漏和含糊的地方做出标记。

4. 问卷调查法

当工作分析牵涉到分布较广的大量员工时，问卷调查法是最有效率的方法。问卷调查法是有关员工对有关工作内容、工作行为、工作特征和工作人员特征的重要性和频次做出描述或打分，然后对结果进行统计与分析，找出共同的有代表性的回答，并据此写出工作描述，再反馈该职务工作者的意见，进行补充和修改。

问卷调查法对于员工来说是简单易用的方法，但要设计一份有效的问卷却很难，为避免遗漏一些重要的资料，问卷的内容必须详尽和全面，如表 4-14 的工作分析问卷。管理者需考虑是否值得去设计问卷。另一方面，管理者可选择使用一些预制好的问卷如表 4-14 所示的美国普渡大学的工作分析问卷（Position Analysis Questionnaire，PAQ）。

（1）工作分析问卷。工作问卷可参见表 4-14。

（2）职位分析问卷。美国普渡大学（Purdue University）的研究员曾经研究出一套数量化的工作描述法。这就是"职位分析问卷"（PAQ），虽然它的格式已定，但仍可用之分析许多不同类型的工作。PAQ 本身得交由熟悉此分析之工作的工作分析员填写。

它有 194 个问题，共分为六个部分。

① 资料投入（即指员工在进行工作时获取资料的来源及方法）。

表 4-14 工作分析问卷

日期：_____
公司名称：_____ 职位与职称：_____
所属部门：_____ 所属科室：_____ 主管姓名：_____
总公司、分公司或地区办事处：_____

_____
_____

1. 说明工作的主要职责：
_____
_____
_____
_____

2. 其他较不重要的职责：
_____
_____
_____
_____
_____
_____

3. 请列举你所用的工具：　　　持续使用　　　经常使用　　　偶尔用及
_____ _____ _____ _____
_____ _____ _____ _____
_____ _____ _____ _____

4. 做此工作需要何种教育程度？（请勾列出）
□　高中以下
□　高中
□　大专
□　大专以上

5. 担任此工作需要多少年有关的工作经验？
□不用经验　　　　　　□1~3 年　　　　　　□10 年以上
□3 个月以下　　　　　□3~5 年
□3 个月~1 年　　　　 □5~10 年

6. 你一个人以为要做好或熟悉此工作，需要多长时间的培训？
□2 周或少于 2 周　　　□6 个月　　　　　　□2 年
□3 个月　　　　　　　□1 年　　　　　　　□3 年

7. 做好此项工作需要的监督程序如何？
□经常性地监督。除去不重要之差异，其余一并交由主管处置。
□每日几次即可，包括呈报，接受意见及指派工作。按照一定的方式与程序进行。例外事项尤应注意。
□偶尔。由于多数工作皆重复且互相牵连，因此只以制定规则与标准指引进行管制即可。对于不寻常的问题亦要注意，并时而提供建议与采取行动。
□有限监督。工作一经指派后全权负责，虽有若干工作方法可供采用，不过不妨有自己的一套。
□确定大目标即可。评估工作，可用任何方式。主要重在整体成效。经常发展一些可获预期成果的方法。
□少量或没有直接监督。工作方法之选择、发展与协调只要在一般政策的范围内容皆可任意行之。

8. 你所作之任何独立的决策的范畴与性质如何？
_____
_____
_____

你认可的事项在生效前是否经常要经复合？　　　　如果要，由谁复核？

你拒绝的事项在生效前是否经常要经复核？　　　　　　如果要，由谁复核？

9. 本工作亟须哪一方面的才能、创意，以及（或）进取的精神？
例如：＿＿＿＿＿＿＿＿＿＿＿＿＿＿＿＿＿＿＿＿＿＿＿＿＿＿＿＿＿＿
＿＿＿＿＿＿＿＿＿＿＿＿＿＿＿＿＿＿＿＿＿＿＿＿＿＿＿＿＿＿＿＿＿＿
＿＿＿＿＿＿＿＿＿＿＿＿＿＿＿＿＿＿＿＿＿＿＿＿＿＿＿＿＿＿＿＿＿＿

10. 在本工作中可能会产生哪些差错？
＿＿＿＿＿＿＿＿＿＿＿＿＿＿＿＿＿＿＿＿＿＿＿＿＿＿＿＿＿＿＿＿＿＿

这些差错如何被发现或检查到？一旦差错发生而不被发现，会发生何种后果？
＿＿＿＿＿＿＿＿＿＿＿＿＿＿＿＿＿＿＿＿＿＿＿＿＿＿＿＿＿＿＿＿＿＿
＿＿＿＿＿＿＿＿＿＿＿＿＿＿＿＿＿＿＿＿＿＿＿＿＿＿＿＿＿＿＿＿＿＿
＿＿＿＿＿＿＿＿＿＿＿＿＿＿＿＿＿＿＿＿＿＿＿＿＿＿＿＿＿＿＿＿＿＿

11. 关于公司业务，该如何与他人进行联系？

	持续不断	频繁	偶尔	从不	方法（写信、电话等）
其他部门的职工	＿＿	＿＿	＿＿	＿＿	＿＿＿＿＿＿
公司政策执行当局	＿＿	＿＿	＿＿	＿＿	＿＿＿＿＿＿
社会大众：或同业公会	＿＿	＿＿	＿＿	＿＿	＿＿＿＿＿＿
政府机关	＿＿	＿＿	＿＿	＿＿	＿＿＿＿＿＿
其他（请指出）	＿＿	＿＿	＿＿	＿＿	＿＿＿＿＿＿

请列举说明联系之目的：＿＿＿＿＿＿＿＿＿＿＿＿＿＿＿＿＿＿＿＿＿＿

12. 试说明会导致疲惫的肌肉动作、身体移动、工作位置与姿势的改变。并请估计每项因素的时间长短。
＿＿＿＿＿＿＿＿＿＿＿＿＿＿＿＿＿＿＿＿＿＿＿＿＿＿＿＿＿＿＿＿＿＿

13. 请指出你不愿待的不良工作环境，例如脏、嘈杂、湿漉、浊气、热度、外面的天气、单调及危险事故等。
＿＿＿＿＿＿＿＿＿＿＿＿＿＿＿＿＿＿＿＿＿＿＿＿＿＿＿＿＿＿＿＿＿＿

你每个月整晚开车的天数约略多少？怎么安排？
＿＿＿＿＿＿＿＿＿＿＿＿＿＿＿＿＿＿＿＿＿＿＿＿＿＿＿＿＿＿＿＿＿＿

每个月你大约要跑多少公里？
＿＿＿＿＿＿＿＿＿＿＿＿＿＿＿＿＿＿＿＿＿＿＿＿＿＿＿＿＿＿＿＿＿＿

如果你负责他人的工作，请回答下列问题。
＿＿＿＿＿＿＿＿＿＿＿＿＿＿＿＿＿＿＿＿＿＿＿＿＿＿＿＿＿＿＿＿＿＿

14. 本项工作有下列哪些监督职责？

□指导　　　　　　　　　　　　□分派人员
□派工　　　　　　　　　　　　□解决员工问题
□核工　　　　　　　　　　　　□甄选新员
□规划别人的工作　　　　　　　□调动（推荐□；核准□）
□订立标准　　　　　　　　　　□奖惩（建议□；核准□）
□协调业务　　　　　　　　　　□革职（建议□；核准□）
□加薪（提议？　　　　　　　　　　；核准？　　　　　　　　）
请列举在你直接监督下的工作名称及所属人员之数目：
＿＿＿＿＿＿＿＿＿＿＿＿＿＿＿＿＿＿＿＿＿＿＿＿＿＿＿＿＿＿＿＿＿＿
＿＿＿＿＿＿＿＿＿＿＿＿＿＿＿＿＿＿＿＿＿＿＿＿＿＿＿＿＿＿＿＿＿＿

汇总由你指挥的属员数目：＿＿＿＿＿＿＿＿＿＿＿＿＿＿＿＿＿＿＿＿
评语：
＿＿＿＿＿＿＿＿＿＿＿＿＿＿＿＿＿＿＿＿＿＿＿＿＿＿＿＿＿＿＿＿＿＿
＿＿＿＿＿＿＿＿＿＿＿＿＿＿＿＿＿＿＿＿＿＿＿＿＿＿＿＿＿＿＿＿＿＿

填写人：

主管人员注意要项：你的签名表示你已核阅上述的工作描述。如有必要修正，请以红笔于适当的地点填附，希望能就上述各项分别加以评述。这个项目在定案前仍然会与你交流意见。

在你属下担任此项工作　　　　　　　　　　核阅人：＿＿＿＿＿＿
的人员有几个？＿＿＿＿＿＿　　　　　　　职　衔：＿＿＿＿＿＿

② 用脑过程（即如何去推理、决策、计划及处理资料）。

③ 工作产出（即员工该完成哪些体能活动，使用哪些工具器材）。

④ 与他人关系（与本身工作有关人员的关系如何）。

⑤ 工作范畴（包括实体性工作与社交性工作）。

⑥ 其他工作特征（其他有关工作的活动、条件与特征）。

首先你要对问卷及工作相当熟悉，方可约谈员工并填制问卷。如表 4-10 中的"书面资料"一项，你可对各项选取适于该项的评等分数（如 1 代表不常，2 代表偶尔，3 代表适度，4 代表适度，5 代表频繁）。一旦你填毕所有工作项的问卷，你就能够以五个尺度去评量、剖析你单位的所有工作。这五个基本尺度分别是：

① 具有决策、沟通与社交能力；

② 执行技术性工作的能力；

③ 身体灵活度；

④ 操作设备与器具的技能；

⑤ 处理资料的能力。

应用 PAQ，以这五个基本尺度为度就可得出工作的数量性分析与分数。不过要注意 PAQ 并非工作描述书的替代品，即使说前者有助于后者的编拟。PAQ 真正的优点有二：第一，由于大多数工作皆可用以上五个基本尺度加以描绘，因而可以用 PAQ 将工作分为五类；第二，因为由它可得到每一（或类）工作的数值与等级，所以 PAQ 可用来建立每一个或每一类工作的薪资标准。

表 4-15 是 PAQ 职位分析问卷中的一页。

表 4-15　是 PAQ 职位分析问卷（部分）

资料投入

一、工作资料来源：

（请与下列诸项工作资料来源，依其应用频度，评其等次）

（一）肉眼可及工作资料来源：

符号使用范围：
NA　不适用
1　不常
2　偶尔
3　适中
4　相当频繁
5　大量应用

1. 书面资料（书、报告、笔记、短文、工作指令等）。

2. 数量性资料（所有涉及数量或金额的资料，包括图、科目、规格、数字表等）。

3. 图片资料（例如草图、蓝图、地图、照片及 X 光胶片、电视图片等）。

4. 铸模及有关的工具（模板、型板、铸具等。大凡必得依样使用者皆可为资料来源；但不包括上面第三项所得到的资料）。

5. 指示器（拨号盘、度规、信号灯、雷达、计速器等）。

6. 侧度计（尺、弯脚规等，用来收集实体之测试资料，但并不含第 5 项所示的器具）。

7. 机具（工具、设备、机械及其他在作业时所用的机械性器具）。

8. 在制原料（零件、原料等，凡是可经修饰、加工处理者皆可充为资料之来源，例如面团、经车床加工的元件、裁切过的线，待加鞋底的鞋）。

9. 非在制原料（未加入转化或增饰的过程之原料、零件。凡正受检验、处理、包装、配售、选品的原料，亦可充作资料来源之一。包括存储中的原料项或置于配售管道的货品等）。

10. 自然的特征（风景、原野、地质、植物、气候等可以观察到自然征象皆可充为资料来源）。

11. 人为的环境特征（房屋建筑、水坝、公路、桥梁、船坞、铁道及其他人工或刻意改造的户内外措施，但并不包含第七项所述之设备、机器等）。

资料来源：普渡大学职业研究中心，心理学部之 PAQ.

5. 功能性工作分析法（FJA）

在美国的企业人事管理中，常用到功能性工作分析法（FJA）。这套方法由美国劳工部制定，可供我国有关部门参考。它以员工所需发挥的功能与应尽的职责为核心，列出了需加以收集与分析的信息类别，规定了工作分析的内容。按照这套方法，工作分析应包括对该工作的工作特点和担任该工作的员工特点进行分析。

工作特点包括工作职责，工作的种类及材料、产品、知识范畴三大类。员工的职能是指在工作过程中与人、事、数据打交道的过程。任何工作，都离不开人、事、数据这三个基本要素，而每一要素所包括的各种基本活动又可按复杂程度分为不同的等级（见表4-16）。

表 4-16 员工的基本职能

数 据	人	事
0. 综合	0. 监控	0. 创建
1. 配位	1. 协商	1. 精密作业
2. 分析	2. 指示	2. 运行的监控
3. 汇编	3. 监督	3. 运行的启动
4. 计算	4. 引导	4. 操作
5. 复制	5. 劝说	5. 供应
6. 比较	6. 交流	6. 进料及取货
	7. 服务	7. 处理
	8. 接受指标	

员工的特点包括正确地完成工作所必备的培训、能力、个性、身体状况等方面的特点。

按照上述内容与步骤，工作分析者可以有针对性地收集信息并按以上各项对所收集到的信息加以比较、分类及组织，最后形成一篇详细的工作分析记录表（见表4-17）。

表 4-17 福利措施检查员工作分析记录表

职位资料：
    在职人员姓名： 王平
    所 属 单 位： 福利局
    职 务： 福利措施检查员
    日 期： 11/12/2002
    约 谈 者： 钟文

工作内容简述：
主持访谈工作；填写申请表；决定受检单位措施的合格性；提供社会各界有关食品的资料；对于不合格的厂家公布给其他相关单位知悉。

任务：
主要任务已于前面简述，具体任务如下所述。

任务1. 决定申请合格标准，使厂家有所遵循。

必备知识：
——标准申请格式上的项目的含义与内容；
——食品安全法令政策；
——其他与上述法规有关的政令。

必备技巧：
——无须。

必备能力：

——能够阅览并理解（如政令措施等）复杂指示；

——能够阅览并了解各种手续，及口头与书面的指示，同时将之转为适宜的行动；

——能行简单的算术运算（如加法与减法）；

——能够将申请要件明白地告知外行人。

体能要求：

——惯于久坐。

环境条件：

——无。

额外工作：

——除下达或接受指示外，善于和同事相处。

兴趣范围：

——传递资料；

——和他人的业务联系。

任务 2. 为客户解说其他可以帮上忙的有关政策规定，并将适合于客户需要或便于获得作业常识的社会团体推荐给客户。

必备知识：

——各个协助部门单位的功能；

——其他可资推荐的社团及其地址；

——引荐的手续。

必备技巧：

——无须。

必备能力：

——能自口头交谈中辨明客户之需要；

——有下达简单之口头和书面指示给他人的能力。

体能状况：

——耐于久坐。

任务 3. 应申请人所求解释政令规定，以确定其案件的合格性。

必备知识：

——上级颁行的合格标准的要点，规定与政策。

必备技巧：

——无须。

必备能力：

——对于各项有关的政令措施能解说、应用及作简单的口头表达；

——能以口头方式表达简单的算术运算。

6. 关键事件（CIT）记录法

关键事件法（CIT）又称关键事件技术（Critical Incident Technique）是指工作成功或失败的行为特征或事件。关键事件记录法要求管理人员、员工或熟悉其他工作的员工，记录工作行为中的关键事件。关键事件记录包括以下几个方面：①导致事件发生的原因和背景；②员工特别有效或多余行为；③关键行为的后果；④员工自己能否支配或控制上述后果。

关键事件技术主要应用在绩效评估程序上。在这方面积累大量的关于从事特定工作的人员工作成败的关键性事件资料，可以作为了解与工作成效有关的人员品质和特性的基础。

（1）CIT 的优缺点。CIT 优点主要有：一方面被广泛用于许多人力资源管理方面。比如，识别挑选标准及培训的确定，尤其应用于绩效评估的行为锚定与行为观察中；另一方面由于在行为进行时观察与测量，所以描述职务行为，建立行为标准更加准确。

其缺点是需要花大量时间去收集那些"关键事件"并加以概括和分类；CIT 并不对工作

提供一种完整的描述。比如，它无法描述工作职责、工作任务、工作背景和最低任职资格的轮廓。另外，对中等绩效的员工难以涉及，遗漏了平均绩效水平。

（2）运用关键事件法的注意事项。

① 调查的期限不宜过短。

② 关键事件的数量应足够说明问题，事件数目不能太少。

③ 正反两方面的事件要兼顾，不得偏顾一方。

（3）关键事件法的应用实例。一项有关销售的关键事件记录，总结了销售工作的 12 种行为。

对用户、订货和市场信息善于探索、追求；善于提前做出工作计划；善于与销售部门的管理人员交流信息；对用户和上级都忠诚老实，讲信用；能够说到做到；坚持为用户服务，了解和满足用户的要求；向用户宣传企业的其他产品；不断掌握新的销售技术和方法；在新的销售途径方面有创新精神；保护公司的形象；结清账目；工作态度积极主动。

在此基础上，可以设计销售人员的选拔方案、销售工作的考评表、销售人员的薪资标准和销售人员的培训方案等。

7. 写实分析法

写实分析法与观察法相同，都属于客观的描述方法。这种方法主要通过对实际工作内容与过程的如实记录，达到工作分析目的的一种方法。它主要分为两种形式，如果做写实、描述工作的是自己，则称为工作日志法；如果由主管人员对任职者的工作进行记录与分析，则又称为主管人员分析法。

（1）工作日志法。

① 工作日志法概念。工作日志法又称工作写实法，指任职者按时间顺序、详细记录自己的工作过程，然后经过归纳、分析，达到工作分析目的的一种方法。在现实中，多采用"工作日志"的形式。

② 工作日志法的优缺点。工作日志法的优点主要有信息可靠性很高，适于确定有关工作职责、工作内容、工作关系、劳动强度等方面的信息；所需费用较少；对分析高水平与复杂的工作，显得比较经济有效。

工作日志法的主要缺点是将注意力集中于活动过程，而不是结果；使用这种方法必须做到，从事这一工作的人对此项工作的情况与要求最清楚；使用范围较小，只适应于工作循环周期较短，工作状态稳定无大起伏的职位；整理新鲜数据的工作量大，归纳工作烦琐；工作执行者在填写时，会因为不认真而遗漏很多工作内容，从而影响分析后果，另外在一定程度上填写日志会影响正常工作；若由第三者进行填写，人力投入量就会很大，不适于处理大量的职务；存在误差，需要对记录分析结果进行必要的检查。

③ 工作日志法的实例。根据不同的工作分析目的，需要设计不同的"工作日志"格式，这种格式常常以特定的表格体现。通过填写表格提供有关内容、程序和方法，工作的职责和权限，工作关系以及所需时间等信息。

某公司员工工作日志实例见表 4-18 和表 4-19。

（2）主管人员分析法。

① 主管人员分析法简介。这种方法是由主管人员通过日常的管理权力来记录与分析所管辖人员的工作任务、责任与要求等因素。主管人员对这些工作非常了解，以前也曾从事过这

表 4-18　某公司员工工作日志实例

（封面）

```
                    工　作　日　志

        姓名：
        年龄：
        岗位名称：
        所属部门：
        直接上级：
        从事本业务工龄：
        填写日期自_____月_____日
                至_____月_____日
```

（封二）

工作日志填写说明

（1）请在每天工作开始前将工作日志放在手边，按工作活动发生的顺序及时填写切忌在一天工作结束后一并填写。

（2）要严格按照表格要求进行填写，不要遗漏那些细小的工作活动，以保证信息的完整性。

（3）请提供真实的信息，以免损害您的利益。

（4）请注意保留，防止遗失。

感谢您的真诚合作！

（正文）　　　工作日志填写实例

　　　　　　5 月 29 日

　　　　　　工作开始时间　　8:30

　　　　　　工作结束时间　　17:30

表 4-19　工作日志实例

序号	工作活动名称	工作活动内容	工作活动结果	时间消耗	备注
1	复印	协议文件	4 页	6 分钟	存档
2	起草公文	贸易代理委托书	8 页	75 分钟	报上级审批
3	贸易洽谈	玩具出口	1 次	40 分钟	承办
4	布置工作	对日出口业务		20 分钟	指示
5	会议	讨论东欧贸易	1 次	90 分钟	参与
……	……	……	……	……	……
16	请示	贷款数额	1 次	20 分钟	报批

些工作，因此他们对被分析的工作有双重的理解，对职位所要求的工作技能的鉴别与确定非常在行。主管人员分析法最大的优点是记录方便，他们与所分析的工作天天打交道，非常了解，尤其以前从事过这些工作的人员，目的比较明确，分析得很深入。但主管人员的分析中也许有一些偏见，尤其是那些只干过其中一部分工作而不全面了解的人，他们往往偏重于所从事过的那部分工作。可以通过将主管人员分析法与工作日志法相结合的方法，有效消除这种偏差。

②　主管人员分析法范例，见表 4-20。

表 4-20　某公司食品加工厂工作分析表

一、职位名称：

部　　门：　　　　　　　　　　　　工作地点：

任职者姓名：　　　　　　　　　　　日期：

主管人姓名：　　　　　　　　　　　签字：

二、基本职责

_____

_____

_____

三、能够用于确定本职位工作范围的各种指标，包括定性角度与定量数据

_____

_____

_____

四、填写下面的内容，以表明各职位间的工作关系

监督职位名称：

直接主管职位名称：

同一直接主管之下的其他职位名称：

直接下级职位名称：

简要说明下属的主要功能：

_____

_____

五、列举主要职责活动与代表性的工作项目

_____

_____

_____

六、如果上述栏目无法说明，请在此举出几个典型的事例或任职时所遇到的事例

_____

_____

_____

七、说明本职位工作的权限与自主性

_____

_____

_____

八、完成本职位工作需要说明的其他情况与要求

_____

_____

_____

_____

8. 现场实验法或参与法

这种方法是由工作分析人员亲自参加工作活动，体验工作的整个过程，从中获得工作分析的资料，通过实地考察，可以细致、深入地体验、了解和分析某种工作人员的心理因素以及工作所需的各种心理品质和行为模型。现场实验法或参与法是指工作分析人员通过参与某项工作从而收集工作资料的方法，通常与其他方法结合使用。

4.4　工作分析方法的评估

1. 工作分析方法与人力资源管理活动

前面我们已经讨论了工作分析与其他人力资源管理活动之间的联系和影响。工作分析是

整个人力资源管理的基础。它的目标就是为人力资源管理中的规划、招聘与选拔、绩效评估、培训与开发、薪酬设计、职业生涯设计等服务的。那么工作分析方法的选择与人力资源管理活动有何关系呢？如何评估每种工作分析方法应用于这些活动的效果呢？表 4-21 给出了工作分析方法与各种人力资源管理活动之间的相互关系，见表 4-21。

表 4-21　工作分析方法与人力资源管理活动的相互关系

方法＼目的	工作说明	考核	面试	工作评价	培训方案设计	绩效评估系统	职业生涯规划
问卷调查法	√	√	√	√	√	√	√
观察法		√	√				
写实分析法	√	√			√	√	
访谈法	√		√				
关键事件法	√	√	√		√		

2. 评估工作分析方法的使用

通常，工作分析人员在实践中并不仅仅使用一种方法。将各种方法结合起来，使用效果会更好。比如，在分析事务性工作和管理工作时，工作分析人员可能会采用卷调查法，并辅之以面谈和有限的观察。在分析生产性工作时，可能采用面谈法和广泛的观察法来获得必要的信息。

选择工作分析方法时，关键要考虑到方法与目的的匹配、成本可行性以及该方法对所研究情况的适用性。比如，就成本来说，问卷调查法成本最低，而关键事件法成本最高。就对工作情况的适用性而言，职位分析调查表最适合于分析较高层次的工作。但是，对适用性问题，必须注意工作中行为的相似性可能掩盖工作之间实际存在的任务差别。

充分完整的工作分析需要投入大量的时间、精力和资金，所以必须对分析方法进行合理选择。考虑各种因素，比较其利弊，从而在进行工作分析时最有效地利用各种资源。

3. 工作分析方法的比较分析（见表 4-22）

表 4-22　工作分析方法的比较分析表

分类	优点	缺点	适用范围
观察法	根据工作者自己陈述的内容，再直接至工作现场深入了解状况，可以了解到广泛的信息，取得的信息比较客观和正确	干扰工作正常行为或工作者心智活动；无法感受或观察到特殊事故，如果工作本质上偏重心理活动，则成效有限；要求观察者有足够实际操作经验；不能得到有关任职者资格要求的信息	适用于常规性、重复性工作，不适用于以智力活动为主的工作
访谈（面谈）法	易于控制多方面信息；可获得完全的工作资料以免去员工填写工作说明书之麻烦；可进一步使员工和管理者沟通观念，以获取谅解和信任；可以不拘形式，问题内容较有弹性，又可随时补充和反问，这是填表法所不能办到的；收集方式简单；适用于对文字理解有困难的人。 个别访谈是最有效及最可信赖的搜集信息的方法。所费分析人员工时成本为中等，大致相当于五种方法的平均数值	一旦被访谈者对访谈的动机持怀疑态度，则回答问题时就会有所保留，或分析者访谈技巧不佳等因素而造成信息的扭曲；分析项目繁杂时，费时又费钱；分析者的观点影响工作信息正确的判断；占去员工工作时间，妨碍生产；面谈者易从自身利益考虑而导致信息失真，比如，把一件容易的工作说得很难或把一件难的工作说得比较容易	对于某些岗位不可能去现场观察或者存在难以观察的情况，或需要进行短时间或长时间的心理特征的分析，以及被分析的对象是对文字理解有困难的人，诸如此类情况下，需要采用访谈法

分类	优点	缺点	适用范围
工作日志法	它可以向工作分析者提供一个非常完整的工作图景，在以连续同员工及其主管进行面谈为辅助手段的情况下，这种工作信息搜集方法的效果会更好，对工作可充分地了解；采取逐日在工作活动后及时记录，可以避免遗漏；可以收集到最详尽的资料。它适用于管理或其他随意性大、内容复杂的岗位分析	员工可能会夸张或隐藏某些活动或行为，其次是费时、费成本且干扰员工工作；记录者可能会带有主观色彩。将注意力集中于活动过程，而不是结果；整理信息的工作量大，归纳工作烦琐；填写者因不认真可能会漏填某些内容，从而影响分析后果	适用于工作循环周期短，工作状态稳定。不适用处理工作量大的岗位。多应用在工作内容较多样化或工作时空较多变化的工作上，并且在工作分析时常辅以其他方法，较少作为唯一主要的信息搜集技术
问卷法	比较规范化、数量化，适合于用计算机对结果进行统计分析；调查范围广，可用于多种目的的工作分析；费用低、速度快；节省时间、不影响工作；容易进行，且可同时分析大量员工；员工有参与感，有助于双方计划的了解	设计问卷并进行测量所耗费的钱财和时间较多，很难设计出一个能够收集完整资料的问卷表；设计比较费工，也不像访谈那样可以面对面地交流信息，除非问卷很长，否则就不能获得足够详细的信息，不容易了解被调查对象的态度和动机等较深层次的信息；不易唤起被调查对象的兴趣，一般员工不愿意花时间正确地填写问卷表；调查之前，需要说明，否则会因理解不同，产生信息误差	适用于大型企业，岗位较多，同时也是对其他分析方法的一个补充
关键事件法	关键事件法就是请管理人员和工作人员回忆、报告对他们的工作绩效来说比较关键的工作特征和事件，从而获得工作分析资料。关键事件法既能获得有关职务的静态信息，也可以了解职务的动态特点；针对员工工作上的行为，故能深入了解工作的动态性；行为是可观察可衡量的，故记录的信息容易应用	须花大量时间收集、整合、分类资料；不适于描述日常工作；易遗漏一些不显著的工作行为，难以把握整个工作实体	适合于管理类岗位及其职能部门岗位
工作参与法	通过实地考察，可以细致、深入地体验、了解和分析某种工作的心理因素及工作所需的各种心理品质和行为模型。就获得工作分析资料的质量方面而言，这种方法比前几种方法效果好，而且可于短时间内由生理、环境、社会层面充分了解工作	由于它要求工作分析人员具备从事某项工作的技能和知识，因而有一定的局限性。现代社会和生产中的工作职务日益专门化，即使有些工作分析人员能够参与一部分工作，也很难像熟练员工那样完成工作职责	只适用于比较简单的工作职务分析，不适须长期训练及高危险的工作

【实务指南】提高工作分析质量的要诀

1. 进行组织流程和组织结构的分析与优化

开展工作分析活动的前提是：组织结构已确定，并具有相对稳定性；在组织结构基础上，工作流程及部门责任已确定；每个部门应有的工作职位也已明确。如此一来，可以尽量减少因部门和岗位调整而大规模修订工作说明书的情况出现。从另一个角度来看，如果部门和岗位设置不是很稳定和完善，那么也就没有太大必要投入大量人力、物力、财力对这些岗位进行工作分析。所以在进行工作分析前，首先要明确组织在一定时期的发展战略是什么，进而进行组织机构调整和部门责任、部门职位的确定，将工作分析与组织流程优化以及与部门和岗位设置优化结合起来进行，避免出现因实施工作分析之前没有对组织流程以及部门与岗位设置进行充分分析和优化，在实施后又经常对部门和岗位设置进行较大规模的调整而导致工作说明书系列经常被调整和修订的不良状况。这样一方面会增加工作量，另一方面则降低了工作说明书的权威性和信服力，从而影响到工作分析的实施效果。

2. 争取获得组织高层及全体员工的理解和支持

实践中，我们发现有些组织在开展工作分析活动时由人力资源管理部门单独完成，人力资源管理部门的人员也仅凭个人对组织各个岗位的认识"闭门造车"，编写出工作说明书。就使得说明书的质量无法得到保证，也很难在实践中进行应用。实际上，工作分析活动需要上至高层下到每位员工的理解、支持和参与。就高层而言，一方面因为工作分析可能同时涉及组织流程和组织结构的分析与优化，需要听取他们的意见；另一方面让高层充分了解开展这项工作的重要性，并由高层向整个组织安排开展这项工作，可以引起各个层面的人员对这项工作的重视，这就为顺利开展工作创造了好的条件。就中层而言，他们在这项活动中扮演着非常重要的角色，一方面他们要对自身的工作进行分析，另一方面他们对自己所领导的部门各岗位的情况最为了解，因此对员工描述的岗位信息可以进行鉴别，再者他们对工作分析活动的认同度也会影响到部门的员工。就基层员工而言，取得他们的认同十分必要。由于人们对工作分析还不了解，所以在实践中员工往往由于害怕工作分析会对其熟悉的工作要求带来变化或者会引起自身利益的损失而对工作分析小组成员及其调查采取不合作甚至敌视的态度，在这种态度的影响下，他们可能会提供虚假信息，或者故意夸大其所在岗位的实际工作责任、工作内容，或者对其他岗位的工作予以贬低等，这种状况不仅影响到工作分析的实施过程，而且影响到工作分析结果的可靠性及工作分析结果的应用。所以在工作分析开始之前，应该向员工解释清楚实施工作分析的目的，工作分析会对员工产生何种影响，并且尽可能地将员工及其代表纳入工作分析过程之中。只有当员工了解了工作分析的目的，并且参与到整个工作分析过程中之后，才会提供真实可靠的信息。

3. 成立工作分析小组并对其成员进行培训

工作分析由于涉及面大、内容多且需要专门的技术，所以在组织开展工作分析活动之前要先成立工作分析小组。一般而言，小组的成员由以下人员组成：一是组织的高层领导；二是工作分析人员，主要由人力资源管理专业人员和熟悉部门情况的人员组成；三是外部的专家和顾问，他们具有丰富的经验并掌握了专门的技术，可以防止工作分析的过程出现偏差，有利于结果的客观性和科学性，同时对参加工作分析的小组人员的业务培训也主要由他们完成。为了了解到足够的岗位信息，要应用多种方法，运用一些调查表，研究已有的书面材料，需要专门的技术，所以有必要对小组成员事先进行一些相关的培训活动。这样一方面可以避免出现因小组成员理解上的偏差而带来的信息失真、遗漏的状况，另一方面对所收集资料进行分析同样也需要专门的技术，培训可以使小组成员鉴别出哪些是真正能够反映各个岗位的主要成分和关键因素的信息。

4. 对整个工作分析活动制订周密的计划

为了保证整个活动顺利开展，制订出周密的计划是前提。这一计划一般要考虑以下几个方面的内容：一是工作分析的目的，目的明确以后才能检验工作分析的效果；二是工作分析的范围，哪些岗位应纳入到该次活动的范畴；三是工作分析的流程，一定要明确每一阶段的工作内容、工作目标及要求；四是工作分析的时间要求，不仅要明确总体的时间要求，而且各阶段也要有明确的时间要求。要注意不能在时间安排上过于紧张，否则就会因单纯追求速度而影响工作分析的效果；五是工作分析的方法，工作分析的方法可分为定性的方法和定量的方法。定性的方法主要有观察法、问卷法、面谈法、写实法等。定量的方法主要有职位分析问卷法、职能工作分析法等。组织在开展工作分析活动时，要根据实际情况进行选择；六是工作分析活动中的责任划分，只有将责任落实到人，才能保证整个工作的顺利完成。

5. 编写出详细的、相互协调的工作说明书

在工作分析活动中要尽可能形成详细的、各岗位之间相互协调的工作说明书。因为简单的工作说明书只是对岗位职责和任职资格条件的简要描述，由于信息量少，其对招聘、培训、薪酬核定、绩效管理等工作的指导帮助作用就很有限。详尽的工作说明书对岗位的上下级关系、工作的环境条件、岗位职责以及任职者的知识技能条件、教育背景、生理心理素质等都有详尽的描述，对招聘、培训、薪酬核定、绩效管理、职业管理等工作也就能发挥更大的支持和促进作用。

6. 在实践中应用工作说明书并及时地进行修正

实践中不仅要注重工作说明书的应用，而且还要及时地对工作说明书进行修正。任何组织都要随着客观外界环境的变化进行相应的变革活动，组织结构、工作构成、人员结构等都可能处于不断变动之中，这种动态环境就要求人力资源管理部门制定出相应的审核制度，定期或不定期地对正在使用的岗位说明书进行梳理，发现问题，及时修正。只有这样，工作分析才能保持其活力，也才能够适应今后组织弹性化发展趋势的要求。

4.5　工作评价

4.5.1　工作评价概念

所谓工作评价，就是根据工作分析的结果，按照一定标准，对工作的性质、强度、责任、复杂性以及所需的任职资格等因素的差异程度，进行综合评价的活动。工作评价是为了确定一个职位相对于组织中其他岗位的不同作用所进行的正式地、系统地比较和评价，评价结果会成为确定薪酬的有力证据。[①]

工作评价的内容主要包括工作的任务和责任、完成工作所需的技能、工作对组织整体目标实现的相对贡献大小、工作的环境和风险等。这些内容恰恰是工作分析所提供的信息，因此工作分析是工作评价的基础。在工作分析中我们要对工作进行系统地研究，工作描述的信息让我们了解了工作的责任大小、复杂程度、工作的自由度和权力大小等，工作规范中的信息让我们了解了对任职者完成工作所需要的技能的要求、任职者的任职资格、工作的环境条件等信息。对这些信息进行识别、确定和权衡使我们对工作的相对价值做出恰当的评估。因此可以说，工作分析是工作评价的起点。

① 郑晓明，吴志明. 工作分析实务手册. 北京：机械工业出版社，2002：296.

4.5.2　工作评价原则

工作评价通用的原则如下所述。

（1）对事。工作评价针对的是工作的岗位而不是目前在这个岗位上工作的人。

（2）一致性。所有岗位必须通过同一套评价工具进行评价。

（3）因素无重叠。工作评价考察的各项因素，彼此间是相互独立的，各项因素都有其各自的评价范围，这些范围彼此间是没有重叠的。

（4）针对性。评价因素应尽可能结合企业实际，这需要在实际评价之前，与评价人员进行充分的沟通，尽可能使各类评价因素切合公司实际。

（5）反馈。对于各个工作评价的结果，应该及时地进行反馈，让参与评价的人员能够及时了解对该岗位评价的情况，产生偏差的原因以及其他人的观点，及时调整自己的思路。

（6）独立。参加对职位进行评价的人员必须独立地对各个职位进行评价，绝对不允许串供。

（7）保密。由于薪酬设计的极度敏感性，工作评价的工作程序及评价结果在一定的时间内应该是处于保密状态。当然，在完成整个薪酬制度的设计之后，职位评价的结果应该公开，使全体员工都了解到自己的岗位在公司中的位置。

4.5.3　工作评价流程图

工作评价流程图见图 4-4。

4.5.4　工作评价方法

最主要的工作评价（岗位评价）方法有六种：职位排序法、职位分类法、因素比较法、要素计点法、评分法、海氏系统法。

1. 职位排序法

职位排序法就是根据一些特定的标准，例如工作的复杂程度、对组织的贡献大小等对各个职位的相对价值进行整体比较，进而将职位按照相对价值的高低排列出一个次序。

职位排序法实施的程序如下所述。

（1）获取与职位有关的信息。通过工作分析、对职位进行描述，清楚地描述职位的目的、职责、权限、工作关系、在组织中的位置等信息。同时对职位所需要的任职资格标准进行分析，明确职位所需要的教育水平、经验、专业知识和技能的广度和深度等。使得对职位的排序能够建立在一个比较客观的基础上。

（2）成立职位评价委员会。通常对职位的排序需要把多个评估者的意见进行汇总整合。职位评价委员会中一般包括任职者的代表和管理人员的代表，必要的时候可以邀请外部的专家进行评估。

（3）选定参与排序的职位当组织中的职位比较少的时候，可能就不需要进行选择，直接对所有职位进行排序就好了。但是，如果组织中的职位比较多，那么就不可能对所有的职位都一一进行排序，而是要选择一些关键性的职位作为基准职位。首先对这些基准职位进行排序，最后可以将其他职位往相近似的职位上靠，或者与这些基准职位进行比较。例如，选择了 A、B、C、D 共 4 个基准职位，排列出职位价值的高低顺序为 A、B、C、D，X 职位是一

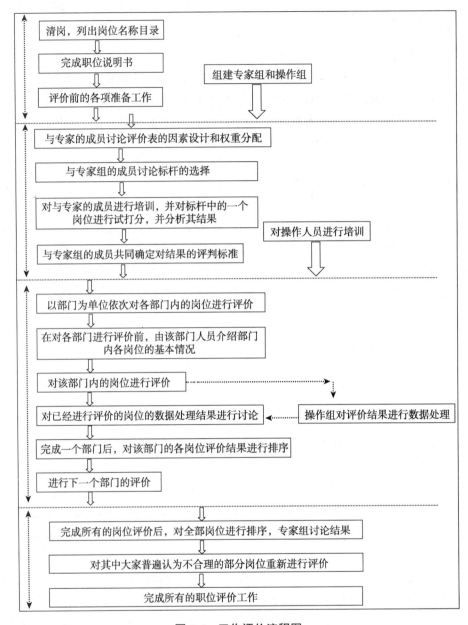

图 4-4　工作评价流程图

个非基准职位(可能是一个后来新出现的职位)，但它的工作职责、任务难度、所需要的知识技能水平等与 C 职位大体相近，就可以在确定薪酬水平时将 X 职位与 C 职位定在相同的水平。再比如说，Y 职位的整体价值水平可能比 A 职位低一些，又比 B 职位高一些，因此就可以将它定在 A、B 两个职位之间。另外，在对职位进行排序时，通常是将同类的职位进行排序，例如，在技术类职位之间进行比较和排序，在营销类职位之间进行比较和排序等。

（4）对排序的标准达成共识。尽管职位排序的方法主要是根据职位的整体价值进行排序的，但也需要参与评估的人员对什么样的职位"整体价值"更高达成共识。一般来说，可以规定几个标准，例如，承担的责任更大，管理的幅度和范围更广泛，工作任务更加复杂，所需要的知识和技能更高，教育水平更高，工作经验更多等。标准不宜过多，只需选择最为重要的因素就可以了。

（5）进行比较和排序。排序的时候基本上有两种做法。一种是直接排序，即按照职位的说明根据排序标准从高到低或从低到高进行排序。另一种方法叫作"交替排序法"，也就是先从所需排序的职位中选出相对价值最高的排在第一位，再选出相对价值最低的排在倒数第一位，然后再从剩下的职位中选出相对价值最高的排在第二位，接下去再选出剩下的职位中相对价值最低的排在倒数第二位，依此类推。

（6）评估者各自检视排序的结果，对其中不合理的地方进行调整。

（7）综合评估委员会成员排序的结果，得出最终的排序。

表 4-23 是一个小公司的各个职位的排序结果，其中有各个评价者的排序，也有最终的结果。

表 4-23　某公司的职位排序

职位	评估者 1	评估者 2	评估者 3	评估者 4	评估者 5	综合	名次
项目经理	1	1	1	2	1	1.2	1
市场经理	2	2	2	1	2	1.8	2
市场专员	3	4	3	3	3	3.2	3
项目助理	4	3	4	4	4	3.8	4
会计	5	5	6	5	5	5.2	5
行政人事助理	7	6	5	7	6	6.2	6
出纳	6	7	7	6	8	6.8	7
前台	8	8	8	8	7	7.8	8

职位排序法优点：简单、容易操作、省时、省力。但也有缺陷：首先，这种方法带有一定的主观性，评估者多依据自己对职位的主观感觉进行排序；其次，仅仅对职位进行排序还无法准确地得知职位之间的相对价值关系，例如，项目经理职位的价值可能是项目助理职位的 3 倍，但是在排序法中我们只能知道项目经理职位的价值比项目助理职位的价值大，具体大多少就不得而知；再有，排序的方法可能只适用于较小规模的组织，因为这样的组织职位数量比较少，而对于大型组织则不是很合适。

2. 职位分类法

所谓职位分类法，就是通过制定出一套职位级别标准，然后将职位与标准进行比较，将它们归到各个级别中去。职位分类法就好像一个有很多层次的书架，每一层都代表着一个等级，比如说把最贵的书放到最上面一层，最便宜的书放到最下面一层，而每个职位则好像是一本书，我们的目标是将这些书分配到书架的各个层次上去，结果我们就可以看到不同价值的职位分布情况。因此，首先我们需要建立一个很好的书架，也就是职位级别的标准。如果这个标准建立得不合理，那么就可能出现书架有的层次中挤满了很多书，而有的层次则没有书，并且挤在一起的书很难区分出来的现象。

职位分类法的操作步骤如下所述。

首先，也是需要对职位进行工作分析，得到职位描述和职位规范信息。

其次，同职位排序法一样，也是需要建立一个评估小组对职位进行分类。

接下来，也就是最关键的一步，建立一个职位级别体系。建立职位级别体系包括确定等级的数量和为每一个等级确定定义与描述。等级的数量没有什么固定的规定，只要根据需要设定、便于操作并能有效地区分职位即可。对每一个等级的定义和描述要依据一定的要素进行，这些要素可以根据组织的需要来选定。

最后就是要将组织中的各个职位归到合适的级别中去。例如，在上面的职位级别体系中，门卫、前台等职位就可以归到第 5 个级别中去；独立完成工作的工程师就可以归到第 3 个等级中去。

职位分类法也是一种简便易理解和操作的工作评价方法。它有效地克服了职位排序法只能适用于小型组织、少量职位的局限性，可以对大量的职位进行评估。而且，这种方法的灵活性比较强，尤其适用于组织中职位发生变化的情况，可以迅速地将组织中新出现的职位归类到合适的类别中去。

但是，这种方法也有一定的不足，那就是对职位等级的划分和界定存在一定的难度，有一定的主观性。如果职位级别划分得不合理，将会影响对全部职位的评估。另外，这种方法对职位的评估也是比较粗糙的，只能得出一个职位归在哪个等级中，到底职位之间的价值的量化关系是怎样的也不是很清楚，因此在用到薪酬体系中时会遇到一定困难。

3. 因素比较法

因素比较法是一种量化的工作评价方法，它实际上是对职位排序法的一种改进。这种方法与职位排序法的主要区别是：职位排序法是从整体的角度对职位进行比较和排序，而因素比较法则是选择多种报酬因素，按照各种因素分别进行排序。

因素比较法基本的实施步骤如下所述。

（1）进行工作分析建立职务说明书，成立工作评价小组。

（2）选择一些在组织中普遍存在的、工作内容相对稳定、具有得到公认的市场工资水平的职位作为基准职位。这些基准职位的薪酬水平是固定的，其他职位的薪酬水平将据此来确定和调整。

（3）分析这些基准职位，找出一系列共同的报酬因素。这些报酬因素应该体现出职位之间本质区别的因素，例如责任、工作的复杂程度、工作压力水平、工作所需的教育水平和工作经验等。

（4）将每个基准职位的工资或所赋予的分值分配到相应的报酬因素上。

（5）将待评估的职位在每个报酬因素上分别与基准职位相比较，确定待评估职位在各个因素上的分值或者工资率。

（6）将待评估职位在各个报酬因素上的工资率或者分数相加汇总，得到待评估职位的工资水平。

一个因素比较法

案例

在某次工作评估中，就 5 个因素对职位进行评估。职位 A、职位 B、职位 C 是基准职位，其中职位 A 的市场工资水平为 1 000 元，职位 B 的市场工资水平为 2 000 元，职位 C 的市场工资水平为 4 000 元。职位×是待评估职位。首先将职位 A、职位 B、职位 C 按照 5 个薪酬因素进行排序，然后再将职位×与这 3 个基准职位进行比较，得出表 4-24 的结果。

表 4-24　因素比较法评价案例

工资率\因素	责任大小	所需技能	任务难度	工作环境	财务影响
100 元/月	职位 A				职位 A
200 元/月			职位 A	职位 B	
300 元/月		职位 A		职位 A	职位 X
400 元/月	职位 B				职位 B
500 元/月	职位 X	职位 B	职位 B		
600 元/月		职位 X	职位 X	职位 C	
700 元/月				职位 X	
800 元/月	职位 C	职位 C			
900 元/月			职位 C		职位 C

因此，职位 X 的月工资水平为 $X=500+600+600+700+300=2\,700$（元）。

因素比较法的一个突出优点就是可以根据在各个报酬因素上得到的评估结果计算出一个具体的报酬金额，这样可以更加精确地反映出职位之间的相对价值关系。但是因素比较法显得比较复杂。使用因素比较法时，应该注意两个问题：一个是薪酬因素的确定要比较慎重，一定要选择最能代表职位间差异的因素；另一个是由于市场上的工资水平经常发生变化，因此要及时调整基准职位的工资水平。

4. 要素计点法

要素计点法是目前国内外最广泛应用的一种工作评价方法，这种方法也是一种定量化的工作评价方法。所谓要素计点，就是选取若干关键性的薪酬要素，并对每个要素的不同水平进行界定，同时给各个水平赋予一定的分值，这个分值也称为"点数"，然后按照这些关键的薪酬要素对职位进行评估，得到每个职位的总点数，以此决定职位的薪酬水平。

要素计点法实施的步骤如下所述。

第一，进行工作分析，并成立工作评价委员会。

第二，选择薪酬要素，并为这些薪酬要素建立起一个结构化量表。

第三，根据这个评估量表对职位在各个要素上的表现进行评估，得出职位在各个要素上的分值，并汇总成总的点数，再根据总点数处在哪个职位级别的点数区间内，确定职位的级别。

案例：运用要素计点法进行工作评价例子，见表 4-25。

表 4-25　运用要素计点法进行工作评价

要素	1级	2级	3级	4级	5级	6级	7级
教育程度	15	30	45	60	75	100	
工作经验	20	40	60	80	100	125	150
责任复杂性	15	30	45	60	75	100	
接受的监督	5	10	20	40	60		
错误的代价	5	10	20	40	60	80	
与他人接触	5	10	20	40	60	80	
秘密资料	5	10	15	20	25		
心理需求	5	10	15	20	25		
工作条件	5	10	15				
监督的特点	5	10	20	40	60	80	
监督的范围	5	10	20	40	60	80	100

5. 评分法

评分法是把工作的构成因素进行分解，然后按照事先设计出来的结构化量表对每种工作要素进行估值。是目前运用最广泛的一种工作评价方法，这种方法也是一种定量化的工作评价方法，大中小企业均可采用。评分法将点数法的操作进一步细化，设计出更合理的结构量表，对每种因素级别的解释更加详细，最重要的一点是评分法有合理的纠偏措施，可以将评价的偏差降到最低。

评分法的实施步骤如下所述。

（1）确定待评岗位的付酬因素。不同的岗位有不同的付酬因素，一般来讲，付酬因素包括劳动技能、劳动责任、劳动强度、劳动环境、对组织的贡献等五类，见表 4-26。每一类付酬因素又包含不同的因素指标，比如劳动技能包括文化和技术理论知识、操作技能、作业复杂程度、处理预防事故的复杂程度等；劳动责任包括质量责任、原材料消耗责任、经济效益责任、安全责任等；劳动强度包含体力劳动强度、脑力消耗疲劳程度、作业姿势、工时利用率和工作班制等；劳动环境包括气候条件影响、作业条件危险性、有毒有害物危害、噪声危害等。付酬因素根据企业特点和岗位类型来确定，付酬因素最少时仅两三种，最多时可达 30余种。

（2）划分等级。把各付酬因素适当地分成若干等级，等级的多少取决于各付酬因素的相对权重及各等级界定与相互区分的难易；因素越重要，权重越大，等级越易界定，相互间越易区分，则级数应越多。

（3）等级描述。付酬因素的等级划分后，需要对每一因素的整体及各等级分别予以简要的描述和界定，作为每个岗位在一定因素方面的等级的评定依据。

（4）赋予付酬因素以分值，即确定各付酬因素的总分以及这些分数在各付酬因素各等级之间的分值分配。

表 4-26 所示为××公司工作评价表。

（5）评分。将待评岗位逐一对照每一等级的说明，评出相应分数，并将各因素所评分数求和得到岗位分值，此岗位分值即为该岗位对本企业的相对价值。

（6）工资转换。岗位分值转换为工资以下两种可以采用的方法。

第一种，可设置工资率转换表，根据工资转换表将岗位分值直接转换为相应的工资金额。工资转换表不是给每一个岗位都确定一个与其岗位分值相对应的工资额，而是将所有的岗位合理组合，划分成一些岗级，给每个岗级指派与其价值相当的工资或工资范围，在同一岗级中的诸职务按照同一工资付酬或在指定的那一工资范围内付酬。

第二种，将企业各岗位分值求和，得到企业所有岗位的岗位总分值，将企业工资总额除以企业的岗位总分值，可得到第一分的工资含量，一般称为点值。用点值乘以每个岗位的岗位分值，就可得到每个岗位的工资率或工资标准。

6. 海氏系统法

海氏系统法又叫作"指导图表—形状构成法"，它是由美国工资设计专家艾德华·海于 1951年研究开发出来的。过去人们总觉得不同职能部门的不同职务，其相对价值是很难作相互比较并予以量化确定，例如，车间主任与供应科科长这两个职务，工作内容与职责很不一样，怎样比较它们的价值呢？海氏法却令人信服地解决了这个难题。此法已被数十个国家的近万家大企业采用。现介绍此法的基本情况，供大家参考。

表 4-26　××公司工作评价表

要素指标	因素指标	级别				评分因素指标(分)	标准要素指标分	标准要素指标权重(%)
		4	3	2	1			
劳动技能	文化理论知识	5	10	15	20	20	100	30
	操作技能	17	26	35	40	40		
	作业复杂程度	8	15	20	30	30		
	预防、处理事故复杂程度	3	5	7	10	10		
劳动责任	产品（服务）的质量责任	8	15	20	30	30	100	15
	经济效益责任	17	26	35	40	40		
	安全责任	8	15	20	30	30		
劳动强度	体力劳动强度	13	20	25	35	35	100	20
	脑力消耗疲劳程度	13	20	25	35	35		
	工时利用率和工作班制	8	15	20	30	30		
劳动环境	自然环境	8	15	20	30	30	100	15
	发生工伤事故的危险性	8	15	20	30	30		
	有毒有害物、噪声危害	5	10	15	20	20		
	工作单调性	5	10	15	20	20		
对组织目标实现的相对贡献	实现组织目标的贡献大小	25	50	75	100	100	100	20
合计						500	500	100

海氏工作评价系统实质上是一种评分法，根据这个系统，所有职务所包含的最主要的付酬因素有三种，每一个付酬因素又分别由数量不等的子因素构成，具体叙述见表 4-27。

海氏法实质上就是一种评分法，不过它认为所有职务所包含的最主要的付酬因素只有三种。

（1）第一种付酬因素：技能水平。指的是要使工作绩效达到可接受的水平所必需的专门业务知识及其相应的实际运作技能的总和，这些知识和技能可能是技术性的、专业性的，也可能是行政管理性的。技能这一因素中包含有以下三种成分。

① 专业理论知识。专业理论知识对该职务要求从事的职业领域的理论、实际方法与专门性知识的了解。对该岗位要求从事的职业领域理论、实际方法与专门知识的理解。该子系统分为 8 个等级（见表 4-28），从基本的（第 1 级）到权威专门技术的（第 8 级）。

② 管理诀窍。指的是为达到要求绩效水平而具备的计划、组织、执行、控制及评价的能力与技巧，不论此职务是生产性、技术性、营销性、后勤性还是行政性的，总多多少少会需要这种能力（见表 4-29）。

③ 人际技巧。指该职务所需要的激励沟通、协调、培养、关系处理等方面主动而活跃的活动技巧（见表 4-30）。

下面三张图表就是海氏职务分析指导图表。此表所展示的只是一种典型的格式，作为举例，它并不宜套用于一切企业。

表 4-31 就是供技能评价用的。由此表可见，三种成分均需划分为若干等级。"专门理论

知识"这一成分在此表中共分为"基本的""初等业务的"等，直至"权威专门的"共八个等级（每一等级又细分为三个亚级）；"管理诀窍"这一成分划分为"起码的""相关的"等五个等级；"人际技巧"则只分"基本的""重要的"和"关键的"三级。

表 4-27　海氏工作评价系统付酬因素描述

付酬因素	付酬因素释义	子因素	子因素释义
技能水平	要使工作绩效达到可接受的水平所必需的专门知识及相应的实际运作技能的总和	专业理论知识	对该职务要求从事的职业领域的理论、实际方法与专门知识的理解。该子系统分八个等级，从基本的（第一级）到权威专门技术的（第八级）
		管理诀窍	为到达要求绩效水平而具备的计划、组织、执行、控制、评价的能力与技巧。该子系统分五个等级，从起码的（第一级）到全面的（第五级）
		人际技能	该职务所需要的沟通、协调、激励、培训、关系处理等方面主动而活跃的活动技巧。该子系统分"基本的""重要的""关键的"三个等级
解决问题的能力	在工作中发现问题，分析诊断问题，提出、权衡与评价对策，做出决策等的能力	思维环境	指定环境对职务行使者的思维的限制制度。该子因素分八个等级，从几乎一切按既定规则办的第一级（高度常规的）到只做了含混规定的第八级（抽象规定）
		思维难度	指解决问题时对当事者创造性思维的要求，该子因素分五个等级，从几乎无须动脑只需按老规矩办的第一级（重复性的），到完全无先例可借鉴的第五级（无先例的）
承担的职务责任	指职务行使的行动对工作最终结果可能造成的影响及承担责任的大小	行动的自由度	职务能在多大程度对其工作进行个人性指导与控制，该子因素包含九个等级，从自由度最小的第一级（有规定的）到自由度最大的第九级（一般性无指引的）
		职务对后果形成的作用	该子因素包括四个等级：第一级是后勤性作用，即只在提供信息或偶然性服务上出力；第二级是咨询性作用，即出主意与提供建议；第三级是分摊性作用，即与本企业内外其他部门和个人合作，共同行动，责任分摊；第四级是主要作用，即由本人承担主要责任
		职务责任	可能造成的经济性正负后果。该子因素包括四个等级，即微小的、少量的、中级的和大量的，每一级都有相应的金额下限，具体数额要视企业的具体情况而定

表 4-28　专业知识理论等级划分描述及其举例

等级	说明	举例
A. 基本的	熟悉简单工作程序	复印机操作员
B. 初步业务的	能同时操作多种简单的设备以完成一个工作流程	接待员、打字员、订单收订员
C. 中等业务的	对一些基本的方法和工艺熟练，需具有使用专业设备的能力	人力资源助理、秘书、客户服务员、电气技师
D. 高等业务的	能应用较为复杂的流程和系统，此系统需要应用一些技术知识（非理论性的）	调度员、行政助理、拟稿人、维修领班、资深贸易员
E. 基本专门技术	对涉及不同活动的实践所相关的技术有相当的理解，或者对科学的理论和原则基本理解	会计、劳资关系专员、工程师、人力资源顾问、中层经理
F. 熟悉专门技术	通过对某一领域的深入实践而具有相关知识，或者/并且掌握了科学理论	人力资源经理、总监、综合部门经理、专业人士（工程、法律等方面）
G. 精通专门技术	精通理论，原则和综合技术	专家（工程、法律等方面）、CEO、副总、高级副总裁
H. 权威专门技术	在综合技术领域成为公认的专家	公认的专家

表 4-29　管理诀窍等级划分描述及其举例

等级	说明	职位
Ⅰ. 起码的	仅关注活动的内容和目的，而不关心对其他活动的影响	会计、分析员、一线督导和经理、业务员
Ⅱ. 相关的	决定部门各种活动的方向、活动涉及几个部门的协调等	主任、执行经理
Ⅲ. 多样的	决定一个大部门的方向或对组织的表现有决定的影响	助理副总、副总、事业部经理
Ⅳ. 广博的	决定一个主要部门的方向，或对组织的规划，运作有战略性的影响	中型组织 CEO、大型组织的副总
Ⅴ. 全面的	对组织进行全面管理	大型组织的 CEO

表 4-30　人际技能等级划分描述及其举例

等级	说明	职位
1. 基本的	对多数岗位在完成基本工作时均需基本的人际沟通技巧，基本沟通技巧要求在组织内与其他员工进行礼貌和有效的沟通，以获取信息和澄清疑问	会计、调度员、打字员
2. 重要的	理解和影响人是此类工作的重要要求。此种能力既要理解他人的观点，也要有说服力以影响行为和改变观点或者改变处境，对于安排并督导他人工作的人，需要此类的沟通能力	订货员、维修协调员、青年辅导员
3. 关键的	对于需理解和激励人的岗位，需要最高级的沟通能力。需要谈判技巧的岗位的沟通技巧也属此等级	人力资源督导、小组督导、大部分经理、大部分一线督导、CEO、助理副总、副总

　　作为一种职务评价工具，三种成分评定的组合即对应于表示某特定职务等级的相对价值，用一个单一的数值（分数）来代表。除了最低一级外，每增一级则对应分数随之增大 15%，这是以心理测量学中所谓"韦伯律"的分级原则为依据的。该原则认为，在对物体进行比较时，人们感知的不是它们之间差异的绝对值大小，而是此差异相对于两物体本身大小之比例，而恰能被人感知和觉察到的相对差异，便是 15%。

　　例如：利用此表对行政助理职位所需要的专业技术知识要求并不高，只需要达到"初等业务的"水平即可；同时行政助理手下基本没有要管理的人员，所以在管理诀窍方面被评估为最低水平："基本的"；但是在人际关系方面，行政助理需要与较多的人打交道，要多方面协调，需要相对较高的人际关系技巧，所以在人际技能方面评为"关键的"。综合以上三方面，行政助理的得分为 87 分。类似地，技术顾问的得分为 350 分，业务副总的得分为 608 分。

　　（2）第二种付酬因素是解决问题的能力。任何员工在工作中总要在一定程度上涉入解决问题的过程。典型的解决问题过程包括考察与发现问题，分清已找出问题的主次轻重，诊断问题产生的原因，针对性地拟定出若干备选对策，在权衡与评价这些对策各自利弊的基础上做出决策，然后据此付诸实施等环节。一般来说，在组织系统中层级越低的员工，要解决的问题越简单、越常规、越有既定的规章制度可依循，对他发挥独立创造性思维的要求也越低；级别越高则反之。

　　这个因素分解为两个成分。

　　① 思维环境。指定环境对职务占有者思维所设的限制的松紧；从几乎一切都按既定规则办的第一级（高度常规的），到只作了含混规定的第八级（抽象规定的），此成分共分八个等级。

　　思维环境的等级划分如下所述。

表 4-31　技能水平分析评分表

人际技能	管理诀窍 1.起码的 基本的	重要的	关键的	2.相关的 基本的	重要的	关键的	3.多样的 基本的	重要的	关键的	4.广博的 基本的	重要的	关键的	5.全面的 基本的	重要的	关键的
1. 基本的	50	57	66	66	76	87	87	100	115	115	132	152	152	175	200
	57	66	76	76	87	100	100	115	132	132	152	175	175	200	230
	66	76	87	87	100	115	115	132	152	152	175	200	200	230	264
2. 初等业务的	66	76	(87)	87	100	115	115	132	152	152	175	200	200	230	264
	76	87	100	100	115	132	132	152	175	175	200	230	230	264	304
	87	100	115	115	132	152	152	175	200	200	230	264	264	304	350
3. 中等业务的	87	100	115	115	132	152	152	175	200	200	230	264	264	304	350
	100	115	132	132	152	175	175	200	230	230	264	304	304	350	400
	115	132	152	152	175	200	200	230	264	264	304	350	350	400	460
4. 高等业务的	115	132	152	152	175	200	200	230	264	264	304	350	350	400	460
	132	152	175	175	200	230	230	264	304	304	350	400	400	460	528
	152	175	200	200	230	264	264	304	350	350	400	460	460	528	608
5. 基本专门技术	152	175	200	200	230	264	264	304	350	350	400	460	460	528	608
	175	200	230	230	264	304	304	350	400	400	460	528	528	608	700
	200	230	264	264	304	350	350	400	460	460	528	608	608	700	800
6. 熟练专门技术	200	230	264	264	304	350	350	400	460	460	528	608	(608)	700	800
	230	264	304	304	350	400	400	460	528	528	608	700	700	800	920
	264	304	350	350	400	460	460	528	608	608	700	800	800	920	1 056
7. 精通专门技术	264	304	350	350	400	460	460	528	608	608	700	800	800	920	1 056
	304	(350)	400	400	460	528	528	608	700	700	800	920	920	1 056	1 216
	350	400	460	460	528	608	608	700	800	800	920	1 056	1 056	1 216	1 400
8. 权威专门技术	350	400	460	460	528	608	608	700	800	800	920	1 056	1 056	1 216	1 400
	400	460	528	528	608	700	700	800	920	920	1 056	1 216	1 216	1 400	1 600
	460	528	608	608	700	800	800	920	1 056	1 056	1 216	1 400	1 400	1 600	1 840

（左侧纵向标注：行政助理、专业理论知识、技术顾问）

高度常规性的：有非常详细和精确的法规和规定作指导并可获得不断的协助。

A. 常规性的：有非常详细的标准规定并可立即获得协助。

B. 半常规性：有较明确定义的复杂流程，有很多的先例可参考，并可获得适当的协助。

C. 标准化的：有清晰但较为复杂的流程，有较多的先例可参考，可获得协助。

D. 明确规定的：对特定目标有明确规定的框架。

E. 广泛规定的：对功能目标有广泛规定的框架，是某些方面有些模糊、抽象。

F. 一般规定的：为达成组织目标和目的，在概念、原则和一般规定的原则下思考，有很多模糊、抽象的概念。

G. 抽象规定的：依据商业原则、自然法则和政府法规进行思考。

② 思维难度。指解决问题时对当事者需要进行创造思维的程度，从几乎无须动多少脑筋只需按老规矩办的第一级（重复性的），到完全无先例可供借鉴的第五级（无先例的），此成

分共设了五个等级。

思维难度的等级划分如下所述。

A. 重复性的：特定的情形仅需对熟悉的事情作简单的选择。

B. 模式化的：相似的情形仅需对熟悉的事情进行鉴别性选择。

C. 中间型的：不同的情形，需要在熟悉的领域内寻找方案。

D. 适应性的：变化的情形要求分析、理解、评估和构建方案。

E. 无先例的：新奇的或不重复的情形，要求创造新理念和富有创意的解决方案。

由于人的思维不可能凭空进行，必须以对事实、原理和方法作为原材料，即人必须以他已经知道的一切去思维，即使是对最创造性的工作也是如此，因此解决问题的能力是用其技能的利用率来测量的，它不是用分数而是用一个百分数来表示。

表 4-32 是在表 4-31 的基础上进行分析的。因为解决问题的能力是基于技能水平的，表 4-32 左上角的 "10%" 表示解决问题所需要的技能只需要用到该岗位所要求技能水平的 10%。这是因为此处所表示岗位问题的解决思维环境是高度常规性的，而思维难度也只是重复性的，所以其需要的技能水平并不高，仅需要 10% 即可。

表 4-32 解决问题的能力分析评分表

项目		思维难度				
		1. 重复性的%	2. 模式化的%	3. 中间性的%	4. 适应性的%	5. 无先例的%
思维环境	1. 高度常规性的	10	14	19	25	33
	2. 常规性的	12	16	(22)	29	38	行政助理
	3. 半常规的	14	19	25	33	43
	4. 标准化的	16	22	29	38	50
	5. 明确规定的	19	25	33	43	57
	6. 广泛规定的	22	29	38	50	(66)	业务副总
	7. 一般规定的	25	33	43	(57)	76	技术顾问
	8. 抽象规定的	29	38	50	66	

具体的行政助理岗位，岗位评价小组认为行政助理在解决问题时所面临的思维环境是属于 "常规性的"，而思维难度属于 "中间性的"，所以其比例取值为 22%，此岗位在解决问题能力的这个维度得分为 87 × 22% = 19 分。业务副总因为在解决问题时需要考虑一些大的原则、标准，所以其解决问题所面临的环境是属于 "广泛规定的"，同时其解决问题所需要的创造性非常高，所以问题的难度是 "无先例的"，所以此岗位在解决问题能力的这个维度的得分为 350 × 66% = 231 分。技术顾问解决问题的环节则是 "一般规定的"，而解决问题只需要根据实际情况进行判断和斟酌行事，所以解决问题的难度是 "适应性的"，所以此岗位在解决问题能力的这个维度的得分为 608 × 57% = 347 分。

（3）第三种付酬因素是职务所承担的责任。这里的责任不是指职务规定必须履行的职责或所拥有的权限，而是指职务占有者的行动对工作最终后果可能造成的影响，他当然需对此后果负责，所以称为责任。此因素也包括三个方面。

① 行动的自由度。指职务能在多大程度上对其工作进行个人性的指导与控制。划分等级见表 4-33。

表 4-33　行动的自由度的等级划分

等级	说明	举例
R. 有规定的	此岗位有明确工作规程或者有固定的人督导	体力劳动者、工厂工人
A. 受控制的	此岗位有直接和详细的工作指示或者有严密的督导	普通维修工、一般文员
B. 标准化的	此岗位有工作规定并已建立了工作程序并受严密的督导	贸易助理、木工
C. 一般性规范的	此岗位全部或部分有标准的规程、一般工作指示和督导	秘书、生产线工人、大多数一线文员
D. 有指导的	此岗位全部或部分有先例可依或有明确规定的政策，也可获督导	大多专业职位、部分经理、部分主管
E. 方向性指导的	仅就本质和规模，此岗位有相关的功能性政策，需决定其活动范围和管理方向	某些部门经理、某些总监、某些高级顾问
F. 广泛性指引的	就本质和规模，此岗位有粗放的功能性政策和目标，以及宽泛的政策	某些执行经理、某些副总助理、某些副总
G. 战略性指引	有组织政策的指导，法律和社会限制，组织的委托	关键执行人员、某些副总、CEO

② 职务对后果形成所起作用。这方面共分以下四级。

第一级是后勤性作用，即只在提供信息或偶然性服务上做一点贡献。

第二级是咨询性作用，即出点主意和建议，补充些解释与说明，或提供点方便。这两种作用都用间接性的，辅助性的。

第三级是分摊性作用，即共同负责的，指跟本企业内部（不包括本人的下级和上司）其他部门的或企业外部的人合作，共同行动，因而责任分摊。

第四级是主要的，即由本人承担主要责任，独立承担或虽有别人参与，但他们是次要的，附属的，配角性的。这两种作用都属直接性的、主角性的。

职务对后果形成的影响见表 4-34。

表 4-34　职务对后果形成的影响

等级	说明	举例
A. 后勤	这些岗位由于向其他岗位提供服务或信息对职务后果形成作用	某些文员、数据录入员、后勤员工、内部审计、门卫
C. 辅助	这些岗位由于向其他岗位提供重要的支持服务而对结果有影响	工序操作员、秘书、工程师、会计、人力资源经理
S. 分摊	此岗位对结果有明显的作用	介于辅助和主要之间
P. 主要	此岗位直接影响和控制结果	督导、经理、总监、副总裁

③ 职务责任。指可能造成的经济性正、负后果，也分为四级，即微小的、少量的、中量的和大量的，每一级都有相应的金额下限，具体数额要视企业的具体情况而定。

具体的评分标准可见表 4-35。

行政助理的财务责任是次要的，而行动的自由度是一般性的规定，所以其在所负的责任这一栏中的得分是 57 分。技术顾问的财务责任则是少量的，行动自由度则较大，为方向性的指导，所以在此维度中得分为 230 分。而业务副总的财务责任则相对较为重大，他的行动自由度也非常大，属于广泛性指导，因为在此维度中的得分为 800 分。

综合以上分析，得出三个标杆岗位的岗位评价得分，见表 4-36。

根据最后得分，可以将公司的岗位等级分为三级：基层、中层和高层。而在级别分值范

表 4-35　职务所承担的责任评分标准

职务对后果形成的作用	1. 微小 间接 微小	次要	直接 重要	主要	2. 少量 间接 微小	次要	直接 重要	主要	3. 中量 间接 微小	次要	直接 重要	主要	4. 大量 间接 微小	次要	直接 重要	主要
有规定的	10	14	19	25	14	19	25	33	19	25	33	43	25	33	43	57
	12	16	22	29	16	22	29	38	22	29	38	50	29	38	50	66
	14	19	25	33	19	25	33	43	25	33	43	57	33	43	57	76
受控制的	16	22	29	38	22	29	38	50	29	38	50	66	38	50	66	87
	19	25	33	43	25	33	43	57	33	43	57	76	43	57	76	100
	22	29	38	50	29	38	50	66	38	50	66	87	50	66	87	115
标准化的	25	33	43	57	33	43	57	76	43	57	76	100	57	76	100	132
	29	38	50	66	38	50	66	87	50	66	87	115	66	87	115	152
	33	43	57	76	43	57	76	100	57	76	100	132	76	100	132	175
一般性规定	38	50	66	87	50	66	87	115	66	87	115	152	87	115	152	200
	43	(57)	76	100	57	76	100	132	76	100	132	175	100	132	175	230
	50	66	87	115	66	87	115	152	87	115	152	200	115	152	200	264
有指导的	57	76	100	132	76	100	132	175	100	132	175	230	132	175	230	304
	66	87	115	152	87	115	152	200	115	152	200	264	152	200	264	350
	76	100	132	175	100	132	175	230	132	175	230	304	175	230	304	400
方向性指导	87	115	152	200	115	152	200	264	152	200	264	350	200	264	350	460
	100	132	175	230	132	175	(230)	304	175	230	304	400	230	304	400	528
	115	152	200	264	152	200	264	350	200	264	350	460	264	350	460	608
广泛性指导	132	175	230	304	175	230	304	400	230	304	400	528	304	400	528	700
	152	200	264	350	200	264	350	460	264	350	460	608	350	460	608	(800)
	175	230	304	400	230	304	400	528	304	400	528	700	400	528	700	920
战略性指导	200	264	350	460	264	350	460	608	350	460	608	800	460	608	800	1 056
	230	304	400	528	304	400	528	700	400	528	700	920	528	700	920	1 216
	264	350	460	608	350	460	608	800	460	608	800	1 056	608	800	1 056	1 400
一般性无指引	304	400	528	700	400	528	700	920	528	700	920	1 216	700	920	1 216	1 600
	350	460	608	800	460	608	800	1 056	608	800	1 056	1 400	800	1 056	1 400	1 840
	400	528	700	920	528	700	920	1 216	700	920	1 216	1 600	920	1 216	1 600	2 112

（左侧纵向标注：行动的自由度。标注箭头：政助理 → 57；术顾问 → 230；业务副总 → 800）

表 4-36　标杆岗位的岗位评价得分汇总表

	技能技巧 得分	占总分的%比例%	问题解决 得分	占总分的比例%	所负的责任 得分	占总分的比例%	总分
行政助理	87	53	19	12	57	35	163
技术顾问	350	43	231	28	230	28	811
业务副总	608	35	347	20	800	46	1 755

围的选取上，应当遵循"低级级差小，高级级差大"的原则来进行划分。在本案例中，结合公司的实际情况，作如下级别划分：

基层：50~300（分）

中层：301～1000（分）

高层：大于 1000（分）

其他岗位可对照这三个标杆岗位，从以上三个维度进行评分，然后再根据各个分数归入各个等级。当公司规模较大，岗位数目较多时，可以选取更多的标杆岗位和划分更多的岗位级别。

在利用指导图表评定出各职务在三个主要付酬因素上分别的分数后，还必须考虑各职务的"形状构成"，以确定三因素的权重，进而据此计算出各职务相对价值的总计分，完成职务评价活动。所谓"职务的状态构成"，是开发此方法的海氏提出来并这样命名的。他认为服务具有一定的"形状"，这个形状主要取决于技能和解决问题的能力两因素相对于职务责任这一因素的影响力间的对比与分配。

从这个角度去观察，企业中的职务可分为以下三种类型。

① "上山"型。此类职务的责任比技能与解决问题的能力重要。如公司副总裁、销售经理，负责生产的干部等。

② "平路"型。技能和解决问题能力在此类职务中与责任并重，平分秋色。如会计、人事等职能干部。

③ "下山"型。此类职务的责任不及技能与解决问题能力重要。如科研开发、市场分析干部等。图 4-5 直观形象地表现了职务形状的概念。

通常要由工资设计专家分析各类职务的形状构成，并据此给技能、解决问题的能力这两个因素与责任因素各自分配不同的权重，即分别向前二者与后者指派代表其重要性的一个百分数，这两个百分数之和应恰为 100%。有了这些百分比，便不难将这些因素分别指导图表而评价的结果，算出各职务的评价总分来。

由此可以看出，用海氏法评价出的分数，比直觉性的主观评估要精确和合理得多，只是过程远为复杂得多而已。评价分获得后，具体工资额的确定要参考外界市场状况确定。

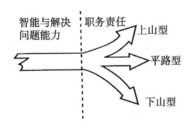

图 4-5　职务的形状构成

本章小结

工作分析，也可以叫作职位分析、岗位分析，它是指了解组织内的一种职位并以一种格式把与这种职位有关的信息描述出来，从而使其他人能了解这种职位的过程。

由于工作分析与职位以及职位对应的工作活动是紧密联系在一起的，因此必须澄清与之相关的一些如行动、任务、职责、职位、职务、工作、工作族、职业、职业生涯等概念。

一般来说，工作分析的整个过程要经过准备阶段、调查阶段、分析阶段和完成阶段等几个步骤来完成。且每个阶段的工作任务、工作重点都不相同。

一般来说，一个内容比较完整的工作说明书都要包括以下几个具体项目：①职位标识；

②职位概要；③履行职责；④业绩标准；⑤工作关系；⑥使用设备；⑦工作的环境和工作条件；⑧任职资格；⑨其他信息。这些信息中第①～⑦项都属于工作描述，第⑧项任职资格属于工作规范。

工作分析内容确定之后，则应该选择适当的分析方法与工具。常见的工作分析方法有：资料分析法、访谈法、观察法、问卷调查法、功能性工作分析法、关键事件记录法、写实分析法等。选择工作分析方法时，关键要考虑到方法与目的的匹配、成本可行性以及该方法对所研究情况的适用性。综合考虑各种因素，比较其利弊，从而在进行工作分析时最有效地利用各种资源。

工作评价，就是根据工作分析的结果，按照一定标准，对工作的性质、强度、责任、复杂性以及所需的任职资格等因素的差异程度，进行综合评价的活动。工作评价是为了确定一个职位相对于组织中其他岗位的不同作用所进行的正式地、系统地比较和评价，评价结果会成为确定薪酬的有力证据。

工作评价的内容主要包括工作的任务和责任、完成工作所需要的技能、工作对组织整体目标实现的相对贡献大小、工作的环境和风险等。这些内容恰恰是工作分析所提供的信息，因此工作分析是工作评价的基础。

常用的工作评价方法有 6 种：职位排序法、职位分类法、因素比较法、要素计点法、评分法、海氏系统法。6 种工作评价方法各有优缺点，在实际使用时要依据岗位实际情况加以选择，以保证工作评价的公平性、有效性和可靠性。

 复习与思考

一、单项选择题（请从每题的备选答案中选出唯一正确的答案，将其英文大写字母填入括号内）

1. 工作活动中不便再继续分解的最小单位是（　　）。
   A. 行动　　　　　　　　　　B. 任务
   C. 职责　　　　　　　　　　D. 职务

2. 下列属于工作规范的是（　　）。
   A. 职位概要　　　　　　　　B. 工作关系
   C. 工作环境　　　　　　　　D. 任职资格

3. 目前国内外最广泛应用的一种工作评价方法是（　　）。
   A. 因素比较法　　　　　　　B. 职位排序法
   C. 要素计点法　　　　　　　D. 评分法

4. 岗位分析主要包括两个方面的研究任务，即（　　）。
   A. 岗位描述，岗位要求　　　B. 岗位名称，岗位职责
   C. 岗位能力、岗位要求　　　D. 岗位描述，岗位职责
   E. 岗位名称，岗位职责

5. 岗位分析的内容取决于岗位分析的（　　）。
   A. 目的　　　　　　　　　　B. 要求

  C. 认识   D. 结果

  E. 目的和要求

6. 一般来说，某一组织中的岗位设置是由该组织的（ ）决定的。

  A. 领导   B. 群众

  C. 领导集体   D. 总任务

  E. 总人数

7. 岗位工作设计的（ ）是最大限度地提高工作岗位的效率，同时又能够适当地满足员工的个人发展的要求。

  A. 前提   B. 任务

  C. 要求   D. 目标

  E. 指导思想

8. 岗位设置的数目应符合（ ）数量原则。

  A. 最多   B. 最低

  C. 最高   D. 适中

  E. 最大

9. （ ）是设置岗位的基本原则。

  A. 因人设岗   B. 因人定岗

  C. 因事设岗   D. 因事定岗位

  E. 因职设岗

10. 避免员工因为工作内容定义不清除而产生抱怨和争议的方法是（ ）。

  A. 工作设计   B. 工作分析

  C. 工作评价   D. 工作分类

11. 关于工作说明书主要内容表述正确的是（ ）。

  A. 工作标识条目中应包括：担任该职务人员应具备的基本资格和条件

  B. 工作条件与物理环境条目中应包括：工作时数、工资结构、支付方法等

  C. 工作综述条目中应包招：工作的名称、所属部门、工作说明书的编写日期等

  D. 社会环境条目中应包括：工作群体的人数、完成工作所要求的人际交往程度等

二、多项选择题（每题正确的答案为两个或以上，请从每题的备选答案中选出正确的答案，将其英文大写字母填入括号内）

1. 工作分析的整个过程要经过以下几个步骤来完成（ ）。

  A. 准备阶段   B. 调查阶段

  C. 分析阶段   D. 完成阶段

2. 职位标识一般要包括以下几项内容（ ）。

  A. 职位编号   B. 职位名称

  C. 所属部门   D. 直接上级

  E. 职位薪点

3. 从内容上看，人力资源规划可分为（ ）。

  A. 组织规划   B. 企业组织变革规划

  C. 人员规划　　　　　　　　　　D. 人力资源费用规划

  E. 战略规划

4. 工作岗位分析信息的主要来源有（　　　　）。

  A. 直接观察　　　　　　　　　　B. 事件访谈

  C. 工作日志　　　　　　　　　　D. 书面资料

  E. 同事报告

5. 定员定额标准的内容包括（　　　　）。

  A. 岗位培训规范　　　　　　　　B. 岗位员工规范

  C. 时间定额标准　　　　　　　　D. 双重定额标准

  E. 产量定额标准

6. 工作岗位分析的中心任务是为企业人力资源管理提供基本依据，实现（　　　　）。

  A. 物尽其用　　　　　　　　　　B. 适才适所

  C. 人尽其才　　　　　　　　　　D. 人事相宜

  E. 位得其人

7. 按照定员标准的综合程度，企业定员标准可分为（　　　　）。

  A. 比例定员标准　　　　　　　　B. 概略定员标准

  C. 详细定员标准　　　　　　　　D. 单项定员标准

  E. 综合定员标准

8. 企业人力资源管理制度规划的基本原则包括（　　　　）。

  A. 共同发展原则　　　　　　　　B. 学习与创新并重

  C. 保持制度稳定　　　　　　　　D. 符合法律的规定

  E. 适合企业特点

9. 从规划的期限上看，人力资源规划可分为（　　　　）。

  A. 长期规划　　　　　　　　　　B. 人力资源费用规划

  C. 中期计划　　　　　　　　　　D. 企业组织变革规划

  E. 短期计划

10. 人力资源费用规划的内容包括（　　　　）。

  A. 人力资源费用的预算

  B. 人力资源费用的审核

  C. 人力资源费用的核算

  D.人力资源费用的控制

  E. 人力资源费用的结算

11. 岗位劳动规则的内容包括（　　　　）。

  A. 时间规则　　　　　　　　　　B. 行为规则

  C. 组织规则　　　　　　　　　　D. 费用规则

  E. 协作规则

12. 为了使岗位工作丰富化，应该考虑的因素有（　　　　）。

  A. 任务整体性　　　　　　　　　B. 任务多样化

C. 任务的意义　　　　　　　　　　D. 赋予自主权

E. 沟通与反馈

13. 按照管理体制分类方法，劳动定员标准可分为（　　　）。

A. 国家劳动定员标准　　　　　　　B. 按效率定员的标准

C. 行业劳动定员标准　　　　　　　D. 企业劳动定员标准

E. 地方劳动定员标准

三、名词解释

1. 工作分析

2. 工作族

3. 职责

4. 任务

5. 职位

6. 职务

四、问答题

1. 工作分析的作用和意义是什么？

2. 工作说明书一般包括哪些项目？

3. 什么是工作评价？它有哪些通用的原则？

4. 什么是职位排序法？其实施的程序包含哪些？优缺点是什么？

5. 什么是职位分类法？其实施的步骤包含哪些？优缺点是什么？

6. 什么是要素计点法？其实施的步骤包含哪些？

7. 什么是评分法？其实施的步骤包含哪些？

五、论述题

1. 工作分析的步骤是什么？

2. 什么是因素比较法？其实施的步骤包含哪些？优缺点是什么？

3. 工作分析的方法有哪些？每一种的内容是什么？

4. 什么是海氏系统法？其实施的步骤包含哪些？

××物业管理公司岗位评价

岗位评价，就是根据工作分析的结果，按照一定标准，针对工作中的各种因素的差异程度，进行综合评估的活动。其目的在于确定一个职位相对于组织中其他职位的不同作用而进行的正式地、系统地比较和评估，评估结果会成为确定薪酬的有力证据。

通过调研，并结合××物业管理公司的实际，我们认为在进行岗位评估时主要考虑以下五个因素：劳动技能、劳动责任、劳动强度、劳动环境和对组织目标实现的相对贡献等因素。

一、××物业管理公司岗位评价常用指标描述

（一）劳动技能

① 文化技术理论知识：评价岗位对文化、技术理论知识方面的要求。

② 操作技能：评价岗位操作的技术复杂程度和对技能的积累程度要求。

③ 作业复杂程度：评价岗位操作工艺复杂程度和岗位间协调要求。

④ 预防、处理事故复杂程度：评价岗位对预防事故和处理事故应具备的能力水平。

（二）劳动责任

① 产品（服务）的质量责任：评价岗位劳动对最终产品（服务）的质量责任大小。

② 经济效益责任：评价岗位劳动对经济效益的影响程度。

③ 安全责任：评价岗位劳动对安全生产的影响程度。

（三）劳动强度

① 体力劳动强度：评价岗位劳动者的体力消耗程度。

② 脑力消耗疲劳程度：评价岗位劳动者的脑力消耗程度和疲劳程度。

③ 工时利用率和工作班制：评价岗位劳动时间的利用程度和工作班制对劳动者的体力影响。

（四）劳动环境

① 自然环境：评价岗位劳动所处的自然环境对劳动者的影响。

② 发生工伤事故的危险性：评价岗位劳动者发生工伤事故的危险程度。

③ 有毒有害物、噪声危害：评价岗位劳动者接触有毒、有害、粉尘物和受噪声影响对其健康的危害程度。

④ 工作单调性：评价岗位劳动者劳动的单调、乏味和枯燥的程度。

（五）对组织目标的实现的相对贡献

对组织目标的实现的相对贡献：评价岗位劳动对组织整体目标的贡献。

二、××物业管理公司岗位评价常用指标等级描述

（一）劳动技能

1. 文化技术理论知识

1 级：岗位专业技术理论要求高，较全面了解相关工种技术理论知识，具有高中或技工学校以上文化程度。

2 级：岗位专业技术理论要求较高，了解相关工种的主要技术理论知识，具有高中或技工学校以上文化程度。

3 级：熟悉本岗位专业理论知识，了解相关工种的一般技术理论知识，具有初中以上文化程度。

4 级：了解本岗位专业理论知识，具有初中以上文化程度。

2. 操作技能

1 级：技术复杂，操作技能要求高，需要 2 年以上学徒期限。

2 级：技术操作比较复杂，技能要求较高，需要 1 年以上学徒期限。

3 级：技术一般，技能要求一般，需要半年以上熟练期。

4 级：技术操作技能要求简单。

3. 作业复杂程度

1 级：操作工序很多，工作物对象难度很大，在多工种交叉作业中起关键作用。

2 级：操作工序多，工作物对象难度大，需交叉配合作业。

3 级：操作工序较多，工作物对象难度一般。

4 级：操作工序单一，工作物对象简单。

4. 预防、处理事故复杂程度

1 级：预防、处理事故的技术能力要求高。

2 级：预防、处理事故的能力水平较高。

3 级：预防、处理事故的能力水平要求一般。

4 级：对预防、处理事故没有专业要求。

（二）劳动责任

1. 产品（服务）的质量责任

1 级：对最终产品质量有决定性影响。

2 级：对最终产品质量有较大影响。

3 级：对最终产品质量有一定影响。

4 级：对最终产品的质量基本无影响。

2. 经济效益责任

1 级：岗位劳动对企业经济效益影响大。

2 级：岗位劳动对企业经济效益影响较大。

3 级：岗位劳动对企业经济效益影响一般。

4 级：岗位劳动对企业经济效益影响较小。

3. 安全责任

1 级：岗位操作环境引发伤害事故的可能性较大，造成的损失严重。

2 级：岗位操作环境一般不会引发较大的伤害事故，损失严重。

3 级：岗位操作环境很少发生伤害事故，损失较重。

4 级：岗位操作环境不会引发伤害事故。

（三）劳动强度

1. 体力劳动强度

1 级：重体力劳动，执行国家《体力劳动分级》标准。

2 级：较重体力劳动，执行国家《体力劳动分级》标准。

3 级：一般体力劳动，执行国家《体力劳动分级》标准。

4 级：轻体力劳动，执行国家《体力劳动分级》标准。

2. 脑力消耗疲劳程度

1 级：岗位操作注意力高度集中，极易疲劳。

2 级：岗位操作注意力较集中，容易疲劳。

3 级：岗位操作注意力一般，疲劳度一般。

4 级：岗位操作注意力较轻，不太容易疲劳。

3. 工时利用率和工作班制

1 级：年作业时间在 280 天以上，日工时利用率在 90% 以上，一班或多班制。

2 级：年作业时间在 200～280 天，日工时利用率在 80%～90%，一班或多班制。

3 级：年作业时间在 250～260 天，日工时利用率在 70%～80%，一班或多班制。

4 级：年作业时间低于 250 天，日工时利用率低于 70% 以上，一班制。

（四）劳动环境

1. 自然环境

1 级：岗位劳动的自然环境（如气温、湿度、气候、热辐射）对劳动者身体影响大。

2 级：岗位劳动的自然环境对劳动者身体影响较大。

3 级：岗位劳动的作业条件对劳动者的危险性一般。

4 级：岗位劳动的作业条件对劳动者基本没有危险性。

2. 发生工伤事故的危险性

1 级：岗位劳动发生工伤事故的危险性很大。

2 级：岗位劳动发生工伤事故的危险性较大。

3 级：岗位劳动发生工伤事故的危险性一般。

4 级：岗位劳动发生工伤事故的危险性较小。

3. 有毒有害物、噪声危害

1 级：岗位劳动直接接触有毒有害物质，对劳动者健康有较重影响，岗位劳动环境的噪声大，对劳动者健康影响较严重。

2 级：岗位劳动直接接触有毒有害物质，对劳动者健康有一定程度的影响，岗位劳动环境的噪声较大，对劳动者健康影响较重。

3 级：岗位劳动很少直接接触有毒有害物质，对劳动者健康影响较轻，岗位劳动环境的噪声一般，对劳动者健康有轻微影响。

4 级：岗位劳动基本不接触有毒有害物质，岗位劳动环境基本不受噪声影响。

4. 工作单调性

1 级：岗位劳动的单调、乏味和枯燥的程度很高。

2 级：岗位劳动的单调、乏味和枯燥的程度较高。

3 级：岗位劳动的单调、乏味和枯燥的程度一般。

4 级：岗位劳动的单调、乏味和枯燥的程度偏低。

（五）对组织目标的实现的相对贡献

1 级：岗位劳动对组织整体目标的贡献很大。

2 级：岗位劳动对组织整体目标的贡献较大。

3 级：岗位劳动对组织整体目标的贡献一般。

4 级：岗位劳动对组织整体目标的贡献很少。

三、××物业管理公司岗位评价表

依据表 4-37，通过对公司每个岗位打分，可以计算出各个基层单位所有岗位的分值，加总可得到各个基层单位的总分。最终可得物业管理公司的总分值。

依据各个岗位在各个基层单位所占的比例，来确定各个岗位的相对价值。可以计算出一个岗位系数。

依据各个基层单位在整个物业管理公司所占的比例，来确定各个基层单位的相对价值。可以计算出一个单位系数。

如下例：

表 4-37　各个岗位的分值比例

要素指标	因素指标	级别				评分因素指标（分）	标准要素指标分	标准要素指标权重（%）	评分
		4	3	2	1				
劳动技能	文化理论知识	5	10	15	20	20	100	30	
	操作技能	17	26	35	40	40			
	作业复杂程度	8	15	20	30	30			
	预防、处理事故复杂程度	3	5	7	10	10			
劳动责任	产品（服务）的质量责任	8	15	20	30	30	100	15	
	经济效益责任	17	26	35	40	40			
	安全责任	8	15	20	30	30			
劳动强度	体力劳动强度	13	20	25	35	35	100	20	
	脑力消耗疲劳程度	13	20	25	35	35			
	工时利用率和工作班制	8	15	20	30	30			
劳动环境	自然环境	8	15	20	30	30	100	15	
	发生工伤事故的危险性	8	15	20	30	30			
	有毒有害物、噪声危害	5	10	15	20	20			
	工作单调性	5	10	15	20	20			
对组织目标实现的相对贡献	实现组织目标的贡献大小	25	50	75	100	100	100	20	
合计						500	满分 500	总分	

表 4-38　××物业管理公司岗位评价表

A B C D E 五个基层单位
基层单位 A 中有　　A1　　A2　　A3　　A4　　　A5　共 5 个岗位
基层单位 B 中有　　B1　　B2　　B3　　B4　　　B5　　B6 共 6 个岗位
基层单位 C 中有　　C1　　C2　　C3　　C4　　　C5　　C6　　　C7　　C8 共 8 个岗位
基层单位 D 中有　　D1　　D2　　D3　　D4　　　D5 共 5 个岗位
基层单位 E 中有　　E1　　E2　　E3　　E4　　　E5　　E6　　E7 共 7 个岗位

则，计算方法如下：

1. A 单位分值=∑ 岗位分值（A1　A2　A3　A4　A5），依此计算 B　C　D　E 各单位；

2. 物业管理公司总分值=∑ 单位分值（A　B　C　D　E）；

3. A 单位系数=A 单位分值/物业管理公司所有单位的平均分；

4. A1 岗位系数=A1 岗位分值/A 单位所有岗位的平均分。

招聘甄选与录用

第5章

学习目标

- 招聘的含义
- 招聘的目的和原则
- 招聘的方式
- 甄选的步骤
- 人员测评的方法
- 录用的过程
- 录用决策程序
- 录用中的特殊问题处理

互联网资料

http://www.zhaopin.com
http://www.51job.com
http://www.e8621.com
http://test.studyget.com

本章关键词

招聘（recruiting）　　　　　　　校园招聘（campus recruiting）

网络招聘（network Recruitment）　甄选（selection）

录用（placement）　　　　　　　背景调查（background investigation）

评价中心（assessment centers）　　真实工作预演（realistic job previews，PJRS）

面试（interview）　　　　　　　行为描述面试（behavior description interview）

5.1　员工招聘

5.1.1　招聘的概述

1. 招聘的含义

招聘就是指在企业总体发展战略规划的指导下，制订相应的职位空缺计划，并决定如何寻找合适的人员来填补职位空缺的过程，它的实质就是让潜在的合格人员对本企业的相关职位产生兴趣并且来前来应聘这些职位。[①]

准确的理解招聘的含义，需要把握以下几个要点。

（1）招聘活动的目的是吸引人员，也就是说要把相关的人员吸引到本企业来参加应聘，至于如何从这些应聘者中挑选合适人员，这并不是招聘工作的内容，而是下一节所讲的选拔录用要完成的任务，因此招聘活动并不是要求对应聘人员进行严格的挑选。在理解招聘的含义时，这也是最容易出现错误的地方。人们往往将招聘和录用这两个活动混淆在一起。

（2）招聘活动所要吸引的人员应当是企业需要的人员，也就是说要把那些能够从事空缺职位的人员吸引过来，这可以看作对招聘工作质量方面的要求。

（3）招聘活动吸引人员的数量应当是适当的，并不是说吸引的人员越多越好，而是应当控制在适当的范围内，既不能太多也不能太少，与上一点相对应，这是对招聘工作数量方面的要求。

2. 招聘的目的

招聘的直接目的就是获得企业需要的人才，但除了这一目的外，招聘还有以下潜在目标。

（1）树立企业形象。招聘过程是企业代表与应聘者直接接触的过程，在这一过程中，负责招聘的人的工作能力、招聘过程中对企业的介绍、散发的材料、面试小组的组成、面试小组的性别组成、面试的程序以及招聘、拒绝什么样的人等都会成为应聘者评价企业的依据。招聘过程既可能帮助企业树立良好形象、吸引更多的应聘者，也可能损害企业形象、使应聘者失望。

（2）降低受雇用者在短期内离开公司的可能性。企业不仅要能把人招来，更要能把人留住。能否留住受雇佣者，既要靠招聘后对人员的有效培养和管理，也要靠招聘过程中的有效选拔。那些认可公司的价值观、在企业中能找到适合自己兴趣、能力的岗位的人，在短期内离开公司的可能性就比较小一些。而这就有赖于企业在招聘过程中对应聘者的准确评价。

（3）履行企业的社会义务。企业的社会义务之一，就是提供就业岗位，招聘正是企业履行这一社会义务的过程。

3. 招聘的原则

（1）因事择人。企业应依据人力资源计划进行招聘。无论多招了人还是招错了人，都会给企业带来很大的负面作用，除了人力成本、低效率、犯错误等看得见的损失，由此导致的人浮于事还会不知不觉对企业文化造成不良影响，并降低企业的整体效率。

（2）公开。招聘信息、招聘方法应公之于众，并且公开进行。这样做，一方面可将录用

[①] 董克用，叶向峰. 人力资源管理概论. 北京：中国人民大学出版社，2004.

工作置于公开监督之下，以防止不正之风；另一方面可吸引大批的应聘者，从而有利于招到一流人才。

（3）平等竞争。对所有应聘者应一视同仁，不得人为地制造各种不平等的限制。要通过考核、竞争选拔人才。静止地选拔人才，靠直觉、经验和印象等来进行选人，往往带有很大的主观片面性。应采用平等竞争的方法，以严格的标准、科学的考核方法对候选人进行测评，根据测评结果确定人选，就可以创造一个公平竞争的环境，这样既可以选出真正适合企业的优秀人才，又可以激励其他人员。

（4）能岗匹配。每个人的才能和专长等各不相同，所以在招聘中，应尽可能使人的能力与岗位要求的能力达成匹配。从个人能力的角度出发，其能力完全胜任岗位的要求，即"人得其职"；从岗位要求的角度出发，其要求的能力个人完全具备，即"职得其人"。录用的人是不是最好的不重要，重要的是最匹配。

（5）守法原则。在招聘过程中，企业应严格遵守《劳动法》及相关的劳动法规；坚持平等就业、双向选择、公平竞争；反对种族歧视、性别歧视、年龄歧视、信仰歧视，尤其对弱势群体、少数民族和残疾人等应该予以保护与关心；严格控制未成年人就业，保护妇女儿童的合法权益。

4. 招聘的影响因素

在现实中，招聘活动的实施是受到多种因素影响的，为了保证招聘工作的效果，必须对这些因素有所了解。归纳起来，影响招聘活动的因素主要有外部影响因素和内部影响因素两大类。

（1）外部影响因素。

① 国家的法律法规。国家有关劳动关系的法律法规是影响企业招聘活动的主要外部因素之一。从本质来说，建立有关劳动关系的法律法规是为了规范和约束社会的劳动关系，保护劳动者和雇主的合法权益。由于法律法规的本质是规定人们不能做什么事情，因此在一般意义上，国家的法律法规对企业的招聘活动确有限制作用，它往往规定了企业招聘活动的外部边界。《中华人民共和国劳动合同法》共分 8 章 98 条，包括总则、劳动合同的订立、劳动合同的履行和变更、劳动合同的解除和终止、特别规定、监督检查、法律责任和附则。劳动合同法是规范劳动关系的一部重要法律，这些都对企业的招聘活动起到了一定的限制和约束作用。

② 外部劳动力市场。由于招聘特别是外部招聘，主要是在外部劳动力市场进行的，因此市场的供求状况会影响招聘的效果，当劳动力市场的供给小于需求时，企业吸引人员就会比较困难；相反，当劳动力市场的供给大于需求时，企业吸引人员就会比较容易。在分析外部劳动力市场的影响时，一般要针对具体的职位层次或职位类别来进行，如在技术工人的市场比较紧张时，企业在招聘这类人员就会较困难，往往要投入大量的人力、物力。

③ 竞争态势和区域优势。行业竞争的态势决定行业内企业的竞争状况。在竞争激烈的行业中，企业对人才的争夺是竞争的焦点。在招聘重要的人员时，企业往往会采取各种手段，吸引优秀的人才，甚至采用竞争性的薪酬福利挖取竞争对手的核心员工。与此相反，在那些成熟或衰退的行业，竞争状况相对缓和，人员的供给和需求也较平衡与稳定，企业的招聘工作就相对顺利一些。区域优势对企业的招聘也有明显的影响。经济发达地区的就业机会、薪资水平和发展前景都明显优于经济落后的地区，自然会导致求职者向这些优势地区流动。由

于各类人员的供给相对充裕，企业容易招聘到其所需的员工。

（2）内部影响因素。

① 企业的报酬系统。企业的报酬系统是激励员工的主要因素之一。多数应聘人员都会考虑开始的底薪、工资增加的幅度和频率、企业提供的福利和其他保障。当然，高报酬通常更容易吸引到优秀的人员，但这并不是说，低报酬就一定找不到优秀人员。

② 提供的发展机会。企业能否吸引到人员还与企业提供的发展机会有关。发展机会能促使员工在人格上和技术上得到迅速发展，如果企业能向员工提供良好的发展机会，则能吸引较多的人员。这种企业被认为是关心人、帮助人的组织，员工乐于在这种企业中工作。企业有明确的职业生涯计划，给员工一个清晰的阶梯，则更容易吸引和招聘到合格的人员，也能使员工在企业中长久地工作。

③ 企业的规模、性质、成立时间。从企业的规模来看，一般来说，大企业的经济实力强，薪酬福利等条件好，管理比较规范，工作相对稳定，因此，大企业往往是许多应聘人员的首选目标；小企业的规模小，实力不如大型企业，薪酬福利也往往不如大公司，但它们一般进入的门槛较低，对新入职场和缺乏职场优势的求职者而言，录用的概率较高。

从企业的性质来看，在国有企业、私营企业和外资企业三大类的企业中，相比较而言，国有企业受国资管理部门和其他政府条线管理的影响与制约，其经营和管理与私营企业和外资企业有着一些不同与差异，劳动用工、员工的晋升解雇以及奖励处罚通常都比较规范。私营企业的经营管理机制比较灵活，在一些刚刚成立的私营企业和一些小型的私营企业中，人力资源管理往往存在一些不规范的现象。在社会上，私营企业的劳动纠纷和劳动争议占据较大的比重。但私营企业的薪酬福利和晋升提拔不像传统的国有企业那么正式与论资排辈，它有着很大的灵活性，在吸引人才、挖掘人才和留住人才方面具有一定的优势。外资企业的经营管理一般比较规范，在人员招聘、薪酬福利、奖罚晋升等方面都有规范的制度和操作程序，薪酬福利水平也是三类企业中最高的，但外资企业对员工的要求较高，特别是外语的能力要求高，工作的压力也比较大。

从企业成立的时间来看，有着较长历史的企业在产品、技术、管理方面都积累了一定的经验，在各方面都比较成熟，人员的配置、晋升和替代一般都有周密的考虑和计划。新成立的企业在其发展阶段中，虽然可能存在一些问题，但对员工来说，如果企业发展顺利，随着规模的扩大，管理的职位会逐渐增加，提拔的机会一般较多。因此，相对而言，员工的职业发展前景较好。对某些应聘者来说，它们具有一定吸引力。同样的道理，大型企业的工作分工细致，员工工作的专业面相对较窄。而小型企业的工作综合性强，从事的工作面广。因此，员工的知识和技能比较宽泛，职业发展的可塑性强，对员工全面的发展比较有利。

④ 企业的形象和发展规划。企业的形象在招聘中起着至关重要的作用。优秀的企业、知名的公司具有良好的企业形象，对应聘者具有很大的号召力，能够吸引大量的应聘者前来应聘，使这些企业的招聘具有明显的优势，容易选择和获取需要的理想人才。国际 500 强的大公司、著名的跨国公司，如可口可乐公司、Dell 公司等，国内著名的公司，如联想集团、海尔公司等，它们的良好形象和声誉都使它们具备其他企业不具有的招聘优势，可以优先获取社会的优秀人才。有关调查表明，许多高校毕业生在寻找工作时，优秀和知名的企业是他们的首选目标。

此外，企业的发展规划也是影响招聘工作的一个因素。企业战略的发展取向、业务的调整组合以及发展的规模等因素，一方面会决定和制约企业招聘的人员类别与数量；另一方面也会决定和制约招聘人员的任职条件等质量要求。

⑤ 企业的人力资源管理政策。企业的人力资源管理政策在很大程度上影响应聘者的选择。企业的薪酬福利政策、培训计划、职业发展规划等，都是应聘者在选择时要考虑的重要条件。企业提供的薪酬福利待遇，是应聘者最重要的取舍条件之一。在同等条件下，薪酬福利水平是决定性的因素。此外，企业能够提供怎样的培训计划，能够提供怎样的职业发展，也是应聘者考虑的重要问题。在高科技迅速发展、竞争日益激烈的 21 世纪，员工们除了关心自己的劳动所得之外，开始越来越关注自己的知识和技能的更新完善，关注自己的职业规划和职业发展。

⑥ 招聘组织工作。招聘工作的质量与招聘工作的组织和实施有着十分密切的关系。招聘计划的制订、招聘预算的编制、招聘渠道和方法的选择直接影响招聘工作的实施与完成。例如，招聘渠道是选择企业内部还是企业外部，招聘的方法是采用广告招聘还是猎头公司，这些问题都会影响招聘的实际效果。招聘工作人员的表现与招聘工作的质量也有着密切的关系。在招聘过程中，招聘工作人员的知识、技能、素质、表现对沟通理解和选拔录用起着关键的作用。他们的穿着打扮、谈吐举止等，也会给应聘者一个具体的企业形象和工作环境的推想，对应聘者的决策产生一定的影响。

5. 招聘程序

人力资源招聘大致分为招募、筛选、录用、评估四个阶段，这四个阶段可用图 5-1 来表示。[①]

6. 招聘工作职责分工

在招聘过程中，传统的人事管理与现代人力资源开发与管理的工作职责分工是不同的。在过去，员工招聘的决策与实施完全由人事部门负责，用人部门的职责仅仅是负责接收人事部门招聘的人员及其安排，完全处于被动的地位。而现代组织中，起决定性作用的是用人部门，它直接参与整个招聘过程，并在其中拥有计划、初选与面试、录用、人员安置与绩效评估等决策权，完全处于主动的地位。人力资源部门只在招聘过程中起组织和服务的功能。表5-1 是关于招聘过程中用人部门与人力资源部门的工作职责分工。

5.1.2　招聘的内容

有效的人员招聘可提高招聘质量，减少组织和个人的损失。人员招聘的基本内容包括：招聘计划的制订与审批、招聘信息的发布、应聘者提出申请、测评与甄选、真实工作预演、背景调查、录用等。测评与甄选和录用会在本章第二节和第三节介绍，这里将介绍除此外的其他内容。

1. 招聘计划的制订与审批

招聘计划是招聘的主要依据。制订招聘计划的目的在于使招聘更趋合理化、科学化。招聘计划是用人部门根据部门的发展需要，根据人力资源规划的人力净需求、职务说明的具体要求，对招聘的岗位、人员数量、时间限制等因素作出详细的计划，具体内容包括：①招聘的岗位、人员需求量、每个岗位的具体要求；②招聘信息发布的时间、方式、渠道与范围；③招

---

① 廖泉文 .招聘与录用. 中国：中国人民大学出版社，2002.

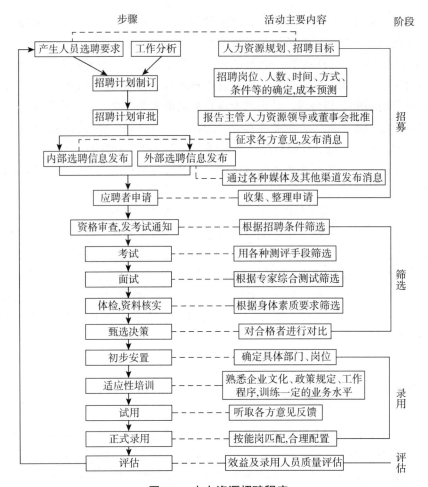

图5-1 人力资源招聘程序

表5-1 招聘者职责分工

人力资源部工作和职责	使用部门工作内容和职责
1. 负责招聘广告的审批手续办理	1. 负责招聘计划的制订和报批
2. 负责招聘广告的联系刊登	2. 负责招聘岗位要求的撰写
3. 负责应聘信件的登记	3. 负责新岗位工作说明的撰写
4. 负责笔试组织和公司情况介绍	4. 负责协助外地招聘广告的刊登
5. 负责体检和背景调查	5. 负责笔试考卷的设计
6. 负责正式录用通知的寄发	6. 负责应聘人员初筛
7. 负责报到手续的办理	7. 负责面试和候选人员的确定
8. 负责加盟公司的培训	

资料来源：陈维政，余凯成，程文文. 人力资源管理与开发高级教程. 北京：高等教育出版社，2013：149.

聘对象的来源与范围；④招聘方法；⑤招聘测试的实施部门；⑥招聘预算；⑦招聘结束时间与新员工到位时间。

招聘计划由用人部门制订，然后由人力资源部门进行复核，特别是要对人员需求量、费用等项目进行严格复查，签署意见后交上级主管领导审批。

2. 招聘信息的发布

招聘信息发布的时间、方式、渠道与范围是根据招聘计划来确定的。由于招聘的岗位、数量、任职者的要求不同，招聘对象的来源与范围不同，以及新员工到位时间和招聘预算的限制，招聘信息发布时间、方式、渠道与范围也是不同的。

（1）信息发布的范围。信息发布的范围是由招聘对象的范围决定的。发布信息的面越广，接收到该信息的人就越多，应聘者也就越多，可能招聘到合适人选的概率就越大。相应地，招聘的费用则会增加。

（2）信息发布的时间。在条件允许的情况下，招聘信息应尽早发布，这样不仅有利于缩短招聘进程，而且有利于使更多的人获取信息，使应聘人数增加。

（3）招聘对象的层次性。招聘对象均是处在某个层次上的，要根据招聘岗位的要求与特点，向特定的人员发布招聘信息。

表 5-2 就是从报纸上摘录的中外运敦豪国际快件公司的招聘广告。

表 5-2 中外运敦豪国际快件公司的招聘广告

职位名称：人力资源经理（分公司） 职责： ● 确保所有的人力资源战略和政策都能够与公司的业务发展相匹配； ● 确保对员工进行有效的培训以提高员工的质量； ● 通过对下属的甄选、培训、激励以及开发来确保他们能够胜任当前以及未来的职责 要求： ● 大学及以上教育程度； ● 五年以上人力资源领域工作经验，两年管理经验； ● 对国家政策和规章制度有全面的了解； ● 良好的英语和计算机应用能力

3. 应聘者提出申请

应聘者在获取招聘信息后，可向招聘单位提出应聘申请。应聘申请有两种方式：一是应聘者通过信函向招聘单位提出申请；二是直接填写招聘单位的求职申请表。

企业可以让应聘者填写设计好的求职申请表。求职申请表内容的设计要根据工作岗位的内容而定，还要注意有关法律和政策，如有的国家规定，种族、肤色、宗教等不得列入表内。

（1）求职申请表的内容所应反映的信息。

个人情况：姓名、年龄、性别、婚姻、地址及电话等。

工作经历：目前的任职单位，现任职务、工资、以往工作表现及离职原因。

教育与培训情况：包括文化的最终学历、学位、所受过的培训。

生活及个人健康情况：包括家庭成员，同本企业员工有否亲属关系，医生证明的健康情况，等等。

（2）审查求职申请表。在审查求职申请表时，要估计背景材料的可信程度，要注意应聘者以往经历中所任职务、技能、知识与应聘岗位之间的联系。分析其离职的原因、求职的动机，对于频繁离职、高职低就等情况作为疑点——列出，以便在面试时加以了解。对应聘高级职务者还须补充其他个人材料。初审结果，对明显不符条件者可予以淘汰。

（3）求职申请实例。表 5-3、表 5-4 是两个求职申请表的实例。

表 5-3　求职申请表

要求从事的工作＿＿＿＿＿＿＿＿日期＿＿＿＿＿＿＿＿

姓名＿＿＿＿＿＿＿＿＿＿＿＿社会保险号码＿＿＿＿＿＿＿＿＿＿＿＿

地址＿＿＿＿＿＿＿＿＿＿＿＿＿＿＿＿电话号码＿＿＿＿＿＿＿＿＿

身高＿＿＿＿＿＿＿体重＿＿＿＿＿家庭成员数＿＿＿＿＿＿＿

　　　□未婚□已婚□离婚□分居

学历：□博士□硕士□本科□专科□高中□初中

发生意外情况时通知谁＿＿＿＿＿＿＿

地址＿＿＿＿＿＿＿＿电话＿＿＿＿＿＿＿

经历（先写最后受雇经历）日期＿＿＿＿＿＿＿＿工种＿＿＿＿＿＿＿＿＿

　　　　　　　　　　　　　离职原因＿＿＿＿＿＿＿

企业＿＿＿＿＿＿＿＿＿＿＿起于何时＿＿＿＿＿＿＿＿＿＿＿＿

地址＿＿＿＿＿＿＿＿＿＿＿止于何时＿＿＿＿＿＿＿＿＿＿＿＿

工资＿＿＿＿＿＿＿＿＿＿＿

上级管理者＿＿＿＿＿＿＿＿＿＿＿＿

企业＿＿＿＿＿＿＿＿＿＿＿＿＿起于何时＿＿＿＿＿＿＿＿＿＿

地址＿＿＿＿＿＿＿＿＿＿＿＿＿止于何时＿＿＿＿＿＿＿＿＿＿

工资＿＿＿＿＿＿＿＿＿＿＿

上级管理者＿＿＿＿＿＿＿＿＿＿＿＿

主考人评语＿＿＿＿＿＿＿＿＿＿＿＿＿＿＿＿＿＿＿＿＿＿＿＿

家庭

填写家庭成员的年龄及与你的关系＿＿＿＿＿＿＿＿＿＿＿＿＿＿＿

你同本企业的员工有亲属关系吗？＿＿＿＿＿＿＿谁？＿＿＿＿＿＿

生活情况

你在现在住处住了多久？＿＿＿＿＿＿＿在本地区吗？＿＿＿＿＿＿

你如何来上班＿＿＿＿＿＿＿＿＿＿需要多少时间＿＿＿＿＿＿

兴趣

你的爱好有哪些？＿＿＿＿＿＿＿＿＿＿＿＿＿＿＿＿＿＿＿＿

其他

你现在有职业吗？＿＿＿＿＿＿＿＿＿在哪家企业？＿＿＿＿＿

你为什么申请来本公司工作？＿＿＿＿＿＿＿＿＿＿＿＿＿＿＿

你过去在本公司工作过吗？＿＿＿＿＿什么岗位？＿＿＿＿＿＿

你愿意上夜班吗？＿＿＿＿＿＿你要求多少工资？＿＿＿＿＿

你的制服尺寸？＿＿＿＿＿＿＿使用左手还是右手？＿＿＿＿＿

你会打字吗？＿＿＿＿＿＿＿＿＿

你是本国公民吗？＿＿＿＿＿＿＿

你在本国军队服过役吗？＿＿＿＿＿＿＿＿军衔＿＿＿＿＿＿＿

你对公司集体保险计划感兴趣吗？＿＿＿＿＿＿＿＿＿＿＿＿

我保证上述所填内容均属事实，虚假称述应被解雇。

签字＿＿＿＿＿＿＿＿＿

资料来源：陈维政，余凯成，程文文. 人力资源管理与开发高级教程. 北京：高等教育出版社，2013：154–155.

表5-4　××公司应聘申请表　　　　　　　　　　应聘职位：

姓名		性别		出生年月		政治面貌		
学历		毕业院校				专业		
职称		现从事的专业/工作						
现工作单位				联系电话				
通信地址				邮　编				
家庭地址				身份证号码				
掌握何种外语			程度如何	有无证书				
技能与特长			技能等级					
个人简历								
欲离开原单位的主要原因						现在工作		
欲加入本单位的主要原因								
收入期望			元/年	可开始的工作的日期				
晋升期望（职位、时间）								
培训期望（内容、日期、时间）								
其他期望								
家庭成员情况								
备　注								

自愿保证：本人保证表内所填写内容真实，如有虚假，愿受解职处分。

　　　　　　　　　　　　　　　　　　　　　申请人签名：　　　　日期：

4. 真实工作预演

真实工作预演（Realistic Job Previews，RJPS），也译为"现实工作展望"，是指招聘单位给应聘者预演未来的真实工作信息（包括积极方面的和消极方面的）的过程。传统的招聘方式主要传递积极的、正面的、对组织有利的信息，因为传统的招聘观念认为传递消极方面的工作信息会使应聘者离开，但事实并非如此。

公司在准备真实工作预演时，应该注意五个方面：①真实性。②详细程度。公司不应该仅仅只给出休假政策和公司的总体特征这样一些宽泛的信息，还应该对诸如日常的工作环境等细节问题也给出详细的介绍。③内容的全面性。公司应该对员工晋升机会、工作过程中的监控程度和各个部门的情况逐一介绍。④可信性。⑤工作申请人关心的要点。一个公司的有些方面是申请人可以从公开渠道了解的，因此这不应该成为真实工作预演的重点。真实工作预演应该说明那些申请人关心的但是又很难从其他渠道获得的信息。

5. 背景调查

背景调查是指通过从外部求职者提供的证明人或以前工作的单位那里搜集资料，来核实求职者的个人资料的行为，是一种能直接证明求职者情况的有效方法。通过背景调查，可以证实求职者的教育和工作经历、个人品质、交往能力、工作能力等信息。

用人单位应先对求职者进行初步筛选，只针对那些有望被录用的求职者进行调查。背景调查的程序可以按如下方式进行。

① 用人单位应该首先根据单位的规模、实力决定背景调查的强度，另外，不同的职位对背景调查的要求是不同的，背景调查的强度也取决于招聘岗位本身的职责水平。对于管理人员、重要的职能及关键岗位的聘用要进行准确、详细的调查，对于外籍和"海归"求职者应该预先调查，因为他们的工作和学习记录更难得到，花费也较高。

② 通过职务分析确定调查内容。对不同工作岗位要根据其性质确定调查重点，比如招聘财务人员就要重点核查信用情况和品质。背景调查的一般内容有：工作证明、以前的工作地点、任职时间、头衔、薪资水平、教育背景等。

③ 在确定了调查内容后，可采用以下方法进行核实。

a 设法取得证明人的合作、到求职者原工作或实习单位核实。

b. 由有关人员写推荐信，从求职材料所提供的与求职者熟悉的那些人那里获取信息。但研究表明，这种方法所得出的结果对求职者未来的工作业绩的预测效果是很差的，原因是大多数推荐或证明材料都是积极的，因而很难利用它们来对求职者进行区分。

c. 通过全国高等教育文凭查询网，对求职者的学历进行检验。我国已经对近年来颁发的高等教育毕业文凭进行了电子注册，加大了用假者的风险和成本，对抑制学历造假行为起到了一定的作用。用人单位可以通过网络方便地检验出学历的真伪。对没有上网的文凭，可以通过与高等学校有关部门联系来证实。

5.1.3 招聘的方式

招聘方式是指招聘时所采用的方式，一般来说，招聘方式可分为内部获取与外部获取。对于企业来说，这两种招聘方式也是各有利弊的，需要针对企业的特点与招聘对象的不同，采取不同的招聘方式。

1. 内部获取

内部获取是指通过企业内部去获得企业所需要的各种人才。企业本身是一个人才的蓄水池，由于工作和岗位的原因，很多人才的优点未能被发现，因此内部获取最重要的方式是竞聘上岗。

（1）竞聘上岗的含义。具有一定学历和一定经历的人群均可能具备担任某一岗位职务的能力。谁是这一岗位的最合适人选，必须通过公开竞聘的方式，从这一组人群中挑出最适合、最匹配的人，使职得其才，才得其用，能岗匹配，效益最佳。

（2）竞聘上岗的操作规程。竞聘上岗应符合一定的操作规程，否则会影响竞聘的权威性和效果。

① 竞聘上岗的岗位必须事先公布，使所有员工知晓。

② 为保证竞聘上岗的公正、公开、公平，必须成立竞聘上岗领导小组，小组内至少应有一个是外部专家。

③ 所有竞聘岗位无一例外地不能有选定对象，领导不能参与推荐、暗示或个别谈话。

④ 竞聘岗位均要有科学完整的职务说明书，并公告员工知晓，应聘条件须具有普遍性，不能针对某些个体或小群体，应结合企业实际情况，确定合适的基本条件。

⑤ 要注意"申请池"的大小规格。一个岗位最好不要只有一两个人申请竞聘，太多人竞聘则会使竞聘费用过高。

（3）内部获取的优点。内部获取的优点主要体现在以下几个方面。

① 激发员工的内在积极性。内部获取能极大地鼓舞员工的内在积极性。企业实行内部招聘，员工就感受到企业真正给自己提供了发展空间，就存在晋升的可能与推销自己、引起组织注意和信任的希望。

② 迅速地熟悉和进入工作。内部获取的人力资源由于熟悉企业，熟悉企业的领导和同事，了解并认可企业的文化、核心价值观和其他硬件环境，因此，既能迅速地"上岗"，又能迅速地"入岗"，减少了由于陌生而必须缴纳的各种"学费"，包括时间、进度和可能的失误。

③ 保持企业内部的稳定性。从外部招聘新员工可能引起企业文化和价值观方面的碰撞，而通过内部获取将优质人力资源补充到合适岗位时，不会出现任何不稳定因素，可保持企业内部的稳定性。

④ 尽量规避识人用人的失误。内部获取由于对员工有较长时间的了解，就可以有效地规避识人用人的失误。

⑤ 人才获取的费用最少。一次大规模的公开招聘，总要消耗相当多的时间和财力。内部获取可以节省财力开支，使人才获取的费用降到最小值。

（4）内部获取的缺点。内部获取的缺点主要体现在以下几个方面。

① 容易形成企业内部人员的板块结构。人员流动少以及内部晋升的途径和方法容易形成企业内部人员的帮派与板块结构。当内部晋升渠道畅通时，非正式组织想推荐自己小圈子的人员就成为一种必然。

② 可能引发企业高层领导的不团结。用人的分歧历来是在企业高层领导中最容易引起断裂的分歧，因为这涉及权力的分配，涉及个人核心班子的组成和个人威信的提高。因此，当出现用人分歧时，企业高层领导原本存在的不团结因素更加明显化，而这种状况的产生是内部获取过程中最大的损伤。

③ 缺少思想碰撞的火花，影响企业的活力和竞争力。企业不会因为内部获取产生思想碰撞，也不会由于这种碰撞出现的不平衡而引发深层思考和继续碰撞。

④ 企业高速发展时，容易以次充优。不少企业为了规避识人与用人的失误，几乎所有的管理人员均由内部选拔。当企业高速发展时，这种由内部晋升的方法不仅不能满足工作的需要，而且"以次充优"的现象将会十分普遍和严重。

⑤ 营私舞弊的现象难以避免。由于彼此熟悉和了解，当一个崭新的机会来临时，不可避免地会出现托人情、找关系的现象，结果是难以避免徇私情、走后门、官官相护或出现利益联盟的情况。

⑥ 会出现涟漪效应。内部的每一次提升，会出现一连串的提升和调动，这种"牵一发而动全身"的涟漪效应会使企业领导不得不去接受本不应该移动的岗位和个人，从而给企业的工作带来损害。

2. 外部获取

外部获取的主要途径是外部招聘。在外部招聘前企业应做好如下的准备工作：人力资源规划，职务分析，确定招聘领导小组和招聘工作小组，确定招聘信息发布的方式，设计招聘所需的各类表格，确定招聘的时间、地点和方式。

（1）外部招聘的来源。根据招聘的来源，外部获取有下列几种情况。

① 招聘广告。招聘广告是使用最为普遍的一种方法。由于阅读广告的不仅有应聘者，还有潜在的工作申请人，以及客户和一般大众，因此公司的招聘广告代表着公司的形象，需要认真实施。企业用广告吸引应聘者，有很多优点。第一，工作空缺的信息发布迅速，能够在一两天之内就传达给外界；第二，同许多其他吸引方式相比，广告渠道的成本比较低；第三，在广告中可以同时发布多种类别岗位的招聘信息；第四，广告发布方式可以给企业保留许多操作的优势，如企业可以要求申请人在特定的时间段内亲自来企业、打电话或者向企业的力资源部门邮寄自己的简历等。此外企业还可以利用广告渠道来发布"遮蔽广告"（blind advertisement），即在广告中不出现招聘企业的名称，避免暴露自己的业务区域扩展计划，避免企业丑闻对招聘的影响，或者避免让内部员工发现企业试图招聘外部人员替换某些职位的人员。

使用广告时要注意两点：第一，媒体的选择。广告媒体的选择取决于招聘岗位的类型。一般来说，低层次职位可以选择地方性媒体，高层次或专业化程度高的职位则要选择全国性或专业性的媒体。第二，广告的结构。广告的结构遵循四个原则，即注意、兴趣、欲望和行动。好的招聘广告要能引起读者的注意并产生兴趣，继而产生应聘的欲望并采取实际的应聘行动。

② 网上招聘。网上招聘是一种新兴的一种招聘方式。它具有费用低、覆盖面广、时间周期长、联系快捷方便等优点。用人单位可以将招聘广告张贴在自己的网站上，或者张贴在某些网站上，也可以在一些专门的招聘网站上发布信息。

网络招聘由于信息传播范围广、速度快、成本低、供需双方选择余地大，且不受时间、空间的限制，因而被广泛采用。当然其也存在一定的缺点，如容易鱼目混珠，筛选手续烦杂，以及对高级人才的招聘较为困难等。

③ 人才交流中心和人才招聘会。我国很多城市都设有专门的人才交流服务机构，这些机构常年为企事业用人单位提供服务。它们一般建有人才资料库，用人单位可以很方便地在资料库中查询条件基本相符的人才资料。通过人才交流中心选择人员，有针对性强、费用低廉等优点。

人才交流中心或其他人才交流服务机构每年都要举办多场人才招聘会，用人单位的招聘者和应聘者可以直接进行接洽和交流。招聘会的最大特点是应聘者集中，用人单位的选择余地较大，费用也比较合理，而且还可以起到很好的企业宣传作用。

④ 职业介绍机构。职业介绍机构的作用是帮助企业选拔人员，节省企业的时间，特别是在企业没有设立人力资源部门或者需要立即填补空缺时，可以借助于职业介绍机构。如果需要长期借助时，则应该把职务说明书和相关要求告知职业介绍机构，并委派专人同专家机构保持稳定的联系。特里·利普（Terry L. Leap）和米歇尔·克里诺（Michael D. Crino）认为，在下述情况下，适合通过职业介绍机构进行招聘：第一，企业根据过去的经验发现难以吸引到足够数量的合格应聘者；第二，企业只需要招聘很小数量的员工；第三，企业急于填充某一关键岗位的空缺；第四，企业试图招聘那些正在就业的员工；第五，企业在目标劳动力市场上缺乏招聘的经验。

⑤ 猎头公司。猎头公司是与职业介绍机构类似的就业中介组织，但由于它特殊的运作方式和服务对象的特殊性，经常被看作一种独立的招聘渠道。人们广泛接受这样一个看法，即

最好的人才已经处于就业状态。猎头公司是一种专门为企业"搜捕"和推荐高级管理人员与高级技术人员的机构，它设法诱使这些人才离开正在服务的企业。它可以帮助公司的最高管理者节省很多招聘和选拔高级人才的时间。但是，借助于猎头公司的费用要由企业支付，而且费用很高，一般为所推荐人才年薪的 1/4 ~ 1/3。

企业借助于猎头公司需要注意：第一，必须首先向猎头公司说明自己需要哪种人才及其理由。第二，了解猎头公司开展人才搜索工作的范围。美国猎头公司协会规定，猎头公司在替客户推荐人才后的两年内，不能再为另一客户把这位人才挖走。所以，在一定时期内，猎头公司只能在逐渐缩小的范围内搜索人才。第三，了解猎头公司直接负责本企业任务的人员的能力，不要受其招牌人物的迷惑。第四，事先确定服务费用及其支付方式。第五，选择值得信任的人。这是因为猎头公司为你搜索人才的工作者不仅要了解企业的长处，还要了解企业的短处，所以一定要选择一个能够为你保密的人。第六，向猎头公司以前的客户了解其服务的实际效果。

⑥ 校园招聘。学校是人才高度集中的地方，也是组织获取人力资源的重要源泉。对于大专院校应届毕业生招聘，可以选择在校园直接进行。包括在学校举办的毕业生招聘会、招聘张贴、招聘讲座和毕业生分配办公室推荐等。

学校招聘的优势有：组织可以在校园中招聘到大量的高素质人才；大学毕业生虽然经验较为欠缺，但是具备巨大的发展潜力；由于大学生思想较为活跃，可以给组织带来一些新的管理理念和新的技术，有利于组织的长远发展。

但是，学校招聘也存在明显的不足之处：学校毕业生普遍缺少实际经验，组织需要用较长的时间对其进行培训；新招聘的大学毕业生无法满足组织即时的用人需要，要经过一段较长的相互适应期；招聘所费时间较多，成本也相对较高；在大学中招聘的员工到岗率较低，而且经过一段时间后，离职率较高。

⑦ 员工推荐与申请人自荐。通过企业员工推荐人选，是组织招聘的重要形式。内部人员推荐介绍方式是指组织内部人员推荐和介绍职位申请人到组织中来。它实际上是在组织内部和外部之间建立起一座桥梁，通过职工以口头方式传播招聘，将组织外部的人员引入组织适当的岗位。

内部介绍推荐的操作重点是，首先是组织公布招聘信息，通知员工招聘的职位、需要多少人员及各类人员的应聘条件；其次是鼓励他们推荐和介绍"朋友和亲戚"申请职位，并提出相应的鼓励措施。内部人员介绍推荐方式与其他外部招聘方法相比，从此种渠道进入的员工相对较稳定。因为内部员工向应聘人员提供的组织资料比较客观，知道组织职位所需的知识、能力和技术；受聘人员与职工关系较密切，比较熟悉组织文化、工作制度与作风，能快速适应组织的环境。

对于毛遂自荐的应聘者，公司应以礼相待，最好让人力资源部安排简单的面谈。对于自荐者的询问信，公司应该予以礼貌而及时的答复。这不仅是尊重应聘者的自尊心，还有利于树立公司声誉和今后业务的开展。

（2）外部招聘的方法的利弊分析。外部招聘方法较多，各有利弊，具体利弊见表 5-5。

（3）外部获取的优点。与内部获取相比，外部获取的优点主要体现在以下几个方面。

① 带来新思想、新观念，补充新鲜血液，使企业充满活力。新员工可以给企业带来新的观念、新的思想方法、新的文化和价值观，甚至新的人群和新的社会关系，给企业带来思想

表 5-5　外部招聘方法的利弊比较

		利	弊
招聘广告		覆盖面广，带自我宣传性质	成本较高，针对性较差
人才中介机构	各级劳务市场、职介所、各级各类人才市场	时间集中、成本低、申请者多、及时性较强	专业性较差、人员素质不高
	猎头	比较适于招聘高级管理人才和专业技术人才	收费高、信誉、水平需调查
校园招聘		主要用于补充后备力量和专业人才	欠缺经验、需大量培训和磨合、跳槽多、相对较昂贵
招聘会		直接面对、效率较高	时效性强，但质量难保证，持续时间短
互联网		信息量大、传播广泛、时效性长	虚假信息较多
自荐		可减少广告费和招聘代理费、成本低廉	非正式招募、不确定性较高

碰撞和新的活力。

② 可以规避涟漪效应产生的各种不良反应，无须调整其他岗位和人员。

③ 避免过度使用内部不成熟的人才。外部获取能保护和完善"能岗匹配"的原则，使内部人员获得必要的培训和充足的成熟时间，避免过度使用不成熟的人才。

④ 大大节省培训费用。外部获取使企业能获得符合企业所要求的学历和经历的高素质人才，使企业节省了培训费用和培训时间。

（4）外部获取的缺点。有利必有弊，外部获取也有一些缺点，表现在以下几个方面。

① 人才获取成本高。无论是招聘高层次人才，还是中、低层次，均须支付相当高的招聘费用，包括招聘人员的费用、广告费、测试费、专家顾问费等。

② 可能会选错人。虽然层层把关，但选错人的风险依然存在，不仅可能浪费人力、物力和财力，而且可能影响企业的正常运作，甚至耽误发展的良机。

③ 给现有员工以不安全感。外部获取，特别是获取非空缺岗位的新员工，会使老员工产生不安全感，致使工作的热情下降，影响员工队伍的稳定性。

④ 文化的融合需要时间。引入人才的新思想、新观念的同时也会带来对现有企业文化的挑战和思考，彼此的认同和相互吸引是事业成功的基础，而融合的时间会部分地影响工作的进展。

⑤ 工作的熟悉以及与周边工作关系的密切配合需要时间。新员工对本职工作的熟悉，对企业工作流程的熟悉，对与之配合的工作部门的熟悉，对上级、下属、同事的工作配合均需要时间，对企业外界相关部门的熟悉和建立良好关系也需要时间。

校园兵法：如何掌握求职"破墙术"

案例 CASE

资深 HR 为大学生指点迷津

"工作经验 2 年，大学英语六级，××专业本科以上学历，……"如今这样的招聘要求在招聘会上比比皆是，让很多应届毕业生望而却步。

应届生真的无法逾越工作经验、专业背景等"高墙"吗？为此多位资深 HR 为大学生出谋划策，提出了许多"破墙"思路。

1. 不要被"2 年工作经验"吓倒

"2 年相关工作经验"，目前已成为许多企业招聘的必要条件。这堵"墙"真的无法跨越吗？有着 10 年 HR 经历的郑爱华给出的答案是：2 年工作经验不等于 2 年工作年限，所谓"经验"涉及的是工作技能的问题。

企业招聘有经验的人，是希望找到能够马上胜任工作岗位的人选。只要求职者能够证明自己对工作岗位很熟悉，具备这方面的工作素质，就可以应聘这样的职位，因为很多经验是可以通过理论来学习的。

★专家建议：求职者在制作简历以及和人事经理面谈的时候，都要将重点放在对工作相关内容的了解、自身所具备的胜任工作的条件上，这样才能在众多的求职者中胜出。你能从事的岗位其实有很多。

求职过程也是一个"销售"过程，每个毕业生都要将自己推销出去。一名称职的销售人员，首先应该做的就是了解市场，了解企业有哪些部门。一般很难想象，一个商务英语专业毕业的学生，在一家制造企业内不能做的工作只有 3 个——设施部（负责工厂初期的建筑工程）、技术部以及财务部，一家制造企业内基础部门有 12 个，一个学商务英语的学生真的能应聘其中 9 个岗位吗？郑爱华说，一般的工作基本两年就能完全熟悉，对于人事来说一个月就可以进入角色。在我国，没有哪个大学设有专门的"采购"专业、"检验"专业，更没有专门的"仓库"专业。因此，对一个专业背景不算强（也常被称作无专业的英语、中文系）的毕业生来说，在一家企业内可求职的岗位很多，根本不必被表面的专业性所迷惑。当然，对于财务、建筑工程、研发等技术含量很高的部门，求职者只能凭专业说话。

★专家建议：面对求职机会，不要故步自封，在充分了解的情况下，大胆出击。

2. 用"SWOT 分析"为自己定位

尽管有众多的岗位可以应聘，但人事经理们还是提醒大学生，必须明白自身的优势在哪里，自己的职业目标是什么，这些最终决定了你的求职方向。

★专家建议每个毕业生在求职之前做个"SWOT 分析"，了解自身的优势和劣势。所谓 SWOT 分析，也称自我诊断法，最初是用在市场营销上的分析工具：S 代表 strength（优势），W 代表 weakness（弱势），O 代表 opportunity（机会），T 代表 threat（威胁）。其中，S 和 W 是内部因素，对求职者来说也是评估自身能力的最重要的因素；O 和 T 是外部因素，它们能帮助求职者评估出自己所感兴趣的不同职业道路的机会和威胁所在。

一般来说，求职者在进行 SWOT 分析时，应遵循以下四个步骤。

（1）我的长处和短处。

（2）找出职业机会和威胁。

（3）提纲式地列出今后 5 年内的职业目标。这些目标可以包括：想从事哪一种职业，将管理多少人，希望拿到的薪水属哪一级别。但前提是，竭尽所能发挥自己的优势，使之与行业提供的工作机会完满匹配。

（4）提纲式地列出今后 5 年的职业行动计划。这是对第三步的细化，应该列出每一个目标实现的时间节点，应该采取哪些行动，个人是否需要参加再培训、再学习。

这样一个 SWOT 分析，会花求职者一个相当长的时间来考虑，但从负责任的角度来说，详尽的个人 SWOT 分析将为求职者提供一个连贯的、实际可行的个人职业策略，在求职时就能够做到有的放矢。

★专家忠告：如果连你都不知道自己能做什么，那么 HR 就更不知道你能做什么。

3. 注意事项

1）关于简历

（1）一页纸足够。毕业生在制作简历时，一定要遵守 "one page" 的原则。厚厚一打的简历，会让 HR 无从下手，也难以让简历重点突出。

（2）重金打造简历实属浪费。令 HR 很头痛的就是收到厚厚一份简历，制作精美，放进碎纸机实在可惜，留着又很占用空间。除了最初的新鲜外，重金打造的简历对找工作的作用并不大。

2）关于面试

（1）电话通知的时候面试就已经开始了。通常人事经理会问：你还记得应聘的是哪个岗位吗？你还记得我们公司的地址吗？如果连应聘的岗位都忘记的话，那么 HR 会认为你对这份工作并不在意，相应的分数会大打折扣。

（2）自我介绍点出胜任力。面试的时候，通常 HR 会要求求职者做一个自我介绍，这主要是为让求职者放松，以便更好地进入下面的谈话。求职者切不可海阔天空随意去讲，而应该条理清晰地针对所应聘岗位说明自身如何胜任这份工作。

资料来源：http://www9.wv100.com/Article/ArticleShow.asp?ArticleID=21404&Page=1.

☆人力资源管理备忘录——最易被淘汰的就中应聘者

（1）开口言钱者不要。报酬不是不可以问，但得讲究时机和氛围。如果刚一交谈，就开门见山、直奔主题地问起薪酬待遇，会让我感到很不舒服。

（2）纠缠不休者不要。我们的招聘都遵循一定的流程，说几时给消息就几时给，说了非请勿"电"、非请勿访就是不欢迎来电、来访，如果仍然纠缠不休，只能对你说拜拜。

（3）沟通不畅者不要。介绍自己时结结巴巴，回答问题让人摸不着头脑，声音低得像蚊子叫，这样的人沟通能力实在欠佳，就算知识再扎实也不能要。

（4）面试迟到者不要。不管出于何种原因，面试迟到都是求职大忌，很容易让人怀疑此人的职业操守。

（5）穿着邋遢者不要。不需要穿名牌，但最起码要保持衣着的干净、整洁。扮酷？对不起，你用错了地方。

（6）自吹自擂者不要。无论你自认为多么优秀，在真正的职场精英面前也只是小儿科。还没进门就翘尾巴，进门后还不飞上天？这样的人会影响公司的工作氛围，出局没商量。

（7）没有诚意者不要。有的人一边表达进入公司的渴望，一边暗示自己在等考研结果，或说要看另一家公司是否录用。既然你给自己留了这么多后路，应该不在乎被我们拒绝。

（8）弄虚作假者不要。只要发现有一处作假，我们就会觉得你处处作假。一个连诚实都做不到的人，我们拿什么信任你？

（9）简历啰嗦者不要。既然是简历，就不要搞得太复杂，一两张纸足矣。如果人人都是鸿篇巨制，我没时间看完，心情又烦躁，还能做出正确判断吗？

5.2　甄选与人员测评

5.2.1　人员甄选的概念

人员甄选，是指通过运用一定的工具和手段对已经招募到的求职者进行鉴别与考察，区分他们的人格特点与知识技能水平、预测他们的未来工作绩效，从而最终挑选出企业所需要的、恰当的职位空缺填补者。

5.2.2　甄选步骤

（1）初步筛选——剔除求职材料不实者和明显不合格者。

（2）初步面试——根据经验和岗位要求剔除明显不合格者。

（3）心理和能力测试——根据测试结果剔除心理健康程度和能力明显不合格者，或按一定比例淘汰低分值者。

（4）诊断性面试——诊断性面试是整个甄选的关键，经过之前三个步骤的甄选后，诊断性面试为最后决策提出决定性的参考意见。

（5）背景材料的收集和核对——根据核对结果剔除资料不实或品德不良者。

（6）能岗匹配分析——根据具体岗位需求剔除明显不匹配者。匹配分析贯穿于测试的全过程，在此之前的测试更侧重于"选优"，到诊断性面试时，就应该对匹配程度重点测试。

（7）体检——剔除身体状态不符合岗位要求者。

（8）决策和录用——决策时根据招聘职位的高低而在不同层次的决策层中进行，决策之后就交给相关部门作录用处理。

以上步骤详见图 5-2。

5.2.3　人员测评与甄选的方法

甄选方法的选择和使用是否恰当，对于能否成功地招聘至关重要。在现代人力资源管理中，招聘时所采用的甄选方法大致可以分为两大类，即面试法和测评法。

1. 面试法

面试是通过供需双方正式交谈，以使组织能够客观了解应聘者的业务知识水平、外貌风度、工作经验、求职动机等信息，应聘者能够了解到组织的更全面信息。与传统人事管理只注重知识掌握不同的是，现代人力资源管理更注重员工的实际能力与工作潜力。进一步的面试还可帮助组织（特别是用人部门）了解应聘者的语言表达能力、反应能力、个人修养、逻辑思维能力等；而应聘者则可了解到自己在组织的发展前途，将个人期望与现实情况进行比较，以及组织提供的职位是否与个人兴趣相符等。面试是员工招聘过程中非常重要的一步。

（1）面试程序。

① 面试前的准备阶段。确定面试的目的；认真阅读应聘对象的求职申请表，制定面试提纲，问话提纲主要围绕要证实的疑点和问题，针对不同的对象应有不同的了解侧重点；确定面试的时间、地点，并制定面试评价表。

② 面试的开始阶段。面试开始，面试者要努力创造一种和谐的面谈气氛，使面试双方建立一种信任、亲密的关系，解除应聘者的紧张和顾虑。常用的方法是寒暄、问候、微笑、放

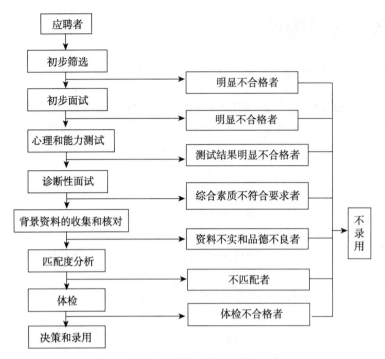

图 5-2　甄选过程与步骤

松的姿势。可先让对方简要介绍一下自己的情况，此时面试者注意力要高度集中，注意倾听和观察。

③ 正式面试阶段。根据面试中所提的问题，面试大体可分为结构式面试、非结构式面试和混合式面试三种。

第一种，结构式面试。此类面试要先制定好所提的全部问题，然后一一提问。这样有准备的系统的提问有利于提高面试的效率，了解的情况较为全面。但谈话方式程式化，不太灵活。

第二种，非结构式面试。面试者在面试中可随时发问，无固定的提问程式。针对每位应聘者所提的问题的不同，这种面试可以了解到特定的情况。但缺乏全面性，效率较低。

第三种，混合式面试。将结构式面试与非结构式面试结合起来，称为混合式面试。这种方法可以取二者之长，避二者之短，所以是常用的一种面试方法。

面试中最常用的是发问和聆听。发问的技巧有多种，面试中较多采用的是开放式的提问，让应聘者多讲，然后面试者注意聆听，由于面试的目的是了解应聘者，所以面试者不要暴露自己的观点、情绪，不要让对方知道你的倾向。聆听时，可作一些澄清式或封闭式的提问，但不要随便打断对方的讲话，不要随时附和，整个提问可以先易后难，针对疑点逐一问出，以达到预期的目的。

由于正式面试阶段带有评估的性质，所以结束时，要给予对方提问的机会。另外，为提高评估的准确性，针对某一事项，可同时提出几个问题，从不同的侧面了解应聘者对这一问题的立场态度。有时问答本身并不重要，重要的是面试者表现出的修养和态度。

④ 面试的结束阶段。不论应聘者是否会被录用，面试均应在友好的气氛中结束。同时，面试者应立即整理面试记录，并填写面试评价表，核对有关材料，做出总体评价意见。在总结评价时，对以下情况要特别注意，例如，不能提供良好的离职理由；以前职务（或工资）

高于应聘职务（或工资）；本人曾被劳改过；家庭问题突出；经常变换工作等。

（2）面试的类型。

① 从面试所达到的效果来分类。

a. 初步面试。这是用来增进用人单位与应聘者的相互了解的过程。在这个过程中应聘者对其书面材料进行补充（如对技能、经历等进行说明），组织对其求职动机进行了解，并向应聘者介绍组织情况、解释职位招聘的原因及要求。

b. 诊断面试。这是对经初步面试筛选合格的应聘者进行实际能力与潜力的测试。它的目的在于招聘单位与应聘者双方补充深层次的信息，如应聘者的表达能力、交际能力、应变能力、思维能力、个人工作兴趣与期望等，组织的发展前景、个人的发展机遇、培训机遇等。

② 从参与面试的人员来分类。

a. 个别面试。这是指一个面试人员与一个应聘者面对面地交谈。这种方式的面试有利于双方建立亲密的关系，使双方能深入地相互了解，但这种面试的结果易受面试人员的主观因素干扰。

b. 小组面试。这是由两三个人组成面试小组对各个应聘者分别进行面试。面试小组由用人部门与人力资源部门的人员共同组成，从多种角度对应聘者进行考察，提高面试结果的准确性，克服个人偏见。

c. 集体面试。它是由面试小组对若干应聘者同时进行面试。在集体面试过程中，通常是由面试主考官提出一个或几个问题，引导应聘者进行讨论，从中发现、比较应聘者表达能力、思维能力、组织领导能力、解决问题的能力、交际能力等。集体面试的效率比较高，但对面试主考官的要求较高，主考官在面试前应对每个应聘者都有了大致的了解，而且在面试时应善于观察，善于控制局面。

③ 从面试的组织形式来分类。

a. 压力面试。压力面试往往是在面试的开始时就给应试者以意想不到的一击，通常是敌意的或具有攻击性的，主考官以此观察应试者的反应。一些应聘者在压力面试前显得从容不迫，而另一些则不知所措。用这种方法可以了解应聘者承受压力、情绪调整的能力，可以测试应聘者的应变能力和解决紧急问题的能力。压力面试一般用于招聘销售人员、公关人员、高级管理人员。

b. BD 面试。即行为描述面试（Behavior Description Interview），它是近年来的研究成果。这种面试是基于行为的连贯性原理发展起来的。面试主考官通过行为描述面试要了解两方面的信息：一是应聘者过去的工作经历，判断他选择本组织发展的原因，预测他未来在本组织中发展所采取的行为模式；二是了解他对特定行为所采取的行为模式，并将其行为模式与空缺职位所期望的行为模式进行比较分析。

c. 能力面试。与注重应聘者以往取得的成就不同的是，这种方法关注的是他们如何去实现所追求的目标。在能力面试中，主考官要试图找到过去成就中所反映出来的优势。要确认这些优势，主考官要寻找 STAR——情景、任务、行动和结果。其大致过程如下：先确定空缺职位的责任与能力，明确它们的重要性；然后，询问应聘者过去是否承担过与空缺职位类似的职位，或是否处于类似的"情景"，一旦主考官发现应聘者有类似的工作经历，则再确定他们过去负责的"任务"，进一步了解一旦出现问题他们所采取的"行动"，以及行动的"结果究竟如何"。

（3）面试中的提问技巧。

① 简单提问。在面试刚开始时，通常采用简单提问来缓解面试的紧张气氛，消除应聘者的心理压力，使应聘者能轻松进入角色，充分发挥自己的水平和潜力。这种提问常以问候性的语言开始，如"一路上辛苦吗？""你乘什么车来的？""你家住在什么地方？"等。

② 递进提问。递进提问的目的在于引导应聘者详细描述自己的工作经历、技能、成果、工作动机、个人兴趣等。提问应采用诱导式提问，如"你为什么要离职？""你为什么要到本公司来工作？""你如何处理这件事情？""你如何管理你的下属？"等，避免使用肯定／否定式提问，如"你认为某事情这样处理对吗？""你有管理方面的经验吗？"因为前一种提问方式能给应聘者更多的发挥余地，能更加深入了解应聘者的能力和潜力。

③ 比较式提问。比较式提问是主考官要求应聘者对两个或更多的事物进行比较分析，以达到了解应聘者的个人品格、工作动机、工作能力与潜力的目的，如"如果现在同时有一个晋升机会与培训机会，你将如何选择？""你在以往的工作经历中，你认为你最成功的地方是什么？"等。

④ 举例提问。这是面试的一项核心技巧。当应聘者回答有关问题时，主考官让其举例说明，引导应聘者回答解决某一问题或完成某项任务所采取的方法和措施，以此鉴别应聘者所谈问题的真假，了解应聘者解决实际问题的能力，如"请你举例说明你对员工的管理的成功之处"等。

⑤ 客观评价提问。这是主考官有意让应聘者介绍自己的情况，从而客观地对自己的优缺点进行评价，或以曾在主考官身上发生的某些事情为例，以此引导应聘者毫无戒备地回答有关敏感问题，借此对应聘者进行更加深刻的了解，如"世上没有十全十美的人，比如说，我在处理突发事件时就易冲动，今后有待于进一步改善。你觉得你在哪些方面需要改进？"等。

☆人力资源管理备忘录——击破招聘者的种种问题

在面试中，尤其是面试外企的时候，千万不可以说谎，外企文化最反感说谎，在中国的外企特别了解中国学生说谎的概率。有的学生觉得自己很委屈："我其实不是故意说谎，只是为了得到他们的好感'稍微'夸张了一些成绩，缩小了一下不足。"这种考虑情有可原，但于理难容，而且都以诚信为代价。现在我们逐一击破招聘者的种种问题。

1. 你为什么要来我们公司工作？

很多学生为了表示自己的渴望，一味强调参加某公司可以得到如何好的培训机会，可以掌握哪些专业技能。但他们忽略了招聘者的感受，雇主并不是为了提供免费培训而去进行招聘，而是要新人能够对公司有所贡献，出一分力，添一分彩。因此，回答这类问题时要强调自己在公司有发展的空间。

2. 你对工资有什么期望？

有些企业尤其是不经常在校园开展招聘或者招聘人数不多的公司，很希望知道应聘者对工资的预期，所以会问这类问题。

许多学生在回答这类问题的时候，总是大谈工资不是最重要的，只要求标准的入行工资，并且拍着心虚的胸脯说自己最关心的是在公司有没有发展前途、工作有没有挑战性。但只有同学们确实觉得工资不是最重要的时候，说出来的语气才不会心虚，可信度也才能比较高。

有些招聘经理会追问你到底需要多少钱，以便了解你的胃口以及你的抢手程度。如果针对小企业，你不妨说出你的真实预期，反正你的首要目的是拿到聘书，又不是一定要去上班，只要你的预期有助于你拿到聘书就可以了。经常在校园招聘的公司或者较大型的公司，通常是在面试的最后一轮才问你这个问题，这时你的回答不要超高，只要让他感到你能真心接受根据历年新员工入行工资以及市场行情制定的标准工资就可以了。

那自己应该如何出价呢？若没有把握，可以给出一个幅度，下限可以低些，上限不要太高，这样进可攻，退可守。

在工资问题上，以上回答并不算挑战，最容易出问题的是有些同学恨不得在面试第一轮就先知道对方能支付多少工资及福利待遇如何。这可是你被拒的致命误区。在这个问题上大家有一个错误的理解，以为工资谈判是面试中的重要部分，其实招聘公司录取你的前提是对你各方面都满意，此前无须过早谈论工资。

3. 你有什么业余爱好?

有些同学把招聘公司对爱好的询问简单地理解为用人单位想招聘特长生，这显然是个错觉。如果想要特长生，他们大可不必去综合高校，去体育代表队岂不省时省力。其实他们的目的是想借此判断你的性格、涵养、为人以及品德。

比如你从 6 岁就开始弹钢琴，直到大学还经常在文艺演出中表演，人家会对你的毅力及音乐修养肃然起敬。有的人喜欢中长跑，而且成绩也比较好，你会让人认为你有毅力、耐力，竞争意识强，而且能够忍受长时间工作。有的人会下围棋，经常看棋谱，说明爱动脑子，善于分析，逻辑性强。

4. 你和其他求职者有什么不同?

有些人想从这个问题中判断你如何评价别人，你是不是以自我为中心、自以为是或者团队精神较差。也有的招聘者想走捷径，想发现你们班谁是最优秀的人才，谁不适合被录取。

无论对比着谈你自己还是说别人，重要的一点是不要评论别人的缺点，对别人的信息没有必要泄露太多，你好心好意贡献了大量信息，别人却认为你这个人缺心眼儿，城府不够，是个大漏勺，而且爱说别人坏话，那就得不偿失了。

5. 我们和另一个公司都聘用你,你会如何选择?

一般大家都会以公司名气和工资高低作为取舍依据，而很少有人会把工作部门、职位、公司发展前景、个人在公司的发展如何、将来的顶头上司和团队成员是什么样的人这些因素进行综合分析比较做出结论。

许多很优秀、明显竞争力很强的人同时拿到大公司与中小公司的聘书时，却选择了工资并不高的小企业，他们考虑到优秀人才在小公司出头的机会更多、更早，可见小企业也有它吸引人的地方。

6. 最基础的工作你也会愿意干吗?

很多人会毫不犹豫地说愿意做最基础的工作，还画蛇添足地补充说自己级别低也干不了什么大活，这无疑暴露出如果给你这份工作，你明显不会心甘情愿地贡献，只是在应付差事。

倒不如承认自己有弱项，如果不在压力的环境中得到锤炼，也就不可能往上提升。有些基本功不够扎实，没有通过单调、枯燥的工作得到磨炼的人，将来在挑战性很大的工作中，很难有毅力去征服困难。某种程度上，早期的单调工作对长远的更大成功是一种难得的磨炼机会。

7. 哪位老师/人物对你影响最大?

从这个问题的回答中，可以看出你将来的职业生涯路径有可能朝哪个方向发展，对你影响大的人物的职业发展路径，通常都成为你追求的目标。很早就崇拜比尔·盖茨的人可能会有进入计算机领域大展拳脚的目标，或者希望自己也能靠创业发家致富。

一旦你被问到这个问题，那么你应及时想好与之密不可分的另外两个问题："为什么你认为他们对你影响最大？""他们在哪些方面对你影响最大？"此外，类似的连环问题也可能是："你最喜欢哪本书？其中的什么观点最能吸引你？为什么？"对此你一定要思而后言，脱口而出之后又不能自圆其说会很尴尬，也显得浮躁。

8. 你认为你适合干什么？

一般一个人的职业生涯选择是从想干什么和能干什么这两个方面着手考虑的，这两点都得到满足才是最佳选择。但现实中不可能都得到最大化的满足。

细致的审计工作并非每个人都真正喜欢，有些人去会计师事务所做审计，要长时间加班加点，工作简单枯燥，可为什么有的人却能一做十几年，还能升到合伙人的位置？这说明这些人有现实追求，不好高骛远，做每件事不论喜欢不喜欢只要不厌恶都能做出一流质量。这种人也不是没想过去应聘工资更高、名头更响的美国证券公司，但他们一直被认为能力和特长与这些公司不是最佳对接，有的也是没有机会去就索性不强求了。这种人的心态是既来之则安之，干一行爱一行。可有些人眼高手低，大事做不了、小事又不做，甚至也做不来。抱着这种心态，能拿到的聘书有限，即使拿到了，也会觉得哪个都不满意。

许多同学只从表面上了解工作性质，甚至对自身的了解也流于表面，认为善于交流的人就适合做营销，沉稳的人只适合搞研究。其实，善于交流的人如果不能踏实工作，而且过于自傲、不善于察言观色，也做不好营销工作。反而是那些被认为只配埋首研究的人由于爱动脑筋反而更受客户的尊重。面试时同学们可以根据自己在这些方面的观察谈一些看法，但也要认识到自己涉世不深、阅历尚浅，对任何问题的看法都有待完善。

9. 你对公司有什么问题要问的？

招聘经理通常都会给你一些时间来对公司提些问题，此时千万不要说"我没什么问题"，那无异于向他表明你对他们公司没什么兴趣，问不问都意义不大，而且还会给他留下迫不及待离开的浮躁印象。

问题一定要问，但是工资万万不能问。有些同学还爱问公司给新员工提供了什么培训机会，以显示自己虚心好学。在大家都问的情况下你问一问当然不会显得你的提问水平特别低。但这实在不是最好的问题，所以还是不要一上来就问，不能把它当作重点问题来提出。

很多常在校园招聘的大公司都会在招聘会上透露新员工培训计划，同时你也可以从师兄师姐的口中获悉相关程序，像这种常识性的问题应该在面试前就搞清楚，因此已经不属于面试中的高质量提问了。尤其如果大公司在招聘会上已经介绍过，那么你的问题就是在不打自招地说："我没去参加招聘会，我对你们公司根本不了解，我不懂行规。"

有的学生追问道："那么我们怎么获得小公司和招聘人数不多的公司的信息呢？"小公司一般没有正规的培训机会，你贸然地问招聘经理有没有培训可能会吓着他，以为你没有培训机会就不愿加入他们公司呢？如果有培训机会，他们早就当个大卖点反复播放了。

建议同学们可以向几年前加入有关公司的师兄师姐们多加询问，他们公司的员工发展机会、工作挑战、职业生涯路径是怎样的，这些既是他们力所能及的，也是你最关心的。

假如你在面试前做了很好的相关研究分析，不妨就公司发展战略问一个微观、具体地问题，但不能一无所知地问，而是要在了解的基础上进行深入探讨。

★ **影响他人的能力**

下面的一些问题能够考核出应聘者在这方面的能力。

No 1. 请你举一例说明你曾经使某人做他并不喜欢做的事情。

No 2. 请描述一下这样一个经历：你使别人参与、支持你的工作，并最终达到了预期目的。

No 3. 假设你发现你的一位工友做了不道德的事情，你会采取什么样的方法来使这位工友改正他的不道德行为？

No 4. 假如管理层要对工作程序进行调整，这会对你的工作造成危害。你会采取什么办法来说服管理层不要这样做？

No 5. 请说说你的这样一个经历：你的一位老板总是在最后一刻才给你布置工作任务。你采取什么办法来改变老板的这种工作方法？

No 6. 我想知道你是怎样使某位雇员来承担更多的责任，或承担他本人认为很难的工作的？

No 7. 我想知道你是否遇见这样的情形：部门的某位员工不愿意干自己的工作。你采取什么措施来改变这种情况的？

No 8. 请说一下你是否想出过某种能够解决你部门问题的主意？你是怎样把你的想法推销给你的老板的？

No 9. 讲讲这样的一个经历：你向员工推出了一个很不受欢迎的想法，你采用什么办法来减少员工对这一想法的反感？

No 10. 描述一下这样一种经历：你手下有一位表现平平的员工。你采用了什么办法来提高他的工作效率？

★ **客户服务类工作**

下面一些问题能够问出应聘者对服务他人的理解以及他们的服务能力。

No 1. 请讲一次这样的经历：你使一个非常不满的客户改变了看法。是什么问题？你是怎样使客户回心转意的？

No 2. 讲一次你曾经为了取得与工作有关的目标而做出个人牺牲的经历。

No 3. 你认为质量和客户服务的关系是什么？

No 4. 很多人都把客户服务的重点放到处理客户投诉上，你认为这种策略的问题是什么？

No 5. 给我讲一个你曾经遇到的这样的一个问题：和你打交道的一位客户要求解决问题的方法和公司利益发生冲突。你是怎样解决这个矛盾的？

No 6. 在客户服务中，公司的政策和规定起着什么样的作用？

No 7. 请列举好的客户代表应该具备的四种基本素质。你为什么认为这四种基本素质很重要？

No 8. 如果客户对所发生的事情的判断是完全错误的话，你该如何解决这个问题？

No 9. 统计数字表明，19 个客户中，只有 1 个客户会投诉，而其他 18 人尽管不满意也不会说什么，但再也不会购买你的产品了。客户服务代表怎样鼓励沉默的客户发表自己的看法？

No 10. 若客户不满，他们能接受的最大的不满程度有多大？

★ **团队意识**

下面这些问题可以帮助你考核应聘者的这些素质。

No 1. 你认为一个好的团队管理者的最主要特点是什么？为什么？

No 2. 请你讲出你在团队工作背景下遇到的最具有创造性和挑战性的事情。你用什么方法来鼓励他人和你自己来完成这件事的？

No 3. 管理人员能否不做任何说明就让员工去干某项工作？为什么？

No 4. 请讲一下你对团队工作最喜欢和最不喜欢的地方？为什么？

No 5. 请说出你作为团队者所遇到的最困难的事情。是怎样解决这个困难的？你在解决这个困难中起了什么作用？

No 6. 请告诉我你在什么情况下工作最有效率？

No 7. 你认为怎样才算一个好的团队者？

No 8. 你认为做一个好的员工和当一位好的团队者有什么区别？

No 9. 根据你的经验，若某位员工经常迟到、早退、旷工，或不愿意干活的话，会给整个团队带来什么样的问题？这些问题该怎样解决？作为团队的一员，你是怎样改善这种情况的？

★有效的沟通技能

下面一些问题主要用来测试应聘者的沟通技能。

No 1. 请讲一个这样的情形：某人说话口齿不清，但是你还必须听他的话，你怎样回答他的问题才好？

No 2. 一个好的沟通者应该具备哪些条件？

No 3. 请说一下别人是怎样看你的？

No 4. 请你讲一下和一个有非常糟糕习惯的人在一起工作的经历。你是怎样使对方改变他的不良行为的？

No 5. 若让你在公司董事会上发言，你该怎样准备发言稿？

No 6. 我想知道你曾经遇到的最有挑战性的沟通方面的问题。你为什么认为那次经历对你最富有挑战性，你是怎样应对的？

No 7. 你认为最困难的沟通的问题是什么？为什么？

No 8. 你认为良好沟通的关键是什么？

No 9. 假如你的两个同事的冲突已经影响到整个团队，让你去调节冲突，并使冲突双方能够自己解决问题，你会怎样做？

★销售能力

下面一些问题可以评估应聘者在这方面的能力。

No 1. 请讲讲你遇到的最困难的销售经历，你是怎样劝说客户购买你的产品的？

No 2. 人们购买产品的三个主要原因是什么？

No 3. 关于我们的产品生产线和我们的客户群体，你了解多少？

No 4. 关于销售，你最喜欢和最不喜欢的是什么？为什么？

No 5. 若受到奖励，你有什么感想？

No 6. 你最典型的一个工作日是怎样安排的？

No 7. 为取得成功，一个好的销售人员应该具备哪四方面的素质？你为什么认为这些素质是十分重要的？

No 8. 电话推销和面对面的推销有什么区别？为使电话推销成功，需要什么样的特殊技能和技巧？

No 9. 在你的前任工作中，你用什么方法来发展并维持业已存在的客户的？

No 10. 若你给新员工上一堂销售课程，你在课堂上要讲些什么？为什么？

No 11. 请讲一下你在前任工作中所使用的最典型的销售方法和技巧。

No 12. 讲一个这样的经历：给你定的销售任务很大，完成任务的时间又很短，你用什么办法以确保达到销售任务目标的？

No 13. 你是否有超额完成销售目标的时候，你是怎样取得这样的业绩的？

No 14. 一般而言，从和客户接触到最终销售的完成需要多长时间？这个时间周期怎样才能缩短？

No 15. 你怎样才能把一个偶然的购买你产品的人变成经常购买的人？

No 16. 当你接管了一个新的行销区或一新的客户群时，怎样才能使这些人成为你的固定客户？

No 17. 在打推销电话时，提前要做哪些准备？

No 18. 你怎样处理与销售活动无关的书面工作？

No 19. 请向我推销一下这支铅笔。

No 20. 你认为推销电话最重要的特点是什么？为什么？

No 21. 和业已存在的老客户打交道，以及和新客户打交道，你更喜欢哪种？为什么？

No 22. 如果某位客户一直在购买和你的产品相似，但价格却很低于你的产品，你该怎样说服这个客户购买你的产品？

No 23. 具备什么样的素质和技能才能使你从众多的销售人员中脱颖而出？

No 24. 假如你遇到这样一种情况：你的产品和服务的确是某公司需要的，但是那个公司内部很多人士强烈要求购买质量差一些但价格便宜的同种产品。客户征求你的意见，你该怎样说？

★工作主动性

下面的问题主要是考核应聘者工作积极主动的素质的。

No 1. 说一个你曾经干了些份外工作的经历。你为什么要承担那么多的份外工作？

No 2. 请讲这样一个经历：你获得了很难得到的一些资源，这些资源对你完成工作目标特别重要。

No 3. 你前任工作中，都干了哪些有助于你提高工作创造性的事情？

No 4. 在你前任工作中，你曾经试图解决了哪些与你工作责任无关的公司问题？

No 5. 讲讲这样的一次经历：在解决某一难题时，你独辟蹊径。

No 6. 工作中使你最满意的地方是什么？

No 7. 在你前任工作中，因为你的努力而使公司或部门发生了什么样的变化？

No 8. 你认为工作中什么被视为危险的情况？

No 9. 你最后一次违反规定是什么时候？

No 10. 若你干这个工作的话，你怎样决定是否需要一些改变？

No 11. 哪些经历对你的成长最有用？你怎样确保在这儿也会有同样的经历？

No 12. 为了做好你工作分外之事，你该怎样获得他人的支持和帮助？

★适应能力

下面的问题能够考核应聘者适应方面的能力。

No 1. 据说有人能从容避免正面冲突。请讲一下你在这方面的经验和技巧。

No 2. 有些时候，我们得和我们不喜欢的人在一起共事。说说你曾经克服了性格方面的冲突而取得预期工作效果的经历。

No 3. 请讲一下你曾经表现出的灵活性的经历。

No 4. 当某件事老是没有结果时，你该怎样做？

No 5. 讲一个这样的经历：你的老板给你分配了一件与你工作毫不相干的任务，这样，你的本职工作就无法完成了，你是怎样做的？

No 6. 假如让你干一项工作，这个工作估计一周就能够完成。干了几天后，你发现，即使干上三周也没法完成这个任务。你该怎样处理这种情形？为什么？

No 7. 讲一个这样的经历：本来是你自己的工作，但别人却给你提供了很多帮助。

No 8. 你觉得你对公司的其他部门的人还有什么责任吗？若有，该怎样履行这些责任？

No 9. 请讲述一个你本来不喜欢，但公司却强加给你的一些改变。

No 10. 请讲述这样一个经历：为了完成某项工作，你有很多需要学的东西，但是时间又特别紧。你用什么方法来学会这些东西并按时完成了这项工作？

★正直

下面一些问题能够了解应聘者在正直方面的情况。

No 1. 请讲一个你曾经遇到的不忠于公司和主要客户利益的人，你是怎样对待他的？

No 2. 请讲一下这样一个经历：尽管其他人反对，但是你还是坚持自己的观点，并把事情继续做下去。

No 3. 在日常生活和工作中，什么行为才能表现出一个人的正直来？

No 4. 若平时你发现你办公室的人或你的下属偷窃了少量的办公用品，你会制止他们吗？如果会的话，你该怎样做？

No 5. 讲一个你的正直受到挑战的经历。

No 6. 假设公司规定不许在办公楼里赌博，如果你是新来的部门负责人，你发现该部门的老员工总是在办公楼运动室里赌博，他们这种活动已经进行了好几年了，你会怎么办？

No 7. 讲讲这样一个经历：别人让你给客户撒个谎（比如，说某批货已经发了，其实订单还在办公桌上呢），你会怎么办？

No 8. 假如你的一位工友给你讲了一件十分重要的事情或秘密，你觉得你的老板也应该知道这件事，你该怎么办？

No 9. 请你讲一个这样的经历：你的请假要求本来很合理（如去看医生），但是你的老板却拒绝了。你是怎样办的？

资料来源：www.3722.cn.

（4）提高面试有效性的守则。① 先设定面谈的目的和范畴，根据面试的目的决定提问的范围和问题，接见应聘者前应重温工作的要求，以及申请表格上的资料、测试分数和其他有关资料。

② 建立和维持友善气氛，以轻松的态度接待应征者，表示有诚意、有兴趣知道应聘者的资料，细心聆听，以建立和维持友善气氛。

③ 主动和细心聆听，用心思考和发掘一些不明显的含意或暗示，好的聆听者对对方脸部表情和动作会较为敏感。

④ 留意身体语言。应聘者的脸部表情、姿势、体位和动作会反映出其态度与感受，面试者应留意应征者如何表达其身体语言。

⑤ 坦诚回应。尽量以坦诚态度提供资料和详细回答应征者的问题。

⑥ 提有效问题。问题应尽可能客观，不应暗示具有任何理想答案，以便取得真实的回应。

⑦ 把客观和推断分开。在进行面试时，记下客观性的资料，并对客观资料进行推断，再与其他面试者的意见作比较。

⑧ 避免偏见和定型的失误。面试者不能心存偏见，认为那些与自己兴趣、经历和背景相近的应征者，较为可以接受，或把人定型，认为属于某一性别、种族或背景的人，都有相似的外貌、思想、感情和做法。

⑨ 避免容貌效应。面试者应避免歧视外貌不吸引人的应征者。

⑩ 提防晕轮效应。提防因应征者的某些长处（或短处）而对他做出整体的有利（或不利）评分。

⑪ 控制面谈过程。让应征者有足够的机会说话，但同时要控制面试的进度，确保达到面试的目的。

⑫ 问题标准化。为避免歧视个别应征者，面试者应对同一职位空缺的应征者提问相同的问题。若想获得多些资料，或在面对一位出众的应征者时，可以额外提探查式的问题。

⑬ 仔细记录。记下事实、印象和其他有关资料，包括提供给应征者的资料。

表 5-6 是某公司在招聘员工时使用的面试评分表。

表 5-6　某某公司面试评价表

姓名：　　　　　性别：　　　　　年龄：　　　　　编号：
应征职位：　　　　　　　　　　所属部门：

评价要素	评 价 等 级				
	1（差）	2（较差）	3（一般）	4（较好）	5（好）
1. 个人修养					
2. 求职动机					
3. 语言表达能力					
4. 应变能力					
5. 社交能力					
6. 自我认识能力					
7. 性格内外向					
8. 健康状况					
9. 掩饰性					
10. 相关专业知识					
11. 总体评价					
评价	□建议录用		□有条件录用		□建议不录用

用人部门意见　签字：_____	人力资源部门意见　签字：_____	总裁（总经理)意见　签字：_____

注：转引自付亚和，许玉林. 劳动人事管理事务卷. 北京：人民大学出版社，1993: 341.

（5）面试进程的控制。由于面试时间最多不超过几十分钟，为使应聘者能根据要求提供更多的信息供面试者加以判断。一般要求应聘者先简要介绍一下自己的情况。此间便于面试者观察对方，浏览其材料，认真倾听，进入正式面试阶段。

正式面试阶段一般要按照结构式面试的方式展开。所提问题可根据求职申请表中发现的疑点，先易后难逐一提出。面试中应注意如下问题。

① 多问开放式的问题，即"为什么？""怎么样？"，目的是让应聘者多讲。

② 面试中不要暴露面试者的观点和想法，不要让对方了解你的倾向，并迎合你，掩盖他真实的想法。

③ 所提问题要直截了当，语言简练，有疑问可马上提问，并及时做好记录。

④ 不要轻易打断应聘者的讲话，对方回答完一个问题，再问第二个问题。

⑤ 面试中，除了要倾听应聘者回答的问题，还要观察他的非语言的行为，如面部表情、眼神、姿势、讲话的声调语调、举止，从中可以反映出对方的一些个性、诚实度、自信心等。

传统的面试往往集中问一些概括性信息，同时还询问应聘者过去做过的工作，注意求职申请表中所填的内容，加以推测分析。据此来判断他将来能否担任此任。这是完全必要的，但应聘者有时也会编造一些假象。为了克服这一点，我们在考察对象的工作能力和经验时，可针对应聘者过去工作行为中特定的例子加以询问。基于行为连贯性原理，所提的问题并不集中某一点上，而是一个连贯的工作行为。例如："过去半年中你所建立的最困难的客户关系是什么？当时你面临的主要问题是什么？你是怎样分析的？采取什么措施？效果怎样？"从而能较全面考察一个人。

面试中还可提出一些案例，这些案例均是与应聘职务有关的，从中来观察应聘者的分析、判断能力，也可提出一个话题让对方讲述，从中判断他的表述能力。

面试中非常重要的一点是了解应聘者的求职动机，这是一件比较困难的事，因为一些应聘者往往把自己真正的动机掩盖起来。但我们可以通过他的离职原因、求职目的、个人发展、对应聘职位的期望等方面加以考察，再与其他的问题联系起来综合加以判断。如果应聘者属于高职低求，高薪低求，离职原因讲述不清，或频繁离职，则须引起注意。

面试结束阶段应注意：

① 面试结束时，要给应聘者以提问的机会；

② 不管录用还是不录用，均应在友好的气氛中结束面试；

③ 如果对某一对象是否录用有分歧意见时，不必急于下结论，还可安排第二次面试；

④ 及时整理好面试记录表。

【实务指南5-1】面试测评问题表

表5-7　面试测评问题表

测评要素	观察内容	提问问题	评价要点
礼仪风度	1. 仪容、衣着 2. 行为、举止 3. 敲门、走路、坐姿、站立等的仪态 4. 口语		1. 穿着整齐、得体、无明显失 2. 沉着、稳重、大方 3. 走路、敲门、坐姿符合礼节 4. 口语文雅、礼貌
求职动机与职业规划		1. 你选择本公司的原因 2. 你选择本公司最重视什么 3. 你希望公司如何安排你的工作待遇 4. 如果你被录用，由于工作需要，我们提供给你的是别人不愿做而又瞧不起的工作，这时你怎么办	1. 是否以企业发展为目标兼顾个人利益 2. 回答完整、全面、适当 3. 说服力

续表

测评要素	观察内容	提问问题	评价要点
		5. 你认为这一职位涉及哪些方面的工作 6. 你为什么想做这份工作 7. 你为什么认为你能胜任这方面的工作 8. 你怎么知道我们公司的 9. 您在选择职业的最重视因素是什么 10. 近五年的职业发展有何规划 11. 你愿意出差吗 12. 你最大限度的出差时间可以保证多少 13. 你能加班吗 14. 你周末可以上班吗	
表现力、语言表达能力	1. 将自己表达的内容有条理的准确的传给对方 2. 引用实例、遣词准确 3. 语气、发言合乎要求 4. 谈话时的姿态表情合适	1. 请谈谈你自己 2. 谈谈你的优缺点 3. 你的兴趣爱好 4. 据你自我分析，最适合你的工作是什么	1. 谈话前后连续性 2. 主题、语言简洁明了 3. 逻辑清楚 4. 说服力 5. 遣词准确
社交能力和人际关系		1. 请您介绍你的家庭 2. 你的朋友如何看待你 3. 你希望在什么样的领导下工作 4. 你交朋友最注重什么 5. 你选择朋友所考虑的最重要因素是什么	1. 自我认识 2. 交往能力
判断力、情绪稳定性	1. 准确判断面临情况 2. 处理突发事件 3. 迅速回答对方问题 4. 处理难堪问题的反应	1. 假如 A 公司与 B 公司同时录用了你，你将如何…… 2. 公司工作非常艰苦，你将如何对待 3. 你怎么连这种问题都听不懂 4. 你好像不太适合本公司的工作	1. 理解问题的准确性、迅速性 2. 自我判断能力 3. 是逻辑判断还是感情判断 4. 有自己的独到见解
行动与协调能力、	1. 对自己认定的是能够坚持进行 2. 工作节奏紧张、有序 3. 集团工作的适用性 4. 组织领导能力 5. 能够更多地从他人的角度解释问题		1. 表现力 2. 考虑对方处境和理解力 3. 实践能力 4. 交往能力
责任心、纪律性	1. 负责到底的精神 2. 对工作的坚持 3. 令人信服地完成工作 4. 考虑问题全面 5. 对本职务的要求	1. 你对委任的任务完成不了时如何处理 2. 对学校的规章制度的看法是什么	1. 自信力 2. 纪律力 3. 意志力
个人性格品质	1. 有无不良的性格（过分狂妄和过分自卑） 2. 有无偏激的观点 3. 回答问题的认真、诚实 4. 掩饰性	1. 你认为现在社会中一个人最重要的是什么性格 2. 你能否"受人之托忠人之事"	1. 诚实真诚 2. 人生观 3. 信用
教育背景		1. 我们已经十分了解你的工作经历——现在，让我们看一下你的教育背景。先简单地从中学开始，然后依次类推，最后谈谈你受过何种培训。你对哪些专业比较感兴趣、成绩如何、课外活动有哪些，还有其他你认为重要的事情 2. 你的中学时代是如何度过的 3. 你认为你所受的哪些教育或培训将帮助你胜任你申请的工作 4. 对你受过的所有正规教育进行说明	

续表

测评要素	观察内容	提问问题	评价要点
工作经历		1. 好的工作环境对你今后的工作影响很大 2. 请你描述一下你的工作及职能；你喜欢哪些工作，不喜欢哪些；你认为你在工作中有何收获 3. 我们先简要地回顾一下你最初的工作经历，只是一些在校期间或假期的兼职工作。然后，我们再详细了解一下你近来的工作情况 4. 你对最初的工作还有多少印象 5. 目前或最后一个工作的职务（名称） 6. 你的工作任务是什么 7. 在该公司工作期间你一直是从事同一种工作吗？是或不是 8. 如果不是，说明你曾从事过哪些不同的工作、时间多久及各自的主要任务 9. 你最初的薪水是多少？现在的薪水是多少 10. 你为什么要辞去那份工作？ 11. 你从事过何种勤工俭学工作 12. 你参加过何种组织活动 13. 你对某问题有过何种研究 14. 你谈谈你的论文写作过程	
爱好、兴趣		1. 现在，我想了解一下你工作之余的兴趣爱好。平时，你会参加哪些活动，团体活动或者协会交流 2. 工作以外你做些什么	
自我评价		1. 让我们总结一下，你认为自己的优点是什么，品格和业务方面都可以 2. 你已经向我们提供了许多个人情况，但每个人都有所不足，你希望今后对哪些方面进行完善 3. 你认为你最大优点是什么 4. 你认为你最大的缺点是什么	

2. 测评法

测评法，也常叫作测试法。通过测评可以消除面试过程中主考官的主观因素对面试的干扰，增加招聘者的公平竞争，验证应聘者的能力与潜力，剔除应聘者资料和面试中的一些"虚假信息"，提高录用决策的正确性。现代测评方法源于美国的人才测评中心，主要分为心理测评与能力测评两类。

（1）人才测评中心（Assessment Center）。

① 人才测评的概念。美国从 20 世纪 40 年代起开发出一套叫作人才测评中心的技术，到 70 年代渐趋成熟，并开始职业化，成为企业咨询业中的一种专门的技术和程序。"人才测评中心"起源于美国电报电话公司。该公司受了第二次世界大战中美军战略勤务局用情景模拟法测评和选拔派赴敌后工作的情报人员的成功实践的启发，在 1956 年和 1960 年，曾先后为 422 名刚被提拔为基层主管或基层经理的年轻工作人员，设计和实施了一种与传统的考试（笔试或面试）很不相同、被称为"人才测评中心"的考评活动，以评估他们的能力、素质、价值观和追求。

所谓"人才测评中心"，字面上往往易误解，认为是某一个单位或机构，而它其实是一种测评人才的活动、方法、形式、技术和程序。它可以由企业人力资源管理部门采用，也可以由专门的管理咨询机构或大学的教研部门采用。这种活动由一系列按照待测评维度的特点和要求而精心设计的测试、操演和练习组成，目的在于诱发被测评者在选定的待测评方面表现出有关行为而提供评价。这些活动除包括心理测试以及与常规的笔试与面试形式相同的测评方法外，主要的典型活动是工作情景模拟测试，如"公文处理模拟测试""无领导小组讨论"和"企业决策模拟竞赛"等。

② 人才测评的功能。

第一，用于招聘，可在一批申请者中有选择地招聘合格的人。但这种方法较费时而成本偏高，所以在此种场合用得不多，即使使用，也常是先用传统的笔试进行初选，再对少数通过初选者作精选。

第二，用于早期鉴别有潜能的人才，也就是发掘有希望的"好苗子"。测评的对象是新来的员工，用此法评估每人的提升与发展潜力，为找到的"苗子"提供针对性的培训以加速其成才。评估不仅可用于管理岗位，也可用于工程技术及销售岗位。

第三，用于合理的职务委派，但因为它较适于对担任总体管理而非职能专业岗位人选的物色，所以在一般职务委派中并不多见。它最适用并用得最多的，是对领导已提名晋升的人作最后核查。

第四，用于发现员工与所任、岗位要求的差距，从而对症下药地进行培训，而且其活动本身就具有培训功能，通过向被评估者反馈考评结果及被评估者自我评估与相互评估，使他们能认识到自身不足，明确努力方向。

测评人员过去是清一色的经过系统训练的测评专家，后来渐渐吸收了本企业的人员，通常是由被测评者顶头上司来参与测评。他们很了解本企业及空缺岗位的情况与要求，虽然他们对测评技术不太了解，但可以通过短期（3~10 天）强化培训来弥补。

测评的最后结论必须慎重对待。通常是由测评人员组成的测评小组来集体决定，做出推荐结论，报上级审批。

③ 测评的一般程序。

第一，明确测评目的。是招聘还是提升或是其他目的？对象是哪一级？是考评总体管理能力还是专业能力？等等。

第二，测评维度的选择与测定。对于管理人员来说这些维度通常就是所要求的那些能力，如口头及书面沟通能力、分析与决策能力、领导技巧、人际敏感性、独立自主能力、灵活性、组织计划能力、协调与团结能力、对心理压力的耐受力等。

第三，测评活动形式的选择、设计和安排。利用上面已提到的常见的各类活动形式，具体细节则要视被考评对象特点而定，并不排斥用传统的笔试和面试方式。可以根据待委派职务的要求来设计专门的练习，如为测评候选销售员而安排的"对发火抱怨的用户打来电话的反应"练习，就有良好效果。一般来说，对象级别越高，安排的测评活动便越多、越复杂、越有重复之处（即从不同角度考察同一品质或能力），因为级别高则作用更关键，更应不惜工本。人才测评中心的活动可以持续一天直至一周。

（2）个性心理测评。

① 个性心理测评的概念。个性心理测评主要是对被测评人的个性特征和素质的确定。发达国家企业界在评估经理，尤其是高层经理时，总要参考被评估者的心理素质及个性方面的

资料，还要为他们建立心理档案。但在这方面，我国几乎还是一项空白，只有少数企业在经理测评的实践中试用过心理测试。

② 个性心理测评的特点。

第一，个性的意义及其与管理成就的关系。个性是一个人的全部内在与外在独特品质的总和，也是个人对别人施加影响与认识自己的独特方式。个性的养成既受先天遗传因素的影响，也受后天客观环境条件的影响。个性是个人较稳定的心理特征（如态度、兴趣、个人行为倾向等），但不是完全不可改变的；只是个性特征，尤其是其中较深层、较基本的成分，改变起来是很缓慢、很困难的罢了。个性能影响人的行为，但却不是唯一的影响因素，因为人们最终显现出的行为，是个人特征与环境特征共同作用的结果。

发达国家企业界在招聘和选拔管理人员时，比较重视对被选者的个性的了解，认为这是实现知人善任所不可缺少的信息。然而，这并不是说有某种个性的人只能从事某种职务，或某种岗位只有具备某类型个性的人才能胜任。例如，人们通常认为感情外向者较适合于从事管理，因为他们善谈而喜合群，因而信息较灵通，人际关系易处好，殊不知他们却往往主观判断能力不强，过分依赖外界，易失之优柔，对管理不利。事实上，成功的管理者中可以找到各种类型个性的人。各种个性都有长有短，利弊参半。不过掌握了员工的个性较利于量材使用，即用其所长，避其所短。

第二，与管理关系较密切的个性特征。世界上没有任何一个人是跟另一个完全一样的。一个人与别人不同之处就是他的特征，而人的特征存在于许多方面。从本书的编写目的出发，我们将聚焦于与管理潜能有关的个性特征上。这些个性特征都有两个典型的、对立的极端，但多数人则处于某种中间过渡状态，两种特征兼而有之，不过或较接近此端，或较接近彼端罢了。此外，对于管理效能来说，两种极端典型个性各有其长短，通常不能断言哪一类型总是优于另一类型，需作具体分析。

（3）个性测评。个性是一个人能否施展才华，有效完成工作的基础，某人的个性缺陷会使其所拥有的才能和能力大打折扣。毋庸置疑，对组织而言，一个干劲十足、心理健康的员工，远比一个情绪不稳定、积极性不高的员工更有价值。人员选拔中的一项工作就是将应聘者个性与空缺职位员工应具备之个性标准相比较，选拔二者相符的员工。

在企业中用的较多的个性测评主要有两类：一类是自陈式测评，如卡特尔16种个性特征问卷等多维度综合个性测评工具以及某些单维的、密切结合某类职业特点的个性测评工具等；另一类为投射测评，如罗夏赫墨迹测评、主题统觉测评等。

① 自陈式测评。卡特尔16种个性特征问卷由美国伊利诺伊州立大学卡特尔教授（R. B. Cattell）于1963年发明。此工具自20世纪80年代初引入我国。卡氏的"16PF手册"中甚至列有中国经理们的常模，但只依据海外华人的数据，于中国本土未尽可信。表5-8是该测评主要测定的人的个性中16种主要特征。该测评由187个问题组成，最后可得出个人的个性特征剖面图，还可进一步分析个人的心理健康、专业有无成就、创造力、成长能力等状况。

② 投射测评。投射测评可以探知个体内在隐蔽的行为或潜意识的深层的态度、冲动和动机。由于采用图片测评，避免了文字测评中常用的社会赞许反应倾向性，即不说真心话而投测评者所好。在人员选拔上，往往用投射测评来了解应聘者的成就动机、态度等。

投射测评法所依据的原理是，人的一些基本性的个性特征与倾向性，是深藏于自己意识的底层，处于潜意识状态下的，他自己并未明确认识到它们。当把某一个意义含混，可作多种解释的物件，如一件实物，更多是一张图或照片，突然出示给被测评者看，并不容他细加

表 5-8　卡特尔人格特征问卷测定人的个性中主要特征

特质	低程度特征	高程度特征
乐群性	缄默、孤独	乐观外向
聪慧性	迟钝、学识浅薄	聪慧、富有才识
稳定性	情绪激动	情绪稳定
恃强性	谦虚、顺从	好强、固执
兴奋性	严肃、审慎	轻松、兴奋
有恒性	权宜、敷衍	有恒、负责
敢为性	畏缩、退怯	冒险、敢为
敏感性	理智、着重实际	敏感、感情用事
怀疑性	依赖、随和	怀疑、刚愎
幻想性	现实、合乎成规	幻想、狂放不羁
世故性	坦白、直率、天真	精明能干、世故
忧虑性	安详、沉着、有自信	忧虑、抑郁、烦恼多
实验性	保守、服膺传统	自由、批评激进
独立性	依赖、随群附众	自主、当机立断
自律性	矛盾冲突、不明大体	知己知彼、自律谨严
紧张性	心平气和	紧张困扰

思索推敲，而让他很快地说出对该物体的认识和解释；由于被测者猝不及防，又无暇深思，就会把自己内心深处的心理倾向"投射"到对那物体解释上去，难以做出掩饰，因而较为可信。常用的投射测评法见表 5-9。

（4）心理素质和潜质测评。在人员招聘时，除了对其个性特征测评外，企业常常需要对其心理素质和潜质进行测评，以确定被测评人是否符合应聘职务的要求。心理素质和潜质的测评包括价值测评、职业兴趣测评、智力和情商测评等。

① 价值测评。评价工作价值观对人员选拔也有十分重要的意义。有些职业或空缺岗位与求职者的工作价值观并不相符，对此用人单位必须慎重考虑是否接收。一些求职者由于某些特殊的原因去应聘与其工作价值观完全不符的职业或职位，因此他们对所求的职业或职位可能并不满意，这不仅降低其工作的热情与积极性，而且还会直接影响其工作绩效，甚至于影响到组织的效率。测评内容也可包括道德方面，如诚实、质量和服务意识等价值观。通过价值观测评，深入了解应聘者的价值取向，可以作为选拔录用的一种补充性依据。

② 职业兴趣测评。职业兴趣揭示了人们想做什么和他们喜欢做什么。如果当前所从事的工作或欲从事的工作与其兴趣不相符，那么就无法保证其会尽职尽责、全力以赴地完成本职工作。在这种情况下，一般不是工作本身，而更可能是高薪或社会地位促使他们从事自己并不热衷的职业。如果能根据应聘者的职业兴趣进行人职合理匹配，则可最大限度地发挥人的潜力，保证工作的圆满完成。

③ 智力测评。招聘过程中的智力测评不同于一般的智商水平测评。智力测评是对应聘者的数字能力和语言能力进行测评。它主要通过词汇、相似、相反、算术计算等类型的问题来进行。一般地讲，在智力测评中成绩较好的人，在今后的工作中具有较强的能力关注新信息，善于找出主要问题，其业绩也不错。

④ 情商测评。情商是 20 世纪 90 年代由美国心理学家提出的新概念。美国心理学家经研究发现，人的 EQ 对成功起到了关键性的作用。EQ 包含了五个方面的内容。

第一，自我意识，即认识自身的情绪。这是 EQ 的基石，要求人们在一种情绪刚露头时

表 5-9　常用的投射测评法

罗夏赫墨迹测评	罗夏赫墨迹测评是一种最典型的投射测评。该测评是用一套（10~40 张）墨迹图，状如一滴墨水滴落白纸上，向四方渗扩，干燥后形成的，墨迹的轮廓无确定意义。这些图片在被测评者面前出现的次序是有规定的。测评人员每出示一张图片，就要向被测评者问"这看上去像什么？""这可能是什么？""人们在这张图片中能看到许多事物，现在请你告诉我，你看出了什么？你以为这可能是什么？这使你想到什么？"测评人员必须记录被测评者的每条反应语句；每张图片从出现到开始第一个反应的时间；各反应之间的时间间隔；对每张图片反应共需时间；其他行为与动作。反应时间之所以重要，是因为它可以判断情绪受某种刺激而发生的抵触或阻滞。对 10 张图片反应测评完毕后，可再对被测评者询问墨迹中哪些部分使他产生反应，并让被测评者澄清或增补其原始反应
主题统觉测评	主题统觉测评（简称"TAT"）是一种常用于人员选拔中，素质及心理特征测评的投射测评。"统觉"是一个心理学术语，指当前事物引起的心理活动与已有的知识经验相联系、融合，从而更明显地理解事物意义的现象。主题统觉测评就是向被测评者提供一个意义含混的投射物，以引导被测评者的心理活动，通过这些心理活动的分析，来发现和确定被测评者的个性、最著名而被广泛使用的是美国学者麦克里兰（D.McGlelland）所开发一套（至少 6 张，多可到 10 余张）图片或照片用来测评备选管理者在追求成就、友谊和权力三方面动机（需要）的强度。测评时，给被测评者逐一观看那些图片、每张图片只允许观看 8~10 秒钟，并要求被测评者在短期内当场根据这张图片编写出一个短故事。被测评者的描述应该包括：在这张图片中发生了什么事情；什么东西导致图中的景象；将要发生什么事情等。对所编的故事进行评分时要考虑几个方面：图画中被测评者认为的主角人物；故事如何反映被测评者的某些需求与关切的事物；什么因素有助于或有碍于被测评者满足这些个人要求
句子完成式量表	句子完成式量表，如美国学者迈纳（J.B.Miner）设计的这类工具，每套量表包含 40 条句根，被测者需在规定的较短时间内将这些句根逐一续写成一个完整的句子，据此以评测他们在管理、创业等方面动机的强弱。主要是通过测评人员与被测评者双方的理解进行，无定量的精确标准，因而易受主观因素的影响，测评者应经专门培训、并富有经验，结果才能有效
笔迹学测评	近年来有心理学家用笔迹来测评人的心理。据说在欧洲有 70%的企业都应用了此法。笔迹学测评法是以书写字迹分析为基础，来判定应试者个性，预测其未来业绩的一种方法。笔迹学家一般需要应试者提供至少一整页一气呵成的字迹，最好是用钢笔或圆珠笔写在未画线的纸上。字迹的内容并不重要，但一般不希望应试者照抄一段落文字，因为这样会影响书写速度。接下来要遵循一套严格的规定测定字迹的大小、斜度、页面安排、字体宽度及书写力度。这些测量的结果即可转译为对书写者个性的说明。如书写力度反映了书写者的精力是否旺盛。再如，字体大小也可反映人的个性。字体巨大表明此人自信心很强，喜欢冒险、个性强，为人公正无私，光明磊落，做事积极，且大刀阔斧。字体细小则表明此人缺乏信心，做事谨慎，思考细致，警觉性亦强，忍耐力强，观察力强，但气量狭小，有时贪图小利。字体不大不小，说明此人适应能力强，遇事能随机应变，待人接物举止大方，但有时做事容易反悔。字体大小不一，则此人喜怒易形于色，甚至喜怒无常，头脑灵活，但缺乏自制力，情感的变化好像一根绳子，中间常会打结，有时候自己会自寻烦恼

就能辨识出来。在工作中，会有各种各样的因素影响人们的情绪，显然，有自知之明的人能更好地把握自己，做好本职工作。

第二，控制情绪，即妥善管理情绪。人在工作与生活中好情绪与坏情绪交替出现，关键是如何控制使它们保持平衡。情绪管理是必须在自我认知的基础上，学会如何自我安慰，摆脱焦虑、灰暗或不安。这方面能力较匮乏的人常处于情绪低落之中，工作毫无积极性，当然也不可能有高绩效。

第三，自我激励，要激励自己在工作中取得成就，首先，要为自己树立明确的目标，要有良好的工作动机，要有乐观、自信的工作态度与饱满的工作热情；其次，要善于在困境中激励自己努力拼搏，要善于将情绪专注于目标，将注意力集中在目标之上；最后，无论出现何种局面，要能克制冲动，切忌凭一时冲动而做出不理智的决策。

第四，认知他人的情绪，管理是通过他人把事情办好，要借助他人的力量就必须注意他人的情绪，关注他人的需要，否则，只凭管理者自身的愿望与努力不可能实现预期的目标。

第五，人际交往技巧，人在工作中离不开与他人交际，在交际过程中要特别注意他人的情绪变化。人际交往技巧是管理他人情绪的艺术。一个人的领导能力与之有密切的关系。

一个高 IQ 者可能是一个专家，而高 EQ 者却具备综合与平衡的才能，可能成为杰出管理者。EQ 是组织领导人所必须具备的基本能力。

（5）能力测评。能力测评用于对应聘人员的职业能力、工作技能和专业知识的测评。主要包括职业能力倾向性测评、工作技能测评、工作情景模拟测评等。

① 职业能力倾向性测评。这是用于测定从事某项特定工作所具备的某种潜在能力的一种心理测评。由于这种测评可以有效地测量人的某种潜能，从而预测他在某职业领域中成功和适应的可能性，或判断哪项工作适合他。这种测评作用体现在：什么样的职业适合某人；为胜任某职位，什么样的人最合适。因此它对人员选拔配置有重要意义。

职业能力倾向测评的内容一般可分为：普通能力倾向测评（思维能力、想象能力、记忆能力、推理能力、分析能力、数学能力、空间关系判断能力、语言能力等），特殊职业能力测评（指那些特殊的职业或职业群的能力）以及心理运动机能测评（心理运动能力和身体能力）。

由于不同的职业对能力的要求不同，人们设计了针对不同的职业领域的能力倾向测评，用于人员的选择、配置与职业设计。以我国公务员考试所采用的行政职业能力测评为例，它是专门用来测量与行政职业有关的一系列心理潜能的考试，包括知觉速度与准确性、判断推理能力、语言理解能力、数量关系与资料分析能力五方面，可以预测考生在行政职业领域多种职位上成功的可能性。现在政府公开招聘公务员时，就有很多采用了能力倾向测评的方法。

② 工作技能测评。工作技能测评是对特定职位所要求的特定技能进行的测评。其内容因岗位的不同而不同。如对会计人员需考核计算、记账、核算等能力，对秘书需测评其打字、记录速度和公文起草能力，三资企业还对应聘者的外语能力进行测评。技能测评有多种形式，可进行现场测评，也可验证应聘者已获得的各种能力证书，如会计上岗证、计算机能力培训合格证、外语四、六级证书，这些都是对应聘者能力的证明。

③ 工作情景模拟测评。工作情景模拟测评至少有两个优点：一是可从多角度全面观察、分析、判断、评价应聘者，这样组织就可能得到最佳人选；二是由于被测者被置于其未来可能任职的模拟工作情景中，而测评的重点又在于实际工作能力，因此通过这种测评而选拔出来的人员往往可直接上岗，或只需有针对性地培训即可上岗，这为组织节省了大量的培训费用。工作情景模拟测评的方法见表 5-10。

3. 背景调查

（1）背景调查的概念。背景调查就是对应聘者与工作相关的一些背景信息进行查证，以确定其任职资格。通过背景调查，一方面，可以发现应聘者过去是否有不良记录；另一方面，也可以对应聘者的诚实性进行考察。例如，一个应聘者在简历中写了他是某个部门的主管，负责部门的全面管理，实际上他的这个主管职位只是一个头衔；另一个应聘者说他是某个国外名牌大学的毕业生，而实际上他只是学习了该学校的远程教育课程。

（2）背景调查的主要内容。背景调查的主要内容有：身份背景调查、学历背景调查、工作背景调查、过去的不良记录调查。

① 身份背景调查。身份背景调查可以通过收取应聘人员身份证、户口簿、护照等个人信息证件来进行，一般的方式是通知应聘人员带证件的原件和复印件，审核原件，留复印件。

表 5-10　工作情景模拟测评法

名　称	内　　容
公文处理模拟法	这是已被多年实践充实完善并被证明是很有效的管理人员测评方法。即向每一被测者发给一套文件，其中第一页是引导语，介绍被测评者现在被委派扮演的角色——某企业某职位上的管理人员，姓名，并介绍此人的个人背景与企业的情况。然后告诉他，现在因某种特殊的紧急情况，他忽然被匆匆地提升到某个上一级的、本由他上司占据的职位上了。又由于某种条件的限制（例如，他必须马上出差去赴某一早已约定的会晤等），他必须在给定的时间内（通常是半小时或一小时），处理好本应由他前任（即他原上级）处理但未做而留下来的文件。这情景虽是虚构的，却需详细而逼真，使人不会有"这是在演戏"的感觉。文件有 15~25 份，包括下级呈送来的报告、请示、计划、预算，同级部门的备忘录，上级的指示、批复、规定、政策，外界用户、供应商、银行、政府有关部门乃至所在社区的函电、传真、电话记录，甚至还有群众检举或投诉信等；总之，涵盖了该岗位上的管理人员在真实工作环境下可能会碰到和处理的各种文件。要求每位被测评者要"进入角色"，站在所指派角色立场，完全投入地、真刀真枪地按照自己原有的知识、经验、信念及个性特征，以圈阅、批示、草拟函电要点、提纲、起草备忘录、指示安排会议及接见的日程、内容、参加者等形式，去处理这些文件。 处理结果将交由测评组，按既定的考评维度与标准进行考评。通常不是定性式的给予评语，而是就那些维度逐一定量式的评分（常用 5 分制）。最常见的考评维度有七个，即个人自信心、组织领导能力、计划安排能力、书面表达能力、分析决策能力、敢担风险倾向与信息敏感性；但也可按具体情况增删，如加上创造思维能力、工作方法的合理性等。总的说来，是评估被评者在拟予提升岗位上独立工作的胜任能力与更远程度发展的潜力与素质。 这种方法是较科学的，因为情景十分接近真实的现场工作环境；对每个被测者也都是公平的，因为所有被测者都面对同样的标准化情景。但在设计文件时，除真实具体外，还应注意与待评测的各维度相联系，并考虑评分的可操作性。此法若与下列两法结合，则更能收到取长补短、相得益彰之效
无领导小组讨论法	所谓"无领导"，是指不指定谁充任主持讨论的组长，也不布置议题与议程，更不提要求；只发给一个简短案例，即介绍一种管理情景，其中隐含一个或数个待决策和处理的问题，以引导小组展开讨论。根据每人在讨论中的表现及所起作用，测评者（实际上也是教练员）沿既定测评维度予以评分。这些维度通常是，主动性、宣传鼓励与说服力、口头沟通能力、组织能力、人际协调团结能力、精力、自信、出点子与创新力、心理压力耐受力等。应注意的是，这些素质和能力是通过被评者在讨论中所扮演的角色（如主动发起者、组织指挥者、鼓动者、协调者等）的行为来表现的。 小组通常是由 4~6 人组成，引入一间只有一桌数椅的小空房中。即使冷场、僵局、争吵发生，测评者也不出面、不干预，令其自发进行。测评是依据闭路电视或录像进行的。测评者随时记录下所观察到的应注意的事项，以便评分时有事实依据。最后测评组开会，彼此交流记录与看法，经过讨论协商后得出集体评分与鉴定结论
企业决策模拟竞赛法	竞赛也可称游戏。也是一种情景模拟测评技术。被测者每 4~7 人组成一个小组，就算是一个"微型企业"。组员自愿组合或指派均可，但每人在本"企业"中分工承担的责任或职务则由每人自报或推举小组协商确定，不予指派。组内是否要有分工或分工到什么程度，由各组自定，不予强求。各组按照竞赛组织者所提供的统一的"原料"（可以是纸板与糨糊或积木玩具或电子元件与线路板，甚至一些单个字母或单词），在规定的工作周期内，通过组合拼接、装配"生产"出某种产品（纸板糊成的小提篮；电子部件或完整的有意义的句子等），再"推销"给竞赛组织者。然后测评者再根据每人在此过程中的表现，循既定考评维度进行评分。这些维度与以上两法类似，即进取心、主动性、组织计划能力、沟通能力、群体内人际协调团结能力、出点子与创造思维能力等。但此法还可对小组作为一个集体的某些方面，如"产品"的数量与质量、团结协作状况等进行评定。这还可由各组派代表组成"评委会"来评判，优胜者还给予象征性的奖励，从而使活动具有竞赛或游戏性质。 近年来，这种活动越来越向计算机化发展，设计了专门的软件，组织者向各组提供"贷款"来源与条件、市场需求和销售渠道、竞争者概况及市场调研咨询服务等信息，由各组自行决定筹款、生产、经营策略，输入计算机，求得决策盈亏结果，并据此做出下一轮决策。这类模拟越来越具拟真性了

名称	内　容
访谈法	访谈法主要分为三种类型：电话访谈、接待来访者和拜访有关人士。 　　电话访谈。被测者在电话谈话中可以反映出他的心理素质、文化修养、口头表达能力、处理问题能力等。 　　接待来访者。来访者可以有各种各样，有的是来谈生意的，有的是来推销产品的，有的是来叙旧的，也有的是来讨债的。在被测者接待来访时，可以观察他接待时的态度，控制谈话的能力如何，如何处理公事与私事的关系等各方面的能力。 　　拜访有关人士。在管理中主动找某些人谈话是管理活动的一项重要内容。这些有关人士可以包括上级、下级、同事、重要客户、司法人员、新闻界人士等。主要观察被试者待人接物、语言表达、应付困难能力，并对有关知识进行考核
角色扮演法	角色扮演法就是要求被试者扮演一个特定的管理角色来处理日常的管理事务，以此来观察被试者的多种表现，了解其心理素质和潜在能力的一种测评方法。例如，要求被试者扮演一个高级管理人员，由他来向下级作指示；或者扮演一名销售人员，向零售商推销产品；或者要求被试者扮演一名车间主任，请他在车间里直接指挥生产。在测评中要强调了解被试者的心理素质，而不要根据他临时的工作意见做出评价。有时可以由主考官主动给被试者施加压力，如工作时不合作，或故意破坏，以了解该被试者的各种心理活动以及反映出来的个性特点
即席发言法	即席发言是指主考官给被试者出一个题目，让被测者稍做准备后按题目要求进行发言，以便了解被试者快速思维反应能力、理解能力、思维的创意性和发散性、语言的表达能力、言谈举止、风度气质等方面的心理素质。即席发言的题目往往是做一次动员报告、开一次新闻发布会、在员工联欢会上的祝词等。在即席发言前应向被测者提供有关的背景材料
案例分析法	从被测者所做的一个或数个管理案例的分析中，可以判断他们的分析、决策、书面或口头表达等方面的能力

关于身份证的信息，目前网上有很多验证身份证号的软件和网站，但只能查询身份证号是否有效以及身份证首次登记的地址（一般精确到区）等信息。

②　学历背景调查。在应聘中最常见的一种撒谎方式就是在受教育程度上作假。因为在很多招聘的职位中都会对学历提出要求，所以有些没有达到学历要求的应聘者就有可能对此进行伪装。例如，一个只具有大专文凭的应聘者想要应聘一个要求至少具有本科学位的职位，于是他就去伪造了一张假文凭。因此，在招聘中有必要对一个人教育背景进行调查。目前，学历背景调查有多种途径，审核毕业证原件只是其中的一个环节，由于目前假证泛滥，且伪造技术越来越高，在审核毕业证原件的同时还要辅以其他验证方式。第一种方式就是到教育部学历验证中心的网站上去验证，该服务为收费服务，非常适合企业招聘用，在此网站查询的结果比较权威，除军校学历及自考学历外，数据库中一般都包含各个层次的学历数据。第二种方式就是打电话到所在院校的学籍管理部门进行确认，该种方式不用花费任何费用，但费时费力。对于职位比较重要的应聘人员，可以考虑采用这种方式。

③　工作背景调查。背景调查的另一个重要方面就是对过去的工作经历进行调查。过去的工作经历调查侧重了解的是受聘时间、职位和职责、离职原因、薪酬等问题。了解过去工作经历最好的方式就是向过去的雇主了解，此外还可以向过去的同事、客户了解情况。

④　过去的不良记录调查。主要是调查应聘者过去是否犯过错误并改过自新，但这些信息仍然要引起注意：不要只听信一个被调查者或者一个渠道来源的信息，应该从各个不同的信息渠道验证信息；如果一个应聘者还没有离开原有的工作单位，那么在向他的雇主做背景调查时应该注意技巧，不要给原雇主留下该应聘者将要跳槽的印象，否则对该应聘者不利。

【实务指南5-2】招聘的最后一关：背景调查[①]

"打假"是现阶段中国人力资源管理中一个独特的关键词。人口普查统计资料显示，全国持假文凭者已达60万人，这真是一个惊人的数字！而求职者在工作经验方面的夸大其词、杜撰简历也是司空见惯、不绝如缕。招聘、筛选和培训耗资不菲，风险也不小，只要碰上一个"谎"字就会血本无归、满盘皆输。招聘的面试官真是犯难，可总不能带个"测谎机"挨个儿试心跳吧？这里有个办法又简单又管用，为什么不试一试呢？

背景调查就是通过求职者提供的证明人或从他以前的工作单位那里搜集的信息来核实求职者的个人资料，这是一种能直接证明求职者情况的有效方法。

怎样进行背景调查呢？首先要选择恰当的时机。背景调查最好安排在面试后与上岗前的间隙时间。此时，大部分不合格的人选已被淘汰，对淘汰人员自然没有进行调查的意义。剩下的佼佼者数量已经很少，进行背景调查的工作量相对较小，招聘单位可以集中精力进行调查。根据几次面试的结果，这些人的介绍资料已经很清楚，此时的调查会更有针对性。

不要忘记，你调查的人里面一定有未来的同事、合作的伙伴，所以在背景调查之前，取得应聘者的认可是不可忽视的重要环节。只有这样，背景调查才不会演化成一种充满不信任乃至敌意的行为。此外，这种调查往往涉及隐私，而且不少应聘者求职时尚未离开原单位，所以取得他们的同意就更加必要。获取这种认可的最合适的方式莫过于让每个应聘者都签署《诚信调查授权声明》。这个《授权声明》可以成为职务申请表的最后一栏，通常可以用下列的内容。

"我在此声明：以上我所提供的求职申请信息是真实完整的。我非常明白，在求职申请表上填写的内容如有任何伪造、隐瞒，我将失去在贵公司的任职资格，而且即使将来被录用，也将因此导致无偿解雇。"

"雇主可针对求职申请中的信息进行诚信调查，特此授权。"

"签名：＿＿＿＿＿＿"

这个小小的"声明"既可以吓退一些心虚的求职者，又让招聘者获得了调查的权力，还可以在公司一旦不小心上当后将损失降到最小。可谓"一石三鸟"！

调查的方式有很多种，最常见的是电话调查。询问证明人的问题不用太多，语气要温和，不要给人拷问的印象。通常，可以有下列几个问题：

1. ×××的职务是什么？
2. 如何评价他的工作？
3. 您对他的工作风格、管理能力有什么看法？
4. 他的人际关系怎样？
5. 您对他离职感受如何？

商业信函的方式也是可行的好方法。一般来说，在寄发商业调查信函时，需要把应聘者签署的《诚信调查授权声明》的复印件一同寄去，这样才会取信于证明人。

最后，要对调查工作进行汇总。对于招聘规模比较大的公司来说，进行背景调查是一项繁重的工作。但为了方便录用和明确责任，一定要对所有的调查结果进行汇总。这里提供一个可供借鉴的汇总表（见表5-11）。

---

① 参见孙武. 招聘的最后一关：背景调查. 人力资源，2005（6）.

表 5-11　背景调查结果汇总表

应聘者姓名：		身份证号码：	
	教育状况核实		
受教育机构：		联系人：	
		联系方式：	
入校时间：		核实日期：	
毕业（是/否）		核实者：	
获得何种学位：			
记录类型：		核实日期：	
调查结果：		核实者：	
	工作情况核实		
工作单位：		联系人 1：	
		联系方式：	
工作时间		联系人 2：	
主管姓名：		联系方式：	
基本职责：		核实日期：	
		核实者：	
最后担任的职务：		担任的其他职务：	
工作表现：			
出勤率：		工作态度：	
表现出色的例子：			
离职的原因：			

注：对于工作的核查，一般是以最近一次应聘者被雇用超过一年的工作，如需核实以前的其他工作可填写到另外一张表格上。

背景调查不是简单的询问，它需要一定的技巧。对于比较重要的岗位，如果可以通过与证明人面谈的方式了解情况，结果会更加可靠。必要的时候，也可以委托专业的调查机构进行调查，因为他们会有更加广泛的渠道与证明人联系，并且在询问技巧方面更加专业。

"偏听则暗，兼听则明。"进行电话调查时，应聘者提供的证明人可能会将与自己关系较好的同事列为证明人，所以在进行电话调查时，不妨要求证明人提供另一个对应聘者工作表现熟悉的人。可选择应聘者的两位上司、两位同级、两位下属。这样，可从多角度、多方面了解应聘者。

最好在事务不太多的时段致电证明人，如午餐前半个小时或下班前半个小时。这样的话，证明人有较多的时间，可以更好地回答你的问题。进行会谈时，应注意调查技巧，避免给对方造成一种错觉，觉得你是在盘问对方，引起对方的不快，导致对你的调查有抵触情绪。

并不是每个证明人都会愉快地接受询问。因此，与他们建立融洽的关系是调查者们的必修课。有经验的调查者往往努力与证明人建立共同立场，比如说明公司曾因没有进行背景调查而造成的损害，希望对方理解支持，唤起对方的共识，使他感到帮助你是一种应尽的义务。

如果一个证明人对你有帮助，问问他是否还有别人也熟悉应聘者的工作情况。跟每一位证明人联系时都可以这样做，因为网络越大就越不会错过重要的信息。与应聘者利害关系越小，提供资料的人就越不会瞻前顾后，态度也就更为坦率。

对证明人不愿说的事情，更应注意。对方的犹豫或含糊其辞可能会告诉你很多东西，比如你要求证明人讲讲应聘者的工作表现，他的回答很模糊："他在这边工作时，财务工作大概干得还不错。"那么接下来你和别的证明人交谈时就会有问题可以详细问了。

询问的内容要侧重可核实的、与工作有关的信息，而不要涉及个人隐私问题，因为有关私人的信息和意见不仅没有用处，还会影响你的决定。而且，证明人在评论与工作有关的信息时，也会觉得比较安全，也会认为这种讨论较有价值。要做好书面形式的记录，方可作为是否录用该员工的依据。如果有些调查结果的主观程度较强，在决定是否录用时，要慎用这些调查结果，尽可能使用事实来进行决策。

检验文凭，全国高等教育学生信息网站（www.chsi.com.cn/xueli）是一个好帮手。我国已经对 2001 年后颁发的高等教育毕业文凭进行了电子注册。用人单位可以通过网络方便地检验出学历的真伪。对没有上网的文凭，可以通过与高校有关部门联系来证实。

检验文凭，全国高等教育学生信息网站（www.chsi.com.cn/xueli）是一个好帮手。我国已经对 2001 年后颁发的高等教育毕业文凭进行了电子注册。

如果一个应聘者还没有离开原有的工作单位，那么在做背景调查时应该注意技巧，不要给原企业留下该应聘者将要跳槽的印象，否则对该应聘者不利。

任何一种方法不可能十全十美，而全然依赖单一的手段会导致信息误差的发生，背景调查也是一样。它并不是万能的，错误和失真有时难以避免。总之，背景调查作为一种快捷有效的方式，如果能同其他的甄别手段相结合，就会大大提高选拔人才的准确度。

5.3　人员录用

经过几轮的选拔之后，最后的阶段就是录用。这一阶段往往包括试用合同的签订、员工的初始安排、试用、正式录用等环节。有不少企业对录用工作认识不够，实际上它关系到能否激励新的员工，使其以饱满的工作热情投入工作当中。

5.3.1　人员录用过程

1. 试用合同

员工进入组织前，要与组织签订试用合同。员工试用合同是对员工与组织双方的约束与保障。试用合同应包括以下主要内容：试用的职位、试用的期限、员工在试用期的报酬与福利、员工在试用期的工作绩效目标与应承担的义务和责任、员工在试用期应接受的培训、员工在试用期应享受的权利、员工转正的条件、试用期组织解聘员工的条件与承担的义务和责任、员工辞职的条件与义务、员工试用期被延长的条件等。

2. 员工的安排与试用

员工进入组织后，组织要为其安排合适的职位。一般来说，员工的职位均是按照招聘要求和应聘者意愿来安排的。人员安排即人员试用的开始。试用是对员工的能力与潜力、个人品质与心理素质的进一步考核。

3. 正式录用

员工的正式录用即通常所称的"转正"，是指试用期满、且试用合格的员工正式成为该组织成员的过程。员工能否被正式录用关键在于试用部门对其考核结果如何，组织对试用员工进行录用时应坚持公平、能岗匹配的原则。

正式录用过程中用人部门与人力资源部门应完成以下主要工作：员工试用期的考核鉴定；根据考核情况进行正式录用决策；与员工签订正式的雇用合同；给员工提供相应的待遇；制订员工发展计划；为员工提供必要的帮助与咨询等。

5.3.2　录用决策要素

1. 信息准确可靠

这里的信息包括应聘人员的原始信息和招聘过程中的现实信息。如下所述。

（1）应聘人员的年龄、性别、毕业学校、专业、学习成绩。

（2）应聘人员的工作经历、原工作岗位的业绩、收集的背景资料，原单位领导和同事的评价等。

（3）应聘过程中各种测试的成绩和评语。

2. 资料分析方法正确

（1）注意对能力的分析。信息和资料有可能相当的繁杂，在这众多资料中，要注意对应聘者能力的分析，包括沟通能力、应变能力、组织能力、协调能力等。

（2）注意对职业道德和品格的分析。要注意应聘者以往工作中所表现出的职业道德和品格。

（3）注意对特长和潜力的分析。对具备某些特长和潜力的人要加以特别的关注。

（4）注意对个人社会资源的分析。个人的社会资源对企业无疑也是一笔财富，录用决策时应加以重视。

（5）注意对学历背景和成长背景的分析。学历背景包括毕业的学校、专业、攻读的学位以及学习的连续性等资料。成长背景包括对其成长环境、成长过程、家庭影响和对其成长有重要影响的人与事。对学历背景和成长背景的分析能加强对其个性、知识总量、专业能力和心理健康等多方面的了解。

（6）注意对面试中现场表现的分析。面试是对一个人综合能力和综合素质的测评，应注意应聘者在面试现场中所表现出的语言表达能力、形体表达能力，风度、礼貌、教养和心理的健康，控制情绪的能力，分析问题的能力和判断能力等。

3. 招聘程序科学

招聘程序一定要一个层次一个层次地进行，例如招聘工作通常进行三轮面试，第一轮是人力资源部的初步筛选，第二轮是业务部门进行相关业务的考察和测试，第三轮是招聘职位的最高层经理和人事招聘专员参加测试，每轮均有淘汰，最后再进行匹配度分析。

如果招聘一开始就由总裁谈话，后面的许多工作就十分难做了。某企业集团的董事长未经任何程序步骤，自己直接进行面谈选择了三位准备担任该集团子公司总经理的人员，结果在使用中发现了许多问题，其中有一个连毕业文凭都是假的。如果能够有背景资料的收集，有由主考官组成的考官小组面试，那么，这样的错误是不会发生的。

4. 能力与岗位匹配

前面对于能力和岗位的匹配已有专门的阐述，匹配度是招聘中一个十分重要的要素，如果把一个人放在一个不适合他的岗位，对企业和个人都会造成很大的损失。

5.3.3　录用决策的程序

在招聘过程中，甄选的目的就是对应聘者作出判断，做出对应聘者的接受或拒绝的决定。为了保证甄选过程中信息的完整性，还需要一系列的信息整理和分析的过程。具体的过程见

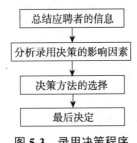

图 5-3 录用决策程序

图 5-3。[①]

1. 总结应聘者的信息

评价小组或专家委员对应聘者的兴趣在于每位应聘者"现在能做什么""愿意做什么""将来可能做什么""志向是什么"等方面的信息。根据企业发展和职位的需要，专家最终把注意力集中在"能做"与"愿做"两个方面。其中，"能做"指的是知识和技能以及获得新的知识和技能的能力（或潜力）；"愿做"则指工作动机、兴趣和其他个人特性。这两个因素是良好的工作表现所不可缺少的，用简单的式子表示如下：

$$工作表现 = 能做 \times 愿做$$

这里，"能做"的因素可以从测试得分和经核实的信息中获得；"愿做"的因素的判断则较为困难，可以从面试的回答和申请表的相关信息中推测应聘者"愿做"的信息。

2. 分析录用决策的影响因素

根据能级对应原理，不同的权级职位配置不同能级的人员，相应的录用决策也有区别。例如，对高级管理人员的决策方法就不同于一般的文职人员和技术人员。录用决策时，一般要考虑以下问题：

（1）注重应聘者的潜能，还是根据组织的现有需要？

（2）企业现有的薪酬水平与应聘者要求之间的差距。

（3）以目前对工作的适应度为准，还是以将来发展潜力为准？

（4）合格与不合格是否存在特殊要求？

（5）高于合格标准的人员是否在考虑范围之列？

3. 决策方法的选择

（1）诊断法。这种方法主要根据决策者对某项工作和承担者资格的理解，在分析候选人所有资料的基础上，凭主观印象作出决策。这里，每个评价者会对候选人作出不同的评价，不同的人可能对同一应聘者作出不同的决策。这样，"谁是最终的决定者"就显得非常重要了。

这种方法较为简单，成本较低，得到广泛的使用。但是，由于主观性强，评价者的素质和经验在科学合理的判断中起着重要的作用。

（2）统计法。统计法比诊断法所做的决定显得更客观一些。这种方法首先要区分评价指标的重要性，赋予权重，然后根据评分的结果，用统计方法进行加权运算，分数高者即获得录用。使用统计法选择候选人时，可以采用三种不同的模式：①补偿模式。某些指标的高分可以替代另一些指标的低分，即使用并联指标；②多切点模式。要求候选人达到所有指标的最低程度；③跨栏模式。采用串联指标，只有在每次测试中获得通过，方可进入下个阶段的挑选和评判。

这种评价方法对指标体系的设计要求较高。

4. 最后决定

让最有潜力的应聘者进入诊断性面试，最后由用人部门主管（或专家小组）作出决定，并反馈给人力资源管理部门。然后，由人力资源管理部门通知应聘者有关的录用决定，办理各种录用手续。

---

① 廖泉文. 人力资源管理. 北京：高等教育出版社. 2003：103-105.

5.3.4　特殊问题处理

录用中的特殊问题主要有对优秀人才的吸引、对应聘者的通知、新员工录用面谈和拒聘的处理几种情况。

1. 优秀人才的吸引

优秀人才的吸引包括两个方面，一是在整个招聘前期吸引尽量多的优秀应聘者加入筛选队伍；二是在录用时应吸引优秀人才加盟企业。吸引优秀人才，可以从以下几个方面采取措施：让优秀的应聘者尽可能多地了解企业的信息；在优秀的应聘者和企业之间寻找共同点；提前拟定企业给应聘者的薪酬待遇，尤其是对重要的职位，并与应聘者讨论所要承担的工作；如果在录用阶段判定某应聘者较为优秀而又在某些方面还存有疑惑，就要在决策之前对疑惑点进行调查研究；吸引优秀的应聘者必须行动迅速，不能让应聘者等待过久；录用之后要让应聘者感觉到对他的尊重。

2. 对应聘者的通知

对应聘者的通知有两类：一是录用通知；二是辞谢通知。录用通知应及时送出，在录用通知书中，应欢迎新员工加入企业，并说明报到的起止时间、报到的地点以及报到的程序等内容，在附录中详细讲述如何抵达报到地点和其他应该说明的信息。录用通知还要让被录用的人员了解他们的到来对企业发展的重要意义。许多企业都忽视了辞谢的程序。周到的辞谢方式除了可树立良好的企业形象，还可能对今后的招聘产生有利的影响。因此，应该用同样礼貌的方式通知未被录用的人员，可从通过电话用委婉的语言通知对方，也可以用信函的方法告知对方，但切忌用明信片的形式。

3. 新员工录用面谈

新员工录用面谈可以加强企业对新员工的进一步了解，同时加强新员工对企业的了解，为新晋升的老员工排除由于岗位变动带来的新矛盾。普通员工的录用面谈可由人力资源部执行，管理人员的面谈可由未来的直接上级或人力资源专家来执行。面谈的地点可以在面谈主动方的办公室，也可以在休闲场所。录用面谈一定要在相当轻松的氛围中进行，面谈的主动方要表现出大度和风范来，要同时作为师长、领导、同事等多元角色坦率地说出自己的想法，耐心地解答被录用者提出的问题。

4. 拒聘的处理

尽管经过努力，企业还是会经常遇到接到录用通知的人员不来就职的情况。如果拒聘的人员是企业所需要的优秀人才，则企业的人力资源管理部门甚至最高层主管应主动与之取得联系，采取积极争取的态度。如果企业被较多应聘者拒聘，就应该反思招聘过程可能存在的问题和障碍，从拒聘的调查中获得一些对未来招聘有用的信息。

本章　小结

当今市场的竞争越来越激烈，而市场的竞争归根结底是人才的竞争。企业发展的各个阶段都必须有优秀的员工作为支撑，所以，能否招聘到好的员工，是企业成败的关键之一。做好人员招聘工作十分的复杂，涉及的招聘政策的制定、招聘方式的选择、人员测评的设计和实施等。人员招聘是按照企业经营战略和人力资源规划的要求，把优秀、合适的人才招聘进企业，把合适的人放到合适的岗位上。

复习与思考

一、单项选择题（请从每题的备选答案中选出唯一正确的答案，将其英文大写字母填入括号内）

1. 企业招聘工作说明书的编写要求是（　　）。
   A. 清晰　　　　　　　　　　B. 具体
   C. 简短　　　　　　　　　　D. 清晰、具体、简短

2. 在招聘员工时，（　　）是一项重要的考虑因素。
   A. 学历　　　　　　　　　　B. 工作经历
   C. 个人特点　　　　　　　　D. 相貌

3. 形式为"优、良、中、差"的员工素质测评标度为（　　）。
   A. 量词式标度　　　　　　　B. 数量式标度
   C. 定义式标度　　　　　　　D. 等级式标度

4. 测评学习能力的最简单有效的方法是（　　）。
   A. 心理测验　　　　　　　　B. 品德测验
   C. 投射技术　　　　　　　　D. 情境测验

5. （　　）被认为是当代人力资源管理中识别有才能的管理者最有效的工具。
   A. 评价中心　　　　　　　　B. 管理中心
   C. 控制中心　　　　　　　　D. 学习中心

6. 以下最不适合用无领导小组讨论法进行人员选拔的岗位是（　　）。
   A. 人力资源主管　　　　　　B. 财务管理人员
   C. 销售部门经理　　　　　　D. 公关部门经理

7. 人员招聘的直接目标是为了（　　）。
   A. 招聘到精英人员
   B. 获得组织所需要的人
   C. 提高单位影响力
   D. 增加人力资源的储备

8. 人员配置的根本目的是（　　）。
   A. 使组织的任务和要求与个人相适应
   B. 为员工找到创造发挥作用的条件
   C. 通过个体之间取长补短形成整体优势
   D. 保持所有员工的心理和生理健康

9. 面试开始时，为了减缓压力，考官应从应聘者（　　）开始发问。

　　A. 可以预料到的问题

　　B. 根本料想不到的问题

　　C. 最难于回答的问题

　　D. 简历中有疑问的地方

10. 通过计算（　　）可以分析录用人员的素质状况。

　　A. 招聘单价　　　　　　　　　B. 应聘比例

　　C. 招聘完成比例　　　　　　　D. 录用比例

11. 一般来说，（　　）不适于采用情景模拟测试方法进行挑选。

　　A. 服务人员　　　　　　　　　B. 事务性工作人员

　　C. 销售人员　　　　　　　　　D. 技术性研发人员

12. 招聘成本评估中，招聘单价评估的计算公式为（　　）。

　　A. 招聘单价＝广告经费／实际录用人数

　　B. 招聘单价＝招聘总成本／实际录用人数

　　C. 招聘单价＝招聘总预算／计划录用人数

　　D. 招聘单价＝广告经费／计划录用人数

二、多项选择题（每题正确的答案为两个或以上，请从每题的备选答案中选出正确的答案，将其英文大写字母填入括号内）

1. 招聘的目的是（　　）。

　　A. 获得企业需要的人才

　　B. 树立企业形象

　　C. 降低受雇用者在短期内离开公司的可能性

　　D. 履行企业的社会义务

2. 招聘的原则包括（　　）。

　　A. 因事择人　　　　　　　　　B. 公开

　　C. 平等竞争　　　　　　　　　D. 能岗匹配

3. 人力资源招聘大致分为（　　）等阶段。

　　A. 人员招募　　　　　　　　　B. 测评与选拔

　　C. 录用　　　　　　　　　　　D. 评估

4. 招聘策略主要有（　　）。

　　A. 计划策略　　　　　　　　　B. 人员策略

　　C. 地点策略　　　　　　　　　D. 时间策略

　　E. 方法策略

5. 企业在招聘人员选拔中常用的方法有（　　）。

　　A. 笔试　　　　　　　　　　　B. 面试

　　C. 情景模拟　　　　　　　　　D. 心理测试

　　E. 体检

6. 招聘人员选拔在面试中常犯的错误有（　　）。

A. 对比效应　　　　　　　　B. 目的不明确

C. 不清楚合格者应具备的条件　　D. 面试缺少整体结构

E. 偏见影响面试

7. 测评方案的内容主要涉及（　　　）。

A. 被测评的对象

B. 测评方法选择

C. 参照标准设计的确立

D. 测评员工选择

E. 素质能力测评的指标体系

8. 在素质测评中，常用的对员工进行分类的标准有（　　　）。

A. 道德分类标准

B. 调查分类标准

C. 数学分类标准

D. 性别分类标准

E. 能力分类标准

9. 以下有关行为描述面试的说法正确的有（　　　）。

A. 是一种特殊的结构化面试

B. 面试的问题都是行为性问题

C. 是一种特殊的非结构化面试

D. 面试的问题都是知识性问题

E. 实质是识别关键性的工作要求

10. 无领导小组讨论的优点包括（　　　）。

A. 具有生动的人际互动效应

B. 题目的质量影响测评的质量

C. 讨论过程真实、易于评价

D. 被评价者难以掩饰自己特点

E. 对评价者和评价标准的要求较高

三、名词解释

1. 招聘

2. 人员甄选

3. 无领导小组讨论

4. 背景调查

四、问答题

1. 准确的理解招聘的含义，需要把握哪些要点？

2. 什么是招聘的原则？

3. 招聘的影响因素包括哪些？

4. 什么是招聘方式的内部获取？有何利弊？

5. 外部获取包括哪些招聘方式？外部获取有何利弊？

6. 甄选步骤是什么?

五、论述题

1. 我国企业招聘中存在问题的分析。

2. 人员招聘的基本内容。

3. 人才测评的作用是什么?

案例分析 ---

上海通用汽车（SGM）的招聘策略[①]

上海通用汽车有限公司（SGM）是上海汽车工业（集团）总公司和美国通用汽车公司合资建立的轿车生产企业，也是迄今为止我国最大的中美合资企业之一。

SGM 的目标是成为国内领先、国际上具有竞争力的汽车公司。一流的企业，需要一流的员工队伍。因此，如何建设一支高素质的员工队伍，是中美合作双方都十分关心的首要问题。同时 SGM 的发展远景和目标定位也注定其对员工素质的高要求：不仅具备优良的技能和管理能力，而且还要具备出众的自我激励，自我学习能力，适应能力，沟通能力和团队合作精神。要在一个很短的时间里，客观公正地招聘选拔到高素质的员工配置到各个岗位，对 SGM 来说无疑是一个重大的挑战。

"以人为本"的公开招聘策略

"不是控制，而是提供服务"，这是 SGM 人力资源部职能的特点，也是与传统人事部门职能的显著区别。

第一，根据公司发展的战略和宗旨，确立把传递"以人为本"的理念作为招聘的指导思想。SGM 在招聘员工的过程中，在坚持双向选择的前提下，还特别注意应聘者和公司双向需求的吻合。应聘者必须认同公司的宗旨和五项核心价值观：以客户为中心、安全、团队合作、诚信正直、不断改进与创新。同时，公司也充分考虑应聘者自我发展与自我实现的高层次价值实现的需求，尽量为员工的发展提供良好的机会和条件。

第二，根据公司的发展计划和生产建设进度，制订拉动式招聘员工计划，从公司的组织结构、各部门岗位的实际需求出发，分层次、有步骤地实施招聘。1997 年 7 月—1998 年 6 月分两步实施对车间高级管理人员、部门经理、骨干工程师、行政部门管理人员和各专业工程师、工段长的第一层次的招聘计划；1998 年年底—1999 年 10 月分两步实施对班组长、一班制制作工人和维修工、工程师第二层次的招聘计划；二班制和三班制生产人员的招聘工作与拉动式生产计划同步进行。

第三，根据"一流企业，需要一流员工队伍"的公司发展目标，确立面向全国选拔 22 名教授级员工的招聘方针。并根据岗位的层次和性质，有针对性地选择不同新闻媒体发布招聘信息，采取利用媒体和人才市场为主的自行抛出与委托招募相结合的方式。

第四，为确保招聘工作的信度和效度，建立人员评估中心，确立规范化、程序化、科学

---

① 任之婉. 上海通用汽车（SGM）的招聘策略. 知识经济，2001（4）.

化的人员评估原则，并出资几十万元聘请国外知名的咨询公司对评估人员进行培训。借鉴美国 GM 公司及其子公司已有的"精益生产" 样板模式，设计出具有 SGM 特点的"人员评估方案"，明确各类岗位对人员素质的要求。

第五，建立人才信息库，统一设计岗位描述表、应聘登记表、人员评估表、员工预算计划及目标跟踪管理表等。

两年来，公司先后收到 5 万多封应聘者的来信，最多一天曾收到 700 多封信。这些信来自全国各地，有的还是来自澳洲和欧洲等国家的外籍人士。为了准确及时地处理这些信件，SGM 建立了人才信息系统，并开通了应聘查询热线。成千上万的应聘者，成筐的应聘者来信，这些都是对 SGM 人员招聘策略成功与否的最好检验。

严格规范的评估录用程序

1998 年 2 月 7 日到上海科学会堂参加 SGM 招聘专场的人士无不感慨："上海通用招聘人才门槛高！"那天，凡是进入会场的应聘者必须在大厅接受 12 名评估员对岗位最低要求的应聘资格初筛，合格者才能进入二楼的面试台，由用人部门同应聘者进行初次双向见面，若有意见，再由人力资源部安排专门的评估时间。在进入科学会堂的 2 800 人中，经初步面试合格后评估的仅有百余人，最后正式录用的只有几十人。

1. 录用人员必须经过评估

这是 SGM 招聘工作流程中最重要的一个环节，也是 SGM 招聘选择员工方式的一大特点。公司为了确保自己能招聘选拔到适应一流企业、一流产品需要的高素质员工，借鉴通用公司位于德国和美国的一些工厂采用人员评估中心来招聘员工的经验，结合中国的文化和人事政策，建立了专门的人员评估中心，作为人力资源部的重要组织机构之一。整个评估中心设有接待室、面试室、情景模拟室，信息处理室、中心人员也都接受过专门培训。评估中心的建立确保了录用工作的客观公正性。

2. 标准化、程度化的评估模式

SGM 的整个评估活动完全按标准化、程序化的模式进行。凡被录用者，须经填表、筛选、笔试、目标面试、情景模拟、专业面试、体检、背景调查和审批录用九个程序与环节。每个程序和环节都有标准化的运作规范与科学化的选拔方法。其中笔试主要测试应聘者的企业知识、相关知识、特殊能力和倾向；目标面试则由受过国际专业咨询机构培训的评估人员与应聘者进行面对面的问答式讨论，验证其填在登记表中的信息，并进一步获取信息，其中专业面试则由用人部门完成；情景模拟是根据应聘者可能担任的职务，编制一套与该职务实际情况相仿的测试项目，将被测试者安排在模拟的、逼真的工作环境中，要求被试者处理可能出现的各种问题，用多种方法来测试其心理素质、潜在能力，如通过无领导的两个小组合作完成练习，观察应聘管理岗位的应聘者的领导能力、领导欲望、组织能力、主动性、说服能力、口头表达能力、自信程度、沟通能力、人际交往能力等。SCM 还把情景模拟推广到对技术工人的选拔上，如通过齿轮的装配练习，来评估应聘者的动作灵巧性、质量意识、操作的条理性及行为习惯，在实际操作过程中，观察应聘者的各种行为能力，孰优孰劣，泾渭分明。

3. 两个关系的权衡

SGM 的人员甄选模式，特别是其理论依据，与一般的面试以及包括智商、能力、人格、性格在内的心理测验相比，更注重以下两个关系的比较与权衡。

（1）个性品质与工作技能的关系。公司认为，高素质的员工必须具备优秀的个性品质与良好的工作技能。前者是经过长期教育、环境熏陶和遗传因素影响的结果，包含了一个人的学习能力、行为习惯、适应性、工作主动性等。后者是通过职业培训、经验积累而获得，如专项工作技能、管理能力、沟通能力等。两者互为因果。但相对而言，工作能力较容易培训，而个性品质则难以培训。因此，在甄选录用员工时，既要看其工作能力，更要关注其个性品质。

（2）过去经历与将来发展的关系。无数事实证明，一个人在以往经历中，如何对待成功与失败的态度和行为，对其将来的成就具有或正或负的影响。因此，分析其过去经历中所表现出的行为，能够预测和判断其未来的发展。

SGM 正是依据上述两个简明实用的理论、经验和岗位要求，来选择科学的评估方法，确定评估的主要行为指标，来取舍应聘者的。如在一次员工招聘中，有一位应聘者已进入第八道程序，经背景调查却发现其隐瞒了过去曾在学校因打架而受处分的事。当对其进行再次询问时，他仍对此事加以隐瞒。对此公司认为，虽然人的一生难免有过失，但隐瞒过错却属于个人品质问题，个人品质问题会影响其今后的发展，最后经大家共同讨论一致决定对其不予录用。

4. 坚持"宁缺毋滥"的原则

为了招聘一个工段长，人力资源部的招聘人员在查阅了上海市人才服务中心的所有人才信息后，发现符合该职位要求的具有初步资格者只有 6 人，但经评估，遗憾的是一个人都不合格。对此，中外方部门经理都肯定地说："对这一岗位决不放宽录用要求，宁可暂时空缺，也不要让不合适的人占据"。评估中心曾对 1997 年 10 月—1998 年 4 月这段时间内录用的 200 名员工随机抽样调查了其中的 75 名员工，将其招聘评估的结果与半年的绩效评估结果作了一个比较分析，发现当时的评估结果与现实考核结果基本一致的达到 84%左右，这证明了人员评估中心的评估有着较高的信度和效度。

 讨论题

1. 上海通用汽车（SGM）的招聘策略在哪些方面值得我们借鉴？为什么？（提示：招聘的优点）

2. 上海通用汽车（SGM）的招聘策略的有效实施需要哪些内外部条件？（提示：招聘的内外部条件）

3. 上海通用汽车（SGM）的招聘策略有什么不足？为什么？（提示：招聘的缺点）

员工培训与开发

第6章

学习目标

- 理解入职引导的概念
- 理解入职引导的内容
- 理解培训开发的概念
- 理解培训开发的作用
- 理解培训开发的原则
- 描述培训开发的分类
- 描述培训的系统运行过程
- 解释如何进行培训效果评估
- 描述不同的培训方式方法

互联网资料

http://www.365px.com
http://www.ldbj.com

入职引导（entry guide）　　　　　　培训（training）

开发（developing）　　　　　　　　　培训评价（training evaluation）

培训需要（training need）　　　　　　培训目标（training objective）

在职培训（on-the-job training，ONJT）　脱产培训（off-the-job training，OFFJT）

效果评估（effect appraisal）　　　　　案例分析法（case analyzing method）

角色扮演（role playing）

6.1　员工培训与开发概述

培训在不同的书籍或组织里，有不同的名称，如训练、发展、开发、成人教育等。因此，在进行培训之前，首先需要厘清培训的概念和相关概念间的区别和联系。

6.1.1　员工培训与开发的相关概念辨析

员工培训与开发区别

培训就是向新员工或现有员工传授其完成本职工作所必须的相关知识、技能、价值观念、行为规范的过程。开发则是增加和提高员工的知识与能力，以满足企业目前和将来的工作需求。培训更多的是一种具有短期目标的行为，目的是使员工掌握目前所需要的知识和技能；而开发则更多的是一种具有长期目标的行为，目的是使员工掌握将来所需要的知识和技能，以应对将来工作所提出的要求，本书中将员工培训与开发结合起来，既着眼于组织眼前绩效的改进，又在战略角度上关注组织及个人的长远发展。

培训和开发的实质是一样的，都是要通过改善员工的工作业绩来提高企业的整体绩效，只是关注点有所不同，一个更关注现在，而另一个更关注将来。在此，我们把其当作一个概念来理解，培训开发是指企业通过各种方式使员工具备完成现在或者将来工作所需要的知识、技能并改变他们的工作态度，以改善员工在现有或将来职位上的工作业绩，并最终实现企业整体绩效提升的一种计划性和连续性的活动，具体见表 6-1。

表 6-1　员工培训与开发的区别

	培　训	开　发
相同点	1. 根本目的在于提高人力资源质量和工作绩效水平 2. 对象是企业员工 3. 是有计划、连续的工作	
目标	着眼于短期技能、知识的提高，强调短期目标	着眼于未来知识和能力的提高，强调长期目标
关注焦点	现在	将来
与当前工作的相关性	高	低
持续时间	短，具有集中性和阶段性	长，具有分散性和长期性
范围	窄	宽
工作经验运用程度	高	低
收益	近期内见效	是人力资本投资，在未来取得收益

6.1.2　员工培训与开发的原则

在当今竞争激励的环境中生存、赢得发展对于很多公司来说都是一种挑战。企业要想立于不败之地，就必须扩充和增强人力资本，而这也是人力资源管理的核心。企业人力资本的扩充和增强主要有两条途径：一是从激烈的市场中招收；二是对现有员工进行培训和开发。

1. 战略性原则

员工培训与开发的战略性原则包括两层含义：其一，人力资源员工培训与开发要服从或服务于组织的整体发展战略，其最终目的是实现组织的发展目标；其二，人力资源员工培训与开发本身也要从战略的角度来考虑，要以战略的眼光去组织员工培训与开发，不能只局限于某一个员工培训与开发项目或某一项培训需求。

2. 长期性原则

知识更新的速度已远远超过我们的想象，企业发展也需要不断的更新知识，员工必须不断地学习，不断接受新的知识，所以，组织对其员工的培训必须坚持长期性原则。员工学习的主要目的是为组织工作，所以，员工培训是随着组织经营的变化而设置的。要正确认识智力投资和人才开发的长期性与持续性，要用"以人为本"的经营管理理念来做好员工培训与开发。

3. 学用一致的原则

员工培训与开发要从组织实际出发，培训的内容必须要针对员工个人和岗位所需要的知识、技能以及态度等，要与参与培训的员工的年龄情况、知识结构、能力结构、事项状况紧密结合。在培训项目实施中，要把培训内容和培训后的使用状况衔接起来。员工培训与开发系统要发挥其功能，即将员工培训与开发成果转化为生产力，并能迅速促进组织竞争优势的发挥与保持。

4. 全员培训和重点提高相结合的原则

全员培训就是有计划、有步骤地对在职的各级各类人员进行培训，这是提高全员素质的必由之路。全员培训不是对所有员工平均分摊培训资金，为了提高培训投入的回报率，要在全员培训的基础上进行重点培训，要分清主次先后、轻重缓重，制定规划，分散地进行不同内容、不同形式的员工培训与开发。培训必须有重点，这个重点就是指对组织的兴衰有着更大影响力的管理和技术骨干，特别是中高层管理人员。此外，人员培训的内容还应该与干部、职工的任职标准相衔接。培训内容也必须兼顾专业知识技能与职业道德两方面。

5. 个体差异原则

从普通员工到最高决策者，所从事的工作不同，创造的绩效不同，能力和应达到的工作标准也不同。所以，员工培训与开发工作应充分考虑他们各自的特点，做到因材施教。也就是说，要针对员工的不同文化水平、不同职务、不同要求以及其他差异，区别对待。

6. 严格考核和择优奖励的原则

培训工作与其他工作一样，严格考核和择优奖励是不可缺少的管理环节。严格考核是保证培训质量的必要措施，也是检验培训质量的重要手段。只有培训考核合格，才能择优录用或提拔。鉴于很多培训只是为了提高素质而并不涉及录用、提拔或安排工作问题，因此，对受训人员择优奖励就成为调动其工作积极性的有力杠杆。

6.1.3　员工培训与开发在组织中的作用

1. 让新员工尽快进入角色

新员工在刚进入组织的一个过渡期内（通常是 3～6 个月），将会依据自己对组织的感受和评价来选择自己如何表现，决定自己是要在组织谋发展还是将其作为跳板。因此，许多发展比较成功的组织会通过系统的定向培训，尽可能地消除新员工的种种担心和疑虑，让他们全面、客观地了解其工作环境、组织氛围及新工作所需要的知识和技能，以促使新员工尽快进入角色。

2. 提高员工工作效率

组织通过对员工进行有效的培训和开发，使员工的知识结构得到更新，工作技能明显提高，人际关系得到改善。经过培训的员工，往往掌握了新的知识结构，从而获得了最新的工作方法（如计算机代替手工操作），直接促进员工工作质量和劳动生产率的提高，也降低了各种损耗，并减少事故的发生。

3. 有助于提高和增进员工对组织的认同感与归属感

通过培训，可以使组织中具有不同价值观、信念、工作作风的员工和谐地统一起来，为了共同的目标而各尽其力。一个团队或一个组织克服内外困难的力量就来自它本身，即来自它的精神力量，来自它的信念。对员工的培训，主要一点就是培训培育员工对组织的认同感与归属感，开发员工的智力和技能潜力，使组织从被培训的员工中获得一种精神的发展动力和一种文化力。

4. 促使组织战略的调整与转变

组织的发展是在组织不断创新的基础上实现的。组织创新是通过组织战略的不断调整与转变来完成的。组织战略的调整需要新的人力去开发产品、开辟市场，这样组织必须进行有目的、有计划的员工开发工作，保证人力资源对组织战略调整的需求。组织进行人力资源开发、使组织增添了新的人力资源，这些新的人力资源是组织战略调整的有力保证。

5. 提升组织的竞争力

现代市场经济的特点是自由公平的竞争。组织间的竞争，实际上是员工实力的竞争。而要使广大员工转变成人才，需要经过人力资源的开发。因此从一定意义上说，组织之间人才实力的竞争，实质上就是内部人力资源开发的竞争。人力资源开发水平直接影响着产品的技术含量，进而直接关系到组织的效益。所以，有效的人力资源开发会极大地增强组织的人力资本，提高竞争力。

6.1.4　培训开发的分类

在实践中，培训开发具有各种不同的形式，对这些类型的辨别将有助于我们加深对培训开发的理解。按照不同的标准，可以将培训开发划分为不同的类型。

（1）按照培训对象的不同，可以将培训开发划分为新员工培训和在职员工培训两大类。新员工培训指对刚刚进入企业的员工进行培训，在职员工培训指对已经在企业中工作的员工进行培训。由于培训的对象不同，这两类培训之间存在比较大的差别，新员工培训相对来说比较简单，因此通常所讲的培训开发是针对后者而言的。在本章中我们主要讨论的是在职员工的培训。

按照员工所处的层次不同，在职员工培训又可以继续划分为基层员工培训、中层员工培训和高层员工培训三类。由于这三类员工在企业中所处的位置不同，承担的责任不同，发挥的作用也不同，因此对他们的培训开发要区别对待，应当侧重不同的内容，采取不同的方法。

（2）按照培训形式的不同，可以将培训开发划分为在职培训和脱产培训两大类。在职培训（on-the-job training，ONJT）指员工不离开工作岗位，在实际工作过程中接受培训；脱产培训（off-the-job training，OFFJT）则是指员工离开工作岗位，专门接受培训。这两种培训形式各有利弊，企业在实施过程中需要根据实际情况来选择恰当的形式。

（3）按照培训性质的不同，可以将培训开发划分为传授性的培训和改变性的培训两种。传授性的培训指那些使员工掌握自己本来所不具备的内容的培训，例如员工本来不知道如何操作机床，通过培训使他能够进行操作，这种培训就是传授性的培训。改变性的培训则是指那些改变员工本来已具备的内容的培训，例如员工知道如何操作机床，但是操作的方法有误，通过培训使他掌握正确操作的方法，这种培训就是改变性的培训。

（4）按照培训内容的不同，可以将培训开发划分为知识性培训、技能性培训和态度性培训三大类。知识性培训是指以业务知识为主要内容的培训，技能性培训指以工作技术和工作能力为主要内容的培训，态度性培训则是指以工作态度为主要内容的培训。这三类培训对于员工个人和企业绩效的改善都具有非常重要的意义，因此在培训中都应当给予足够的重视。

此外，按照其他的标准，培训开发还可以划分为其他不同的类型。需要再次强调指出的是，对培训开发类型的划分的意义并不完全在于这些类型本身，而在于对培训开发的深入了解。

6.2　员工培训的基本程序

员工培训是人力资源部的重要职能，培训做得好，无论对员工的自我增值，还是对企业绩效的提高，都起着十分重要的作用。而培训活动的成本无论从费用、时间与精力上来说，又都是不低的，所以必须精心设计与组织。要有效地做好这一工作，应把它视为一项系统工程，即采用一种系统的方法，使培训活动能符合企业的目标，让其中的每一环节都能实现职工个人及其工作和企业本身三方面的优化。图 6-1 所示的人力资源培训系统（简称 HRT）模型便显示了这样一个系统，它代表了由五个环节构成的一个循环过程。这五个环节分别是：确定培训需求，确立培训目标，拟定培训方案，实施培训，培训成果转化，培训效果评估。

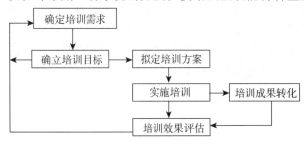

图 6-1　人力资源培训系统模型

6.2.1　确定培训需求

确定培训需求的程序如下。

1. 确认工作行为或绩效差异的存在

工作行为或绩效差异是指实际的工作行为或绩效与企业所期望的工作行为或绩效的差异。

（1）资料来源。包括：

- 员工档案；
- 培训要求；
- 调职要求；
- 离职理由；
- 工作意外记录；

- 员工申诉记录；
- 绩效评估；
- 工作描述；
- 工作规范；
- 工作分析报告；
- 工作过期记录；
- 器材维修要求；
- 器材损坏报告；
- 招聘测试；
- 生产数据；
- 顾客投诉；
- 管理报告；
- 顾问报告。

（2）收集上述资料可以使用的方法。包括：

- 个别员工面谈；
- 集体面谈；
- 问卷调查；
- 意见箱；
- 观察；
- 工作分析；
- 绩效评估；
- 测试；
- 研究各项书面记录。

当工作行为或绩效差异对企业产生负面影响时，企业便要对这些差异进行分析，以确定培训的需要。

2. 培训需求分析

培训需求分析主要从以下三个方面进行分析。整个培训需求的分析见图 6-2。

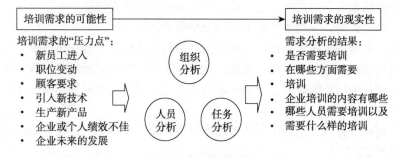

图 6-2　培训需求分析

资料来源：董克用，叶向峰. 人力资源管理概论. 北京：中国人民大学出版社，2004：211.

培训与开发需求分析见表 6-2。

表 6-2 培训与开发需求分析的三个层面

分析层面	分析内容	分析结果
组织分析	组织战略	揭示企业中哪个职能或部门需要培训与开发以及在何种战略背景下进行培训与开发
任务分析	工作任务	揭示为了有效地完成工作任务，必须做什么以及如何做，需要什么样的知识和技能
人员分析	人员 KSA	揭示对谁进行培训与开发，培训与开发什么，采取何种培训与开发对策

注：员工 KSA 差距需求（K：Knowledge 知识；S：Skill 技术；A：Ability 能力）。

（1）组织分析。在确认企业层面的培训需要时，要检视企业的使命、目标、策略和文化。培训和发展计划的目标必须与企业的使命、目标和策略一致，并需取得最高管理层的支持。除了要考虑企业目前和未来的需求外，更要注意对这些需求订立优先次序。评估部门员工接受培训和发展会对其他部门造成什么影响，例如，引起工作程序的改变，以致影响其他部门。

分析要有预见性，要以发展眼光去诊断需要，这就要预测本企业未来在技术上、销售市场上及组织结构上可能发生什么变化。了解现有员工的能力并推测出未来将需要哪些知识和技能，从而估计出哪些员工需要在哪些方面进行培训，以及这种培训真正见效所需要的时间，以推测出培训提前期的长短。

预测要有根据，必须对企业过去考绩的统计数据进行分析。对生产、成本、安全、质量、设备保养维修等方面指标的仔细检查，能有助于发现培训需求。但要注意的是，这些指标当初并不是为了找出培训需求而设置和测录的，所以负责培训计划的人事经理在查阅这些统计数据时，要全面考虑影响这些指标的各种因素。

需求调查，不要只看到那些"硬"的、技术性方面的问题，还应同时注意"软"的、思想方面的问题。例如，出勤、纪律、离职等方面的记录。通过员工的牢骚、投诉、建议等常能反映态度与士气方面的问题，这也是可以通过适当培训来改善的。组织员工满意感调查，查阅缺勤、违纪、离职记录，找有关员工谈心等，都是找出这类培训需求的有效手段。

（2）任务分析。任务分析的主要对象是企业的各个职位。通过任务分析要确定各个职位的工作任务，各项工作任务要达到标准，以及完成这些任务所必须的知识、技能和态度。可以看出，任务分析其实就是我们所讲的工作分析，只是它比工作分析更为详细。

任务分析的最终目的就是要确定新员工的培训要求，这里的新员工不仅仅是企业新近招聘录用的员工，还包括到新的职位就职的员工。从完成职位的工作任务角度来看，他们并没有什么区别，不同的只是后者对企业的情况更为了解。此外，任务分析的结果界定了在个人层面进行培训时培训内容的范围，这是设计培训课程时的重要依据。

在进行任务培训时，一般要按照下列四个步骤来进行。

首先，选择有效的方法，列出一个职位所要履行的工作任务的初步清单。

其次，对所列出的任务清单进行确认。这需要对以下几个问题做出回答：任务的执行力如何？完成每项任务所花的时间是多少？成功完成这些任务的重要性和意义是什么？学会这些任务的难度有多大？

再次，对每项任务所要达到的标准做出准确的界定，尽量用可以量化的标准来表述。例如"每小时生产 20 个"。

最后，确定完成每项工作任务的知识、技能和态度，即 KSA，K（knowledge）为知识，S（skill）为技能，A（attitude）为态度。

（3）个人分析。培训的重点在于促成员工的个人行为发生所期望的转变。没经验的员工绩效不良可能是由于缺乏所需的知识或技能，有经验的员工没做好工作则可能是因为养成了不良的工作习惯或原来的培训不当。这些都可通过个人分析而发现。但还存在由于工作态度方面存在问题的可能性等。个人分析是在员工个体水平上进行的。

3. 确认培训是否为最好的方法

当工作行为或绩效差异是因为个人能力不足，或因员工态度信念不配合，或是因为主管不积极参与员工培训所引起，培训便能有助于消除差异。此外，也要比较培训的成本和绩效差异所造成的损失，计算培训和发展是否有效益。

6.2.2 设置培训目标

设置培训目标将为培训计划提供明确的方向和依循的构架。有了目标，才能确定培训对象、内容、时间、教师、方法等具体内容，并可在培训之后，对照此目标进行效果评估。培训目标可分为若干层次，从某一培训活动的总体目标到某项学科直至每堂课的具体目标，越来越具体。设置培训目标必须与企业的宗旨相容，要现实可行，要用书面明确陈述，其培训结果应是可以测评的。

培训目标主要有以下几大类。

1. 技能培养

掌握技能当然也离不开思维活动。在较低层的职工中，需要涉及具体的操作训练；在高层中，则主要是思维性活动了。例如，分析与决策能力，也要涉及具体的技巧训练，又如，书面与口头沟通能力，人际关系技巧等。

2. 传授知识

包括概念与理论的理解与纠正、知识的灌输与接受、认识的建立与改变等，都属于智力活动。理论与概念必须和实际结合，才能透彻理解，灵活掌握，巩固记忆。

3. 转变态度

这当然也必须涉及认识的变化，所以有人把它归入上述"传授知识"这一类中，但态度的确立或转变还涉及感情因素，这在性质与方法上毕竟不同于单纯的传授知识了。

4. 工作表现

受训者经过培训后在一定的工作情境下达到特定的工作绩效和行为表现。

5. 培训应有助于实现部门或企业的绩效目标

培训方案的目标包括下列三要素：

（1）培训后的行为或绩效的标准要求，对于培训计划而言，这个标准应具体列明，例如，培训后打字速率应为每分钟若干字；

（2）何种状况下，这个绩效标准可以加以运用；

（3）评估上述行为或绩效标准的方法。

6.2.3 拟订培训方案和实施培训

拟订培训方案就是培训目标的具体化与操作化，即根据既定目标，具体确定培训项目的形式、学制、培训课程设置方案、培训课程大纲、培训资料、培训者、培训方法、考核方式、辅助培训器材与设施等。制订正确的培训计划时必须兼顾许多具体的情景因素，如企业类型、企业规模、员工特点、技术发展水平与趋势、国家法规、企业文化等，而最关键的因素是企业领导的管理价值观与对培训重要性认识。

培训方案应主要包括下述内容。

1. 培训时间选择

- 对受训者来说，什么时候是最好的受训时间？什么时间培训能与工作配合？什么时间最可行？
- 倘若受训者是企业的一组重要成员，当他们接受培训时，是否会打乱企业的正常工作？对别的成员的工作会有影响吗？
- 什么时候进行培训，能取得督导人员或培训人员的合作？这些人还有其他业务吗？他们能否将精神集中在培训工作上？
- 什么时候能够获得培训必需的设备，如会议室和投影仪？
- 若考虑到流动现金因素，什么时候是最好的培训时间？

2. 培训者

培训者的选择是培训实施的一项重要内容，培训者选择的恰当与否对于整个培训活动的效果和质量有着直接的影响，培训者必须有良好的品质、完备的知识、丰富的经验，还要善于沟通，优秀的培训者往往能够使培训工作更加富有成效。

培训者的来源一般来说有两个渠道：一是外部渠道；二是内部渠道。从这两个渠道选择培训者各有利弊，表 6-3 就是对各自的利弊所作的一个简单比较。

表 6-3　两个渠道选择培训者的利弊比较

渠　　道	优　　点	缺　　点
外部渠道	·培训者比较专业，具有丰富的培训经验 ·没有什么束缚，可以带来新的观点和理念 ·与企业没有直接关系，员工比较容易接受	·费用比较高 ·对企业不了解，培训的内容可能不实用，针对性不强 ·责任心可能不强
内部渠道	·对企业情况比较了解，培训更有针对性 ·责任心比较强 ·费用比较低 ·可以和受训人员进行更好的交流	·可能缺乏培训经验 ·受企业现有状况的影响比较大，思路可能没有创新 ·员工对培训者的接受程度可能比较低

资料来源：董克用，叶向峰. 人力资源管理概论. 北京：中国人民大学出版社，2004：217.

近年来，我国各地出现了大量的专业培训机构，以满足企业日益膨胀和不断变化的培训需求。这些机构通常只有固定的办公地点，但没有正规学校所具备的教学场所和设施。它们通常没有专职的教学培训人员，但以合同的方式聘请不少的专业培训师。这些机构根据企业对员工的培训需求，开发和设计出相应的培训方案和教材，主要以 "公开课"和"内训"两种方式为企业提供培训服务。

"公开课"是指培训机构以广告方式向众多企业邀请相关人员参加的集中性的短期培训，或周末两天，或一周，或一个月，培训地点通常是在宾馆、饭店的会议室，每次参加人数可以是几十人或几百人。"内训"则是培训机构为某一企业专门提供的短期培训项目，通常在该企业内部进行，没有外部人员参加。两相比较，利弊显而易见。"公开课"有利于来自不同企业的人员交流，学习和借鉴其他企业的经验，且费用较低；但针对性较差，一个企业派去参加的人数有限。"内训"则相反，培训内容对企业而言可以比较具体和针对性，该企业参加人员可以比较多，讨论问题也能深入，不必忌讳外泄机密或"家丑"；但费用较高，而且不能与除培训师外的企业外部人员交流。

3. 培训的内容和培训的对象

培训的内容是指应当进行什么样的培训，培训的对象是指哪些员工需要接受培训，这两个项目都是培训需求分析的结果，这里就不再赘述了。

4. 培训的地点和设施

培训地点是指培训要在什么地方进行，培训地点的选择也会影响培训的效果，合适的地点有助于创造有利的培训条件，建立良好的培训环境，从而增进培训的效果。培训地点的选择，最主要的是要考虑培训的方式，应当有利于培训的有效实施。例如，采取授课法，就应当在教室进行；如果采取讨论法，就应当在会议室进行；而采取游戏法的话，则应当选择有活动空间的地方。此外，培训地点的选择还应当考虑到培训的人数、培训的成本等因素。

此外，在培训计划中，还应当清楚的列出培训所需的设备、如座椅，音响，投影机，屏幕，白板以及文具等，准备好相应的设备也是培训顺利实施的一个重要保证。

5. 培训的方法和费用

培训的方法有很多，不同的方法具有不同的特点，企业应当根据自己的具体情况来选择合适的方法。在下一节中，将对这些方法进行详细的介绍。

由于培训都是需要费用的，因此在培训计划中还需要编制出培训的预算，这里的培训费用一般只计算直接发生的费用，例如培训地点的场租，培训的教材费，培训者的授课费以及培训的设备费等。对培训的费用做出预算，便于获取资金支持以保证培训的顺利实施，同时也是培训评估的一个依据。

员工培训十大趋势

----

1. 全球化

培训业是世界经济中一个重要的发展行业，通信技术、远程教育和旅游业的发展使得在全球范围内配置培训资源变得非常方便。像其他行业一样，培训产品和服务将实施国际标准，高质量标准化的培训体系和课程设计具有广阔的市场前景。

2. 网络化

国际互联网技术的发展打破了时间和空间的限制，能很方便地满足即时的和不同步的学习需求。通过互联网多方位的技术，在计算机空间里，能满足学习的三种基本途径:自学、集体交流和教师讲授。互联网上丰富的学习资源能让不同水平的学习者，通过整合互联网学习资源，实现学习目标，并且可以节省大量的时间和金钱。网上学习将给培训业带来根本性的变革。

3. 分散化

培训不再是仅仅面向公职人员，受训者还应该包括供应商、消费者、协作人员等庞大的群体。这一趋势意味着培训的权责从集中管理向分散的工作场所转换，过去处于中心位置的培训者将成为学习顾问，帮助、指导并支持所有在岗人员的工作，同时应更加关注如何将学习和企业战略计划相结合等问题。

4. 团队学习

个人知识和技能的局限性以及面临问题的复杂性，使团队得到很大的发展，人们将按团队工作，尽管他们工作和居住的地点可能并不邻近。随着通信技术的发展，团队的性质将发生变化，企业将由大量不断变化的小型组织完成其工作。培训者基本职责之一是指导团队学习和项目管理，提供专家或工具帮助团队发展。

5. 终生学习

在旧的经济体系里，人们的一生分为学习和工作两大阶段。在知识经济体系中，工作和学习合二为一，当你在从事知识性工作时，你就是在学习；同时，也必须随时随地不断学习，才能有效执行知识性的工作。终生学习在过去似乎更是一种人生的修养，而在今天，它成了人生存的基本手段。

6. 培训模式转化

未来的培训模式将从学历培训模式变为模块培训模式。学历培训模式的主要特征是教师讲、学员记，然后考试过关，它的逻辑过程是从具体到抽象，重在知识传授而无法达到能力转换，即保"知"不保"会"。模块培训模式以实用性为特征，强调"知、做、思"三者的综合，它的逻辑程序是从抽象到具体，强调将知识转化为能力，借用"知"来保"会"，培训模式是:教师讲解、师傅示范、学员自习、研究案例，进行实际操作训练;进行测评、反馈，并进行多次反复，不断提高职务工作能力。

7. 培训技术丰富化

随着培训需求的多样性,所采用的培训技术亦跟随多样化。

8. 培训与咨询相结合

为了使培训具有针对性和有效性，必须对受训者进行需求分析。通过对受训者进行咨询诊断，明确需要改善的方面，并通过培训提供帮助。另外，在现代咨询中，学习是作为追求的主要目标之一，在选择工作方法和客户合作中，咨询师力图将个人诀窍和经验传授给客户;咨询师视培训为其关键的实际操作工具，并不断使用它;许多咨询师以兼职教员或培训工作者身份与工商学院或其他教育机构进行合作;在某些教育和培训机构中，咨询已变为组织的一项功能，由专门的咨询部门和通过项目来组织实施。总之，培训与咨询互为融合、互为促进。

9. 自主化和社会化相结合

培训的自主化是当今企业培训的主流。但是,企业培训往往要求多,层次广,有许多类型是企业无法做到的。于是，培训的社会化应运而生。中小企业由于自身实力和培训资源的有限性,其培训需求往往由社会性培训机构来满足。

10. 规范化和标准化

培训需求的多样化和培训技术的多样化，使培训服务的品质参差不齐，没有衡量的标准将不利于培训业整体提升。国际质量标准认证体系在培训业中的推广运用，将极大推动培训的规范化和标准化，以及提高培训产品和服务的市场竞争力。标准化的培训产品传播广泛，市场占有率高，规范化的培训服务能极大地提高客户满意度。

6.2.4　培训成果转化

培训成果转化，又称培训成果转移，指受训者将在培训中所学到的知识、技能和行为应用到实际工作当中的过程。一般来说，培训成果转化受转化的氛围、上级的支持、同事的支持、技术支持、运用所学技能机会及自我管理（动机、能力）等方面因素的影响。转化模型见图 6-3。[①]

（1）转化的氛围。这是培训成果转化的环境因素，良好的外部氛围将有助于员工培训成果的转化。

（2）上级的支持。这是影响培训成果转化的最重要的因素，一般来说，上级的支持程度越高，培训成果就越有可能得到转化。上级的支持表现在以下几个方面：鼓励受训者在工作中运用培训所学到的内容；在受训者没有意识到的时候，提醒他们在工作中运用培训所学到的内容；要给受训者提供机会，使他们能够在工作中运用培训所学到的内容；在受训者运用从培训中所学到的内容时，及时给予指导和反馈等。

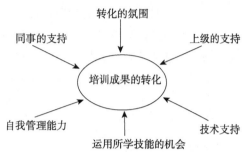

图 6-3　影响培训成果转化模型

（3）同事的支持。这里的同事不仅包括一起参加培训的同事，还包括那些没有参加此次培训的同事。这种支持主要表现为：在一起相互讨论培训成果转化的体验，分享成功的经验，接受失败的教训，从而使培训成果的转化更有成效；其他同事在运用从培训中所学到的内容时，提供必要的帮助；鼓励其他同事在工作中运用从培训中所学到的内容等。

（4）技术支持。这是培训成果转化的硬件条件，如果员工通过培训后在学习过程中有新的创意与设计，但企业的技术支持不到位的话，只会是徒劳。

（5）运用所学技能的机会。员工通过培训学到的技能必须要有"用武"之地，才能转化为生产力，所谓熟能生巧，技能在运用的过程中也会不断地提高；相反，如果不能运用的话，将会变得生疏，甚至失去该技能。

（6）自我管理能力。这是员工的主观行为，参加了培训后如何进行知识技能的巩固与提高，如何更进一步地提高自己的能力，将培训成果转化到企业的生产力中来，关键还是要看员工自我管理的能力。

企业要提高培训的成果转化，应注意下列因素。

（1）理论。受训者需要知道培训的理论根据，明白和接受训练的程序和方法。这是转移效果的主要环节之一。

（2）示范。倘若在培训过程中有专人示范传授的概念、技巧或方法，而受训者亦有观察和参与讨论传授的概念、技巧或方法的机会，这会增加实用性，使受训者能灵活地运用传授的概念、技巧或方法。

（3）操练或模拟。受训者若有机会亲自操练或模拟所学习的技巧或方法，在工作上将这些技巧或方法应用出来的可能性也相应提高。操练或模拟可以使受训者做出有关的行为，感受当中的滋味，并了解其中的困难和经历克服困难所带来的成功感。受训者可以从中增加应

---

① 郑晓明. 人力资源管理导论. 北京：机械工业出版社，2005：206.

用技巧和方法的信心。因此，在进行操练或模拟之后，应进行讨论和回应，帮助受训者解决问题和克服困难，加强学习效果。

（4）实际应用机会和回应。受训者若有机会在工作上应用所学到的技巧，加之专人在旁边指导和给予回应，他便能有效地应用所学到的技巧，并持之以恒。

（5）实际应用加上专人指导。将培训和工作实习联系起来的最好方法就是：将上述实际应用和回应的时间延长，使受训者长时期在专人指导下将所学的应用出来。邀请受训者的直属上司、专业顾问或者其他部门的称职训练者出任导师。要记住，不是所有的上司都是合适的导师。企业要让管理人员知道他们有担任培训和开发的责任，除了企业的培训和开发部门负责培训人员外，直属主管也应是一位培训者和辅导者。

6.2.5　效果评估

培训效果是指在培训过程中受训者所获得的知识、技能、才干和其他特性应用于工作的程度。培训效果可能是积极的，这时工作绩效得到提高；也可能是消极的，这时工作绩效恶化；还可能是中性的，即培训对工作绩效没有产生明显的影响，这种情况下的损失是培训经费和时间的浪费。

在对培训项目的结果进行评价时，需要研究以下问题：第一，员工的工作行为是否发生了变化？第二，这些变化是不是培训引起的？第三，这些变化是否有助于组织目标的实现？第四，下一批受训者在完成相同的培训后是否会发生相似的变化？对变化的衡量涉及以下四个方面：第一，反应，即受训者对这一培训项目的反应，受训者是否感到培训项目有好处，包括受训者对培训科目、培训教员和自己收获的感觉。第二，学习效果，即受训者对所教授的内容的掌握程度，受训者是否能够回忆起和理解对他们进行培训的概念与技能。这可以用培训后的闭卷考试或实际操作测试来考察。需要牢牢记住的是，如果受训者没有学会，那么培训者就没有发挥作用。第三，行为变化，即员工由于参加这一培训所引起的与工作有关的行为发生的变化，受训者是否在行为上应用了学习到的这些概念与技能。需要注意的是，由于工作经历的逐渐丰富、监督和工作奖励方式的变化都可能对员工的行为产生影响。为了克服这种干扰，可以使用控制组方法，即将员工分为训练组和未受训练的控制组。在实施训练之前，衡量各组的工作绩效；在实施训练之后，再衡量各组的工作绩效，通过比较发现训练的效果。在这个问题上，应该注意培训组的绩效变化将在培训结束后，经过一段时间的实践才能体现出来，了解这一性质对正确评价培训项目的效果很重要。第四，培训后果，即受训者行为的变化是否积极地影响了组织的结果、有多少与成本有关的积极后果（如生产率的提高、质量的改进、离职率的下降和事故的减少）是由于培训引起的，受训者在经过培训之后是否对组织或他们的工作产生了更加积极的态度。其中，对反应和学习效果的衡量主要是主观感受，所以有时称为内部标准；而对行为和培训后果的衡量主要是客观结果，所以有时称为外部标准。

20世纪70年代，美国学者布鲁斯沃（K.Brethower）和拉姆勒（G.Rummler）对培训项目的评价标准和衡量方法进行了研究，总结出来的方法到现在仍然具有很大的影响。他们的贡献见表6-4。

表 6-4　培训项目的评价方法

我们想知道什么	衡量什么	衡量项目	获取数据的方法	获取数据的替代方法
Ⅰ．受训者是否满意？如果不是，为什么？	培训期间受训者的反应	联系 胁迫 学习的轻松程度	受训者的评论 对教员的评论 对练习的部题 对练习行为方式	观察 面谈 问卷
1. 概念不相关 2. 培训场所设什 3. 受训者安排的不合适	培训之后受训者的反应	"值不值"相关程度或者学习动力	对项目的行为方式 关于项目概念的问题	观察 面谈 问卷
Ⅱ．教学素材是否教会了概念？如果没有，为什么？	培训期间受训者的表现	理解 应用 表达	学习时间 做练习的成绩	观察 文件检查
1. 培训教室的结构 2. 课程 一表述 一例子 一练习	培训结束时受训者的表现	理解 应用 实施 内容的衔接	对未来的行动方案 做练习时所使用的工具 表达	观察 文件检查 面谈 问卷
Ⅲ．所学习的概念是否被应用？如果汉有，为什么？ 1. 概念 一不相关 一太复杂 一太含糊 2. 工具不适合 3. 环境不支持	绩效改进计划	分析行动计划 结果	讨论 文件 结果	观察 面谈 文件检查 问卷（关键事件）
	解决难题技术	提出的问题计划的行动采取的行动	讨论 文件 结果	观察 面谈 文件检查 问卷（关键事件）
	不断管理方法	宣传的努力语言 人员管理程序	讨论 文件 结果	面谈 文件检查 问卷（关键事件）
Ⅳ．概念头的应用是还积极地影响了组织？如果不是，为什么？	难题解决	问题的识别 分析 行动 结果	讨论 文件 结果	面谈 文件检查 问卷（关键事件）
	危机的预测和预防	潜在的危机的识别 分析 行坳	讨论 文件 结果	面谈 文件检查 问卷（关键事件）
	绩效衡量具体到一个特定的培训项目	产出的衡量过渡的或者诊断的方法	业绩数据	文件检查

资料来源：George T, Milkovich and John W. Boudreau, *Human Resource Management*, Richard D. Irwin, 1994, pp.516-517.

　　公司在评价培训项目的效果时所使用的评价项目很重要，此外，进行评估的时间和所使用的评估方法也很重要。假如公司的销售收入在实施一个培训项目之后比实施之前上升了20%，我们并不能断言这都应该归功于这次培训。很多人力资源管理专家认为，最合适的评价培训项目方法应该是以合理的成本就能够采集到数据，同时这些数据是对关键决策的制定者最有意义的方法。

员工培训误区面面观

随着市场经济的发展和竞争程度的提高，中国企业开始重视员工培训。但从实践来看，真正领悟培训之道者少，"克隆"形式者多。结果，用心良苦的培训并没有得到良好的收益和效果。之所以出现这种情况，是因为对员工培训还有些理解和认识上的误区。这些理解和认识上的误区有很多，但大体有以下六种。

1. 对培训认识不足

一是不重视培训。不重视培训的表现是多方面的，如有企业管理者认为，现在的员工想法多，流动性大，花费大量的人力、物力、财力培养了他，但却留不住，为他人做了嫁衣，得不偿失，所以不培训。这种情况在民营企业更为普遍。有些企业认为企业效益还好，员工的素质还可以，能够满足企业当前的需要，暂不培训。有些企业培训了几次员工，就想立竿见影，马上见效，典型的急功近利心态，等等。

二是培训"万能论"。一些企业在重视员工培训的同时，又进入一个误区，就是过分强调培训。员工技能不足了，培训；销售业绩下滑了，培训；服务态度不好了，培训……只要有危机，就会想到培训，把培训当成解决管理问题的万能钥匙。殊不知人是最难培养的，"十年树木，百年树人"，员工成才需要一个过程，还有其他许多不确定因素，仅靠几次培训就解决企业问题是远远不够的。

以上两方面都是对员工培训认识不足的表现。

2. 培训只针对员工

有些企业也重视员工培训，却只对基层员工进行培训，忽视了对管理层和决策层领导的培训。这主要与管理层的认识有很大关系。企业高层管理人员认为自己经验丰富、工作忙，不需要培训。实际上，一个企业高层管理人员的素质往往决定着企业的方向和未来。中国许多企业的领导人都是由昔日的员工逐步成长起来的，他们缺少相应的管理知识和必备的管理技能，他们最需要培训。有报道说中国的企业平均寿命是3.7年，这与中国企业缺少"懂经营、会管理"的企业家有密切关系。因此，企业必须高度重视对管理者的培训。恰当的做法是组织领导者进行专题学习，还可以将他们送到产生企业家和经营者的训练基地，或者到国外企业去"挂职"，开阔眼界、拓展思路，使其在决定企业经营方向、生产营销规划、分配制度和人力资源配置等方面发挥重要作用。

3. 轻视培训评估和监督

培训评估是培训效果监督、检验的重要环节，只有对培训进行全面评估，才能改进培训质量，提高培训效果，降低培训成本，提高员工的参与兴趣。在现实中，有些企业很重视培训，并为员工提供了众多的培训机会，但却忽视培训的后期评估和监督，使许多员工感觉学而无用。有些企业认识到培训评估的重要性，但对评估的投入不够，或者不知道从何处着手进行评估。更多企业的评估仅仅是对培训内容进行考核，并没有深入员工的工作行为、态度改变、绩效改善、能力提高，及为企业带来的效益上，评估工作停留在低水平层次上。还有些企业缺乏对培训评估系统的记录，并没有将评估所用的方法、员工的学习情况、测试情况进行完整的记录和比较，缺乏对培训的专业管理，没有建立完整的培训信息系统。

4. 培训方式过于简单

在培训方式上，许多企业都运用传统的模式进行。有些企业怕麻烦，往往请培训师到企业上课，即采取"培训师讲，学员听"的方式。这种方式举办的少了还可以，时间长了，员工就会感到厌倦，提不起兴趣。因为培训师在培训内容、培训方式上大都千篇一律，即使做了培训前的调查，但实用性的东西很少，即使有，也仅仅是隔靴搔痒、无甚关联。还有些企业采取放录像的方式，认为这样做既降低了企业成本，又可以灵活掌握培训内容，使员工认为"培训就是放录像"。这些方式都很容易使员工对培训产生枯燥、乏味的感觉，使培训效果和培训效益大打折扣。国外探索出的讨论式、学习式、讲演式、游戏式、案例分析、模块培训、拓展训练等方法值得我国企业借鉴。结合企业实际，将多种培训方式有机结合，会使培训效果更好。

5. 盲目跟风

由于对培训没有做认真的调查与分析，有些企业培训员工没有针对性和实用性，脱离工作实际，盲目跟风。有些企业领导往往根据自己的喜好、判断、经验，设置培训内容。看到别的企业进行"礼仪形象讲座"，自己也办一场；看到别的企业培训"执行力"或"学习型组织"，赶忙邀请有关专家进行辅导，等等。致使员工重复学习或被动学习，既耗费了员工时间，又浪费了企业资源，对企业发展没有多大帮助。

6. 重视知识技能培训，忽视做人培训

国内的企业一般重视对员工的技能方面的培训，如组织协调能力、管理理论、合作精神、操作技术等，而忽视了对员工思想、人品、道德、为人处事的培训。有些人认为这是员工自己的事情，其实不然。员工的个人修养、谈吐实际上是一个企业的名片和形象，是企业文化中最本质的东西，它从根本上决定着员工的做事态度、工作质量和水平。欧、美、日企业很重视员工的做人培训，把它称为"态度培训"，通过这种培训去提升员工士气，培养员工对组织的忠诚，培养员工应具备的意识和态度。企业是一个大家庭，员工就是这个大家庭的成员。家庭不仅要教育成员成才，还要把它培养成有理想、有道德、讲信义的人。

6.3　员工培训与开发的主要方法

6.3.1　直接传授员工培训方式

直接传授培训方式指培训者直接通过一定途径向培训对象发送培训中的信息。这种方法的主要特征就是信息交流的单向性和培训对象的被动性。

直接传授培训方式的分类如下所述。

1. 讲授法

讲授法即培训师按照准备好的讲稿系统地向受训者传授知识，它是最基本的培训方法，适用于各类学员对学科知识、前沿理论的系统了解。主要有灌输式讲授、启发式讲授、画龙点睛式讲授三种方式，讲课教师是讲授法成败的关键因素。

（1）适用范围。内容上适用于各类学员对学科知识、前沿理论的系统了解及受训人员较多的情况。

（2）讲授法分类。

① 灌输式讲授。培训师在讲台上按照讲稿进行讲解，受训者在下面听讲，记笔记。信息完全从培训师一方传播，受训者只是被动的接受。

② 启发式讲授。培训师不像灌输式讲授那样一开始就将问题、分析、结论等全盘托出，而是先有所保留，将保留部分以问题提出，让受训者思考和回答，然后进行总结。采用启发式讲授，培训师与受训者之间有一定的交流，受训者有一定的参与。培训师常用的提问方式有两种：第一种是提出问题让受训者得出结论，"是什么"；第二种是提供结论让受训者分析和论证，即"为什么"。

③ 画龙点睛式讲授。培训师将讲课用的讲义、辅导材料统统都发给受训者，讲课前让受训者有充分的时间预习，上课时培训师只针对重点、难点进行讲解，并回答受训者的问题。

（3）优点。

① 传授内容多，知识比较系统、全面，有利于大面积培养人才。

② 对培训环境要求不高，易于操作，一般讲授内容确定后，只需根据培训的内容确定相应的主讲人，找到一间合适的教室，选定培训时间，召集需进行培训的学员即可进行，学员可多可少。

③ 有利于培训师的发挥，培训教师在课堂上对学习者进行知识讲解、能力训练、思维启迪、方法示范，在培训中起主导作用。

④ 学员可利用教室环境相互沟通。

⑤ 学员能够向培训师请教疑难问题。

⑥ 员工平均培训费用较低，可以对大量学员进行培训，可在较短时间内使学员系统地学习、掌握有关的系统知识。

（4）局限性。

① 传授内容多，学员难以吸收、消化。

② 单向传授不利于教学双方互动，讲授法的培训过程是由教师控制的，讲授内容、进度取决于教师，学员基本处于被动接受状态，教师与学员间缺乏必要的交流和反馈，学员间缺乏相互作用和信息交流。单纯的或过多地采用讲授法，不仅会助长学员学习的被动或抵触情绪，而且不利于学习内容的消化和记忆。

③ 不能满足学员的个性需求。

④ 培训师水平直接影响培训效果，容易导致理论与实践相脱节。

⑤ 传授方式较为枯燥单一，不适合成人学习。

⑥ 缺乏实际的直观体验。讲授法仅是利用语言从理论上传授知识和技能，不能给学员提供相关的感性认识，可能对知识的理解和运用带来困难。

⑦ 培训的针对性不强，讲授法主要针对学员的普遍性问题确定讲授内容，采用统一资料、同一方法进行培训，难以顾及每个学员的具体特点和个别问题。

（5）注意事项。讲授法作为最基础的培训方法，应用范围很广，但也存在明显的缺点。为使讲授法能充分发挥作用，提高培训效果，操作中应该注意以下几个因素。

① 讲课内容。讲课内容应该根据具体的对象和目标确定。因此培训前应了解学员的基本情况，如知识、能力水平、职位等，以及相对于工作的要求，学员在知识能力方面有哪些欠

缺，由此确定讲课的内容、方式等，形成具体的授课计划。

② 培训师。培训师是讲授法成败的关键因素，讲授法对培训师的要求主要有三个：第一，知识要求，培训师应该对所讲授的知识了如指掌，并有深入的研究，或丰富的经验；第二，授课技巧，引出主题的方式，为引起学员的听课兴趣，可以采取开门见山直入主题，以社会热点问题开始、以幽默的方式引出主题等；第三，讲课时的要点，注意保持讲述的条理性，听觉与视觉相结合，除配存式的讲解外，可适当利用其他视听手段，注意身体语言的应用。

（6）与其他方法结合使用。讲授法作为员工培训与开发的最基本的方法，可与研讨法、角色扮演等多种方法相结合，取得更好的培训效果。

2. 专题讲座法

专题讲座法形式上和课堂教学法基本相同，但在内容上有所差异。课堂教学一般是系统知识的传授，每节课涉及一个专题，接连多次授课。专题讲座是针对某一个专题知识，一般只安排一次培训。

（1）关键因素：培训教师的能力和水平。

（2）适用范围：管理人员或技术人员了解专业技术发展方向或当前热点问题等方面知识的传授。

（3）优点：①培训不占用大量的时间，形式比较灵活；②可随时满足员工某一方面的培训需求；③讲授内容集中于某一专题，培训对象易于加深理解。

缺点：讲座中传授的知识相对集中，内容可能不具备较好的系统性。

3. 研讨法

研讨法是指在教师引导下，学员围绕某一个或几个主题进行交流，相互启发的培训方法。

（1）类型。

① 以教师或受训者为中心的研讨。以教师为中心的研讨从头至尾由教师组织，教师提出问题，引导受训者作出回答。教师起着活跃气氛、使讨论不断深入的作用。讨论的问题除主题本身外，有时也包括由受训者的回答引出的问题。讨论也可以采用这种形式，教师先指定阅读材料，然后围绕材料提出问题，并要求受训者回答。研讨结束后，教师进行总结。

以受训者为中心的研讨常常采用分组讨论的形式。有两种方法：一是由教师提出问题或任务，受训者独立提出解决办法；二是不规定研讨的任务，受训者就某议题进行自由讨论，相互启发。

② 以任务或过程为取向的研讨。任务取向的研讨着眼于达到某种目标，这个目标是事先确定的，即通过讨论弄清某一个或几个问题，或者得出某个结论，组织这样的研讨需要设计能够引起讨论者兴趣、具有探索价值的题目。

过程取向的研讨着眼于讨论过程中成员之间的相互影响，重点是既能相互启发，进行信息交换，并增进了解，加深感情，又能达到相互影响的目的。这需要对讨论进行精心的组织。例如，先分成小组讨论，小组内进行充分的交流，意见达成一致；然后小组推举一人在全体学员的讨论会上发言。

（2）优点。

① 多向式信息交流，在讨论过程中，教师与学员间、学员与学员间相互交流、启发和借鉴，及时反馈，有利于学员取长补短，开阔思路，促进能力的提高。

② 要求学员积极参与，有利于培养学员的综合能力。研讨法要求在调查准备的基础上，就研讨内容提出自己的观点，找出解决办法，因而学员必须独立思考，收集、查阅各种资料，分析问题，并用语言表达，同时还要能判断评价别人的观点并及时做出反应。

③ 加深学员对知识的理解。通过对实际问题的研究、讨论，为学员提供了运用所学知识的机会，加深了学员对原理知识的理解，提高其运用能力，并激发进一步学习的动力。

④ 形式多样，适应性强，可针对不同的培训目的选择适当的方法。

（3）难点：对研讨题目、内容的准备要求较高；对教学教师的要求较高。

（4）注意事项：题目应具有代表性、启发性；题目难度要适当；研讨题目应事先提供给学员，以便其做好研讨准备。

6.3.2　实践性员工培训法

实践性培训法是通过让学员在实际的工作岗位或真实的工作环境中亲身操作、体验，掌握工作所需的知识、技能的培训方法，其在员工培训中应用最为普遍。这种方法将培训内容和实际工作直接相结合，具有很强的实用性，是员工培训的有效手段。适用于从事具体岗位所应具备的能力、技能和管理实务类培训。

一、实践性培训法的特点

1. 经济

实践性培训法中的受训者一般都以边干边学的形式来进行，通常无须特别准备教室等培训设施。

2. 有效

实践性培训法中的受训者通过实干来学习，使培训的内容与受训者将要从事的工作紧密结合，而且受训者在"干"的过程中，能迅速得到关于他们工作行为的反馈和评价。

二、实践性培训法常用的几种方式

1. 工作指导法

（1）基本概念。

工作指导法或教练法、实习法，这种方法是由一位有经验的工人或直接主管人员在工作岗位上对受训者进行培训。负责指导的教练应教受训者如何做，提出如何做好的建议，并对受训者进行激励。

（2）使用范围：广泛，既可用于基层生产工人，又可用于各级管理人员培训。

（3）特点：培训计划缺乏系统性、完整性。

（4）注意要点：关键工作环节的要求；做好工作的原则和技巧；需避免、防止的问题和错误。

（5）优点。

① 受训者在培训者指导下开始工作，可以避免盲目摸索。

② 受训者可从指导人处获取丰富的经验。

（6）缺点。

① 为防止新员工对自己构成威胁，指导者可能会有意保留自己的经验、技术，从而使指导流于形式。

② 指导者本身水平对受训者的学习效果有极大影响。

③ 指导者不良的工作习惯会影响受训者。

④ 不利于受训者的工作创新。

（7）应用举例。

① 基层生产工人的岗位技术培训，受训者通过观察教练工作和实际操作，掌握机械操作的技能。

② 设立助理职务来培养和开发企业未来的高层管理人员，让受训者与现任管理人员一起工作，后者负责对受训者进行指导，一旦现任管理人员因退休、提升、调动等原因离开岗位时，已经训练有素的受训者便可立即顶替。

2. 工作轮换法

（1）基本概念。让受训者在预定时期内变换工作岗位，使其获得不同岗位的工作经验。

（2）使用范围。多用于企业对于基层管理者的培训，如让受训者有计划地到各个部门学习，如生产、销售、财务等部门，在每个部门工作几个月。实际参与所在部门的工作，或仅仅作为观察者，以便了解所在部门的业务，扩大受训者对整个企业各环节工作的了解。现在很多大型跨国企业实行的管理培训生（MT）计划很多皆采用这种方式。

（3）优点。

① 能丰富受训者的工作经验，增加对企业工作的了解。

② 使受训者明确自己的长处和弱点，找到自己适合的位置。

③ 改善部门间的合作，使管理者能更好地理解相互间的问题。

（4）缺点：此法鼓励"通才化"，适合于一般直线管理人员的培训，不适用于职能管理人员的培训。

（5）注意事项。

① 工作轮换计划需根据每个受训者的具体情况制订，应将企业的需求与受训者的兴趣、能力倾向和职业爱好相结合。受训者在某一部门工作的时间长短，应视其学习进度而定。

② 配备有经验的指导者。受训者在每一岗位工作时，应由富有经验的指导者进行指导，最好经过专门训练，负责为受训者安排任务，并对其工作进行总结、评价。

3. 特别任务法

（1）基本概念：企业通过为某些员工分派特别任务对其进行培训的方法，此法常用于管理培训。

（2）具体形式。

① 委员会或初级董事会。这是为有发展前途的中层管理人员提供的，培养员工分析公司范围问题的能力，提高员工的分析决策能力的培训方法。一般"初级董事会"由 10～12 名受训者组成，受训者来自各个部门，他们针对高层次的管理问题，如组织结构、经营管理人员的报酬、部门间的冲突等提出建议，并将这些建议提交给正式的董事会，通过这种方法为这些管理人员提供分析公司高层次问题的机会。

② 行动学习。这是让受训者将全部时间用于分析、解决其他部门而非本部门问题的一种课题研究法。将 4～5 名受训者组成一个小组，定期开会，就研究进展和结果进行讨论。这种方法为受训者提供了解决实际问题的真实经验，可提高他们分析、解决问题，以及制订计划的能力。

4. 个别指导法

（1）概念。个别指导法和我国以前的"师傅带徒弟"或"学徒工制度"的方法非常类似。目前我国仍有很多企业在实行这种"传帮带"式的培训方式，主要是通过资历较深的员工进行指导，使新员工能够迅速掌握岗位技能。

（2）优点。

① 新员工在师傅指导下开始工作，可以避免盲目摸索。

② 有利于新员工尽快融入团队。

③ 可以消除刚从高校毕业的受训者开始工作时的紧张感。

④ 有利于企业传统优良工作作风的传递。

⑤ 新员工可从指导人处获取丰富的经验。

（3）缺点。

① 为防止新员工对自己构成威胁，指导者可能会有意保留自己的经验、技术，从而使知识浮于形式。

② 指导者本身水平对新员工的学习效果有极大影响。

③ 指导者不良的工作习惯会影响新员工。

④ 不利于新员工的工作创新。

6.3.3　体验式员工培训

体验式员工培训法是调动培训对象积极性，让其在培训者与培训对象双方互动中学习的方法。这类方法的主要特征为每个培训对象积极参与培训活动，从亲身参与中获得知识、技能和正确的行为方式，开拓思维，转变观念。

体验式员工培训的方法如下所述。

1. 案例分析法

（1）基本概念。案例分析法又称个案分析法，它是围绕一定的培训目的，把实际中真实的场景加以典型化处理，形成供学员思考分析和决断的案例，通过独立研究和相互讨论的方式，来提高学员的分析及解决问题的能力的一种培训方法。

（2）优点。

① 参与性强，使学员被动接受变为主动参与。

② 将学员解决问题能力的提高融入知识传授中。

③ 教学方式生动具体，直观易学。

④ 学员之间能够通过案例分析达到交流的目的。

（3）缺点。

① 案例准备的时间较长且要求高。

② 案例法需要较多的培训时间，同时对学员能力有一定的要求。

③ 对培训顾问的能力要求高。

④ 无效的案例会浪费培训对象的时间和精力。

（4）类型。

① 描述评价型。描述解决某种问题的全过程，包括其实际结果，不论其结果是成功或失

败。这样一来，留给学员的分析任务只是对案例中的做法进行事后分析，以及提出"亡羊补牢"性的建议。

② 分析决策型。分析决策只介绍某一待解决的问题，由学员去分析并提出对策。本方法更能有效地培养学员分析决策、解决问题的能力。

（5）实施。

① 准备阶段：通过讨论要解决的问题；设计讨论进程；预计讨论中可能出现的问题及各种应对措施；准备总结发言（在讨论过程中，根据出现的情况，随时调整）。

② 过程阶段：说明培训目的、要求，简介案例分析法（20分钟）；学员相互熟悉，分发案例资料（20分钟）；指导教师接受学员咨询（10分钟）；分组讨论，找出问题点（20~30分钟）；找出解决问题的策略（20~30分钟）；休息（10分钟）；各组代表讲述本组观点，相互质询（40分钟）；做出结论，指导教师总结（20分钟）。

（6）重点提示。

① 培训师在展示完案例资料后应对案例资料进行解释说明。

② 在小组讨论中，培训者应注意是否出现偏离主题现象，若出现要及时纠正。

③ 在小组讨论中，培训者发现各组提出的对策缺乏新意，应给予提示引导。

④ 在讨论和质询过程中，要注意时间的控制。

⑤ 培训者在进行总结时，既要总结案例和解决方案，又要对各组方案作出一些总结点评。

2. 头脑风暴法（BS法）

（1）基本概念。头脑风暴法（Brain Storming）又称智力激荡法，简称BS法，是由美国创造学家 A.F.奥斯本提出，用于激发创造性思维的方法。头脑风暴法以会议的形式进行，让所有学员在轻松愉快的气氛中，畅所欲言，自由交流自己的观点与构想，并以此激发别人的创意和灵感，产生出更多的创意。通过充分发挥每个人的想象力，利用集体的智慧和创造性思维，最终找到解决问题的办法。

（2）培训目标。培训对象相互启迪思想、激发创造性思维，它能最大限度地发挥每个参加者的创造能力，提供解决问题的更多更佳的方案。

（3）优点。

① 培训过程中为企业解决了实际问题，大大提高了培训的收益。

② 可以帮助学员解决工作中遇到的实际困难。

③ 培训中学员参与性强。

④ 小组讨论有利于加深学员对问题理解的程度。

⑤ 集中了集体的智慧，达到了相互启发的目的。

（4）缺点。

① 对培训顾问要求高，如果不善于引导讨论，可能会使讨论漫无边际。

② 培训顾问主要扮演引导的角色，讲授的机会较少。

③ 研究的主题能否得到解决也受培训对象水平的限制。

④ 主题的挑选难度大，不是所有的主题都适合用来讨论。

（5）实施。

准备：确定讨论的题目；确定参加者，确定记录员；确定培训时间、地点；准备记录用的纸、笔等工具。

（6）BS 法原则。

① 禁止评论他人的构想。

② 想法越新奇越好。

③ 追求构想的数量。

（7）关键。

指导教师要熟练掌握 BS 法的原理、实施原则和实施要点，具有良好的现场控制、引导能力。

3. 模拟训练法

（1）基本概念。模拟训练法是以工作中的实际情况为基础，将实际工作中可利用的资源、约束条件和工作过程模型化，学员在假定的工作情境中参与活动，学习从事特定工作的行为和技能。提高其处理问题的能力。

（2）基本形式。

① 由人和机器共同参与模拟活动。

② 人工模拟。

（3）优点。

① 模拟训练法借助机器模拟和人工模拟的方式，对实际工作内容和过程进行模拟，与讲授法、研讨法相比，与实际工作的联系更直接、紧密，学习过程更直观、真实，对学习内容的理解和记忆更深刻，可及时获得关于学习结果的反馈。

② 通过在模拟的工作情况中参与活动，能激发受训者学习的兴趣，提高其在培训中的参与意识和程度。

③ 与实践法相比，特别是对于一些风险大、培训成本较高的岗位培训，模拟训练法的成本较低。

（4）缺点。

① 模拟情境人为性。

② 拟法只能有限的反映实际的工作情况，降低了情境的真实性。

（5）举例。飞行员培训多采用模拟训练和讲授法相结合的培训方式。这种方法与角色扮演类似，但并不完全相同。模拟训练法更侧重于对操作技能和反应敏捷的培训，它把参加者置于模拟的现实工作环境中，让参加者反复操作装置，解决实际工作中可能出现的各种问题，为进入实际工作岗位打下基础。

4. 敏感性训练法

（1）基本概念。敏感性训练法（Sensitivity Training）又称 T 小组法，简称 ST 法。敏感性训练要求学员在小组中就参加者的个人情感、态度及行为进行坦率、公正的讨论，相互交流对各自行为的看法，并说明其引起的情绪反应。

（2）培训目标。提高学员的人际关系敏感性，促进团体的合作。

（3）适用范围。组织发展训练、晋升前的人际关系训练、中青年管理人员的人格塑造训练、新近人员的集体组织训练以及外派工作人员的异国文化训练等。

（4）培训方式。可提高学员的人际关系敏感性，促进团体的合作。常采用集体住宿训练，采用小组讨论、个别交流等活动方式。

（5）实施。

① 准备。确定指导者。指导教师应是经验丰富的心理学方面的专业人员，能确保学员严格遵守人际关系的准则。

② 学员人数在 10~15 人，称为 T 组，每组安排 1~2 名指导教师。

③ 培训。具体训练日程由指导者安排，内容可包括问题讨论、案例研究等。讨论中，每个学员充分暴露自己的态度和行为，并从小组成员那里获得对自己行为的真实反馈，承受以他人的方式给自己提出的意见，同时了解自己的行为如何影响他人，从而改善自己的态度和行为。

④ 要点：把学员放在一个相对封闭的环境中，小组成员来自不同部门，以不相识为好；分组时，应注意学员在性格、知识等方面的合理搭配，保持适当的差异性；学员在小组中有充分的自主空间，在没有指定讨论议题的情况下，小组成员可自行决定讨论方式，并以发生在小组内的所有事件作为学习素材；指导教师进行必要的指导、组织。

5. 管理者训练

（1）基本概念。管理者训练（Manager Training Plan），简称 MTP 法，是产业界最为普遍的对管理人员的培训方法。这种方法旨在使学员系统地学习，深刻地理解管理的基本原理和知识，从而提高他们的管理能力。

（2）培训对象。适用于培训中低层管理人员掌握管理的基本原理、知识，提高管理的能力。

（3）培训方式。一般采用专家授课、学员间研讨等综合培训方式，企业可进行大型的集中训练，以脱产方式进行。

（4）实施。

① 管理者训练根据内容可分为六个部分。管理基础：管理的基本概念、管理的思想、企业的组织原则、组织的重新设计等（6 课时）；工作改善：改善工作组织、改进工作方法、改进工作质量、开发创造力等（8 课时）；工作管理：工作计划、命令的贯彻执行、管理与生产的统一等（10 课时）；下属的培养：培养下属的能力、培养组织能力等（6 课时）；人际关系：了解下属的行为、启发下属良好的态度、激发士气、处理人的问题（8 课时）；管理的方式：主要包括领导艺术等（2 课时）。

② 要点提示。管理者训练对于指导教师的要求较高，指导教师的能力决定了这种培训方式的成败，所以一般采用外聘专家或由企业内部曾接受过此法训练的高级管理人员担任。

6. 自学

（1）适用范围。自学适用于知识、技能、观念、思维、心态等多方面的学习。自学既适用于岗前培训，又适用于在岗培训，而且新员工和老员工都可以通过自学掌握必备的知识与技能。

（2）优点。

① 费用低：自学只需要为自学者创造一定的学习条件或者对自学进行必要的组织，如购买书籍，而不需要聘请教师，购置大件教学设备，不需要解决学员的食宿问题，因此自学费用比课堂培训低得多。

② 不影响工作：与集中培训不同，自学往往是在业余时间进行，学习和工作不会发生矛盾，对工作一般不会产生影响。

③ 学习者自主性强：自学者可根据自己的具体情况安排时间和进度，有重点地选择学习内容，学习者自主性强，可弹性安排学习计划。

④ 可体现学习的个别差异：自学者可以对学习内容进行选择，着重学习自己不熟悉的内容。同时，学习者可按照自己习惯的方法学习。

⑤ 有利于培养员工的自学能力：在信息时代，每个人都必须终身受教育，学会如何学习对于每个人都非常重要。自学的过程是学习者主动地掌握知识的过程，必然会提高学习者的学习能力。

（3）缺点。

① 学习的内容受到限制。自学时缺少交流、演练和指点，通过交流、演练和指点才能掌握的东西显然不适合自学。

② 学习效果可能存在很大差异。每个员工的自学能力和主动性不同，学习效果可能存在很大差异。

③ 学习中遇到疑问和难题往往得不到解答。在课堂培训时，教师会对重点和难点进行着重讲解，使受训者能够听懂。在自学时，学习者遇到不懂的问题可能无法得到解答。

④ 容易使自学者感到单调乏味。在讲授时，教师一般通过生动的讲解引起学员的兴趣，营造良好的学习气氛。自学是单个进行，如果恰好学习者对学习的内容缺乏兴趣，就会产生单调、乏味的感觉。

（4）组织方式与步骤。从培训的角度来看，自学并不是放任自由，它是实现培训计划的一种方式。因此有必要对自学进行有效的组织，自学的组织有以下几种形式。

① 指定学习资料。选定学习资料，规定学习的完成时间和具体要求，员工自学，反馈学习结果。

② 电视教育。企业创建自己的闭路电视经验系统课程，投入大。对大多数中小企业而言，如果没有明显的地域限制，半脱产和鼓励员工业余时间自学是最好的选择。

③ 网上学习。企业在互联网上建立网页，开设网上课程，员工无论何时何地，只要打开网页就可以学习。不受时间和空间的限制、费用低是网上学习的最大优势。

6.3.4　行为调整和心理训练培训法

行为调整和心理训练培训法主要包括角色扮演法，行为模仿法和拓展训练法。

一、角色扮演法

角色扮演法是在一个模拟真实的工作情境中，让参加者身处模拟的日常工作环境之中，并按照他在实际工作中应有的权责来担当与实际工作类似的角色，模拟性地处理工作事务，从而提高处理各种问题的能力。这种方法的精髓在于"以动作和行为作为练习的内容来进行设想"。也就是说，它不针对某问题相互对话，而针对某问题实际行动，以提高个人及集体解决问题的能力。

1. 适用范围

适宜对各类员工开展以有效开发角色的行为能力为目标的训练。

2. 目标

使员工的行为符合各种特定职业、岗位的行为规范要求，提高其行为能力。

3. 培训内容

培训内容根据具体的培训对象确定，如客户关系处理、销售技术、业务会谈等行为能力的学习和提高。

4. 优点

① 受训者参与性强，受训者与培训者之间的互动交流充分，可以提高受训者参加培训的积极性；

② 特定的模拟环境和主题有利于增强培训效果；

③ 通过观察其他受训者的扮演行为，可以学习各种交流技能，通过模拟后的指导，可以及时认识到自身存在的问题并进行改正；

④ 在提高受训者业务能力的同时，也加强了其反应能力和心理素质。

5. 缺点

① 场景的人为性降低了培训的实际效果，如果设计者没有精湛的设计能力，设计出来的场景可能会过于简单，使受训者得不到真正的角色锻炼、能力提高的机会；

② 模拟环境并不代表现实工作环境的多变性；

③ 扮演中的问题分析限于个人，不具有普遍性，有时学员由于自身原因，参与意识不强，角色表现漫不经心，影响培训效果。

二、行为模仿法

行为模仿是通过向学员展示特定行为的范本，并由指导者对其行为提供反馈的训练方法。

1. 适用范围

适宜对中层管理人员、基层管理人员、一般员工的培训。

2. 培训目标

根据培训的具体对象确定培训内容，如基层主管指导新雇员，纠正下属的不良工作习惯，使学员的行为符合其职业、岗位的行为要求，提高学员的行为能力；使学员能更好地处理工作环境中的人际关系。

三、拓展训练法

拓展训练起源于第二次世界大战中的海员学校，旨在训练海员的意志和生存能力，后被应用于管理训练和心理训练等方面，用于提高人的自信心，培养把握机遇、抵御风险的心理素质，保持积极进取的态度，培养团队精神等。它以外化型体能训练为主，学员被置于各种艰难的情境中，在面对挑战、克服困难和解决问题的过程中，使人的心理素质得到改善。

拓展训练法包括场地拓展训练和野外拓展训练两种形式。

1. 场地拓展训练

场地拓展训练是指需要利用人工设施（固定基地）的训练活动，包括高空断桥、空中单杠、缅甸桥等高空项目和扎筏泅渡、合力过河等水上项目等。

（1）特点：有限的空间，无限的可能，如训练场地的几根绳索，却是能否生存的关键，几块木板，成了架设通往成功的桥梁；有形的游戏，锻炼的却是无形的思维，在培训师的引导下，利用简单的道具，整个团队进入模拟真实的训练状态，团队和个人的优点得以凸显，问题也不同程度地暴露出来，在反复的交流回顾中，也许会找到某些想要的答案，也许为今后问题的解决提供了思路；简便，容易实施，场地拓展训练可以在会议厅里进行，也可以在室外的操场上进行，因此它既可以作为一次单独的完整团队培训项目来开展，又能很好地和会议、酒会、其他培训相结合，使团队得到收益和改善。

（2）员工受益。

① 变革与学习：项目中将会设置和日常环境中不同的困难，迫使团队以新的思维解决问题，建立新的学习和决策模式。

② 沟通与默契：有意识地设置沟通障碍，建立团队新的沟通渠道，培养团队默契感。

③ 心态和士气：变换环境，调整团队状态，通过新的因素的刺激提升团队士气。

④ 共同愿景：在微缩的企业团队实验室中检验和明确团队的努力方向，从而在大的环境中把握正确的方向。场地拓展训练可以促进团队内部和谐，提高沟通的效率，提升员工的积极性，对形成从形式到内涵真正为大家认同的企业文化起着明显的作用，也能作为企业业务培训的补充。

2. 野外拓展训练

野外拓展训练，是指在自然地域，通过模拟探险活动进行的情景体验式心理训练。它起源于第二次世界大战中的海员学校，英文是 OutwardBound，意思是一艘小船离开安全的港湾，勇敢驶向探险的旅程，去接受一个个挑战，战胜一个个困难。它旨在训练海员的意志和生存能力，后被应用于管理训练和心理训练等领域，用于提高人的自信心，培养把握机遇、抵御风险、积极进取和团队精神等素质，以提高个体的环境适应与发展能力，提高组织的环境适应与发展能力。

野外拓展训练的基本原理：通过野外探险活动中的情景设置，使参加者体验所经历的各种情绪，从而了解自身（或团队）面临某一外界刺激时的心理反应及其后果，以实现提升学员能力的培训目标。野外拓展训练包括远足、登山、攀岩和漂流等项目。这些活动是参加者的一种媒介，使他们可以了解自身和同伴的力量、局限和潜力。

6.3.5　科技时代员工培训法

随着现代社会信息技术的发展，大量的信息技术被引进培训领域。在这种情况下，新兴的培训方式不断涌现，如网上培训、虚拟培训等培训方式在很多公司受到欢迎。科技时代员工培训法分为以下几类。

1. 在线学习（E-Learning）

（1）基本概念。在线学习又称为基于网络的培训，是指通过企业的局域网、互联网对学员进行培训。在网上培训，老师将培训课程储存在培训网站上，分布在世界各地的学员利用网络浏览器进入该网站接受培训。

（2）分类。根据培训进程的不同，网上培训有同步培训与非同步培训两种类型。

（3）优点。

① 无须将学员从各地召集到一起，大大节省了培训费用。

② 在网上培训方式下，网络上的内容容易修改，且修改培训内容时，无须重新准备教材或其他教学工具，可及时性、低成本地更新培训内容。

③ 网上培训可充分利用网络上大量的声音、图片和影音文件等资源，增强课堂教学的趣

味性，从而提高学员的学习效率。

④ 网上培训的进程安排比较灵活，学员可以充分利用空闲时间进行培训，而不用中断工作。

（4）缺点。

① 课程内容不能根据受训者状况作出相应调整，不够灵活。

② 某些培训内容不适用于网上培训方式，如关于人际交流的技能培训就不适用于网上培训方式。

③ 培训过程难以控制。

④ 受训者学习要完全靠自我控制，较难坚持。随着互联网技术的发展及个人计算机的普及化，网上培训的成本逐步降低，网上培训正以其无可比拟的优越性受到越来越多的企业的青睐。

2. 虚拟培训

（1）基本概念。虚拟培训是指利用虚拟现实技术生成实时的、具有三维信息的人工虚拟环境，培训学员通过运用某些设备接受和响应该环境的各种感官刺激而进入其中，并可根据需要通过多种交互设备来驾驭该环境以及用于操作的物体，从而达到提高培训对象各种技能或学习知识的目的。

（2）优点。虚拟培训的优点在于它的仿真性、超时空性、自主性、安全性。在培训中，学员不仅能够自主地选择或组合虚拟培训场地或设施，而且可以在重复中不断增强自己的训练效果；更重要的是这种虚拟环境使他们脱离了现实环境培训中的风险，并能从这种培训中获得感性知识和实际经验。

除了上面的培训方法之外，下面谈到的几种方法是通过参加者的自身努力、自我约束能够完成的，公司只起鼓励、支持、引导的作用。如参加函授、业余进修，开展读书活动，参观访问等。这些方法并不能作为培训的主流方法，只在某些时候才会用到。

3. ABC 管理法

（1）基本概念。ABC 管理法又称巴雷托分析法、主次因分析法 、ABC 分析法、分类管理法、重点管理法等。它是指根据事物的经济、技术等方面的主要特征，运用数理统计方法，进行统计、排列和分析，抓住主要矛盾，分清重点与一般，从而有区别地采取管理方式的一种定量管理方法。它以某一具体事项为对象，进行数量分析，以该对象各个组成部分与总体的比重为依据，按比重大小的顺序排列，并根据一定的比重或累计比重标准，将各组成部分分为 ABC 三类，A 类是管理的重点，B 类是次重点，C 类是一般。ABC 管理法的原理是按巴雷托曲线所示意的主次关系进行分类管理。广泛应用于工业、商业、物资、人口及社会学等领域，以及物资管理、质量管理、价值分析、成本管理、资金管理、生产管理等许多方面。

（2）特点。既能集中精力抓住重点问题进行管理，又能兼顾一般问题，从而做到用最少的人力、物力、财力实现最好的经济效益。

（3）使用范围。ABC 分析法适用于企业存货管理、客户管理、员工管理等领域。通过信息收集、数据处理、编制 ABC 分析表、根据分析表确定分类等级，并由此描绘 ABC 分析图以帮助使用者分清事物质量和价值等级、重要和次要；能够突出资源利用效果、成本、利润的控制；尽量减少不必要的损失与浪费，并最大限度地降低成本和提高效率。

（4）应用分析。ABC 管理法的基本原理就是处理任何事情都要分清主次、轻重，区别关键的少数和次要的多数，根据不同的情况进行管理，它可以帮助人们正确地观察并做出决策。企业的员工培训与开发工作是一项长期而复杂的工作，其最主要的特点是涉及范围宽，影响显著。企业员工培训工作如何，将直接影响企业的生存与发展。对于企业员工培训与开发工作而言，ABC 管理法的应用价值就在于，它能够根据企业实际情况与发展需要，以该对象组成部分占总体的比重为依据分级，按比重大小的顺序排列，再按照一定的比重或累计比重标准分段，有针对性地将培训对象及培训内容区分为 A、B、C 三类，最终确定哪些组成部分是企业员工培训与开发管理的重点项目（A 类），哪些是企业员工培训与开发管理的一般项目（B 类），哪些是企业员工培训与开发管理的次要项目（C 类），强调企业管理人员要按照培训开发工作的重要程度、目的的不同，把员工培训与开发要做的事情分为 A、B、C 三类。A 类事情是影响全局而又急办的工作，因而是最重要的工作。B 类次之，C 类则可以放一放，这样就便于企业管理人员采取不同的管理对策，以取得更好的培训开发工作效率和良好的培训开发效果。

本章小结

培训是人力资本投资的重要形式，其对于企业的人力资源管理和开发是非常重要的一个环节。在新环境、新形势下，做好员工的培训开发工作，是提高企业核心竞争力和绩效的有效途径。培训的流程主要包括培训需求分析、培训设计和实施、培训评估三个阶段，每个阶段都影响着培训效果的好坏。

复习与思考

一、**单项选择题**（请从每题的备选答案中选出唯一正确的答案，将其英文大写字母填入括号内）

1. 在企业培训中（　　　）是最基本的培训方法。

　　A. 讲授法　　　　　　　　　B. 专题讲座法

　　C. 研讨法　　　　　　　　　D. 参观法

　　E. 实验法

2. 以下关于培训费用的说法错误的是（　　　）。

　　A. 是指企业在员工培训过程中所发生的一切费用之和

　　B. 间接培训成本是指在培训组织实施过程之外企业所支付的费用

　　C. 由培训之前的准备工作和培训实施过程中各项活动的费用构成

　　D. 直接培训成本是在培训组织实施过程中培训者与受训者的一切费用总和

3. 在制定培训规划时，设计培训方法的途径不包括（　　　）。

　　A. 专家咨询　　　　　　　　B. 中介机构

  C. 小组讨论   D. 经验总结

4. 培训项目计划是有效实施培训课程的基础,它不包括(　　)。

  A. 企业培训计划   B. 培训课程计划

  C. 课程系列计划   D. 培训评估计划

5. 在培训的印刷材料中,(　　)可以使包含许多复杂步骤的任务简单化。

  A. 工作任务表   B. 岗位指南

  C. 培训指南   D. 学员手册

6. 企业不应为培训而培训,而应服从于企业的整体发展战略,为(　　)而培训。

  A. 达成企业发展目标   B. 提高员工工作绩效

  C. 解决现实存在问题   D. 提高员工生活质量

7. 要调动员工接受教育培训的积极性,使培训更具(　　),就要促使员工主动参与培训。

  A. 针对性   B. 差异性

  C. 指导性   D. 规范性

8. 培训对象的培训需求在一定程度上有(　　),根据这种性质可以将培训需求分为几类。

  A. 类似性   B. 一致性

  C. 多样性   D. 特殊性

9. (　　)是进行培训的物质基础,是培训工作所必须具备的场所、培训师等项目的重要保证。

  A. 培训预算   B. 培训经费

  C. 培训设施   D. 培训基地

10. 监控中间效果是评估受训者在不同(　　)的提高和进步幅度,及时发现受训者取得的进步和规划预期的差距并采取补救措施。

  A. 培训范围   B. 培训内容

  C. 培训阶段   D. 培训领域

二、多项选择题(每题正确的答案为两个或以上,请从每题的备选答案中选出正确的答案,将其英文大写字母填入括号内)

1. 按照培训对象的不同,可以将培训开发划分为(　　)。

  A. 新员工培训   B. 在职员工培训

  C. 传授性培训   D. 知识性培训

2. 适宜知识类培训的直接传授培训形式主要有(　　)。

  A. 讲授法   B. 专题讲座法

  C. 实践法   D. 研讨法

  E. 务求实效

3. 制定培训规划的原则是(　　)。

  A. 政策保证   B. 系统完美

  C. 务求实效   D. 目的明确

  E. 广泛适应

4. 在企业外部聘请培训师的优点包括(　　)。

  A. 选择范围较大   B. 带来全新理念

C. 提高培训档次　　　　　　　D. 易于控制培训

E. 易于营造气氛

5. 管理人员的培训方法中，短期学习的优点包括（　　　）。

A. 训练周密　　　　　　　　　B. 增强了主动性

C. 针对性好　　　　　　　　　D. 学员能全力以赴学习

E. 较有深度

6. 以下不属于培训前效果评估的作用的是（　　　）。

A. 保证培训效果测定的科学性　B. 保证培训需求确认的科学性

C. 保证培训活动按照计划进行　D. 确保计划与实际需求合理衔接

E. 找出不足，发现新培训需要

三、名词解释

1. 培训开发

2. 培训成果转化

3. 培训效果

四、问答题

1. 什么是培训开发的目的？

2. 什么是培训开发的原则？

五、论述题

1. 请画出员工培训的流程图，并解释各个阶段所涉及的培训工作。

2. 员工培训与开发方法主要有哪些？其有效性如何？

3. 培训效果评估的方式有哪几种？

 案例分析 --

案例一：赛扬公司失败的培训

赛扬公司人力资源部的培训员汤征和部门经理黄学谊，来到公司下属的一家工厂培训必须参加该培训课程的所有车间管理人员。在上午培训班的开学仪式上，公司分管人力资源管理工作的副总经理吴豪添说："虽然我不知道黄学谊为本次培训做了哪些安排，但是我知道人员培训是非常重要的，感谢黄学谊和汤征为本次培训所付出的辛勤劳动！我希望公司能从现在开始实施的管理人员培训中获得巨大收益，因此希望每个人都尽最大努力完成这一周的培训。"之后吴豪添就离开了会场，黄学谊主持完该仪式后也离开了。汤征开始主讲第一课——怎样有效的管理工人。但是，他发现整个教室里的人都对这堂课缺乏兴趣。

下午快下班时，黄学谊接到汤征打来的电话："黄经理，那些车间管理人员根本不想参加培训，当我利用上午课间休息与二车间主任吕安福谈话时，他居然说：'20多年来我在管理工人方面早就有一套，根本不需要你们那些书呆子发明的方法。'而且下午的计算机基础知识课，很多人根本没来。黄经理，你看我应该怎么做？"

参加这次培训的所有车间管理人员都是中专及以下文化程度（高中、技校、职业中专、职业高中），目前工作绩效不错，是工厂的中坚力量，但是他们基本上不会操作计算机，大多数人也不懂现代生产运作管理知识。公司马上要引进计算机管理系统来提高生产管理效率，正好利用这一周机器维修的时间进行生产管理基础知识与计算机简单应用培训。如果此次培训不力，可能会造成非常严重的后果，总不能把他们全都换掉吧？

第二天上午快下班时，黄学谊接到生产部经理马全打来的电话："黄经理，你能不能重新派一个培训员？那些参加的车间管理人员说，'汤征出生之前我就在管理工人，可是突然间我们做的都是不文明的了，我们倒是希望有机会教一下这个乳臭未干的大学生怎么管理工人。'而且今天上午我们的优秀车间主任蓝田基问他计算机方面的问题时，他根本不屑于回答，扭头就走。"

汤征去年刚从某名牌大学管理信息系统专业本科毕业，进入公司人力资源部工作刚满一年，今年 22 岁。因为工作表现不错，这次被黄学谊派到工厂独自培训车间管理人员。但是培训期间，常常台上他在讲课，台下那些老工人在议论他。这简直是一种精神折磨，他甚至怀疑这次培训是否会真的提高员工素质，带来工作改进。

资料来源：廖泉文. 人力资源管理. 北京：高等教育出版社，2003：277.

讨论题

1. 如果你是人力资源部负责培训的主管，你将如何设计这次培训，使其更有效果？（提示：参照本章的培训程序相关内容）

2. 你认为这个案例中导致培训失败的原因有哪些？（结合本章内容分析）

案例分析

案例二：玉洲房地产培训开发案例

玉洲房地产开发有限责任公司在 A 市是一家中型房地产公司，近期该房地产公司遇到一些麻烦。近年来在国家宏观调控政策下，我国的房地产市场正处于激烈竞争之中，房地产公司像雨后春笋般迅速在 A 市崛起，对公司进军市场份额构成严重冲击。据公司的财务部统计，上半年公司的售楼收入比去年同期减少了 4.5%，销售部远远没有达到上级下达的指标，这对于公司的正常运转极为不利。在这样的环境下，如何激发员工的工作热情，增强公司的核心竞争力，让公司保持优良的业绩，在 A 市激烈的房地产市场竞争中立于不败之地？公司领导班子召开了紧急会议，对此事进行了专题研究和部署。

会上，行政部科长赵玉反映，上半年的销售业绩不理想是有原因的，最近打来客服部的投诉电话明显增加，大部分是投诉营销部某某接待客户不礼貌，协助办理客户手续推脱，客户档案建立不完善等。销售部经理张谦也反映，近期员工工作积极性不高，有员工提出，每月的基本工资只够日常基本消费，而业绩提成部分发放的太晚，往往出现要用钱的时候却没钱的情况，员工的流动率偏高。分析总结大家得出结论：必须在培训和薪酬方面进行改革。于是领导层决定，人事部一同商讨薪酬方面的具体革新，公司人事处科长李同担任人员培训负责人，从财务部拨一笔钱用于培训支出。

会后，李同和张谦开了个小会，就销售部员工的具体情况做进一步的了解。张谦说，"我觉得这次培训销售员工很有必要，以前只要坐在办公室里就有客户主动上门购房，和客户吃吃饭，拉拉关系就可以卖出去房子，但是现在好像不行了，房地产公司增多了，客户的选择也就多了，老办法不管用了，我希望你能尽早把销售员培训好，把流失的客户争取回来"。

之后，李同又亲自到售楼现场隐蔽地观摩了几个销售人员售楼全程。发现这些销售人员在接客户电话的时候没有礼貌，在接待客户的时候不懂得规矩，在与客户洽谈时眼睛也不看着客户。除此，在给客户介绍公司信息，售楼详情时也含含糊糊，明显不熟悉业户。

最后，会议就所获取的各项信息，针对企业的培训需求，李同给销售员工设计了份问卷，问卷的设计是以封闭式与开放式的多个问题共同组成。问卷包括的内容主要有引导语、感谢语、公司的基本信息、培训内容、培训方式、培训时间、培训地点等。由于时间较为紧迫，李同将问卷以邮件的形式发给销售部的全体职员并且要求第二天作答完毕上交。

几天后，李同总结出当前的培训重点，由于以往招来的销售员只重视其业绩增长而未经过专业售楼技巧和礼仪及公司文化等方面知识的培训，所以员工对公司文化认同感不强，并且欠缺一定的销售礼仪与销售技巧。培养出高技巧的售楼人员刻不容缓，提高员工的知识面，转变工作态度，从而提高业绩。

于是李同决定实行为期一个月的培训，对象为销售部的全体员工20名，时间确定为每周三13:30~17:30分两节课集中学习，共4次课，地点在公司的活动中心。培训一律采用特色授课方式，即理论讲授+案例分析+现场模拟+学员讨论+专家讲座。四次课的具体安排如下：首先，由李同安排一次课做企业文化及规章制度的介绍，使员工逐渐熟悉公司的历史及成就，并产生认同感，归属感和自豪感，清楚自己在公司的作用，产生与公司共同发展的愿景，从而转变工作态度；其次，安排一次课由外聘著名礼仪师讲解销售礼仪及接待客户流程，以规范员工在销售时的仪表及言语；最后，重点在提高售楼技巧的学习，公司请来了资深销售专家教授销售过程及技巧。上课前员工在"培训签到表"上签到，每次课后每个员工写一篇感想，开一次讨论会，互相交流；考核形式为试卷笔试和现场售楼技巧考试，对于考核成绩前三名员工，公司予以奖金奖励。

一个月后，员工的销售积极性得到了提高，流动率明显降低，销售业绩也有所提升。但是培训是与工作同时进行的，对公司的日常工作造成一定的影响，在为期一个月的培训中，公司消耗人力物力财力近10万元。

资料来源：http://wenku.baidu.com/view/688f0332a32d7375a41780b6.html.

 讨论题

1. 公司的员工培训主要用了什么方法？（提示：员工培训的方法）
2. 案例中的李彤运用了哪些方法获得当前培训需求信息？（提示：培训信息的获得）
3. 此种培训方法有什么借鉴和改进的地方？（提示：员工培训的创新）

绩效管理

 第**7**章

学习目标

- 绩效考核体系的设计流程
- 绩效考核体系指标
- 绩效考核体系有效性标准
- 绩效管理体系设计

互联网资料

http://www.noahark.com.cn
http://performance-assess.mie168.com
http://www.zzyy.org

本章关键词

绩效考核（performance assessment）　　绩效管理（performance management）
目标管理（management by object）　　平衡计分卡（balance score card）
关键绩效指标（key performance index）

引导案例 — — — — — — — — — — 社会懒惰现象的系统思考 — — — — — — — — —

社会懒惰现象是德国科学家林格尔曼（Max Ringelmann）1927 年在研究拔河中每个人的用力情况发现的。他通过实验（也被称为拉绳实验）总结出一个规律，那就是当一个人单独拉绳时的拉力他的拉力可达到 63 千克，而当增加到 3 个人的时候，拉绳时每人的平均拉力就降到了 53 千克，到 8 个人一起拉时，每个人的平均拉力就只剩下 31 千克了（见图 7-1）。

如图 7-1 所示，随着组织人数的增加，如果没有其他任何措施的话，每个人对组织贡献的努力程度就会自然下降。这种现象就叫"社会懒惰现象"。

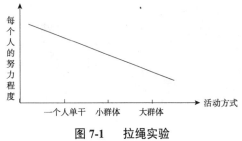

图 7-1　拉绳实验

"拉绳实验"中出现 1+1<2 的情况，说明人都有与身俱生的惰性，单枪匹马地独立操作，能竭尽全力，到了一个集体，则把责任悄然分解、扩散到其他人身上。这是群体工作时存在的一个普遍特征，可以说这是一种"社会浪费"。其实，这跟人们常说的"一个和尚挑水喝，两个和尚抬水喝，三个和尚没水喝"的道理差不多，老百姓把这种现象叫做"鸡多不下蛋，人多胡捣乱"。看来，诸如"众人拾柴火焰高""人多好办事""人多力量大"一类说法也有"例外"，必然造成人力物力的浪费。

一般情况下，人都有一种连自己也难以相信的巨大潜力，没有刺激，这种潜能就不会淋漓尽致地发挥到极限。例如，一个人平时跳过一条水沟时很吃力，如果遇见几条龇牙咧嘴的狼狗在他身后穷追不舍，就会一跃而过；同一片蓝天下，同一方土地上，同样的人们，实现联产承包责任制以后，在责任田里，中国农民很快就把穷日子"耕耘"成了好日子。这些都表明，人人都有依赖心理，也有不可限量的潜力，谁能够把员工的潜力充分挖掘出来，谁就会收获一笔意想不到的"财富"。

社会懒惰现象的不利影响有如下几点。

（1）社会懒惰现象导致纪律松散、指挥失灵。管理者会发现在人员增多的时候，即使管理人员与普通员工的比例维持不变，却发现管理难度变大了。因为人数增多产生了社会懒惰现象，使总体员工能力不是个体能力简单相加，而是有所减少的。具体表现在员工纪律变得松散，对上级的指挥能拖则拖，并相互推卸责任。

（2）社会懒惰现象的传染性强。这是由社会懒惰现象特有的性质所决定的。当一个人看见别人在偷懒而没有受到惩罚的时候，他就会跟着偷懒。一个接一个，传播速度非常快，而且越来越快，因为随着偷懒人数的增多，偷懒员工的力量就会增强，抵制管理者命令的"社会惰化墙"就会形成并日益坚固。

（3）社会懒惰现象导致管理者权威下降，管理成本骤增。社会懒惰现象使员工形成一堵"社会惰化墙"，共同抵制管理者的命令，导致管理者有令难行，其权威性就会大大下降。管理者必须采取各种措施去进行改变，就自然导致了管理成本的骤增。

（4）社会懒惰现象具有破坏性。社会懒惰现象必然使得员工的努力水平下降，并像瘟疫一样的四处蔓延，企业如果没有甄选高绩效员工的绩效管理体系的话，就会导致"干的不如看的，看的不如捣蛋的"，企业的绩效必然会大幅下降，这种破坏性是"组织的烂苹果"，其破坏力是不可估量的。要采取相应的措施消除社会懒惰现象，就必须先明确社会懒惰现象产生的原因与机理。

1. 社会懒惰现象产生的原因

有关社会懒惰现象，社会心理学家们做了大量的相关研究。继林格尔曼后，斯坦纳（stainer）对这种现象作了进一步的研究。他认为，社会懒惰现象产生的主要原因是产生了过程损失（process loss），即组成团队后工作过程中产生了损失，它包括两大方面：第一，协调损失（coordination loss），即团队中成员之间的工作协调的难度随人数的增加而增加，导致工作过程中总体力量的损失；第二，动机损失（motivation loss），即团队工作中，个体的工作动机水平比单独工作状态下要低，从而造成总体力量的损失。后来英汉姆（Ingham）等人则通过严格的实验分析，认为社会懒惰现象主要源于动机损失，即心理因素的影响是最主要的。

从心理因素的角度，学者们对社会懒惰现象给出了如下几种解释。

（1）责任分散。随着组织规模的扩大，个体对组织的责任越难分清，个体对努力完成组织任务的责任感就越小。

当组织成员增加，往往组织总体责任的增加慢于组织成员的增加的速度，组织成员的责任就会减少，导致责任的分散。社会心理学告诉我们，组织成员的努力程度与个体外部压力源有关。责任的分散，意味着压力的降低，个体的努力程度在没有其他措施的影响下，自然会降低。所以我们也可以从中得出启示，人员数目增多，个体责任不能因此而减少。

（2）贡献模糊。由于组织中其他成员的存在，个体会感到自己的贡献可有可无或大小无关紧要，因此付出的努力就小了。

随着组织规模的扩大，个体对组织的贡献越难分清，个体对努力完成组织任务的贡献感就越小。同时，由于组织中其他成员的存在，个体会感到自己的贡献可有可无或大小无关紧要，因此付出的努力就小了。

（3）躲避监督。这里所指的躲避监督是指在组织中个体躲避监督，从而避免不利评价的现象。因为组织个体数量较大的时候，监督成本就会随之上升，个体就很容易达到躲避监督的目的。特别是对于难以分割的任务或者是工作效果难以衡量的时候，组织成员共同完成时产生的不利责任就会相互推诿。因为监督失效，这时个体员工就会降低自己的努力水平，产生社会惰化行为。

（4）相互比较。即使是全面监督，群体中的公平心理的影响也是较难避免的。当个体处在共同完成一个任务的群体中，他会将自己与别人进行比较，这是公平性心理在作祟。当他发现别人出现偷懒现象的时候，自己就会跟着产生偷懒行为。这时出现大家偷懒的现象，就会形成合力反面给监督者形成压力，监督者变得无奈，组织成员便会"合法"偷懒。

（5）自觉降低。社会心理学认为，在个体独立工作的时候他们会不断自觉（self-awareness），也就是说他们会不断将自己的某方面与标准相比较，当发现差距时就会给自己造成一种无形的压力，这种自我压力会修正个体的行为以致符合标准。但当处在群体中的时候，员工的注意力就会转移到其他人身上，自我觉知的程度就会下降，从而个体行为的社会惰化难以通过自己调整而消除。

解铃还需系铃人，我们认为有效消除社会懒惰现象必须从导入现代人力资源管理 3P 模式入手。

2. 3P 模式——消除社会懒惰现象的良策

人力资源 3P 模式是消除社会懒惰现象，使人力资源管理的核心技术从混杂走向规范，从相互之间的松散关系到紧密相连的最佳模式。原因如下所述。

首先，严格做好岗位分析（position），明确各个的责任，实施"抽屉式管理"。要消除社会懒惰现象，首先就要明确岗位的责任，而明确岗位责任的前提就是要认真做好岗位分析。岗位分析的过程就是通过工作描述与工作规范的制定，进行工作评价。很多人力资源管理人员对岗位分析并不重视，因而对偷懒的现象不能加以界定与对责任进行追究，这显然助长了社会懒惰现象。岗位分析明确了岗位的任务量与价值量，使人力资源管理部门可以更容易和更合理地分配人力，也容易使每个员工都承担公平合理的任务。同时通过"抽屉式管理"，即在每个员工的抽屉里放着自己的工作职责，员工可以在每天上班时打开抽屉以明确自己的职责。这样岗位分析就会有的放矢，也不再是一纸空文了。

其次，建立科学的绩效管理（performance）体系，区分员工对组织的贡献大小，做好有效监督。员工的绩效应包括业绩、能力和态度。绩效管理体系是一个基于绩效计划、绩效过程全面管理、绩效考核加上绩效的反馈与改进提高组成的封闭的系统，任何一个环节都不能放松。四者的紧密结合才能将员工的注意力转移到如何提高绩效上面来，才能甄选和鉴别员工绩效的高低，才能有效区分每个员工对组织贡献的大小，才能产生良性的竞争机制，每个人都在提高自己的过程中提高了企业的绩效。同时全面绩效的管理过程既是一个监督过程，又是一个管理者与员工的沟通互动过程。建立科学有效的绩效管理体系才能使社会懒惰现象无立足之地。

被誉为"海尔管理之剑"的 OEC 管理就是一种富有特色的绩效管理。OEC 管理由三个部分组成，分别是目标系统、日清系统和有效激励机制。用一句话来概括就是"日事日毕，日清日高"。张瑞敏倡导的 OEC 管理其本质就是把企业核心目标量化到人，把绩效责任落实到每一个员工身上，并将绩效评价的周期缩短到天。

最后，建立合理的薪酬管理体系（payment），依据贡献奖勤罚懒。按照心理学的解释，人们的行为都是在需要的基础上产生的，对员工进行激励就是要满足他们没有实现的需要。马斯洛的需求理论指出，人们存在五个层次的需求，有效的薪酬管理能够不同程度的满足这些需要，从而可以实现对员工的激励。员工获得的薪酬，是他们生存需要满足的直接来源；没有一定的经济收入，员工就不可能有安全感，也不可能有与其他人进行交往的物质基础；此外，薪酬水平的高低也是员工绩效水平的一个反映，较高的薪酬表明员工具有较好的绩效，这也可以在一定程度上满足他们尊重和自我实现的需要。

薪酬具有独特的方向引导作用，一个具有竞争力的薪酬体系，会激发员工依据企业目标自觉地开发自身潜能。这就要求企业结合自身的情况进行准确的薪酬定位，确定合理的薪酬原则和薪酬结构，根据绩效管理结果进行公平、公正的薪酬分配，奖勤罚懒，消除社会惰化。

基于上述分析，在本质上以"了解人性、尊重人性、以人为本"的现代人力资源管理的 3P 模式，贯彻了以人为本的人力资源管理理念，抓住了现代人力资源管理的核心技术，更好的体现出以个体的"人"和特定的"事"及"岗位"为核心，贯穿以"岗位分析"为起点，以绩效管理为中心，以薪酬管理为结果，这一逻辑应用的目标体系极大地"激活人"，有效地消除了"社会懒惰现象"，同时也使 3P 模式的应用不再是"空中楼阁"，其之间的机理关系本文归纳描述见图 7-2。

7.1   绩效管理概述

绩效管理是企事业组织人力资源日常管理中最为重要的工作之一，也是人力资源管理过程中最为核心的环节。绩效管理不是简单的对绩效结果评价，它既是一个指标体系，也是一个控制过程，在企业战略实施过程中，绩效管理运用一系列的管理手段对组织系统运行效率和结果进行控制与掌握，以保证战略目标的实现。

7.1.1 绩效管理概述

由于绩效管理是基于绩效来进行的,因此我们首先要对绩效有所了解。在一个组织中,广义的绩效包括两个层次的含义:一是指整个组织的绩效;二是指个人的绩效。在本章中,我们讨论的主要是后者,即个人的绩效。

对于绩效的含义,人们有着不同的理解,最主要的观点有两种:一是从工作结果的角度出发进行理解;二是从工作行为的角度出

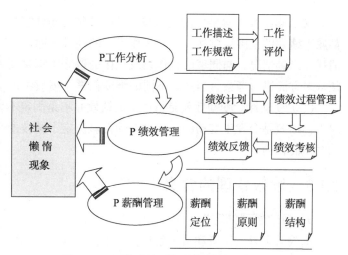

图 7-2 3P 模式体系与社会懒惰现象的关系

发进行理解。应当说,这两种理解都是有一定道理的,但都不很全面,因此我们主张应当从综合的角度出发来理解绩效的含义。所谓绩效,就是指员工在工作过程中所表现出来的与组织目标相关的并且能够被评价的工作业绩、工作能力和工作态度,其中工作业绩就是指工作的结果,工作能力和工作态度则是指工作的行为。理解这个含义,应当把握以下几点。

(1)绩效是基于工作而产生的,与员工的工作过程直接联系在一起,工作之外的行为和结果不属于绩效的范围。

(2)绩效要与组织的目标有关,对组织的目标应当有直接的影响作用,例如,员工的心情就不属于绩效,因为它与组织的目标没有直接的关系。由于组织的目标最终都会体现在各个职位上,因此与组织目标有关就直接表现为与职位的职责和目标有关。

(3)技校应当是能够被评价的工作行为和工作结果,那些不能被评价的行为和结果也不属于绩效。例如,学生上课时的专心程度就不能直接作为绩效来使用,因为它很难被评价。

(4)绩效还应当是表现出来的工作行为和工作结果,没有表现出来的就不是绩效。这一点和招聘录用时的选拔评价是有区别的,选拔评价的重点是可能性,也就是说要评价员工是否能够做出绩效。

7.1.2 绩效的特点

一般来说,绩效具有以下三个主要的特点。

(1)多因性。多因性就是指员工的绩效是受多种因素共同影响的,并不是哪一个单一的因素就可以决定的,绩效和影响绩效的因素之间的关系可以用一个公式加以表示:

$$P = f(K, A, M, E)$$

在这个关系式中,f 表示一种函数关系;P(performance),就是绩效;K(knowledge),就是知识,指与工作相关的知识;A(ability),就是能力,指员工自身所具备的能力;M(motivation),就是激励,指员工在工作过程中所受的激励;E(environment),就是环境,指工作的设备、工作的场所等。

（2）多维性。多维性就是指员工的绩效往往是体现在多个方面的，工作结果和工作行为都属于绩效的范围。例如，一名操作工人的绩效，除了生产产品的数量、质量外，原材料的消耗、出勤情况、与同事的合作以及纪律的遵守等都是绩效的表现。因此，对员工的绩效必须从多方面进行考察。当然，不同的维度在整个绩效中的重要性是不同的。

（3）变动性。变动性就是指员工的绩效并不是固定不变的，在主客观条件发生变化的情况下，绩效是会发生变动的。这种变动性就决定了绩效的时限性，绩效往往是针对某一特定的时期而言的。

7.1.3　绩效管理的含义

1. 绩效管理的定义

绩效管理是管理者和员工就目标及如何实现目标达成共识的过程，以及增强员工成功地达到目标的管理方法。绩效管理是一种帮助员工完成他们工作的管理手段，通过绩效管理，员工可以知道上级希望他们做什么，自己可以做什么样的决策，必须把工作干到什么样的地步，何时上级必须介绍。通过有效的管理途径既可以实现个人价值，又可以提升管理的水平，还可以促进企业的效益。绩效管理首先要解决几个问题。

（1）就目标及如何达到目标需要达成共识。

（2）绩效管理不是简单的任务管理，它特别强调沟通、辅导和员工能力的提高。

（3）绩效管理不仅强调结果导向，而且重视达成目标的过程。

绩效管理所涵盖的内容很多，它所要解决的问题主要包括如何确定有效的目标、如何使目标在管理者与员工之间达成共识、如何引导员工朝着正确的目标发展、如何对实现目标的过程进行监控、如何对实现的业绩进行评价和对目标业绩进行改进。绩效管理中的绩效和很多人通常所理解的"绩效"不太一样。在绩效管理中，我们认为绩效首先是一种结果，即做了什么；其次是过程，即是用什么样的行为做的；最后是绩效本身的素质。因此绩效考核只是绩效管理的一个环节。

绩效管理是通过管理者与员工之间持续不断地进行的业务管理循环过程，实现业绩的改进，所采用的手段的循环系统见图 7-3。

2. 绩效管理循环系统

绩效管理是一个完整的系统，绩效管理的过程通常被看作一个循环。这个循环的周期通常分为四个步骤，即绩效计划、绩效追踪、绩效考核与绩效反馈面谈。

（1）绩效计划。制订绩效计划的主要依据是工作目标和工作职责。绩效计划是一个双向沟通的过程。管理者与被管理者需要在对被管理者绩效的问题上达成共识。在共识的基础上，被管理者对自己的工作目标做好承诺。管理者和被管理者共同的投入与参与是进行绩效管理的基础。

在员工的绩效计划表中至少应包含的内容如下所述。

① 员工在本次绩效期间内所要达到的工作目标是什么？

② 制订绩效计划的主要依据是工作目标和工作职责。达成目标的结果是怎样的？这些结果可以从哪些方面去衡量，评判标准是什么？

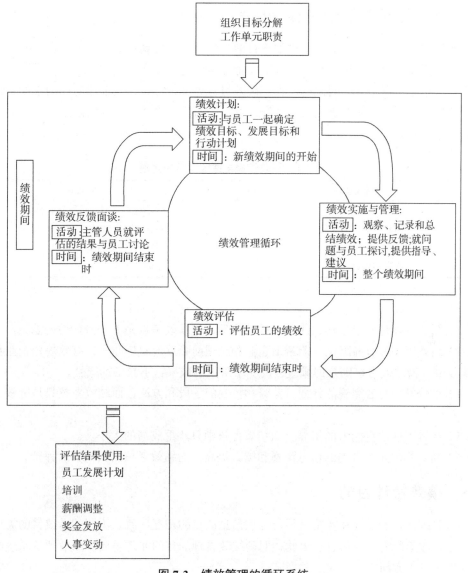

图 7-3 绩效管理的循环系统

③ 从何处获得关于员工工作结果的信息?员工的各项工作目标的权重如何?

（2）绩效的追踪与管理。制订绩效计划后，在追踪与管理的过程中主要需要做两件事：一是持续的绩效沟通；二是对工作表现的记录。

（3）绩效考核。在绩效期结束的时候，依据预先制订好的计划，主管人员对下属的绩效目标完成情况进行评价。评价的依据就是在绩效期间开始时双方达成一致意见的关键绩效指标。同时，在绩效跟踪与管理过程中，所收集到的能够说明被评价者绩效表现的数据事实，可以作为判断被评价者是否达到关键绩效指标要求的证据。

（4）绩效反馈面谈。绩效管理过程并不是到绩效评价打出一个分数时就结束了，主管人员还需要与下属进行一次面对面的交谈。通过绩效反馈面谈使下属了解主管对自己的期望，了解自己的绩效，认识自己待改进的方面。

7.1.4　绩效管理与绩效考核的区别

绩效管理是经理和员工的对话过程，目的是帮助员工提高绩效能力，使员工的努力与公司的远景规划和目标任务相一致，使员工和企业实现同步发展。

绩效考核是对员工一段时间的工作、绩效目标等进行考核，是前段时间的工作总结。同时，考核结果可以为相关人事决策（晋升、解雇、加薪、奖金）等提供依据。

它们的区别见表7-1。

表7-1　绩效管理与绩效考核的区别

绩效管理	绩效考核
一个完整的管理过程	管理过程中的局部环节和手段
侧重于信息沟通与绩效提高	侧重于判断和评估
伴随管理活动的全过程	只出现在特定的时期
事先的沟通与承诺	事后的评价

（1）绩效管理是一个完整的系统，绩效考核只是这个系统中的一部分。

（2）绩效管理是一个过程，注重过程的管理，而绩效考核是一个阶段性的总结。

（3）绩效管理具有前瞻性，能帮助企业和经理前瞻性地看待问题，有效规划企业和员工的未来发展，而绩效考核则是回顾过去的一个阶段的成果，不具备前瞻性。

（4）绩效管理有着完善的计划、监督和控制的手段和方法，而绩效考核只是考核的一个手段。

（5）绩效管理注重能力的培养，而绩效考核则只注重成绩的大小。

（6）绩效管理注重事先的信息沟通和绩效提高，而绩效考核则偏重事后评价。

7.1.5　绩效管理目的

绩效管理体系的设计和实施必须与考核信息的目的相互一致。不同的考核目的需要用不同的方法来收集所需要的信息。因此，明确绩效管理的目的非常重要。绩效评价系统的目的主要有以下三个方面。

第一，绝大多数员工都愿意了解自己目前的工作成绩。也想知道自己如何才能工作得更好。这不仅是员工个人寻求满足感的需要，同时员工也希望通过提高自己的工作绩效和工作能力提高自己的报酬水平与获得晋升的机会。工作绩效评价可以为员工提供反馈信息，帮助员工认识自己的优势和不足，发现自己的潜在能力并在实际工作中充分发挥这种能力，改进工作绩效，有利于员工个人的事业发展。

由于绩效管理不仅可以发现员工的长处和优点，也能够指出员工的不足和缺点；因此，员工绩效管理能够发现员工需要培训的方向，尤其是管理人员，可以指出他们在如人际冲突管理、监督技能、计划和预算能力等方面上的欠缺，为培训方案的设计和实施确定基础。

第二，绩效评价可以为甄别高效和低效员工提供标准，为组织的奖惩系统提供依据，从而确定奖金和晋升机会在员工个人之间的分配。在企业的薪酬决定依据中，员工业绩水平是一种重要的因素。只有实行客观公正的绩效管理体系，不同工作岗位上的员工的工作成绩才能得到合理的比较，在员工之间分配的奖金也才能起到真正的激励作用。在晋升、调转和下岗决定中，员工过去的工作表现是一个非常有说服力的根据，这也要求实施有效的绩效考核。

第三，建立一个员工业绩的档案材料，以便于将来帮助组织进行人事决策，包括提升优秀员工、剔除不合格的员工、为工资调整提供理由、为员工培训确定内容、为员工的调动确定方向、并确定再招聘员工时应该重点考察的知识、能力、技能和其他品质。总之，工作绩效评价有利于人们发现组织中存在的问题，岗位评价的信息可以被用来确定员工和团队的工作情况与组织目标之间的关系，以及改进组织的效率和改进员工的工作。在美国，员工绩效考核的具体作用途径及其重要性见表 7-2。

表 7-2 绩效考核信息最主要的 20 种用途

用途类别	具体项目	评分	排序
个人之间的评价	薪酬管理	5.6	2
	个人绩效的确定	5.0	6
	不合格绩效的识别	5.0	6
	晋升决策	4.8	8
	留用/解聘决策	4.8	8
	下岗	3.5	13
员工个人发展	绩效反馈	5.7	1
	员工优点和缺点的确定	5.4	3
	转岗和任务安排决定	3.7	12
	个人培训需要的确定	3.4	14
系统维护	个人组织在目标的发展	4.9	7
	个人、团队和业务部门工作成绩的评价	4.7	10
	人力资源计划	2.7	15
	组织培训需求的评估	2.7	15
	管理结构的加强	2.6	17
	组织发展需要的确定	2.6	17
	人力资源系统的监控	2.0	20
文件备案	人力资源管理文件备案	5.2	4
	遵守人力资源管理的法律要求	4.6	11
	有效性研究的标准	2.3	19

注：其中的评分是 7 分制来衡量员工绩效考核对各种组织决策和行为的影响：1—没有影响，4—中度影响，7—首要影响。

7.1.6 绩效管理与人力资源管理其他职能的关系

作为人力资源管理系统的核心，绩效管理与人力资源管理的其他职能活动之间存在密切的关系。

（1）与工作分析的关系。在绩效管理中，对员工进行绩效考核的主要依据就是事先设定的绩效目标，而绩效目标的内容在很大程度上都来自通过工作分析所形成的工作说明书。借助工作说明书来设定员工的绩效目标（见图 7-4），可以使绩效管理工作更有针对性。

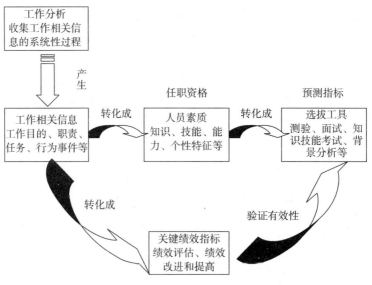

图 7-4　绩效管理与工作分析的关系

（2）与人力资源规划的关系。绩效管理对人力资源规划的影响主要表现在人力资源质量的预测方面，借助于绩效管理系统，能够对员工目前的知识和技能水平做出准确地评价，这不仅可以为人力资源供给质量的预测而且还可以为人力资源需求质量的预测提供有效的信息。

（3）与招聘录用的关系。绩效管理与招聘录用的关系是一种双向的，首先，通过对员工的绩效进行评价，能够对不同招聘渠道的质量做出比较，从而可以实现对招聘渠道的优化；此外，对员工绩效的评价也是检测甄选录用系统效度的一个有效手段，这一点在讲效度的时候已经做过详细的阐述。其次，招聘录用也会对绩效管理产生影响，如果招聘录用的质量比较高，员工在实际工作中就会表现出良好的绩效，这样就可大大减轻绩效管理的负担。

（4）与培训开发的关系。绩效管理与培训开发也是相互影响的，通过对员工的绩效做出评价，可以发现培训的"压力点"，在对"压力点"做出分析之后就可以确定培训的需求；同时，培训开发也是改进员工绩效的一个重要手段，有助于实现绩效管理的目标。

（5）与薪酬管理的关系。绩效管理与薪酬管理的关系是最为直接的，按照赫茨伯格的双因素理论，如果将员工的薪酬与他们的绩效挂钩，使薪酬成为工作绩效的一种反映，就可以将薪酬从保健因素转变为激励因素，可以使薪酬发挥更大的激励作用。此外，按照公平理论的解释，支付给员工的薪酬应当具有公平性，这样才可以更好的调动他们的积极性，为此就要对员工的绩效做出准确的评价，一方面使他们的付出能够得到相应的回报，实现薪酬的自我公平；另一方面，也使绩效不同的员工得到不同的报酬，实现薪酬的内部公平。

（6）与人员调配的关系。企业进行人员调配的目的就是实现员工与职位的相互匹配，通过对员工进行绩效考核，一方面可以发现员工是否适应现有的职位，另一方面也可以发现员工适宜从事哪些职位。

对员工进行绩效考核，还可以减少解雇辞退造成的不必要纠纷。在西方发达国家，解雇员工时必须给出充分的理由，否则可能引起法律纠纷，而绩效管理就是一种有效的手段，如果连续几年某员工的绩效考核结果都不合格，那么就证明该员工无法胜任这一职位，企业就有足够的理由来解雇他。随着全球一体化进程的加快和员工法律意识的增强，这个问题应当引起国内企业的重视。

7.2 绩效管理的实施过程

在实践中，绩效管理是按照一定的步骤来实施的，这些步骤可以归纳为四个阶段：准备阶段、实施阶段、反馈阶段和运用阶段，见图 7-5。下面，我们就按照这一流程来对绩效管理的实施过程作简要的介绍。

7.2.1 准备阶段

准备阶段是个绩效管理过程的开始，这一

图 7-5 绩效管理实施

阶段主要是完成绩效计划的任务，也就是说通过上级和员工的共同的讨论，确定出员工的绩效考核目标和绩效考核周期。

1. 绩效考核目标

绩效考核目标，或者叫作绩效目标，是对员工在绩效考核期间的工作任务和工作要求所做的界定，这是对员工绩效考核时的参照系，绩效目标由绩效内容和绩效标准组成。

（1）绩效内容。绩效内容界定了员工的工作任务，也就是说员工在绩效考核期间应当做什么样的事情，它包括绩效项目和绩效指标两个部分。

绩效项目是指绩效的纬度，也就是说要从哪些方面来对员工的绩效进行考核，按照前面说讲的绩效的含义，绩效的纬度，即绩效考核项目有三个：工作业绩，工作能力和工作态度。

绩效指标则是指绩效项目的具体内容，它可以理解为是对绩效项目的分解和细化，如对某一职位，工作能力这一考核项目就可以细化为分析判断能力、沟通协调能力、组织指挥能力、开拓创新能力、公共关系能力以及决策行动能力六项具体的指标。

对于工作业绩，设定指标时一般要从数量、质量、成本和时间四个方面进行考虑;对于工作能力和工作态度，则要具体情况具体对待，根据各个职位不同的工作内容来设定不同的指标。绩效指标的确定，有助于保证绩效考核的客观性。确定绩效指标时，应当注意以下几个问题。

① 绩效应当有效。也就是说绩效指标应当涵盖员工的全部工作内容，这样才能够准确的评价出员工的实际绩效，这包括两个方面的含义：一是指绩效指标不能有缺失，员工的全部工作内容应当包括在绩效指标中；二是指绩效指标不能有溢出，职责范围以外工作内容不应当包括在绩效指标中，见图 7-6。

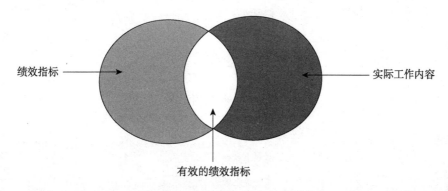

图 7-6 绩效指标的缺失和溢出

由图 7-6 可以看出，有效的绩效指标是绩效指标和实际工作内容这两个圆重叠的部分，左边的阴影表示绩效指标的溢出，右边的阴影表示绩效指标的缺失。这两个圆重叠的部分越大，绩效指标的有效性就越高。为了提高绩效指标的有效性，应当依据工作说明书的内容来确定绩效指标。

② 绩效指标应当具体。也就是说，指标要明确地指出到底是要考核什么内容，不能过于笼统，否则考核主体就无法进行考核。例如，在考核老师的工作业绩时，"授课情况"就是一个不具体的指标，因为授课情况涉及很多方面的内容，如果使用这一指标进行考核，考核主体就会无从下手，应当将它分解成以下几个具体的指标："上课的准时性""讲课内容的逻辑性""讲课方式的生动性"，这样考核时就更有针对性。

③ 绩效指标应当明确，就是说当指标有多种不同的理解时，应当清晰地界定其含义，不能让考核主题产生误解，如对于"工程质量达标率"这一指标，就有两种不同的理解，一是指"质量合格的工程在已经完工的工程中所占的比率"；二是指"质量合格的工程在应该完工的工程中所占的比率"，这两种理解就有很大的差别，因此应当指明到底是按照哪种含义来进行考核。

④ 绩效指标应当具有差异性。这包括两个层次的含义：一是指对于同一个员工来说，各个指标在总体绩效中所占的比重应当有差异，因为不同的指标对员工绩效的贡献不同，如对于总经理办公室主任来说，公关能力相对就比计划能力重要。这种差异形式是通过各个指标的权重来体现的。二是指对于不同的员工来说，绩效指标应当有差异，因为每个员工从事的工作内容是不同的，如销售经理的绩效指标就应当和生产经理的不完全一样。此外，即便有些指标是一样的，权重也应当不一样，因为每个职位的工作重点不同，例如，计划能力对企业策划部经理的重要性就比对法律事务部经理的要大。

为了使大家能够对绩效指标的差异性有更加直观的理解，我们来看一个例子，见表 7-3。

表 7-3　绩效指标差异性举例

职位名称	绩效指标（工作能力）	权重（%）
工作建设部经理	计划能力	15
	组织领导能力	20
	沟通协调能力	10
	分析判断能力	15
	谈判能力	20
	决策行动能力	10
	培育部属能力	10
总经理办公室主任	计划能力	10
	组织领导能力	15
	沟通协调能力	20
	分析判断能力	10
	公共关系能力	20
	文字表达能力	15
	培育部属能力	10

⑤ 绩效指标应当具有变动性。这也包括两个层次的含义：一是指在不同的绩效周期，绩效指标应当随着工作任务的变化而有所变化。例如，企业在下个月没有招聘的计划但是有对新员工培训的计划，那么人力资源经理下个月的业绩指标中就不应当设置有关招聘的指标，而应当增加有关培训的指标。二是指在不同的绩效周期，各个指标的权重也应当根据工作重点的不同而有所区别，职位的工作重点一般是由企业的工作重点决定的。例如，企业在下个月准备重点提高产品的质量，那么在整个绩效指标中，质量指标所占的比重就应当相应地提高，以引起员工对质量的重视。

（2）绩效标准。绩效标准明确了员工的工作要求，也就是说对于绩效内容界定的事情，员工应当怎样做或者做到什么样的程度，例如，"产品的合格率达到 90%""接到投诉后两天内给客户以满意的答复"等。绩效标准的确定，有助于保证绩效考核的公正性，否则就无法确定员工的绩效到底是好还是不好。确定绩效标准时，应当注意以下几个问题。

① 绩效标准应当明确。按照目标激励理论的解释，目标越明确，对员工的激励效果就越好，因此在确定绩效标准时应当具体清楚，不能含糊不清，这就要求尽可能地使用量化的标准。为了便于大家的理解，我们来看一个例子。某公司对人力资源部招聘主管的绩效标准是这样规定的：收到其他部门的人力资源需求后，能够迅速地招聘到合适的人员；员工的招聘成本比较低。

这样的绩效标准就非常不明确，"能够迅速地招聘到合适的人员"，到底什么是迅速，一个星期还是两个星期，根本没有说清楚。"招聘成本比较低"，怎么样才算低，也没有规定具体。量化的绩效标准应当这样来规定：收到其他部门的人力资源需求后，在 5 个工作日内招聘到合适的人员；员工的招聘成本应控制在每人 150～200 元。

量化的绩效标准，主要有以下三种类型：一是数值型的标准，如"销售额为 50 万元""成本平均每个 20 元""投诉的人数不超过 5 人次"等；二是百分比型的标准，如"产品合格率为 95%""每次培训的满意率为 90%"等；三是时间型的标准，如"接到任务后 3 天内按要求完成""在 1 个工作日内回复应聘者的求职申请"等。

绩效标准量化的方式则分为两种：一种是以绝对值的方式进行量化，比如上面所举的几个例子；另一种是以相对值的方式进行量化，比如"销售额提高 10%""成本每个降低 5 元"。这两种方式的本质其实是一样的，只是表现形式不同而已。

此外，有些绩效指标不可能量化的成本比较高，主要是能力和态度的工作行为指标。对于这些指标，明确绩效标准的方式就是给出行为的具体描述，如对于谈判能力，就可以给出五个等级的行为描述，从而使这一指标的绩效标准相对比较明确，见表 7-4。

② 绩效标准应该适度。也就是说制定的标准要具有一定的难度，但是员工经过努力又是可以实现的，通俗点讲就是"跳一跳就能摘到桃子"。这同样是源自目标激励理论的解释，目标太容易或太难，对员工的激励效果都会大大的降低，因此绩效标准的制定应当在员工可以实现的范围内制定。

③ 绩效标准应当可变，这包括两个层次的含义：一是指对于同一个员工来说，在不同的绩效周期，随着外部环境的变化，绩效标准有可能也要变化，如对于空调销售员来说，由于销售有淡季和旺季之分，因此在淡季的绩效标准就应当低于旺季。二是指对于不同的员工来说，即使在同样的绩效周期，由于工作环境的不同，绩效标准也有可能不同，还以空调销

表 7-4　谈判能力的绩效标准

等级	定　义
S	谈判能力极强，在于外部组织或个人谈判时，能够非常准确地引用有关的法规规定，熟练地运用各种谈判的技巧和方法，说服对方完全接受我方的合理条件，为公司争取到最大的利益
A	谈判能力较强，在于外部组织或个人谈判时，能够比较准确地引用有关的法规规定，比较熟练地运用各种谈判的技巧和方法，能够说服对方基本接受我方的合理条件，为公司争取到了一些利益
B	谈判能力一般，在于外部组织或个人谈判时，基本上能够准确地引用有关的法规规定，运用了一些谈判的技巧和方法，在做出一些让步后能够与对方达成一致意见，没有使公司的利益受到损失
C	谈判能力较差，在于外部组织或个人谈判时，引用有关的法规规定时会出现一些失误，运用的谈判的技巧和方法比较少，在做出大的让步后才能够与对方达成一致意见，使公司的利益受到一定的损失；有时会出现无法与对方达成一致意见的情况
D	谈判能力很差，在于外部组织或个人谈判时，引用有关的法规规定时出现相当多的失误，基本上不会运用谈判的技巧和方法，经常无法与对方达成一致意见，造成公司的利益受到大的损失

售员为例，有两个销售员，一个在昆明工作，一个在广州工作，由于昆明的气候原因，人们对空调基本上没有需求，而广州的需求则比较大，因此这两个销售员的绩效标准就应当不同，在广州工作的销售员，绩效标准就应当高于在昆明工作的销售员。

对于绩效目标的设计要求，我们将其概括为"明智"（SMART）原则：

① 绩效目标必须是具体的（specific），以保证其明确的牵引性；

② 绩效目标必须是可衡量的（measurable），必须有明确的衡量指标；

③ 绩效目标必须是可以达到的（attainable），不能因指标的无法达成而使员工产生挫折感，但这并不否定其应具有挑战性；

④ 绩效目标必须是相关的（relevant），它必须与公司的战略目标、部门的任务及职责相联系；

⑤ 绩效目标必须是以时间为基础的（time-based），即必须有明确的时间要求。

2. 绩效考核周期

绩效考核周期，也可以叫作绩效考核期限，是指多长时间对员工进行一次绩效考核。由于绩效考核需要耗费一定的人力、物力，因此考核周期过短，会增加企业管理成本的开支；但是，绩效考核周期过长，又会降低绩效考核的准确性，不利于员工工作绩效的改进，从而影响绩效管理的效果，因此，在准备阶段，还应当确定出恰当的绩效考核周期。

绩效考核周期的确定，要考虑到以下几个因素。

（1）职位的性质。不同的职位，工作的内容是不同的，因此绩效考核的周期也应当不同。一般来说，职位的工作绩效是比较容易考核的，考核周期相对短一些，例如，工人的考核周期相对就应当比管理人员的要短。其次，职位的工作绩效对企业整体绩效的影响比较大，考核周期相对要短一些。例如，销售职位的绩效考核周期相对就应当比后勤职位的要短。

（2）指标的性质。不同的绩效指标，其性质是不同的，考核的周期也应当不同。一般来说，性质稳定的指标，考核周期相对要长一些；相反，考核周期相对就要短一些。例如，员工的工作能力比工作态度相对要稳定一些，因此能力指标的考核周期相对比态度指标就要长一些。

（3）标准的性质。在确定考核周期时，还应当考虑到绩效标准的性质，就是说考核周期的时间应当保证员工经过努力能够实现这些标准，这一点是和绩效标准的适度性联系在一起的。

在准备阶段，应当采取互动的方式，让员工参与到绩效目标的制定过程中来。按照目标激励理论的解释，只有当员工承认并接受某目标时，这一目标实现的可能性才比较大。通过互动的讨论，员工对绩效目标的接受程度就会比较高，从而有助于绩效目标的实现。

7.2.2 实施阶段

准备阶段之后就是实施阶段，这一阶段主要是完成绩效沟通和绩效考核两项任务。

1. 绩效沟通（绩效计划）

绩效沟通是指在整个考核周期内，上级就绩效问题持续不断地与员工进行交流和沟通，给予员工必要的指导和建议，帮助员工实现确定的绩效目标。

制订绩效计划的主要依据是工作目标和工作职责。绩效计划是一个双向沟通的过程。管理者与被管理者需要在对被管理者绩效的问题上达成共识。在共识的基础上，被管理者对自己的工作目标做好承诺。管理者和被管理者共同的投入和参与是进行绩效管理的基础。形成契约的过程。

（1）绩效契约。在员工的绩效契约中，至少应该包括以下几方面的内容。

① 员工在本次绩效期间内所要达到的工作目标是什么？

② 达成目标的结果是怎样的？

③ 这些结果可以从哪些方面去衡量，评判的标准是什么？

④ 从何处获得关于员工工作结果的信息？

⑤ 员工的各项工作目标的权重如何？

某车辆公司主任的绩效契约见表 7-5。

表 7-5　某车辆公司主任的绩效契约

绩效契约					
员工名称：			合同编号：		
关键绩效指标维度	权重	绩效目标	需要得到的支持	考核结果	备注
内部运营维度					
财务维度					
客户维度					
学习与成长维度					
说明：内部运营维度，未达成基本目标扣总得分 5 分。					
发约人：			受约人：		
考核周期：　　　年　　　月　　　日　至　　　年　　　月　　　日					
签订日期：					

上面这个例子就是某车辆公司主任的绩效契约。制定了绩效契约之后，就需要按照契约中规定的工作目标和标准履行自己的职责。

（2）双向沟通。建立绩效契约的过程是一个双向沟通的过程。

在这个双向沟通的过程中，管理人员主要向被管理者解释和说明的内容如下所述。

① 组织整体的目标是什么？

② 为了完成这样的整体目标，我们所处的业务单元的目标是什么？

③ 为了达到这样的目标，对被管理者的期望是什么？

④ 对被管理者的工作应该制定什么样的标准？完成工作的期限应该如何制定？

被管理者应该向管理者表达的内容如下所述。

① 自己对工作目标和如何完成工作的认识。

② 自己所存在的对工作的疑惑和不理解之处。

③ 自己对工作的计划和打算。

④ 在完成工作中可能遇到的问题和需申请的资源。

（3）参与和承诺。社会心理学家研究发现：当人们亲身参与了某项决策的制定过程时，他们一般会倾向于坚持立场，并且在外部力量作用下也不会轻易改变立场。人们坚持某种态度的程度和改变态度的可能性主要取决于两种因素：一是他在形成这种态度时卷入的程度，即是否参与态度形成的过程；二是他是否为此进行了公开表态，即做出正式承诺。在生活中有很多容易理解的例子。例如，陪人购衣；签名活动等。

2. 绩效实施与管理

（1）绩效实施与管理中的误区。绩效计划、绩效评估和绩效反馈都可以在短短的几天时间内完成，而耗时最长的是中间的绩效实施与管理，它贯穿着整个绩效期间。

然而绩效实施与管理的过程往往容易被人们所忽视，在这个过程中还存在一些误区。

误区一：绩效管理重要的是计划和评估，中间的过程是员工自己工作的过程。

不少管理者认为对于绩效管理来说，重要的是事先做好计划以及在绩效期结束时对绩效进行评估，而中间的过程则不需要进行过多的干预。这样做常常很危险。

误区二：对员工绩效的管理就是要监督、检查员工的工作，要时刻关注员工的工作过程。

有些经理人员总是表现出对员工不放心的态度，总担心员工无法很好的完成工作，因此过多的去关注员工的工作细节。其实绩效管理往往是一种目标管理，经理人员应该花主要精力关注员工的工作结果，也就是工作目标的达成情况，对于具体的工作过程，不必过分细致的关心。而有的经理人员不但关心员工做出了什么结果，还关心员工是怎样做出这样的结果的。员工认为既然给自己设定了目标，那么自己应该有一定的权力决定如何达到目标，经理人员不必事无巨细地干涉自己的行动自由。如果经理人员管得过细，员工就会有不被充分信任的感觉。

误区三：认为花费时间做记录是一种浪费。

在绩效实施的过程中不做记录，一方面在绩效评估时对工作表现的记忆力不够清晰，容易造成对事实的歪曲；另一方面，在与员工进行沟通时，没有足够的事实依据在手中，容易引起争议。

（2）持续的绩效沟通

① 目的。内容如下所述。

- 为适应环境变化的需要适时地对计划进行调整。

- 员工在执行绩效计划的过程中需要了解两类信息：如何解决工作中遇到的困难和障碍，以便及时能获得相应的资源和帮助；员工希望在工作中能不断地得到关于自己绩效的反馈信息。

● 经理人员需要得知有关的信息。

作为经理人员，也并不非是与员工一起制订了绩效计划之后就可以等待收获成功的果实了。他们需要在员工完成工作的过程中及时掌握工作进展情况的信息，了解员工在工作中的表现和遇到的困难，协调团队中的工作。如果经理人员不能通过有效的沟通获得必要的信息，那么也就无法在绩效评估的时候对员工做出评估了。另外，及时了解信息还可以避免发生意外事情时措手不及，可以在事情变得棘手之前进行处理。

因此，无论从员工的角度还是从管理者的角度都需要在绩效实施的过程中进行持续的沟通，因为每个人都需要从中获得对自己有帮助的信息。

② 沟通内容。沟通的内容主要有：

● 工作进展情况怎么样？

● 员工和团队是否在正确的达成目标和绩效标准的轨道上运行？

● 如果有偏离方向的趋势，应该采取什么样的行动扭转这种局面？

● 哪些方面的工作进行得好？

● 哪些方面遇到了困难或障碍？

● 面对目前的情境，要对工作目标和达成目标的行动做出哪些调整？

● 经理人员可以采取哪些行动来支持员工？

③ 沟通方式。沟通方式分为正式沟通和非正式沟通。

● 正式沟通

包括书面报告、会议沟通和面试沟通。其中书面报告又分为工作日志、周报、月报、季报、年报。

● 非正式沟通

➢ 走动式管理——走动式管理是指主管人员在员工工作期间不时的到员工的座位附近走动，与员工进行交流，或者解决员工提出的问题。

➢ 开放式办公——主管人员的办公室随时向员工开放，只要没有客人在办公室里或正在开会的时候，员工随时都可以进入办公室与主管人员讨论问题。

➢ 工作间歇时的沟通——利用各种各样的工作间歇（如共进午餐时）与员工进行沟通。

● 非正式会议——如联欢会、生日晚会等各种形式的非正式的团队活动进行沟通。

（3）绩效信息的收集

① 收集的方法。.

观察法——主管直接观察员工在工作中的表现并对员工的表现进行记录。

工作记录法——用日常的工作记录来体现绩效情况。

他人反馈法——当员工的工作是为他人提供服务或与他人发生关系时，就可以从员工提供服务的对象或发生关系的对象那里得到有关的信息。

② 收集绩效信息的内容。通常来说，收集的绩效信息的内容主要包括：

第一，工作目标或任务完成情况的信息；

第二，来自客户的积极的和消极的反馈信息；

第三，工作绩效突出的行为表现；

第四，绩效有问题的行为表现等。

在收集的信息中，有相当一部分是属于"关键事件"的信息。关键事件是员工的一些典型行为，既有证明绩效突出好的事件，也有证明绩效存在问题的事件。

③ 收集信息中应注意的问题。

• 让员工参与收集信息的过程

作为主管人员，不可能每天 8 小时地盯着一个员工观察，因此主管人员通过观察得到的信息可能不完全或者具有偶然性。那么，教会员工自己做工作记录则是解决这一问题的一个比较好的方法。

但值得注意的是，员工在做工作记录或收集绩效信息的时候往往会存在有选择性的记录或收集的情况。有的员工倾向于报喜不报忧，他们提供的绩效信息中体现成就的会比较多，而对于自己没有做好的事情，则持回避态度。有的员工则喜欢强调工作中的困难，甚至会夸大工作中的困难。所以，当主管人员要求员工收集工作信息时，一定要非常明确地告诉他们收集哪些信息，最好采用结构化的方式，将员工选择性收集信息的程度降到最小。

• 要注意有目的地收集信息。如果收集来的信息最后发现并没有什么用途而被置之不理，那么这将是对人力、物力和时间的一大浪费。

• 可以采用抽样的方法收集信息。常用的抽样方法有固定间隔抽样法、随机抽样法、分层抽样法。

3. 绩效考核

绩效考核就是指在考核周期结束时，选择相应的考核主体和考核办法，收集相关的信息，对员工完成绩效目标的情况做出考核。

（1）考核主体。考核主体是指对员工的绩效进行考核的人员，考核主体一般包括五类：上级、同事、下级、员工本人和客户。

① 上级。这是最为主要的考核主体，上级考核的优点是：由于上级对员工承担直接的管理责任，因此他们通常最了解员工的工作情况；此外，用上级作为考核的主体还有助于实现管理的目的，保证管理的权威。上级考核的缺点在于考核信息来源单一，容易产生个人偏见。

② 同事。由于同事和被考核者在一起工作，因此他们对员工的工作情况也比较了解；同事一般不止一人，可以对员工进行全方位的考核，避免个人的偏见；此外，还有助于促使员工在工作中与同事配合。同事考核的缺点是：人际关系的因素影响考核的公正性，和自己关系好的就给高分，不好的就给低分；大家有可能协商一致，互相给高分；还有可能造成相互的猜疑，影响同事关系。

③ 下级。用下级作为考核考核主体，优点是：可以促使上级关心下级的工作，建立融洽的员工关系；由于下级是被管理的对象，因此最为了解上级的领导管理能力，能够发现上级在工作方面存在的问题。下级考核的缺点是：由于顾及上级的反应，往往不敢真实地反映情况；有可能削弱上级的管理权威，造成上级对下级的迁就。

④ 员工本人。让员工本人作为考核主体进行自我考核，优点是：能够增加员工的参与感，加强他们的自我开发意识和自我约束意识；有助于员工对考核结果的接受。缺点是：员工对自己的评价往往容易偏高；当自我考核和其他主体考核的结果差异较大时，容易产生矛盾。

⑤ 客户。就是由员工服务的对象来对他们的绩效进行考核，这里客户不仅包括外部客户，还包括内部客户。客户考核有助于员工更加关注自己的工作结果，提高工作的质量。它的缺

点是：客户更侧重于员工的工作结果，不利于对员工进行全面的评价；再有就是，有些职位的客户比较难以确定，不适于用这种方法。

由于不同的考核主体收集考核信息的来源不同，对员工绩效的看法也会不同，为了保证绩效考核的客观公正，应当根据考核指标的性质来选择考核主体，选择的考核主体应当是对考核指标最为了解的。例如，"协作性"由同事进行考核，"培养部属能力"由下级进行考核，"服务的及时性"由客户进行考核等。由于每个职位的绩效目标都由一系列的指标组成，不同的指标又由不同的主体来进行考核，因此每个职位的评价主体也有多个。此外，当不同的考核主体对某一个指标比较了解时，这些主体都应当对这一指标做出考核，以尽可能地消除考核的片面性。

（2）考核方法。实践中，进行绩效考核的方法有很多，企业应当根据具体的情况来选择合适的方法，在下一节中将这些方法进行详细介绍。

（3）绩效考核中的误区。是一种人对人的评价，在这一过程中往往会出现一些错误，从而影响考核的效果。为了避免这些错误，我们首先应当知道这些错误是什么。绩效考核中容易产生的误区，一般有以下几种。

① 光环效应。当一个人有一个显著的优点的时候，人们会误以为他在其他方面也有同样的优点。这就是光环效应。在考核中也是如此，比如，被考核人工作非常积极主动，考核人可能会误以为他的工作业绩也非常优秀，从而给被考核人较高的评价，但实际情况可能并非如此。这种错误就是指以员工某一方面的特征为基础而对总体做出评价，通俗地讲就是"一好遮百丑"。举一个简单的例子，大家可能都是这样的经历，在学校时，学习成绩好的学生总是能够当选"三好学生"，尽管有些人在"德"和"体"方面并不符合要求，这就是光环效应造成的结果。

② 逻辑错误。这种错误是指考核主体使用简单的逻辑推理而不是根据客观情况来对员工进行评价。例如，按照"口头表达能力强，那么公共关系能力就强"这种逻辑，根据员工的口头表达能力来对公共关系能力做出评价。

③ 近因误导。一般来说，人们对最近发生的事情记忆深刻，而对以前发生的事情印象浅显。考核人对被考核人某一阶段的工作绩效进行考核时，往往会只注重近期的表现和成绩，以近期印象来代替被考核人在整个考核期的绩效表现情况，因而造成考核误差。例如，在一年中的前半年工作马马虎虎，等到最后的几个月才开始表现较好，照样能够得到好的评价。例如，考核周期为半年，员工只是在最近几周总提前上班，以前总是迟到，考核主体就根据最近的员工的出勤情况评为优秀。

④ 首因效应。这种错误和近期误差正好相反，是指考核主体根据员工起初的表现而对整个绩效考核周期的表现做出评价。例如，员工在考核周期开始时非常努力地工作，绩效也非常好，即使他后来的绩效并不怎么好，上级还是根据开始的表现对他在整个考核周期的绩效做出了较高的评价。

⑤ 对比效应，考核人不自觉的将被考核人与自己进行比较，以自己作为衡量被考核人的标准，这样就会产生自我比较误差。若考核人是一位完美主义者，他可能会放大被考核人的缺点，给被考核人较低的评价；若考核人自己有某种缺点，则可能无法看出被考核人也有同样的缺点。将和自己相似的就给予较高的评价，与自己不同的就给予较低的评价。例如，一

个作风比较严谨的上级对做事一丝不苟的员工评价比较高，而对不拘小节的员工评价比较低，尽管两个人实际绩效水平差不多。

⑥ 溢出效应。这种错误就是指根据员工在考核周期以外的表现对考核周期内的表现做出评价。例如，生产线上的工人在考核周期前出了一次事故，在考核周期内他并没有出现问题，但是由于上次事故的影响，上级对他的绩效评价还是比较低。

⑦ 宽大化倾向。这种错误就是指考核主体放宽考核的标准，给所有员工的考核结果都比较高。与此类似的错误还有严格化倾向和中心化倾向，前者指掌握的标准过严，给员工的考核结果比较低；后者对员工的考核结果比较集中，既不过高，也不过低。

⑧ 理解差异化。由于考核人对考核指标的理解的差异而造成的误差。同样是"优、良、合格、不合格"等标准，但不同的考核人对这些标准的理解会有偏差，同样一个员工，对于某项相同的工作，甲考核人可能会选"良"，乙考核人可能会选"合格"。

⑨ 折中主义。考核人倾向于将被考核人的考核结果放置在中间的位置，这主要是由于考核人害怕承担责任或对被考核人实际情况不熟悉所造成的。

⑩ 感情用事。人是有感情的，而且不可避免地把感情带入他所从事的任何一种活动中，绩效考核也不例外。考核人喜欢或不喜欢（熟悉或不熟悉）被考核人，都会对被考核人的考核结果产生影响。考核人往往会给自己喜欢（或熟悉）的人较高的评价，而对自己不喜欢（或不熟悉）的人给予较低的评价。

为了减少甚至避免这些错误，应当采取以下措施：第一，建立完善的绩效目标体系，绩效考核指标和绩效考核标准应当具体、明确。第二，选择恰当的考核主体，考核主体应当对员工在考核指标上的表现最为了解，这两个问题在前面已经做过详细的阐述。避免让不同的考核人对相同职务的员工进行考核，尽可能让同一名考核人进行考核，员工之间的考核结果就具有了可比性。避免对不同职务的员工考核结果进行比较，因为不同职务的考核人不同，所以不同职务之间的比较可靠性较差。第三，选择合适的考核方法，如强制分布法和排序法就可以避免宽大化、严格化和中心化倾向。第四，对考核主体进行培训，考核开始前要对考核主体进行培训，指出这些可能存在的误区，从而使他们在考核工程中能够有意识地避免这些误区。第五，修改考核内容，让考核内容更加明晰，使能够量化的尽可能量化。这样可以让考核人能够更加准确的进行考核。

7.2.3　反馈阶段

实施阶段结束以后，接着就是反馈阶段，这一阶段主要是完成绩效反馈的任务，也就是说上级要就绩效考核的结果和员工进行面对面的沟通，指出员工在绩效考核期间存在的问题，并一起制订出绩效改进的计划。为了保证绩效的改进，还要对绩效改进计划的执行效果进行跟踪。表 7-6 是一个绩效反馈面谈表的例子。

1. 绩效反馈应注意的问题

为了保证绩效反馈的效果，在反馈绩效时应当注意以下几个问题。

（1）绩效反馈应当及时。在绩效考核结束后，上级应当立即就绩效考核的结果向员工进行反馈。绩效反馈的目的是要指出员工在工作中存在的问题，从而有利于他们以后的工作中

表 7-6 绩效反馈面谈表

面谈对象		职位编号	
面谈者		面谈时间	
面谈地点			
绩效考核结果（总成绩）：			
工作业绩	工作能力		工作态度
上期绩效不良的方面：			
导致上期绩效不良的原因：			
下期绩效改进的计划：			
面谈对象签字		面谈者签字	
绩效改进计划执行的情况：			
记录者签字		时间	

加以改进，如果反馈滞后的话，那么员工在下一个考核周期内还会出现同样的问题，这就达不到绩效管理的目的。

（2）绩效反馈要指出具体的问题。绩效反馈是为了让员工知道自己到底什么地方存在不足，因此反馈时不能只告诉员工绩效考核的结果，而是应当指出具体的问题。例如，反馈时不能只告诉员工"你的工作态度不好"，而应该告诉员工到底怎么不好，比如说"你的工作态度很不好，在这一个月内你迟到了 10 次，上周开会时讨论的材料你没提前读过"。

（3）绩效反馈要指出问题出现的原因。除了要指出员工的问题外，绩效反馈还应当和员工一起找出这些问题的原因并有针对性的制订出改进计划。

（4）绩效反馈不能针对人。在反馈过程中，针对的只能是员工的工作绩效，而不能是员工本人，这样容易伤害员工，造成抵触情绪，影响反馈的效果。例如，不能出现"你怎么这么笨"；"别人都能完成，你怎么不行"之类的话。

（5）注意绩效反馈时说话的技巧。由于绩效反馈是一种面谈，因此说话的技巧会影响反馈的效果。在进行反馈时，首先，要消除员工的紧张情绪，建立起融洽的谈话气氛；其次，在反馈过程中，语气要平和，不能引起员工的反感；再次，要给员工说话的机会，允许他们解释，绩效反馈是一种沟通，不是在指责员工；最后，该结束的时候一定要结束，否则就是在浪费时间。

2. 绩效反馈效果的衡量

在绩效反馈结束以后，管理者还必须对反馈的效果加以衡量，提高以后的反馈效果。衡量反馈效果时，可以从以下几个方面进行考虑。

（1）此次反馈是否达到了预期的目的？

（2）下次反馈时，应当如何改进谈话的方式？

（3）有哪些遗漏必须加以补充？又有哪些无用的内容必须删除？

（4）此次反馈对员工改进工作是否有帮助？

（5）反馈是否增进了双方的理解？

（6）对于此次反馈，自己是否感到满意？

对于得到肯定回答的问题，在下一次反馈中就应当坚持；得到否定回答的问题，在下一次反馈中就必须加以改进。

7.2.4　运用阶段

绩效管理实施的最后一个阶段是运用阶段，就是说要将绩效考核的结果运用到人力资源管理的其他职能中去，从而真正发挥绩效管理的作用，保证绩效管理目的的实现。

绩效考核结果的运用包括两个层次的内容：一是直接根据绩效考核的结果做出相关的奖惩决策；二是对绩效考核的结果进行分析，从而为人力资源管理其他职能的实施提供指导或依据。第二个层次的有关内容，在第一节中已经作了详细的阐述，这里重点是对第一个层次做出说明。

按照期望理论的解释，当员工经过个人的努力取得了一定的绩效后，组织应当根据绩效的结果给予相应的奖励，这样他们才会有继续工作的动机，当然这些奖励要能够满足员工的需要才行。此外，强化理论也指出，当员工的工作结果或行为符合企业的要求时，应当给予正强化，以激励这种结果或行为；当工作结果或行为不符合企业的要求时，应当给予惩罚，以减少这种结果或行为的发生。因此，企业应当根据员工绩效考核的结果给予他们相应的奖励或惩罚。这种奖惩主要体现在两个方面：一是工资奖金的变动；二是职位的变动。

为了便于考核结果的运作，往往需要计算出最后的考核结果，并将结果区分成不同的等级。当用于不同的方面时，绩效项目在最终结果中所占的权重也应当有所不同，一般来说，用于第一个方面时，工作业绩和工作态度所占的比重应当相对较高；用于第二个方面时，工作业绩和工作能力所占的比重要相对较高。例如，规定绩效考核结果用于奖金分配和工资调整时，在最终结果中，工作业绩占60%，工作态度占30%，工作能力占10%；而用于职位调整时，工作业绩占50%，工作能力占40%，工作态度占10%。

此外，还要将最终计算出的考核结果划分成不同的等级，据此给予员工不同的奖惩，绩效越好，给予的奖励就要越大；绩效越差，给予的惩罚就要越大。例如，在百分制下，规定90分以上为A等，80~89分为B等，70~79分为C等，60~69分为D等，59分以下为E等。用于工资调整时规定，考核结果为A等，工资增长幅度为10%；B等，增长幅度为5%；C等不变；D等，工资要下调4%；E等，下调8%。用于职位调整时规定，连续三年为C等以上才有资格晋升；连续两年为D等，公司有权解除劳动合同。

为了更好地对绩效不同表现者的管理，也可参考以下的人才矩阵模型（见表7-7）。

7.3　绩效评估工具

7.3.1　360度考核法

360度考核技术，也称为全方位考核法或多源考核法。它是一种从不同层面的人员中收集评价信息，从多个视角对员工进行考核的方法，也就是由被考核者本人以及与他有密切来往的人，包括被考核者的上级、同事、下级和内、外部客户等，分别从四面八方对被考核者进行全方位的匿名评价，然后由专业人士根据各方面的评价结果，对比被考核者的自我评价向考核者提供反馈，从而使被考核人知晓各方面的意见，清楚自己的所长所短，以达到帮助被

表 7-7　人才矩阵模型

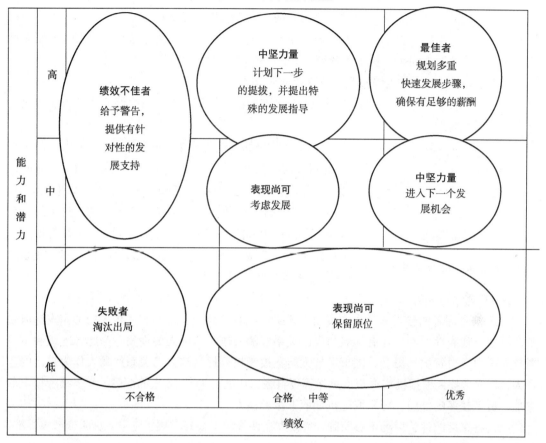

考核者改变行为、提高能力，改善绩效的目的。作为一种新的业绩改进方法，360 度考核工具得到了广泛的应用。具体内容见图 7-7。

作为绩效管理的一种新工具，正被国际知名大企业越来越多地使用。据调查，在《财富》杂志排名前 1 000 位的企业中，已有 90%的企业在使用不同形式的 360 度考核，比如 IBM、摩托罗拉、摩根士坦利、诺基亚、

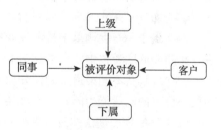

图 7-7　360 度考核评价主体

福特、迪斯尼、西屋、美国联邦银行等，都把 360 度考核用于人力资源管理和开发。

1. 360 度考核法的特点

（1）全视角。从任何一个方面去观察人，做出的判断都难免片面。360 度考核的考核者来自企业内外的不同层面，得到的考核信息角度更多，考核更全面、更客观。

（2）考核结果误差小。360 度考核的考核者不仅来自不同层面，而且每个层面的考核者都有若干名，考核结果取其平均值，从统计学的角度来看，其结果更接近于客观情况，可减少个人偏见及评分误差。

（3）针对性强。360 度考核对不同的被考核人分别使用不同的考核量表，针对性强。

（4）匿名考核。360 度考核采用匿名方式，使考核人能够客观地进行评价，以保证考核

结果的可靠性，减少考核者的顾虑。

（5）参照开放式的表格，通过开放式表格，能够收集到很多比较中肯的评价意见。与传统方法相比，它需要对收集到的大量表格和考核信息进行分门别类地统计和分析，绘制多种统计图表，从中发现问题，提出考核意见。

基于上述特点，360度考核具有许多优点。

（1）它同传统的绩效管理方法相比具有更多的信息渠道。与只有上级介入的方法相比更有可能发现问题。

图 7-8　360 度考核

（2）在传统的反馈方法中，只有经理一人评估，员工有可能对反馈的信息持怀疑态度，因为它只是来自一个人的信息，而这个人可能有偏见。在360度反馈法中，如果从上司、同事、下属和客户都得到的是同样的信息，那么这个信息是很难怀疑的。比如，如果客户、上级、同事和下级都说某人的沟通能力有问题，或许他就更可能接受这条反馈意见，因为它是来自不同渠道的信息。

360度考核的不足。

（1）被考评者的各类考评人主要由本人提名，有欠公允；个别被考核人的考核人选取缺少广泛性、代表性，不排除有提名与自己关系好的人作为考评人的现象。为此，上级和下级考核人可由人力资源部提名，同事考核人防止被考核人提名与自己关系好的人作为自己的考评人，客户考核人根据机构客户信息库等资料甄选。员工少于10人的部门，其下级考核全部参加，员工较多的部门，可采取随机抽取下级考核人。

（2）各维度的评价标准不够明确，考核人在评价时不太好掌握：应进一步明确考核标准，使考核人更易于在评价时掌握。

（3）考核结果汇总时，统计分数上还可更科学一些，如去掉最高分和最低分。

（4）由于360度侧重于被考核者各方面的综合考核，属定性考核，缺少定量的绩效考核。在今年的360度考核中，可尝试与KPI业绩指标考核结合起来，使考核更全面。

（5）理解从不同渠道来的评分和信息有时也不容易，因为这些渠道并非总是一致。例如，对同一员工的沟通能力问题，上级评为优，下级评为中，而客户评为差，这应该怎么办？

（6）360度反馈法涉及的数据和信息比单渠道反馈法要多的多。这个优点本身就可能是个问题，因为收集和处理数据的成本很高。同时，由于有大量的信息要汇总，这种方法有变成机械和追逐文字材料的趋向，即从两人的直接沟通演变成表格和印刷材料的沟通。

2. 应用 360 度考核法应注意的问题

360度考核法作为企业管理者一个有效的管理工具，在实际应用时应注意以下几点。

（1）在实施360度考核法之前，应对公司广大员工和管理人员进行有关360度考核法的培训，使其对该系统有一个正确的认识，并要努力得到管理层及员工们的支持，这对于考核结果的客观性和考核功能的实现都是至关重要的。只有全员掌握了考核技能，才有可能使360度反馈做到公开、公平、公正。

（2）在实施360度考核时，首先要明确进行360度考核的目的和要达到的具体目标，再设计具体的操作方法。如果进行考核的主要目的是对过去业绩的鉴定，并强调考核结果和奖金的直接挂钩，在考核中最好是偏重直接上级的考核，因为直接上级是对下属的业绩负责的。但在具体运作中，直接上级要充分听取本人和其他人的意见，或者限定其他人评分的项目和权力。如果进行考核的主要目的是未来职业发展和业绩提高，就可以多听取周围人的意见，并强调彼此的沟通。考核目的不同，考核方法就会有相应的变化。但是，考核目的往往是多元的，既希望通过考核进行奖金的合理分配，又希望通过考核倡导员工的未来发展，还希望通过考核选拔优秀的管理人才。通过合理的设计，三个目标是可以同时实现的。

（3）在运用 360 度考核时，不要进行笼统的考核，应该结合不同岗位的能力要求设计不同的考核问卷，要结合岗位目标细分为若干个项目进行考核。在设计考核项目时，要清晰地界定它的含义，并与考核人进行充分的沟通，达成一致的理解。考核人进行考核时，要求更多地关注被考核人的行为表现，而不是他个人如何如何。另外，要选择熟悉被考核人的考核人进行反馈。

（4）严格考核程序，做到程序的规范化。在初期阶段，应尽可能采取匿名制度，做到保密性，并采用集体反馈的方式，消除考核人害怕被考核人报复的恐惧和焦虑。

（5）公司应在规章制度和激励制度上对 360 度绩效考核活动提供保障，以提高员工在考核中的参与性。从考核工具方面来讲，考核材料的设计可采用项目迫选法或强迫排序方式，也可以采用关键事件法，以减少评价中的自我拔高倾向；同时，考核材料应该定量与定性相结合，以丰富反馈的实质内容，提高反馈的效果。

（6）借助于局域网等高科技手段使员工信息分享。如把考核流程、考核要点、考核周期要求、考核表格等在内部网里可以随时提供，使每位员工的工作计划、成果记录、人事记录、工作进度表等让员工们一目了然，这样一来有助于不同考核者根据自己角色及其价值判断对员工进行考核，做到有根有据、有的放矢。同时在互动沟通中也可以在对称信息中讨论，容易达成一致意见。

（7）在实施 360 度考核时，观念的引导是非常重要的。在大家的认识中，更多地把考核理解为一种评定或监控的管理方法，而 360 度考核是以员工的未来发展为导向的。

7.3.2　关键绩效指标法（KPI）

1. 关键绩效指标法（KPI）的含义

企业关键绩效指标（Key Process Indication，KPI）是通过对组织内部某一流程的输入端、输出端的关键参数进行设置、取样、计算、分析，衡量流程绩效的一种目标式量化管理指标，是把企业的战略目标分解为可运作的远景目标的工具，是企业绩效管理系统的基础。KPI 可以使部门主管明确部门的主要责任，并以此为基础，明确部门人员的绩效衡量指标。

KPI 是指标，不是目标，但是能够借此确定目标或行为标准；是绩效指标，不是能力或态度指标；是关键绩效指标，不是一般所指的绩效指标。

关键绩效指标是用于衡量工作人员工作绩效表现的量化指标，是绩效计划的重要组成部分。

2. 关键绩效指标具备如下几项特点

（1）来自对公司战略目标的分解。这首先意味着，作为衡量各职位工作绩效的指标，关键绩效指标所体现的衡量内容最终取决于公司的战略目标。当关键绩效指标构成公司战略目标的有效组成部分或支持体系时，它所衡量的职位便以实现公司战略目标的相关部分作为自身的主要职责；如果 KPI 与公司战略目标脱离，则它所衡量的职位的努力方向也将与公司战略目标的实现产生分歧。

KPI 来自对公司战略目标的分解，其第二层含义在于，KPI 是对公司战略目标的进一步细化和发展。公司战略目标是长期的、指导性的、概括性的，而各职位的关键绩效指标内容丰富，针对职位而设置，着眼于考核当年的工作绩效、具有可衡量性。因此，关键绩效指标是对真正驱动公司战略目标实现的具体因素的发掘，是公司战略对每个职位工作绩效要求的具体体现（见图 7-9）。

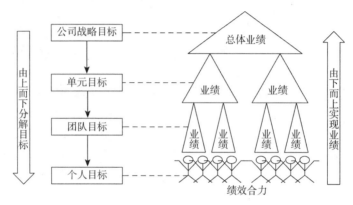

图 7-9　战略目标的分解及业绩实现模型

最后一层含义在于，关键绩效指标随公司战略目标的发展演变而调整。当公司战略侧重点转移时，关键绩效指标必须予以修正以反映公司战略新的内容。

（2）关键绩效指标是对绩效构成中可控部分的衡量。企业经营活动的效果是内因外因综合作用的结果，这其中内因是各职位员工可控制和影响的部分，也是关键绩效指标所衡量的部分。关键绩效指标应尽量反映员工工作的直接可控效果，剔除他人或环境造成的其他方面影响。例如，销售量与市场份额都是衡量销售部门市场开发能力的标准，而销售量是市场总规模与市场份额相乘的结果，其中市场总规模则是不可控变量。在这种情况下，两者相比，市场份额更体现了职位绩效的核心内容，更适于作为关键绩效指标。

（3）KPI 是对重点经营活动的衡量，而不是对所有操作过程的反映。每个职位的工作内容都涉及不同的方面，高层管理人员的工作任务更复杂，但 KPI 只对其中对公司整体战略目标影响较大，对战略目标实现起到不可或缺作用的工作进行衡量（见图 7-10）。

（4）KPI 是组织上下认同的。KPI 不是由上级强行确定下发的，也不是由本职职位自行制定的，它的制定过程由上级与员工共同参与完成，是双方所达成的一致意见的体现。它不是以上压下的工具，而是组织中相关人员对职位工作绩效要求的共同认识。

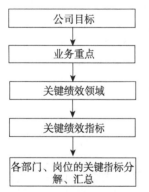

图 7-10　KPI 体系（关键绩效指标）

KPI 所具备的特点，决定了 KPI 在组织中举足轻重的意义。第一，作为公司战略目标的分解，KPI 的制定有力地推动公司战略在各单位各部门得以执行；第二，KPI 为上下级对职位工作职责和关键绩效要求有了清晰的共识，确保各层各类人员努力方向的一致性；

第三，KPI 为绩效管理提供了透明、客观、可衡量的基础；第四，作为关键经营活动的绩效的反映，KPI 帮助各职位员工集中精力处理对公司战略有最大驱动力的方面；第五，通过定期计算和回顾 KPI 执行结果，管理人员能清晰了解经营领域中的关键绩效参数，并及时诊断存在的问题，采取行动予以改进。

具体来看 KPI 有助于：

① 根据组织的发展规划和目标计划来确定部门和个人的业绩指标；

② 监测与业绩目标有关的运作过程；

③ 及时发现潜在的问题，发现需要改进的领域，并反馈给相应部门和个人；

④ KPI 输出是绩效评价的基础和依据；

当公司、部门乃至职位确定了明晰的 KPI 体系后，可以：

① 把个人和部门的目标与公司整体的目标联系起来；

② 对于管理者而言，阶段性地对部门和个人的 KPI 输出进行评价和控制，可引导正确的目标发展；

③ 集中测量公司所需要的行为；

④ 定量和定性地对直接创造利润和间接创造利润的贡献作出评估。

3. 关键绩效指标的类型

通常来说，关键绩效指标主要有四种类型：数量、质量、成本和时限。

在建立绩效指标时，我们可以试图回答这样一些问题。

①通常在评价工作产出时，我们关心什么？（数量、质量、成本、时限）

②我们怎么来衡量这些工作产出的数量、质量、成本和时限？

③是否存在我们可以追踪的数量或百分比?如果存在这样的数量指标，就把它们列出来。

④如果没有数量化的指标来评估工作产出，那么谁可以评估工作结果完成得好不好呢?能否描述一下工作成果完成得好是什么样的状态?有哪些关键的衡量因素 ？

表 7-8 中列出了常用的关键绩效指标的类型、一些典型的例子以及从哪里可以获得验证这些指标的证据来源。

表 7-8　绩效指标的类型

指标类型	举例	证据来源
数量	产量	业绩记录
	销售额	财务数据
	利润	财务数据
质量	破损率	生产记录
	独特性	上级评估
	准确性	客户评估
成本	单位产品的成本	财务数据
	投资回报率	
时限	及时性	上级评估
	到市场时间	客户评估
	供货周期	

4. 关键绩效指标的设计和提取

关键绩效指标（KPI）是对企业实际经营运作过程中关键成功要素的提炼和归纳，并体现着战略的导向性。因此，关键绩效指标设计和提取按照以下思路。

从所设计的 KPI 体系上，可以进行目标执行效果的考核。由此，完全可以认识 KPI 体系就是如何把公司目标层层分解成绩效指标的这样一种思路（见 7-11 鱼骨图举例）。

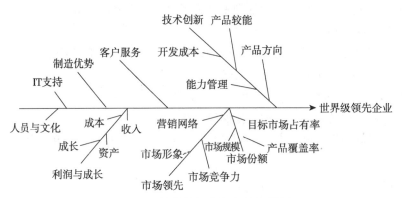

图 7-11　绩效指标分解鱼骨图举例

各个公司的具体情况不同，所以设计 KPI 体系的思路也不同。但无论怎么说，KPI 体系的确立是绩效考核制度设计的基础。

那么如何建立 KPI 体系呢？我们知道，建立 KPI 体系也就是确定指标分解的思路，是为了解决如何把公司目标分解成可操作的绩效指标的问题。

一般来说，设计 KPI 体系一直有两条主线：依组织结构分解是一条，依流程结构分解是另一条见图 7-12。

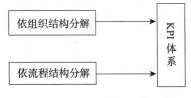

图 7-12　KPI 体系的两条主线

基于建立 KPI 体系的两条主线，我们通常有四种思路来建立企业的 KPI 体系。

第一，依据组织结构分解而建立的 KPI 体系。

第二，依据内部流程分解而建立的 KPI 体系。

第三，依据平衡计分卡而建立的 KPI 体系。

第四，依据基准标杆而建立的 KPI 体系。

下面我们就分别说说这几种体系的设计方法。

（1）依组织结构建立的 KPI 体系。以部门组织结构而设计的 KPI 体系，主要强调的是把组织目标落实到部门。事实上，这一体系更适合于没有组织目标和战略的公司使用。为什么呢？虽然形式上这种指标体系是对组织目标的分解，但实质上，最后的指标设计所体现的往往是部门本身原有的职责体系。各种指标分解来分解去，还是以部门原有的各项责任为本位，往往体现不出来组织目标的落实。见表 7-9。

例如，某个企业的规模已在全国排列第三位。该企业有市场部、生产部、技术部、采购部、人力资源部五个部门。公司提出的组织目标是"在目标市场上取得第一的位置"。那么，由此一组织目标，按组织结构进行分解就会成为表 7-9 所示的 KPI 体系。

由表 7-9，我们可以对"以组织结构分解为主线的一体系"做个检讨：虽然依组织结构而建立的 KPI 体系是从公司目标分析开始，然后依据部门承担责任的不同而建立起来的。这是

表 7-9　按组织结构分解的 KPI 体系

依据组织结构分解的 KPI 体系

年度组织目标：在目标市场上取得第一

部门	关键绩效领域（KPA）	关键指标名称
市场部	市场份额指标	销售增长率、市场占有率、销售目标完成率、新客户开发率……
	客户服务指标	投诉处理及时率、客户回访率……
	经营安全指标	货款回收率、成品周转率……
生产部	成本指标	生产效率、原料损耗率、设备利用率
	质量指标	成品一次合格率……
	经营安全指标	原料周转率、备品周转率、在制品周转率……
技术部	成本指标	设计损失率……
	质量指标	设计错误再发生率、项目及时完成率、第一次设计完成到投产前修改次数……
	竞争指标	在竞争对手前推出新产品的数量、在竞争对手前推出新产品的销量……
采购部	成本指标	采购价格指数、原材料库存周转率……
	质量指标	采购达成率、供应商交货一次合格率
人力资源部	执行力指标	为公司目标实现所需要的人才合格率、员工自然流动率……
……	……	……

因为依组织结构而设计的绩效指标，对各职能部门来说，他们往往以部门自身职责为出发点进行设计，而当落实到个人的时候，又往往依据岗位职责，岗位说明书来进行指标的设计和分解。问题也正出在这里，因为公司各部门的业务重点是各有侧重的，所以就导致很多问题与风险。

　　首先，对于一个公司的组织目标来说，有些部门在对这一目标来说进行指标分解是相当困难的。比如"在目标市场上取得第一"这样的目标，对于采购部门就很难分解与之相对应的直接指标。采购部所要提高的供应商一次合格率、采购达到率就显然与"如何取得市场第一"没有直接的因果。

　　其次，因为是从部门责任和个人的岗位说明书的角度分解目标，那么分解来分解去，往往使指标围绕着业务部门的职责和本职工作，指标可能越分越多，而公司的目标却被稀释了。结果公司的组织目标在各部门分解的时候，无法被突出出来，什么都变成跟组织目标有联系的关键指标了。比如生产部的设计利用率这样的指标也跟"在目标市场上取得第一"这样的组织目标挂上了钩。结果呢，关键绩效指标 KPI 不再是 KPI 而是变成了 KPI 指标了。到了最后，下级的指标因为分解的缘故，往往会出现"1+1≤2"的情况，分解后的指标不能更好的驱动部门自动自发地完成上级的大目标，甚至于能够达到 1+1=2 也是非常困难的。

　　因此，从表面上看，以组织结构而建立的 KPI 体系的确突出了各部门的参与，但实际上存在组织目标被稀释的风险。那么要问，当一个公司以组织结构建立了 KPI 体系后，会产生什么样的绩效指标呢?请看以下例子。

　　某公司本年度的业务重点为销售增长。该公司是依据组织结构建立的 KPI 体系，并由此设计出研发部经理绩效考核表，项目经理的绩效考核指标见表 7-10。

表 7-10　项目经理绩效考核指标

××公司研发项目经理绩效考核表

姓名				部门			职务等		
出勤奖惩记录	迟到	旷工	产假	婚假	丧假	病假	事假	奖励	处分
加扣分									

部门总体目标：配合公司销售增长的当期目标，为公司提供优质、有竞争力的产品，改善和优化公司，提高公司综合竞争力

		考核内容			配分	初核	复核	评语
绩效指标		考核标准						
项目完成		能在考核期内提前完成研发项目……						
		能在考核期内完成研发项目数量超过 80%						
	⋮							
		能在规划的周期内完成项目数量 50%的研发项目……						

××公司研发项目经理绩效考核表

	考核标准			配分	初核	复核	评语
专业技能	略						
	略						
	略						
	略						
责任感	略						
	略						
	略						
	略						
工作协调	略						
	略						
	略						
	略						
积极性	略						
	略						
	略						
	略						
自我启发	略						
	略						
	略						
	略						
合计：							
被评人意见及希望：				核准人意见及希望：			

考察依据组织结构而建立的 **KPI** 体系，会发现：依这个体系所建立的绩效指标有很大问题。那就是大多数指标是以部门职责为本位。

如表 7-11 所示，公司的业务重点已经被确定为"销售增长"。但因为是依据组织结构而建立的 KPI 体系，所以部门在思考的时候就局限于"部门责任"这一层面。比如，在确定绩效指标的时候，就孤立地把完成多少研发项目的数量作为指标。事实上，如果从公司目标而不仅仅是部门的责任来思考的话，那么完成多少个研发项目只是个过程问题。从公司的角度来说，研发部门不仅是要完成规划中的研发项目，关键是要及时推向市场，并且研发出来的项目产品要经得起市场的检验，要得到用户的认可和青睐，只有这三条都达到了要求，才能达到公司所确定的销售增长的目标。否则，光有项目的完成数却得不到市场认可岂不是瞎忙？但这时问题出现了，在依组织结构建立 KPI 的思路里，指标是从上向下产生的，也就是说，下级只对上级的要求负责，而不是针对接手其工作的下一个工作环节（如生产部或市场部）是否成功负责。这就是以组织结构建立 KPI 体系的最大弊端。

如同上例，以组织结构建立的 KPI 体系，要求各组织部门只对上级和组织目标负责，而不是对结果负责。所以，设计部门的绩效指标就不会从响应客户的要求这一角度来设计。

因此有人认为：依据组织结构而建立的 KPI 体系，是对部门管理责任的体现，但他严重地忽略了对于流程责任的体现，即忽略了投入与产出的关系对目标直接相关的重要性。

所以，为了避免依组织结构设计 KPI 体系所产生的问题和风险，人们又设计了依据流程建立的 KPI 体系。

（2）依据内部流程建立的 KPI 体系。由前面的论述我们知道了这样的问题：依据组织结构建立的 KPI 体系，其指标来源是自上而下的直线式职责分解，它的原则是以部门为中心，部门本位至上。这样就出现了很多不对结果负责的弊端。

那么依据流程的 KPI 体系又如何呢？依据流程设计的 KPI 体系，其思路是把组织目标落实到了流程，在考虑部门的职责的时候，注重对结果的重视。也就是说，其指标来源不是各部门的先天职责，而是客户——体现的是"下一道工序就是客户"这样的思想。因此它的原则是客户至上。而方向则是从投入到产出。其指标特点在于强调"一切为了下一个流程的客户"这一原则的效果和效率。

可见，根据流程设计的 KPI 体系与依组织结构设计的体系大有差异。首先，它需要把公司的组织目标分解为若干具体的策略目标或经营重点，然后让流程各环节对每一项目或重点进行响应。

流程是什么呢？事实上，在组织责任的外界外，组织是通过复杂交错的职能工作流程来提供他们的产出的。这些所谓的职能工作流程可以看作新产品设计流程、交易流程、生产流程、销售流程、分配流程和订单流程等。而所有这些流程都可以分做三大类，即主流程、管理流程、支持流程。那么一旦组织目标分解成若干关键绩效领域——KPA 后，业务流程的三大组成就可以按照具体的 KPA，提出专业的响应措施。

例如，当公司提出的组织目标为"公司成功"时，那么在这一目标指导下，可以划分为如下的业务重点：客户满意、产品开发、市场领先、利润与成长、管理改进与支持等。那么根据这些业务重点，可以继续划分出相应的绩效领域。那么对于市场领先这一业务重点，可以继续划分出相应的绩效领域。那么对于市场领先这一业务重点，又可以分解成若干的关键绩效领域 KPA，见表 7-11。

表 7-11　关键绩效领域 KPA

从业务领先这一业务重点分解出来的关键绩效领域		
公司目标	业务重点	从业务重点分解关键绩效领域
公司成功	客户满意	……
	市场领先	销售利润增长
		完善营销网络
		确保重点市场的市场份额
		提高品牌形象
	管理改进	……
	利润增长	……

　　根据具体的绩效领域 KPA，各流程中的职种本着"为下一个程序服务，下一个程序是客户"这样的原则，继续分解自己的 KPA。见图 7-13。

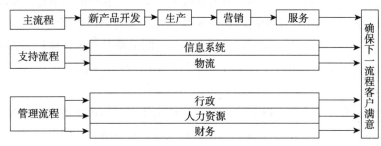

图 7-13　具体绩效领域 KPA

　　某一关键绩效领域通过公司内部流程来完成，基于此，对于某一具体的绩效领域 KPA，各"业务流"职种通过输入和输出就可以较为清晰地给予响应。表 7-12 所示是公司各类流程针对图 7-13 中"确保重点市场的市场份额"这一 KPA 所做响应后进行指标分解示意。

表 7-12　各类流程中各职种响应关键绩效领域

流程中的各职种响应关键绩效领域		
关键绩效领域	流程中的各职能部门	响应下一级流程而分解出的部门绩效指标
确保重点市场份额	生产职种	指标一
		指标二
		指标三
		……
	研发职种	指标一
		指标二
		指标三
		……
	营销职种	指标一
		……
	服务职种	指标一
		……

由此，我们可以看到，流程式的绩效体系与组织结构式的指标体系相比，它不是依据组织责任而分解指标，而是听从客户的召唤。根据业务流向的输入和输出就可以清晰地确定和分解 KPI 了。可见，把组织目标落实到流程上而产生的 KPI 体系，突出了组织目标实现中的流程责任。而按流程去设定和分解指标，可以适应顾客至上的导向，可以清除部门间的壁垒，可以加快响应客户的速度。这些都是依据流程设计 KPI 体系的优点。

　　但是，我们可以发现，依据流程而设计的 KPI 体系更多的是以结果为导向的指标，如果说以结果为导向的指标设计有什么缺点的话，那就是缺乏依据组织结构所建立的 KPI 体系中所充分体现的以"驱动性指标"（如工作态度、责任心、协调能力）对绩效过程的描述。

　　另外，因为过分强调流程目标和结果导向，所以以流程而设计的绩效体系往往使各组织、各岗位的职责、评价结果因为集体责任而未能拉开差距。比如销售部门的员工没有按要求达到预期的销售额，但他们却说销售没有增长是因为研发部的产品设计没跟上，责任在研发部。这样，到底是谁的责任也就很难搞清楚。不过，因为考核是根据流程而设计的体系，所以研发部也确实脱不开干系。但这时研发部也可以认为很冤，因为他是根据市场部提供的市场信息不准确而导致的设计失败，这样周而复始地推诿责任，就不利于找到工作中的问题而提高业绩。比如公司的组织目标被确定为国内行业第一，由此分解出相关的业务重点是销售增长、人均创利、成本控制三大项。那么看来以组织结构建立 KPI 体系和以工作流程建立 KPI 体系的方法各有优、缺点，那么有没有一种方案可以将两者互补呢？当然有，以当前企业较为先进的经验来说，这个方案就是先按业务流程横向分解，再按组织结构自上而下审视的方案。

　　那么如何按上述方法建立 KPI 体系呢？

　　首先，先按业务流程横向分解关键指标 KPI。比如研发部，总的流程终端是市场部，市场部对于它来说就是顾客。既然是客户，那么市场部就向研发部提出要求了，他们对研发部提出"要解决老产品的技术改造"问题。为什么呢？因为研发部在研发的时候，不仅要考虑研究出多少新产品，更要考虑如何增强对老产品的技巧改造，因为老产品的故障率和相应的维修都会给市场部的营销和售后服务带来压力，这就要求研发部要多研究老产品的更新改造，只有这样市场部的售后服务费用才能降下来。所以市场部向研发部提出要降低因维修而发生的大量服务费用，将这一要求进行提炼，指标设计者就为研发部设计了"产品质量发生费用"这一指标。

　　其次，再从组织结构这一层面进行 KPI 分解，我们说了，该公司的组织目标是国内行业第一，由此分解出的一项业务重点就是成本控制。结果，成本控制这一目标落实到研发部，正好与依据流程所分解的指标——"产品质量发生费用"碰头了、结合了。由此研发部的一个关键业绩指标——"产品质量发生费用"就产生了。同样道理，比如"在竞争对手前推出新产品的销量"等也是依据流程而设计的 KPI 指标。

　　当然，对于一个部门来说，有些指标是从流程得来的，而有些指标则是部门所特有的。还拿研发部举例，比如，为了落实成本控制这一重点业务，研发部如果能够减少器件使用的种类而增加单一器件的使用数量，那么就会因为采购品种集中而降低采购价格，采购价格降低必然支持成本控制这一业务重点。再如，设计损失率、设计错误再发生率等指标都是从组织结构——部门自身职责出发而设计的 KPI。

　　（3）平衡计分卡的 KPI 体系。事实上，依流程而设计的考核体系，虽然克服了部门本位职务本位的弊端，但我们仍然发现一个不如意的现象。那就是只依据结果指标或者财务指标进行的考核很可能促使员工行为短期化。

比如一个分厂或一个部门，如果总部仅把事先确定的企业财务上的指标（利润、收入、成本）作为唯一的考评标准，而很少考虑经营者在非财务方面的贡献和业绩，结果就会造成短期化效应。我国过去承包制的弊端就在很大程度上根植于此。

比如，我国相当多的企业就存在这种以财务性的结果性指标定考核业绩的现象。许多大企业的老总常常因为财务业绩不佳而下台。这时，如果用平衡计分卡来评价这些人的话，可能他们的运气要好一些。因为平衡计分卡强调综合性。

在当今产品过剩的年代里，变化是最突出的特征。去年一项赚钱的买卖可能在技术进步和客户需求变化等情况下今年就不再赚钱甚至亏损。所以，仅靠单纯的财务指标只能评估企业过去的情况，根本无法衡量公司未来情况和发展预期。那么，作为激励员工实现公司利益最大化工具的绩效考核指标，该如何避免只以财务数据来考核员工的弊端呢？举例来说明，2001年，惠普的股票大跌。市值损失了数十亿美元。而作为总裁的菲奥纳却没有被炒。其理由是，在竞争激烈的年代里，他留住了公司最好的员工。仅仅因为留住了最好的员工，他没有被炒。这说明惠普的绩效制度与别人不同。其强调的是平衡，保留企业成长的潜力。

基于流程体系产生的结果指标和财务指标的局限性，美国学者卡普兰和诺顿提出了平衡计分卡的绩效考评新方法。这种方法所采用的考评指标来源于组织的战略目标和部分需要，它要求企业经理人从四个角度来观察企业业绩（见图7-14）。

① 企业的产出：传统的财务指标。如资本报酬率、现金流、项目盈利性等指标。

② 从内部业务角度评价企业运营状况：如与顾客讨论新工作的小时数、投标成功率、返工、安全事件指数、项目业绩指数等指标。

③ 从顾客的角度评价企业运营状况：如顾客满意度、市场份额、价格指数、顾客排名调查等指标。

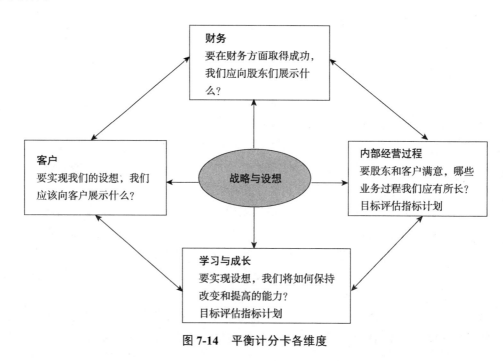

图7-14　平衡计分卡各维度

④ 企业的成长潜力：从创新和学习的角度评价企业运营状况。如可用创新服务收入所占比例、提高指数、雇员建议数、人均收入等指标。

另外，上述四个角度也指导了经理人应该怎样满足股东的地位。怎样满足公司长远发展的利益，以及能否提高和创造价值。平衡计分卡让管理者和员工们把视线转移到客户是怎样看公司以及企业必须擅长什么这样的问题上来。

从以上四个方面度量绩效体系，平衡计分卡的优点即在于：一方面考核企业的产出（上期的结果）；另一方面考评企业未来成长的潜力（下期的预测），同时又能从顾客角度和内部业务角度两方面考评企业的运营状况，这样就充分把公司的长期目标与公司的短期行为联系起来，把远景目标转化为一套系统的业绩考评指标。见表 7-13。

表 7-13 平衡计分卡考评企业运营状况

平衡计分卡把长远利润和短期利益平衡统一起来			
平衡记分卡从四个方面观察企业	指标类别	指标侧重	指标名称
我们怎样满足股东	财务指标	财务收益状况	净资产收益率、总效率报酬率、销售营业利润率、成本费用利润率、资本保值增值率……
		资产运营状况	总资产周转率、流动资产周转率、存货周转率、应收账款周转率……
		偿债能力状况	资产负债率、流动比率、速动比率、长期资产适合率……
		发展能力状况	销售营业增长率、资本积累率、总资产增长率、三年利润平均增长率、三年资本平均增长率
顾客如何对待我们	客户指示	价格状况	价格波动比率
		服务状况	促销效益比率、客户满意度、客户档案完整率、三年资本平均增长率
		品牌状况	产品上架率、动销率、投诉处理及时率、货款回笼率、销售收入完成率、信息反馈及流向、相对市场占有率……
我们必须擅长什么	内部运营指标	质量状况	原辅料采购计划完成率、原料质量一次达标率、正品率、工艺达标率……
		成本状况	采购价格综合指数、原辅料耗损单位成品原辅料成本……
		效率状况	配送及时率、设备有效作业率、产品供货周期、生产能力利用率……
我们能否继续提高并创造价值	学习与创造指标	学习指标	培训覆盖率、核心人才流失率、人才适配率、新业务收入、内部员工满意度、平均员工收入……
		创新指标	技术与产品储备度、产品创新程度、部门协作满意度……

由表 7-13 可见，平衡计分卡包含着财务衡量指标，它说明了已采取的行动所产生的结果，同时，也通过对客户满意度、内部运作及员工学习与成长进行测评的业务性指标，来补充财务衡量指标。而业务性指标则是未来财务绩效的驱动器。也就是说，一方面，通过财务指标保持对组织短期业绩的关注；另一方面，通过员工学习、信息技术的运用与产品、服务的创新提高客户的满意度，共同驱动组织未来的财务绩效，展示组织的发展和后劲。

依据平衡计分卡建立的企业，KPI 体系兼顾了对结果和过程的关注，兼顾了内部和外部两部分对公司目标达成所体现的要求。

7.3.3　平衡计分卡法

1. 平衡计分卡的基本思想

平衡计分卡的核心思想就是通过财务（Financial）、客户（Customers）、内部经营过程（Internal Business Progress）、学习与成长（Learning and Growth）四个方面指标之间相互驱动的因果关系（cause-and-effect links）展现组织的战略轨迹，实现绩效考核—绩效改进以及战略实施—战略修正的目标。平衡计分卡中每一项指标都是一系列因果关系中的一环，通过它们把相关部门的目标同组织的战略联系在一起；而"驱动关系"一方面是指计分卡的各方面指标必须代表业绩结果与业绩驱动因素双重含义，另一方面计分卡本身必须是包含业绩结果与业绩驱动因素双重指标的绩效考核系统（见图 7-15）。之所以称此方法为"平衡（Balanced）"计分卡，是因为这种方法通过财务与非财务考核手段之间的相互补充"平衡"，不仅使绩效考核的地位上升到组织的战略层面，使之成为组织战略的实施工具，同时也是在定量评价与定性评价之间、客观评价与主观评价之间、指标的前馈指导与后馈控制之间、组织的短期增长与长期发展之间、组织的各个利益相关者的期望之间寻求"平衡"的基础上完成的绩效考核与战略实施过程（见图 7-16）。

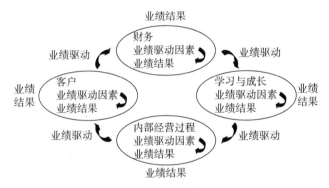

图 7-15　平衡计分卡的指标驱动关系

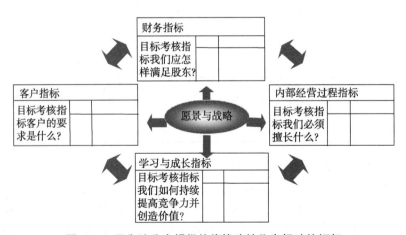

图 7-16　平衡计分卡提供的将战略转化为行动的框架

2. 平衡计分卡的特点

平衡计分卡反映了财务与非财务衡量方法之间的平衡，长期目标与短期目标之间的平衡，外部和内部的平衡，结果和过程平衡，管理业绩和经营业绩的平衡等多个方面。所以能反映组织综合经营状况，使业绩评价趋于平衡和完善，利于组织长远发展。

平衡计分卡方法因为突破了财务作为唯一指标的衡量工作做到了多个方面的平衡。平衡计分卡与传统评价体系比较，具有如下特点。

（1）平衡计分卡为企业战略管理提供强有力的支持。随着全球经济一体化进程的不断发展，市场竞争的不断加剧，战略管理对企业持续发展而言更为重要。平衡计分卡的评价内容与相关指标和企业战略目标紧密相连，企业战略的实施可以通过对平衡计分卡的全面管理来完成。

（2）平衡计分卡可以提高企业整体管理效率。平衡计分卡所涉及的四项内容，都是企业未来发展成功的关键要素，通过平衡计分卡所提供的管理报告，将看似不相关的要素有机地结合在一起，可以大大节约企业管理者的时间，提高企业管理的整体效率，为企业未来成功发展提供坚实的基础。

（3）注重团队合作，防止企业管理机能失调。团队精神是一个企业文化的集中表现，平衡计分卡通过对企业各要素的组合，让管理者能同时考虑企业各职能部门在企业整体中的不同作用与功能，使他们认识到某一领域的工作改进可能是以其他领域的退步为代价换来的，促使企业管理部门考虑决策时要从企业出发，慎重选择可行方案。

（4）平衡计分卡可提高企业激励作用，扩大员工的参与意识。传统的业绩评价体系强调管理者希望（或要求）下属采取什么行动，然后通过评价来证实下属是否采取了行动以及行动的结果如何，整个控制系统强调的是对行为结果的控制与考核。而平衡计分卡则强调目标管理，鼓励下属创造性地（而非被动）完成目标，这一管理系统强调的是激励动力。因为在具体管理问题上，企业高层管理者并不一定会比中下层管理人员更了解情况、所作出的决策也不一定比下属更明智。所以由企业高层管理人员规定下属的行为方式是不恰当的。另外，目前企业业绩评价体系大多是由财务专业人士设计并监督实施的，但是，由于专业领域的差别，财务专业人士并不清楚企业经营管理、技术创新等方面的关键性问题。因而，无法对企业的整体经营的业绩进行科学合理的计量与评价。

（5）平衡计分卡可以使企业信息负担降到最少。在当今信息时代，企业很少会因为信息过少而苦恼，随全员管理的引进，当企业员工或顾问向企业提出建议时，新的信息指标总是不断增加。这样一来，会导致企业高层决策者处理信息的负担大大加重。而平衡计分卡可以使企业管理者仅仅关注少数而又非常关键的相关指标，在保证满足企业管理需要的同时，尽量减少信息负担成本。

3. 运用平衡计分卡的前提

通过理论探索与实践检验，要运用平衡计分卡，一般应具备以下四个前提条件。

（1）运用平衡计分卡的前提之一是组织的战略目标能够层层分解，并能够与组织内部的部门、工作组、个人的目标达成一致，其中个人利益能够服从组织的整体利益，这是平衡计分卡研究的一个重要前提。

（2）运用平衡计分卡的前提之二是计分卡所揭示的四个方面指标——包括财务、客户、内部经营过程、学习与成长——之间存在明确的因果驱动关系。但是这种严密的因果关系链在一个战略业务单位内部针对不同类别的职位系列却不易找到，或者说针对不同职位类别的个人，计分卡所涵盖的四个方面指标并不是必须的。

（3）运用平衡计分卡的前提之三是组织内部与实施平衡计分卡相配套的其他制度是健全的，包括财务核算体系的运作、内部信息平台的建设、岗位权责划分、业务流程管理以及与绩效考核相配套的人力资源管理的其他环节等。

（4）运用平衡计分卡的前提之四是组织内部每个岗位的员工都是胜任各自工作的，在此基础上研究一个战略业务单位的组织绩效才有意义。

4. 与 KPI 有何不同及其缺点

关键业绩指标（KPI）同样是基于战略的，它是通过"价值树""任务树"或"鱼骨分析"来分解成功关键因素，根据关键因素分解 KPI，再把 KPI 按部门和岗位向下分解，是自上而下的。而 BSC 是以总体战略为核心，分层设置的。与 BSC 相比，KPI 的要素基本是相互独立的，没有体现彼此的联系，在时间的维度上也没有超前与滞后之分。它的分解与落实都是以既定目标为核心的，因而不能突出部门或个人的特色及职能。所以对应平衡计分卡，KPI 最适用的应该是财务指标与任务指标，但对于能力指标而言，就无法应用 KPI 来进行分解。

美国著名的人力资源专家韦恩·卡肖指出："多少年来，人事管理专家一直在煞费苦心地寻找一种'完美无缺'的绩效评估方法，似乎这样的方法是万灵丹，它能医好组织的绩效系统所患的种种顽疾，不幸的是这样的方法并不存在……"因此，平衡计分卡也不例外。

首先，BSC 的优秀增加了使用它的难度。引用一位使用 BSC 失败的人力资源专员的话，那些"没有明确的组织战略；高层管理者缺乏分解和沟通战略的能力和意愿；中高层管理者缺乏指标创新的能力和意愿"的组织不适合使用 BSC。

其次，BSC 的工作量极大。在对于战略的深刻理解外，需要消耗大量精力和时间把它分解到部门，并找出恰当的指标。而落实到最后，指标可能会多达 15～20 个，在考核与数据收集时，也是一个不轻的负担。

最后，不适用于个人。并不是说平衡计分卡不能分解到个人层面，而是相比较于成本和收益，没有必要把它分解到个人层面。对于个人而言，要求绩效考核易于理解，易于操作，易于管理，而 BSC 并不具备这些特点。

总而言之，对于管理与考核的工具，企业一是要慎用，盲目跟风是毫无意义的；二是要会用，要对工具有足够的认识和理解，而不是一知半解，浅尝辄止；三是要善用，在深刻理解工具内涵的基础上，能够与自身情况相结合，知道什么适用于自己，什么不适用，如何加以调整。

5. 平衡计分卡的实施流程

企业如何实施平衡计分卡，总结成功实施计分卡企业的经验，可以将平衡计分卡的实施概括为以下七个步骤。

步骤一：战略分析

中国公司面临多种内外环境的挑战，尤其是外部瞬息万变的商业形势，日益激烈的竞争抗衡，以及与日俱增的客户期望。因此高层面临的关键问题是，如何在充满挑战的动态环境中立于不败之地。管理委员会和项目需要全面分析所有的内外部因素，制定清晰的公司战略，包括以下领域进行分析、讨论并取得共识：

① 企业生命周期；

② SWOT 分析，即优势、劣势、机会和威胁的分析；

③ 目标市场的价值定位。

在我国，许多民营和国有企业过去都没有经过这类系统、全面的分析过程。有些公司的成功靠的是直觉和创业的冲劲，有些则凭借过去市场垄断的先天优势。然而，随着我国市场的变化和竞争不断加剧，单靠直觉已不可能取得长期成功。这一步骤的分析过程对这类公司的长期发展十分有益，对有些经理人而言，这可能还是第一次体验系统性的战略分析方法，这样的学习对他们今后的职业生涯将影响颇深。

步骤二：形成并确定战略

高级管理（层项目组）应该基于以上的分析结果，确定公司的愿景、使命和战略。这项活动应用研讨会的形式进行。企业成功的关键环节之一在于：对关键客户和目标市场制定一个制胜的价值定位。战略意味着选择。一个公司想包罗万象，什么生意都做，什么顾客都拉，到头来只能是一场空，什么都满足不了。大部分公司会选择一个或几个细分市场，让自己的价值定位在特定市场上脱颖而出。高级管理层必须能够回答客户的这个问题：我为什么要从你的竞争对手那里购买？他们需要考虑应该在哪个领域胜人一筹：是产品领先、运作优异，还是客户亲密度。依据企业性质的不同和企业所处的生命周期阶段（成长期、成熟期、夕阳期），这三种价值定位往往决定了不同的战略目标。

优秀的企业经常在其中的两个领域基本达到客户要求，而在一个领域占有绝对优势。项目组需要根据公司的价值定位确定几年后的战略重点。

步骤三：公司目标的设定

在定义或明确了公司使命、愿景和战略之后，高级管理层开始制定公司的战略绩效目标，通常从四个角度展开：财务、客户、流程、学习和成长。项目组应该把公司战略和平衡计分卡用两个方式联系起来：

① 财务和非财务目标；
② 领先绩效指标和滞后绩效指标。

我们鼓励高级管理层在开发平衡计分卡时运用战略图（见图 7-17）。战略图可以反映出高层对公司战略要素中因果关系的假设。项目组要制定具体的指标、目标值和行动方案，以实现关键目标。最后应该定出每个行动方案的任务，对每一项任务进行跟踪，确保落实和执行。这是战略实施的关键环节之一。

步骤四：目标分解

项目组负责把战略传达到整个组织，并把绩效目标逐层分解到下级单位，直至个人。在分解公司平衡计分卡的过程中，要注重构建组织内部的协调统一。如前所述，必须精心设计公司的结构、系统和流程，使它们相互之间协作有方，并适用于公司的战略。这对成功实施战略事关重大。

各分支或部门首先应该考虑公司的战略、目标、指标和目标值，然后把公司目标分解到分支或部门的平衡计分卡，并把内部客户的需求包括在内，以建立横向的联系。

步骤五：建立平衡计分卡的部门评价指标体系

评价指标体系的选择应该根据不同行业和企业的实际情况，以及按照企业制订的战略目标和远景来制定。表 7-14～表 7-17 详细而具体地列出了四个层面的常用评价指标。由于指标体系较多，可以把四个部分的指标进一步细分，这样便于对不同层面更为细致的考察。如表 7-16 所示，把内部运作过程的指标根据价值链的不同环节再细分为第二层指标：创新过程、运作

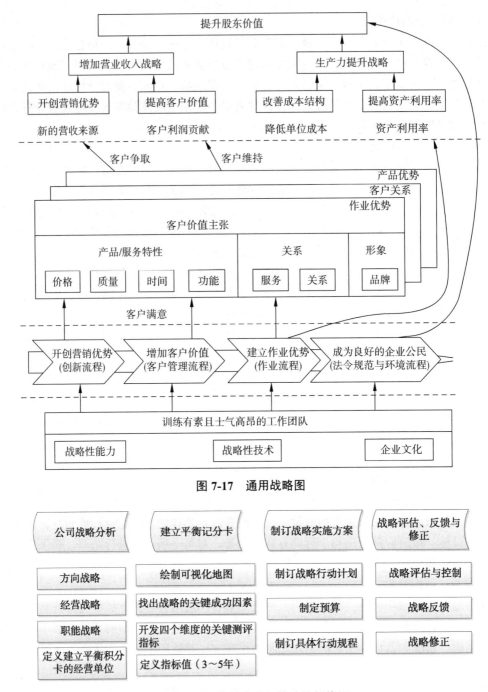

图 7-17　通用战略图

图 7-18　平衡计分卡与战略分析修订

过程、售后服务过程，而每一过程中又有不同的具体指标，列为第三层指标。这样，在计算过程中，可以得到创新过程、运作过程和售后服务的值，在对这些值进行横向和纵向的比较之后，可以更细致地发现问题产生于哪个环节。

　　这里尤其要强调的是，不同的企业可以根据自己的具体情况，选取关键性指标。如美国 Metro Bank 根据银行的具体情况所选取的评价指标见表 7-18。

表 7-14 财务指标构成

1	第二层指标	第三层指标
财务指标	盈利指标	净资产收益率
		总资产报酬率
		资本保值增值率
		销售利润率
		成本费用利润率
	资产营运	总资产周转率
		流动资产周转率存货周转率
		应收账款周转率
		不良资产比率
	偿债能力	资产负债率
		流动比率
		速动比率
		现金流动负债比率
	增长能力	销售增长率
		资本积累率
		总资产增长率
		三年利润平均增长率
		三年资本平均增长率
		固定资产更新率

表 7-15 顾客指标构成

2	第二层指标	第三层指标
顾客指标	成本	顾客购买成本
		顾客销售成本
		顾客安装成本
		顾客售后服务成本
	质量	质量控制体系
		废品率
		退货率
	及时性	准时交货率
		产品生产周期
	顾客忠诚度	顾客回头率
		流失顾客人数
		挽留顾客成本
	吸引新顾客能力	新顾客人数
		新顾客比率
		吸引顾客成本
	市场份额	占销售总额的百分比
		占该类总产品百分比

表 7-16　企业内部运作流程

3	第二层指标	第三层指标
内部运作流程指标	创新过程	R&D 占总销售额的比例
		R&D 投入回报率
		新产品销售收入百分比
		研发设计周期
	运作过程	单位成本水平
		管理组织成本水平
		生产线成本
		顾客服务差错率
		业务流程顺畅
	售后服务过程	服务成本/次
		技术更新成本
		顾客投诉响应时间
		订货交货时间
		上门服务速度

表 7-17　学习、创新与成长指标

4	第二层指标	第三层指标
学习创新与成长指标	员工素质	员工的知识结构
		人均脱产培训费用
		人均在岗培训费用
		年培训时数
		员工平均年龄
	员工生产力	人均产出
		人均专利
		员工被顾客认知度
	员工忠诚度	员工流动率
		高级管理、技术人才流失率
	员工满意度	员工满意度
		员工获提升比率
		管理者的内部提升比率
	组织结构能力	评价和建立沟通机制费用
		协调各部门行动目标费用
		有效沟通评估
		团队工作有效性评估
		传达信息或接受反馈的平均时间
	信息系统	软硬件系统的投入成本
		拥有 PC 的员工比例
		软硬件系统更新周期

表 7-18　美国 **Metro Bank** 的平衡计分卡评价指标

财务指标	顾客指标
（1）投资报酬率； （2）收入成长率； （3）储蓄服务成本降低额； （4）各项服务收入百分比	（1）市场占有率； （2）与顾客关系的程度； （3）现有顾客保留率； （4）顾客满意度调查
内部运作指标	学习、创新与成长指标
（1）各产品或地区的利润与市场占有率； （2）新产品收入占总收入比例； （3）各种营销渠道的交易比率； （4）顾客满意度； （5）每位推销员潜在顾客接触次数； （6）每位推销员的新客户收入额	（1）员工满意度； （2）每位员工的平均销售额； （3）策略性技术的训练成果； （4）策略性资讯提供率； （5）银行激励制度与员工个人目标相容的比率

步骤六：将公司与部门 BSC 向个人延伸并确定权重

按照设计部门 BSC 同样的原理与程序设计个人的 BSC（见表 7-19）。个人平衡计分卡包含三个不同层级的衡量信息，从而使得所有员工在日常工作中，能轻易看到这些战略目标、测评指标和行动计划。

表 7-19　个人平衡计分卡

被考核人姓名			职位	总经理	部门		
考核人姓名			职位	董事长	部门		
指标维度	KPI 指标		权重（%）	绩效目标值			考核得分
财 务 类	净资产回报率		15	考核期内净资产回报率在____%以上			
	主营业务收入		15	考核期内主营业务收入达到____万元			
	利润额		10	考核期内利润额达到____万元			
	总资产周转率		5	考核期内总资产周转率达到____%以上			
	成本费用利润率		5	考核期内成本费用利润率达到____%以上			
内部运营类	年度发展战略目标完成率		10	考核期内年度企业发展战略目标完成率达到____%			
	新业务拓展计划完成率		5	考核期内新业务拓展计划完成率在____%以上			
	投融资计划完成率		10	考核期内投融资计划完成率在____%以上			
客 户 类	市场占有率		5	考核期内市场占有率达到____%以上			
	品牌市场价值增长率		5	考核期内品牌市场价值增长率在____%以上			
	客户投诉次数		5	考核期内控制在____%以内			
学习发展类	核心员工保有率		5	考核期内达到____%			
	员工流失率		5	考核期内控制在____%以内			
	本次考核总得分						
考核 指标 说明	1. 成本费用利润率 　　　　成本费用利润率 = $\dfrac{\text{利润总额}}{\text{成本费用总额}} \times 100\%$ 2. 品牌市场价值 　　品牌市场价值数据经第三方权威机构测评获得						

被考核人		考核人		复核人	
签字：　　　　日期：		签字：　　　　日期：		签字：　　　　日期：	

　　指标的权重是指该指标在本层指标中所占的相对其他指标的重要性程度，一般以100%为最高值，对本层指标内的各项指标的重要性程度进行分配。确定权重一个较为简便和合理的方法就是通过专家打分。专家的组成结构要合理，要有本企业的中高层管理人员、技术人员，也要有基层的技术和管理人员，还要有企业外的对本企业或本行业熟悉的专家，如行业协会的成员、大学或研究机构的成员。同时，对不同的企业权重选择应根据不同行业、不同企业的特点进行打分。如高科技企业，技术更新快，因而学习创新成长性指标所占的权重就较大；对大型企业而言如美国通用公司，运作流程的顺畅就显得很重要，因而该指标所占权重也相对较大；对银行等金融企业而言，财务指标事关重大，该指标的权重自然也较大。

　　表7-20为美国PIONEER石油公司的年度奖励制度中平衡计分卡各类指标的权重。

表7-20　美国PIONEER石油公司年度奖励制度中平衡计分卡各类指标的权重

指标构成	第一层指标权重%	具体指标内容	第二层指标权重%
财务	60	利润与竞争者比较	18.0
		投资者报酬率与竞争者比较	18.0
		成本降低与计划比较	18.0
		新市场销售成长	3.0
		现有市场销售成长	3.0
顾客	10	市场占有率	2.5
		顾客满意度调查	2.5
		经销商满意度调查	2.5
		经销商利润	2.5
内部运营	10	社区/环保指数	10.0
学习与成长	20	员工工作环境与满意度调查	10.0
		员工策略性技能水准	7.0
		策略性资讯供应情况	3.0
总计	100		100

　　步骤七：战略监测、反馈与修正

　　战略监测这是任何一个绩效管理工具都能做得到的，平衡计分卡也不例外。平衡计分卡不同于关键绩效指标、目标管理等绩效管理工具的地方就在于其能够提供战略反馈与实施战略的修正。

　　平衡计分卡各指标之间存在一定的因果关系，我们可以分析改善公司绩效的计划是否已经达到？这些新产品和服务是否已经提供给客户？员工们是否接受了相应培训？如果这些都未达到可能是执行力不够？但是如果这些改善业绩的计划都得到了实施，目标都达成了，那么问题可能就严重了——因为未能实现预期的结果可能说明公司的战略的理论基础有问题。那么这个时候可能就要能重新审定当初做战略分析与选择时所做的调查与一些假设。最后会得出两种结果：要么肯定当前战略而修改或调整关键成功因素（CSF）与测评指标，要么重新制定战略或者对战略进行调整。大部分公司每年更新一次平衡计分卡，但随着商业环境的变化和对平衡计分卡学习的深入，公司会根据每月的跟踪调整一些目标、指标和目标值。平衡计分卡的一个基本要点：根据环境变化及时做出调整，以确保战略的成功执行。

6. 实施平衡记分卡时应注意的问题

平衡计分卡作为企业的一种战略管理模式，它是对欧美国家先进企业的管理经验的高度概括和总结；它是 20 世纪末 21 世纪初现代企业战略管理模式上的一种创新和进步。但并不等于说现代企业管理中遇到一切问题都可以通过它来解决。因此，我们实施平衡计分卡时，应当注意处理好以下几个问题。

（1）必须量身定做。实践证明，只有将平衡计分卡的原理与企业的具体情况相结合才能发挥平衡计分卡的功效，不能简单地模仿其他公司已经开发完成的平衡计分卡。每个企业都应开发具有自身特色的平衡计分卡，如果盲目地模仿或抄袭其他公司，不但无法充分发挥平衡计分卡的长处，反而会影响对企业业绩的正确评价。

（2）坚持全员参与。平衡计分卡关系到企业的方方面面，涉及企业的各个子系统和分支系统，要设计出科学可行的平衡计分卡，并得到很好的实施，离不开企业全员参与，因为平衡计分卡的应用不但涉及企业未来发展和整体利益，而且也涉及每一个岗位、每一个部门，乃至每一个员工的工作和切身利益。

（3）平衡计分卡的执行要与奖励制度结合。公司中每个员工的职责虽然不同但使用平衡计分卡会使大家清楚企业的战略方向，有助于群策群力，也可以使每个人的工作更具有方向性，从而增强每个人的工作能力和效率。为充分发挥平衡计分卡的效果，需要在重点业务部门及个人等层次上实施平衡计分，使各个层次的注意力集中在各自的工作业绩上。这就需要将平衡计分卡的实施结果与奖励制度挂钩，注意对员工的奖励与惩罚。

（4）提高企业管理信息质量的要求。与欧美国家企业相比，我国企业信息的精细度和质量要求相对偏低，这会在很大程度上影响到平衡计分卡应用的效果。因为信息的精细度与质量的要求度不够，会影响企业实施平衡计分卡的效果，如导致所设计与推行的考核指标过于粗糙，或不真实准确，无法有效衡量企业的经营业绩。

（5）组织上下需要反复沟通。平衡计分卡不是一个单薄的平面，而是一个分层次的立体网络，不管是设计还是运用实施平衡计分卡，均需要组织上下的反复沟通与磨合，只有这样才能减少组织中的摩擦和能耗，实现最佳的协调与平衡。

（6）及时进行调整。平衡计分卡形成后并非是一成不变的，在实施的过程中，可能会出现一些不合理、不完善的地方，需要及时进行修正和调整。

（7）正确对待平衡计分卡实施时投入成本与获得效益之间的关系。平衡计分卡的四个层面彼此是连接的，要提高财务面首先要改善其他三个方面，要改善就要有投入，所以实施平衡计分卡首先出现的是成本而非效益。效益的产生往往滞后很多时间，使投入与产出、成本与效益之间有一个时间差，因而往往会出现客户满意度提高了，员工满意度提高了，效率也提高了，可财务指标却下降了的情况。关键的问题是，在实施时一定要清楚，非财务指标的改善所投入的大量投资，在可以预见的时间内，可以从财务指标中收回，不要因为实施了 6 个月没有效果就没有信心了，应该将眼光放得更远些。

从我国一些成功企业推行平衡计分卡的实践经验来看，除在实施过程中应当注意以上几个问题之外，还有一些专家提出了"三不"原则，即在内容上宜粗不宜细，在方法上不拘固形式，在过程上，不在小节上纠缠。还有一些专家提出了成功实施平衡计分卡的四个要点：①强有力的领导和高层管理人员的承诺和支持，以及管理层克服困难的决心；②运用平衡计分卡方法消除职能之间的壁垒；③人力资源管理专员需要提升到战略高度，使之成为企业高层管理人的合作伙伴；④运用信息沟通战略跟踪绩效并及时作出调整。

7.4 目标管理方法

7.4.1 目标管理概述

1. 目标管理的含义

目标管理（Management by Objective，MBO）是管理专家德鲁克 1954 年在其名著《管理实践》中提出的。它主要的内容为：组织的最高领导层根据组织面临的形势和社会需要，制定出一定时期内组织经营活动所要达到的总目标，然后层层落实，要求下属各部门主管人员以至每个员工根据上级制定的目标和保证措施，形成一个目标体系，并把目标完成的情况作为各部门或个人考核的依据。简言之，目标管理就是让组织的主管人员和员工亲自参加目标的制定，在工作中实行"自我控制"并努力完成工作目标的一种管理制度或方法。组织中的上下级共同制定目标，所以目标的实现者也是目标的制定者。在确定目标的过程中，首先确定出总目标，然后对总目标进行分解，逐级展开，通过上下协商，制定出各部门甚至单个员工的目标。上下级的目标之间通常是一种"目的—手段"的关系，上级目标需要通过下级一定手段来实现。用总目标指导分目标，用分目标保证总目标，从而形成一个"目标—手段"链。

2. 目标管理的特点

目标管理的特点如下所述。

（1）共同参与。目标管理是参与管理，上级与下级共同确定目标，目标的实现者同时也是目标的制定者。

（2）系统导向。目标管理用总目标指导分目标，用分目标保证总目标，形成一个目标手段链。

（3）自我控制。目标管理强调自我控制，通过对动机的控制达到对行为的控制。

（4）授权导向。目标管理促使下放过程管理的权力。

（5）结果导向。目标管理注重成果第一的方针。

上级每年给下属制定一个具体目标，最后以完成的百分比来衡量他们的绩效，这是目标管理吗？准确地说，这是结果管理，一级一级定目标，下达指令目标，不能称目标管理。目标管理是制定目标、过程管理、结果评估与反馈全过程的管理，制定的目标是上下级主动沟通的结果，结果管理既没有制订目标这一环节，也没有过程管理这一环节，不能称目标管理。

3. 目标管理的步骤

目标管理的步骤可以不完全一样，但一般来说可以分为以下四步。

第一步，建立一套完整的目标体系。这项工作是从企业的最高主管部门开始的，然后由上而下的逐级确定目标。上下级的目标之间通常是一种"目的—手段"的关系，某一级的目标需要用一定的手段来实现，而这个实现的履行者往往就属于这级人员的下属部门之中。

目标体系应与组织结构相吻合，从而使每个部门都有明确的目标，每个目标都有人明确负责。这种明确负责现象的出现，很有可能导致对组织结构的调整。从这个意义上说，目标管理还有搞清组织结构的作用。

第二步，组织实施。目标既定，主管人员就应放手把权力交给下级人员，而自己去抓重点的综合性管理。完成目标主要靠执行者的自我控制。上级的管理应主要体现在指导、协助、提出问题，提供情报以及创造良好的工作环境方面。

第三步，检查和评价。对各级目标的完成情况，要事先规定出期限，定期进行检查。检查的方法可灵活地采用自检、互检和责成专门的部门进行检查。检查的依据就是事先确定的目标。对于最终结果，应当根据目标进行评价，并根据评价结果进行奖罚。

第四步，确定新的目标，重新开始循环。

目标管理实施的主要工具是目标管理卡和目标跟踪卡，通过领导与员工之间的目标沟通填写目标管理卡，同时按照目标管理卡的要求，按照一定的进度对目标完成情况进行检查，并填写目标跟踪卡。通过目标跟踪卡，检查目标完成的情况，并找到未能完成目标的原因，同时寻求解决办法。对于设置不合理的目标，在目标跟踪卡中进行及时的修正。

表 7-21 和表 7-22 是两个目标管理的例子。

表 7-21　××公司职能部门目标管理卡

部门：						分管副总经理：													
次序	目标（定义或数值）	要项	权重	月份		工作进展（100%）												达成率计算公式	外部条件	自我检讨	得分
						1	2	3	4	5	6	7	8	9	10	11	12				
1				当月	计划																
					实绩																
				累计	计划																
					实绩																
2				当月	计划																
					实绩																
				累计	计划																
					实绩																

表 7-22　××职能部门目标跟踪卡

原定目标	原定工作计划	原定进度（月）%											
		1	2	3	4	5	6	7	8	9	10	11	12
修正目标	修正工作计划	修正进度（月）%											
		1	2	3	4	5	6	7	8	9	10	11	12
修正原因														
审核														

7.4.2　各种绩效考核方法的优缺点评价

1. 平衡计分卡（BSC）

传统的考核模式往往考虑财务方面的、企业内部的和短期利益的考核要素比较多，而忽视了非财务的、企业外部的和企业长期持续成长的考核要素，这种考核容易导致为追求短期利益而忽略了企业持续能力的培养。BSC 权衡了财务和非财务考核因素，同时也考虑了内部和外部客户，将短期利益和长期利益的相互结合，在很大程度上避免了陷入传统绩效考核模式的误区。BSC 还将比较抽象和宏观的战略目标分解，形成具体的、可测量的、内化的指标，并把它落实至具体的工作行为当中。

根据 BSC 的考核要求，需要制定明确的战略目标并且对战略目标进行层层分解，这需要高素质能力的团队来完成。同时，BSC 的考核要素很完整，造成工作量很大，实施的专业度也很高。另外，BSC 侧重企业的全面发展，在资源一定的条件下，难以解决企业存在的"短板"问题。此外，BSC 实施周期比较长，短期内难以见到效果。

2. 关键业绩指标（KPI）

通过价值树的分解，将公司战略目标变成个人绩效目标，员工在实现个人绩效目标的同时，也是在实现公司总体的战略目标，达到两者和谐共赢的结局。同时，KPI 比较注重量化考核，考核结果容易做到公平客观。

KPI 更多是倾向于定量化的指标，这些定量化的指标是否真正对企业绩效产生关键性的影响，在 KPI 指标的分解和选择上技术要求很高。对于一些职能型的部门和岗位，绩效周期需要很长时间，用 KPI 指标就很难对它进行考核。KPI 目标值的设定也很难做到准确，而且设定后往往还需要进行重新调整，这又增加了企业的协调成本。

3. 360 度考评

因为考核的主体是多元化的，所以在考核结果上就显得相对比较公平，同时员工在接受上也更容易得多。360 度考核有利部门之间相互了解工作内容和工作进展情况，促进部门之间的学习交流。同时，参考考核的主体较多，有利于促进企业人力资源整体水平的提高和员工的全面快速成长。

360 度考核内容定性为主，带有很大主观性。多个考核主体在认识程度上的差异也使考核结果不一定非常客观性。此外，如果实施不好，360 度考评容易流于形式，难以做到人人讲真话，考核结果居中现象突出。360 度考核有时还容易成为企业政治斗争的工具。

4. 目标管理

在目标管理过程中，从公司总体的目标分解至部门以及个人，责权利比较明确。目标管理在操作上相对比较简单，考核成本较低，而且时效性比较强。目标的设定是公司上下沟通交流达成的，而且在修正和考核当中也要沟通，这有助于员工之间的交流及团队合作精神的建设。对于一些中短期的项目任务，也容易通过目标管理导入绩效考核体系中来。

在进行目标管理时，往往容易忽视对工作过程的指导和控制，甚至导致只要结果，不要过程的现象。对于上体的目标值的设定难度比较大，有时甚至会出现很大的偏差和不确定性。目标管理针对的短期目标居多，这样的考核也是有一定的可操作性，但在长期性的目标上，却是短期内很难考核的。各种绩效考核模式的优缺点的比较见表 7-23。

7.4.3　绩效考核方法的选择

企业在选择绩效考核时应该考虑到企业的性质、规模、发展阶段和行业特点（见表 7-24），对于那些处于成熟期大型的跨国企业，往往有明确战略目标，员工素质也较高，比较适合采用平衡计分卡进行绩效评估。对于一些处于发展期的中小型民营企业来说，它迫切需要通过绩效考核来解决公司和员工之间的利益分配问题，KPI 方法比较适合这一类企业。对于那些处于成熟期的国有企业，360 度考评方法比较适合它的文化特点。对于那些处于创业期的中小型民营企业来说，各个部门或岗位临时交办的任务往往会比较多，它们需要的是一种简单容易操作考核方法，目标管理不失为一种可供选择的方法。

表 7-23　各种绩效考核方法的优缺点比较

序号	考核方法	优　点	缺　点
1	BSC	1. 综合考核了企业的产出、潜力以及达营状况参数，充分把公司的长期战略与公司的短期行动联系起来； 2. 把抽象战略目标分解，形成具体可测的指标，把远景目标转化为一套系统的绩效考核指标	1. 实施成本高，工作量及难度大； 2. 不能有效地考核个人； 3. 系统庞大，短期很难体现对战略的推动作用； 4. 强调考核的全面性，削弱了绩效考核的导向作用
2	KPI	1. 目标明确，有利于公司战略目标的实现； 2. 讲求量化的管理，一切用数字说话，评价标准比较客观，在一定程度上避免了主观随意性； 3. 探寻出成功的驱动因素	1. 指标设计难度较大，考核过程比较复杂，考核成本较高； 2. 不适合职能性以及绩效周期较长的岗位； 3. 弹性小，容易误入机械的考核方法
3	360 度	1. 考核的制度成本较低，容易操作； 2. 员工高度参与，容易接受考核结果； 3. 有利于部门之间工作沟通和交流； 4 有利于提升企业整体人力资源管理水平和员工素质	1. 定性考核为主，主观性比较强； 2. 考核主体对各部门的绩效缺乏全面了解，难以保证结果的客观性； 3. 容易流于形式，沦为"人缘考核"
4	MBO	1. 易操作，考核成本较低； 2. 短期效果明显； 3. 有利于内部交流和合作	1. 过分注重结果而忽视过程控制； 2. 设定的目标基本是短期限目标，忽视了长期目标

表 7-24　各种绩效考核方法与企业特点的匹配

序号	考核方法	企业性质	发展阶段	企业规模	行业特点
1	BSC	跨国企业	成熟期	大中型	竞争程度中等，知识、资本密集，
2	KPI	民企或者外企	创业期 发展期	各类企业	竞争程度中等，劳动、资本密集型
3	360 度	国企或民企	发展期 成熟期	中小型	竞争程度中等，知识密集型
4	MBO	外企或民营	发展期 创业期	中小型	竞争程度中等，知识密集型

同时，各种方法并不是独立存在和相互对立的，往往可以交互使用，或者复合使用，它们之间有许多精髓可以相互借鉴和融合。如应用关键业绩指标（KPI）进行绩效考核时，在指标的设计上借鉴平衡计分卡思想，分别从财务、顾客、内部运营以及学习与发展四个方面着手，对企业战略进行分解以穷尽所有绩效考核指标，在最终形成的部门或个人的 KPI 的定性指标中，选择 360 度考核中的 1～2 个维度，比如上级对下级的评价，这一维度在 360 度考核

中是最有效的。

7.4.4　绩效考核的主要方法

绩效考核的方法在整个绩效考核体系中只是一个基本条件，而有关各方在绩效评价过程中的相互信任、管理人员和员工的态度、评价的目的、频率、评价的信息来源以及评价人员的训练等各种因素对于绩效考核体系的成败都是非常关键的。在本节中，我们重点研究员工的工作行为评价方法和工作成果评价方法。员工的工作行为评价方法又包括两类：主观评价体系，即将员工之间的工作情况进行相互比较，得出对每个员工的评价结论；客观评价体系，即将员工的工作与工作标准进行比较。

1. 主观工作行为评价法

根据员工的工作行为对员工进行主观评价的一般特征是在对员工进行相互比较的基础上对员工进行排序，提供一个员工工作的相对优劣的评价结果。排序的主要方法包括简单排序法、交错排序法、成对比较法和强制分布法。

① 简单排序法。在实行简单排序法的情况下，评价者将员工按照工作情况的总体情况从最好到最差进行排序。这种方法所需要的时间成本很少，简便易行，一般适合于员工数量比较少的评价需求。在员工的数量比较多的情况下，就需要选择其他的排序方法。

② 交错排序法。交错排序法是简单排序法的一个变形。人们对简单排序法的一个批评是它过于粗糙，很难得到一个比较合理的考核结果。根据心理学的观点，人们比较容易发现极端的情况，而不容易发现中间的情况。于是，人们利用这种原理提出了交错排序法来克服简单排序法的缺点。在实行交错排序法的情况下，评价者在所有需要评价的员工中首先挑选出最好的员工，然后选择出最差的员工，将他们分别列为第一名和最后一名。然后在余下的员工中再选择出最好的员工作为整个序列的第二名，选择出最差的员工作为整个序列的倒数第二名。依次类推，直到将所有员工排列完毕，就可以得到对所有员工的一个完整的排序。人们在直觉上相信这种交错排序法优于简单排序法。

③ 成对比较法。成对比较法是评价者根据某一标准将每一员工与其他员工进行逐一比较，并将每一次比较中的优胜者选出。最后，根据每一员工净胜次数的多少进行排序。这一方法的比较标准往往比较笼统，不是具体的工作行为或是工作成果，而是员工评价者对员工的整体印象。一般认为，这一成对排序方法比较适合进行工资管理。下面，我们结合一个假设的例子来说明成对比较法的应用。假设现在有张三、李四、王五、赵六、陈七 5 位员工需要进行考核，如果使用成对比较法，我们首先可以按照如表 7-25 所示的方法进行考核。首先将所有需要考核的员工的姓名分别按照行和列写好，将每个员工和部门内所有其他员工进行相互比较，将业绩水平比较高的员工的姓名或者代号写在二者交叉的空格内。然后我们就可以按照每位员工"胜出"的次数来对他们排序，得到另一个排名表，见表 7-26。

④ 强制分布法。强制分布实际上也是将员工进行相互比较的一种员工排序方法，只不过它是对员工按照组别进行排序，而不是将员工个人进行排序。这一方法的理论依据是数理统计中的正态分布概念，认为员工的业绩水平遵从正态分布，因此可以将所有员工分为杰出的、高于一般的、一般的、低于一般的和不合格的五种情况。在实践中，实行强制分布的企业通常对设定的分布形式做一定程度的变通，使员工业绩水平的分布形式呈现为某种偏态分布。强

表 7-25　成对比较法的评价过程

成对比较法的评价过程				
	张三	李四	王五	赵六	陈七
张三	———	李四	王五	赵六	陈七
李四		———	王五	赵六	陈七
王五			———	赵六	陈七
赵六				———	陈七
陈七					———

表 7-26　成对比较法的评价结果

成对评价法的评价结果		
员工姓名	胜出的次数	排名
陈七	4	1
王五	3	2
李四	2	3
赵六	1	4
张三	0	5

制分布的优点是可以克服评价者过分宽容或过分严厉的结果，也可以克服所有员工不分优劣的平均主义。但是其缺点是如果员工的业绩水平事实上不遵从所设定的分布样式，那么按照评价者的设想对员工进行强制区别容易引起员工不满。一般而言，当被评价的员工人数比较多，而且评价者又不只一人时，用强制分布可能比较有效。

为了克服强制分布评价方法的缺陷，同时也将员工的个人激励与集体激励更好地结合起来，可以使用团体评价制度以改进强制分布的效果。实施这种评价方法的基本步骤如下所述。

第一，确定 A、B、C、D 和 E 各个评定等级的奖金分配的点数，各个等级之间点数的差别应该具有充分的激励效果。

第二，由每个部门的每个员工根据绩效考核的标准，对自己之外的所有其他员工进行 0～100 分的评分。

第三，对称地去掉若干个最高分和最低分，求出每个员工的平均分。

第四，将部门中所有员工的平均分加总，再除以部门的员工人数，计算出部门所有员工的绩效考核平均分。

第五，用每位员工的平均分除以部门的平均分，就可以得到一个标准化的评价得分。那些评价的标准分为 1 及其附近的员工就应该得到 C 等级的评价，那些评价的标准分明显大于 1 的员工就应该得到 B 等级甚至 A 等级的评价，那些评价的标准分明显低于 1 的员工就应该得到 D 等级甚至 E 等级的评价。在某些企业中为了强化管理人员的权威，可以将员工团体评价结果与管理人员的评价结果的加权平均值作为员工最终的考核结果，但是需要注意的是，管理人员的权重不应该过大。各个评价等级之间的数值界限可以由管理人员根据过去员工绩效考核结果的离散程度来确定这种计算标准分的方法可以合理地确定被考核的员工的业绩评价结果的分布形式。

第六，根据每位员工的评价等级所对应的奖金分配点数，计算部门的奖金总点数，然后结合可以分配的奖金总额，计算每个奖金点数对应的金额，并得出每位员工应该得到的奖金数额。其中，各个部门的奖金分配总额是根据各个部门的主要管理人员进行相互评价的结果来确定的。

为了鼓励每位员工力图客观准确地评价自己的同事，那些对同事的评价排列次序与最终结果的排列次序最接近的若干名员工应该得到提升评价等级等形式的奖励。另外，员工的评价结果在评价的当期应该是严格保密的，同时奖金的发放要采取秘密给付的方式，以保护员工的情绪。但是各个部门的评价结果应该是公开的，以促进部门之间的良性竞争。

2. 客观工作行为评价法

根据客观标准对员工的行为进行评价的方法包括行为关键事件法、行为对照表方法、等级鉴定法、行为锚定评价法和行为观察评价法。其中的大多数方法在实质上都是对员工的行为按照评价的标准给出一个量化的分数或程度判断，然后再对员工在各个方面的得分进行加总，得到一个员工业绩的综合评价结果。

① 关键事件法。关键事件法是客观评价体系中最简单的一种形式。在应用这种评价方法时，负责评价的主管人员把员工在完成工作任务时所表现出来的特别有效的行为和特别无效的行为记录下来，形成一份书面报告。评价者在对员工的优点、缺点和潜在能力进行评论的基础上提出改进工作绩效的意见。如果评价者能够长期观察员工的工作行为，对员工的工作情况十分了解，同时也很公正和坦率，那么这种评价报告是很有效的。这一方法有助于为培训工作提供基础，也有助于评价鉴定面谈。但是，由于书面报告是对不同员工的不同工作侧面进行描述，无法在员工之间、团队之间和部门之间进行工作情况的比较，还有，评价者用自己制定的标准来衡量员工，员工没有参与的机会，因此不适合用于进行人事决策。关键事件法可以在绝大多数绩效管理方法中结合使用。关键事件法的缺点可以通过使用下面的各种图表评价法来克服。

② 行为对照表法。行为对照表是最常用的业绩评价技术之一。在应用这种评价方法时，人力资源管理部门要给评价者提供一份描述员工规范的工作行为的表格，评价者将员工的工作行为与表中的描述进行对照，找出准确描述员工行为的陈述，这一方法得到的评价结果比较真实可靠。在某些情况下，行为对照表对于每一个反映员工工作行为的陈述都给出一系列相关的程度判断，每一判断被赋予不同的分数。评价者根据员工的行为表现进行选择后，将员工在各项上的得分加总就是这一员工的总分。

行为对照表法的一个改进方法是所谓的强制选择系统，即设计一个行为对照表，其中的评价项目分组排列，但是每个评价项目并不列出对应的分数。评价者从行为对照表中挑选出他认为最能够描述和最不能够描述员工的工作的陈述，然后汇总到人事部门，由人事部门根据不公开的评分标准计算每位员工的总分。这种方法可以减少评价者对员工的宽容成分，建立更加客观的评价体系，但是设计和制作强制选择表需要花费大量的时间和费用，而且由于评价者自己也不知道他所选择的项目代表什么样的工作水平，因此强制选择系统无助于在评价鉴定的面谈过程中为员工指出改进工作绩效的具体建议。

③ 等级鉴定法。等级鉴定法是一种历史最悠久的也是应用最广泛的员工绩效考核技术。在应用这种评价方法时，评价者首先确定绩效管理的标准，然后对于每个评价项目列出几种行为程度供评价者选择，见表 7-27。具体而言，等级鉴定法有三个方面的区别：一是各项选

表 7-27　等级鉴定法示例

评价标准	权重（%）	优秀	良好	满意	尚可	不满意	得分
工作质量	25						
评语							
工作知识	15						
评语							
合作精神	20						
评语							
可靠性	15						
评语							
创作性	15						
评语							
工作纪律	10						
评语							
得分							

员工姓名：工作部门：评价者：日期：

择含义的明确程度；二是上层管理人员在分析评价结果时分辨理想答案的清晰程度；三是对于评价者来说各个评价项目含义的清晰程度。这种方法所需要花费的成本比较低，容易使用。假定优秀等于 5 分，良好等于 4 分，满意等于 3 分，尚可等于 2 分，不满意等于 1 分，于是在对各个评价标准设定了权重之后，员工业绩的评价结果可以加总为用数字来表示的结果，可以进行员工之间的横向比较。等级鉴定法在评价内容的深度方面不如关键事件法，它的主要优点是适应性强，相对比较容易操作和成本比较低。

3. 行为锚定评价法

行为锚定评价法是由等级鉴定法演变而来的，行为锚定评价法的最大优点是明确定义每一评价项目，同时使用关键事件法对不同水平的工作要求进行描述。因此，锚定行为评价法为评价者提供了明确而客观的评价标准。其主要的缺点是设计和实施成本比较高，经常需要聘请人力资源管理专家帮助设计，而且在实施以前要进行多次测试和修改，因此需要花费许多时间和金钱。

设计行为锚定评价法的步骤是：第一，主管人员确定工作所包含的活动类别或者绩效指标。第二，主管人员为各种绩效指标撰写一组关键事件。第三，由一组处于中间立场的管理人员为每一个评价指标选择关键事件，并确定每一个绩效等级与关键事件的对应关系。第四，将每个评价指标中包含的关键事件从好到坏进行排列，建立行为锚定法考核体系。表 7-28 是

表 7-28　行为锚定法

评价指标：关心学生
指标定义：积极结识住宿的学生，发现他们的需要并真诚地对他们的需要做出反应
评价等级：

最好 1	较好 2	好 3	较差 4	最差 5
当学生面有难色时上前询问对方是否有问题需要一起讨论	为住宿学生提供一些关于所修课程的学习方法上的建议	发现住宿学生时上前打招呼	友好地对待住宿学生，与他们讨论困难，但是随后不能跟踪解决困难	批评住宿学不能解决自己遇到的困难

为一个学生宿舍的舍监老师建立的行为锚定评价法中"关心学生"指标的评价标准实例。

4. 行为观察评价法

行为观察评价法与行为锚定评价法有一些相似，但它在工作绩效评价的角度方面能比后者提供更加明确的标准。在使用这种评价方法时，需要首先确定衡量业绩水平的角度，如工作的质量、人际沟通技能、工作的可靠性等。每个角度都细分为若干个具体的标准，并设计一个评价表。评价者将员工的工作行为同评价标准进行比照，每个衡量角度的所有具体科目的得分构成员工在这一方面的得分，将员工在所有评价方面的得分加总，就可以得到员工的评价总分。图 7-19 是根据行为观察评价方法为项目工程师工作可靠性设计的评价细目及分数标准。按照这种评价方法，如果一位项目工程师在 5 个评价细目上都被评价为"几乎总是"，那么他就可以得到 25 分，从而在工作可靠性上得到"很好"的评价。这种行为观察评价法的主要优点是设计和实施时所需要花费的时间和金钱都比较少，而主要的缺点是不同的评价者经常在对"几乎没有"和"几乎总是"的理解上有差异，结果导致绩效考核的稳定性下降。

工作的可靠性（项目工程师）					
1. 有效地管理工作时间					
几乎没有	1	2	3	4	5	几乎总是
2. 能够及时地符合项目的截止期限要求					
几乎没有	1	2	3	4	5	几乎总是
3. 必要时帮助其他员工工作以符合项目的期限要求					
几乎没有	1	2	3	4	5	几乎总是
4. 必要时情愿推迟下班和周末加班工作					
几乎没有	1	2	3	4	5	几乎总是
5. 预测并试图解决可能阻碍项目按期完成的问题					
几乎没有	1	2	3	4	5	几乎总是
13 分及其以下	14~16 分	17~19 分	20~22 分	23~26 分	
很差	差	满意	好	很好	

图 7-19　行为观察的范例

7.4.5　绩效考核方法选择的影响因素

一般而言，在其他方面相同的情况下，企业应该选择那些比较容易实施的绩效管理体系，因为这样不仅可以减少考核的误差，还可以减少培训考核者的时间和管理考核体系的难度。前面我们之所以讨论了许多种员工绩效管理的方法，是因为事实上不存在一种绝对好的评价方法。各种方法都有各自的适应性，因此关键是企业应该选择适合自己特点的评价方法。我们知道，员工的工作可以从不同的角度划分出许多种特征。从工作环境来看，可以有非常稳定的工作环境一直到变动性很强的工作环境。从工作内容的程序性方面来看，可以有非常程序化的事务性的工作内容一直到非常不确定的工作内容。从员工工作的独立性程度来看，可以有非常低的独立性要求到非常高的独立性要求。实际上每个员工的工作都是这三种因素的某种组合，相应地，对员工工作绩效的评价就需要有不同的方法。

如图 7-20 所示，横轴代表工作内容的程序性，纵轴代表员工工作的独立性，第三轴代表工作环境的稳定性。这个"箱子"中的每个点都对应着上述三种因素的某一组合。例如，箱子的左下角反映的是工作环境稳定、工作内容的程序性强和员工工作的独立性低的情形。在这种情况下，工作业绩标准的客观性很强，因此就应该选择将员工的行为与工作标准进行对照的评价方法，如等级鉴定方法等。箱子的右上角反映的

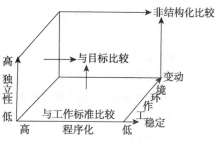

图 7-20 影响绩效考核方法选择的因素

是工作环境不稳定、工作内容的程序性弱和员工工作的独立性高的情形。在这种情况下，工作业绩标准的客观性很弱，因此就应该选择非结构化的比较方法，如书面报告方法等。箱子的正中心反映的是工作环境稳定程度居中、工作内容的程序性居中和员工工作的独立性也居中的情形。在这种情况下，工作业绩的客观性也就居中，因此对员工的工作结果的考察要比对员工工作过程的考察重要，因此可以选择目标管理评价法。

本章小结

绩效考核是对员工在一个既定时期内对组织的贡献做出评价的过程，从员工工作成绩的数量和质量两个方面，对员工在工作中的优缺点进行系统的描述。

绩效管理是管理者和员工就目标及如何实现目标达成共识的过程，以及增强员工成功地达到目标的管理方法。绩效管理不是简单的对绩效结果评价，它既是一个指标体系，也是一个控制过程。

在人力资源工作绩效管理体系的设计过程中，关键是据绩效考核的目的来确定合适的考核主体和评价标准以及考核制度三方面。确定绩效管理指标应遵循 SMART 原则。平衡计分卡法、KPI 法是目前企业较常用的绩效管理工具。

目标管理是一种综合的以工作为中心和以人为中心的系统管理方式。它使组织中的上级和下级一起协商，根据组织的使命确定一定时期内组织的总目标，由此决定上、下级的责任和分目标，并把这些目标作为组织经营、评估和奖励每个单位和个人贡献的标准。目标管理（MBO）分三个阶段：目标的设置、过程的管理、总结评估。

 复习与思考

一、单项选择题（请从每题的备选答案中选出唯一正确的答案，将其英文大写字母填入括号内）

1. 人力资源管理系统的核心是（　　　）。

   A. 薪酬管理 　　　　　　B. 工作分析

   C. 绩效管理 　　　　　　D. 人力资源规划

2. 绩效管理的对象是组织的（　　　）。

    A. 一般人员　　　　　　　　　B. 领导成员

    C. 全体成员　　　　　　　　　D. 特定人员

    E. 个别成员

3. 应用开发阶段是绩效管理的终点，又是一个新的绩效管理工作循环的（　　　）。

    A. 始点　　　　　　　　　　　B. 中点

    C. 终点　　　　　　　　　　　D. 总结

    E. 都不是

4. 以下属于绩效反馈基本要求的是（　　　）。

    A. 科学性　　　　　　　　　　B. 有效性

    C. 永久性　　　　　　　　　　D. 真实性

    E. 可行性

5. 建立战略导向的 KPI 体系的意义不包括（　　　）。

    A. 有助于员工的自我实现　　　B. 对战略导向起牵引作用

    C. 最大限度地激发员工斗志　　D. 强调对员工行为的激励

二、多项选择题（每题正确的答案为两个或以上，请从每题的备选答案中选出正确的答案，将其英文大写字母填入括号内）

1. 绩效具有以下（　　　）的主要特点。

    A. 多因性　　　　　　　　　　B. 变动性

    C. 多维性　　　　　　　　　　D. 复杂性

2. 绩效管理循环系统包括（　　　）步骤。

    A. 绩效计划　　　　　　　　　B. 绩效追踪

    C. 绩效考核　　　　　　　　　D. 绩效反馈面谈

3. 360 度考核法的特点包括（　　　）。

    A. 全视角　　　　　　　　　　B. 考核结果误差小

    C. 匿名考核　　　　　　　　　D. 针对性强

4. 关键绩效指标主要有（　　　）类型。

    A. 数量　　　　　　　　　　　B. 成本

    C. 质量　　　　　　　　　　　D. 时限

5. 根据客观标准对员工的行为进行评价的方法包括（　　　）。

    A. 强制分布法　　　　　　　　B. 关键事件法

    C. 行为锚定评价法　　　　　　D. 行为观察评价法

6. 一般来说，绩效考评的指标应当具有（　　　）。

    A. 广泛性　　　　　　　　　　B. 先进性

    C. 特殊性　　　　　　　　　　D. 代表性

  E. 典型性

7. 绩效考评的类型有（　　　）。

    A. 上级考评　　　　　　　　　B. 同级考评

    C. 下级考评　　　　　　　　　D. 自我考评

    E. 外人考评

8. 绩效诊断的主要内容有（　　　）。

    A. 管理制度　　　　　　　　B. 管理体系

    C. 考评指标和标准体系　　　D. 被考评者过程

    E. 企业组织

9. 行为导向型主观考评方法有（　　　）。

    A. 排列法　　　　　　　　　B. 选择排列法

    C. 关键事件法　　　　　　　D. 成对比较法

    E. 强制分布法

三、名词解释

1. 绩效

2. 绩效管理

3. 首因效应

4. 绩效沟通

5. 关环效应

6. 近因误导

7. 对比效应

四、问答题

1. 理解绩效的含义，应当把握哪些要点？

2. 什么是绩效的特点？

3. 绩效管理与绩效考核的区别？

4. 绩效管理的实施步骤是什么？具体是怎么实施的？

5. 绩效目标设计的原则是什么？

6. 什么是 360 度考核？其特点是什么？

7. 关键绩效指标的含义和特点？

8. 平衡计分卡的核心思想和特点？

9. 目标管理的含义和步骤？

案例分析 --

案例一：飞宴航空食品公司的绩效考核

    罗芸在飞宴航空食品公司担任地区经理快一年了。此前，她在一所名牌大学得过 MBA 学位，又在本公司总部科室干过四年多职能性管理工作。她分工管理 10 家供应站，每站有一名主任，负责向一定范围内的客户销售和服务。

    飞宴公司不仅服务于航空公司，也向成批订购盒装中、西餐的单位提供所需食品。飞宴公司请所有的厨房工作人员依据自己需要，采购全部原料，并按客户要求的规格，烹制他们所订购的食品，不搞分包供应。供应站主任主要负责计划，编制预算，监控分管指定客户的销售服务员等活动。

罗芸上任的头一年，主要是巡视各供应站，了解业务情况，熟悉各站的所有工作人员。通过巡视，她收获不小，也增加了自信。

罗芸手下的 10 名主任中资历最老的是马伯雄。他只念过一年大专，后来进了飞宴公司，从厨房代班长干起，直到三年前当上了这个供应站的主任，老马很善于和他重视的人，包括他的部下搞好关系。他的客户都是"铁杆"，三年来没有一个转向飞宴公司的对手去订货的；他招来的部下，经过他的指点培养，有好几位已经被提升，当上其他地区的经理了。

不过他的不良饮食习惯给他带来了严重的健康问题，身体过胖，心血管加胆囊结石，使他这一年请了三个月的病假。其实医生早给他提出警告，他置若罔闻。再则他太爱表现自己了，做了一点小事，也要来电话向罗芸表功。他给罗芸打电话的次数，超过其他 9 位主任的电话总数。罗芸觉得过去共过事的人没有一个是这样的。

由于营业的扩展，已盛传要给罗芸添一名副手。老马已公开说过，站主任中他资格最老，他觉得地区副经理非他莫属。但罗芸觉得老马若来当她的副手，真叫她受不了，两人的管理风格太悬殊；再说，老马的行为准会激怒地区和公司的工作人员。

正好年终的绩效评估到了。公正地讲，老马这一年的工作，总的来说，是干得不错。飞宴的年度绩效评估表总体是 10 级制，10 分为最优；7～9 分属良，虽然程度有所不同；5～6分属于合格、中等；3～4 分是较差；1～2 分是最差。罗芸不知道该给老马评几分。评高了，他就更认为该提升他；太低了，他准会大为发火，会吵着说对他不公平。

老马自我感觉良好，觉得跟别的主任比，他是鹤立鸡群。他性格豪迈，爱去走访客户，也爱跟手下人打成一片，他最得意的是指导部下某种新操作方法，卷起袖子亲自下厨，示范手艺。跟罗芸谈过几次后，他就知道罗芸讨厌他事无巨细，老打电话表功，有时一天打两三次，不过他还是想让她知道自己干的每项成绩。他也知道罗芸对他不听医生劝告，饮食无节制有看法。但他认为罗芸跟他比，实际经验少多了，只是多学点理论，到基层来干，未见得能玩得转。他为自己学历不高，但成绩斐然而自豪，觉得这副经理非他莫属，而这只是他实现更大抱负的过程中的又一个台阶而已。

考虑再三，罗芸给他的绩效评了个 6 分。她觉得这是有充分理由的：因为他不注意卫生，病假三个月。她知道这分数远低于老马的期望，但她要用充分理由来支持自己的评分。然后她开始给老马各项考评指标打分，并准备怎样跟老马面谈，向他传达所给的考评结果。

资料来源：http://www.cg163.net/sorthtm/d.aspid=79644.html.

 讨论题

1. 你认为罗芸对老马的绩效考评是否合理？有什么需要改进的地方？（提示：绩效考评的合理性和公平性）

2. 预计老马听了罗芸对他绩效评定，会作何反应？罗芸怎样处理？（提示：绩效的申诉反馈机制）

3. 如果你是老马，对罗芸的考评结果会采取怎样的态度和做法？为什么？（提示：绩效考评的注意事项）

4. 请你用 BSC 的考核工具，设计飞宴航空食品公司地区分公司的绩效管理体系？（提示：BSC 的四个维度）

案例二：A 公司绩效考核案例

A 公司成立于 20 世纪 50 年代初。经过近五十年的努力，在业内已具有较高的知名度并获得了较大的发展。目前公司有员工一千人左右。总公司本身没有业务部门，只设一些职能部门；总公司下没有若干子公司，分别从事不同的业务。在同行业内的国有企业中，该公司无论在对管理的重视程度上还是在业绩上，都是比较不错的。由于国家政策的变化，该公司面临着众多小企业的挑战。为此公司从前几年开始，一方面参加全国百家现代化企业制度试点；另一方面着手从管理上进行突破。

绩效考核工作是公司重点投入的一项工作。公司的高层领导非常重视，人事部具体负责绩效考核制度的制定和实施。人事部在原有的考核制度基础上制定出了《中层干部考核办法》。在每年年底正式进行考核之前，人事部又出台当年的具体考核方案，以使考核达到可操作化的程度。

A 公司的做法通常是由公司的高层领导与相关的职能部门人员组成考核小组。考核的方式和程序通常包括被考核者填写述职报告、在自己单位内召开全体职工大会进行述职、民意测评（范围涵盖全体职工）、向科级干部甚至全体职工征求意见（访谈）、考核小组进行汇总写出评价意见并征求主管副总的意见后报公司总经理。

考核的内部主要包含三个方面：被考核单位的经营管理情况，包括该单位的财务情况、经营情况、管理目标的实现等方面；被考核者的德、能、勤、绩及管理工作情况；下一步工作打算，重点努力的方向。具体的考核细目侧重于经营指标的完成、政治思想品德，对于能力的定义则比较抽象。各业务部门（子公司）在年初与总公司对于自己部门的任务指标都进行了讨价还价的过程。

对中层干部的考核完成后，公司领导在年终总结会上进行说明，并将具体情况反馈给个人。尽管考核的方案中明确说明考核与人事的升迁、工资的升降等方面挂钩，但最后的结果总是不了了之，没有任何下文。

对于一般的员工的考核则由各部门的领导掌握。子公司的领导对于下属业务人员的考核通常是从经营指标的完成情况（该公司中所有子公司的业务员均有经营指标的任务）来进行的；对于非业务人员的考核，无论是总公司还是子公司均由各部门的领导自由进行。通常的做法，都是到了年度要分奖金了，部门领导才会对自己的下属做一个笼统的排序。

这种考核方法，使员工的卷入程度较高，颇有点儿声势浩大、轰轰烈烈的感觉。公司在第一年进行操作时，获得了比较大的成功。由于被征求了意见，一般员工觉得受到了重视，感到非常满意。领导则觉得该方案得到了大多数人的支持，也觉得满意。但是，被考核者觉得自己的部门与其他部门相比，由于历史条件和现实条件不同，年初所定的指标不同，觉得相互之间无法平衡，心里还是不服。考核者尽管需访谈三百人次左右，忙得团团转，但由于大权在握，体会到考核者的权威，还是乐此不疲。

进行到第二年时，大家已经丧失了第一次时的热情。第三年、第四年进行考核时，员工考虑前两年考核的结果出来后，业绩差或好的领导并没有任何区别，自己还得在他手下干活，领导来找他谈话，他也只能敷衍了事。被考核者认为年年都是那套考核方式，没有新意，失去积极性，只不过是领导布置的事情，不得不应付。

资料来源：根据相关资料改编。

讨论题

1. A公司的绩效考核目标是什么？存在哪些误区？（提示：定位偏差）

2. A公司绩效考核的指标体系设置合理吗？（提示：指标设计不科学）

3. A公司的绩效管理体系是否完善？（提示：重考核轻管理）

4. 除了上述问题，A公司的绩效管理体系还有哪些地方做的不恰当？（提示：考核周期和考核关系）

薪酬管理

第**8**章

学习目标

- 报酬、薪酬、工资有何异同
- 薪酬结构
- 工资制度设计
- 奖励制度
- 福利制度

互联网资料

http://www.cccv.cn
http://www.cahe-as.edu.cn

薪酬管理（compensation management）   薪酬水平（compensation level）
薪酬结构（compensation structure）   工资制度（wage system）
工资水平（wage level）   奖励制度（bonus system）
福利制度（benefit system）

8.1 薪酬管理概述

组织的薪酬体系在组织实现自己的竞争优势和战略目标的过程中具有十分关键的作用。组织存在的目的是实现特定的组织目标，而在组织中工作的员工在为组织提供组织实现目标所需要的行为时，作为回报得到货币收入、商品和服务等，构成了员工的薪酬。薪酬制度的设计和实施是整个人力资源管理中最复杂的工作。

8.1.1　薪酬管理的含义

1. 薪酬的含义

经济市场在本质上是一种交换经济。在为一个组织或雇主工作的时候，劳动者之所以愿意付出自己的劳动（包括时间、技能等），是因为他们期望自己能够获得与个人劳动价值相符的回报。通常情况下，我们将一个员工因为为某个组织工作而获得的所有各种他认为有价值的东西统称为报酬。这也是最容易与薪酬相混淆的一个概念。报酬一般可分为内在报酬和外在报酬两大类。内在报酬通常指员工由工作本身所获得的心理满足和心理收益，如决策的参与、工作的自主权、个人的发展、活动的多元化以及工作的挑战性等。外在报酬则通常指员工所得到的各种货币收入和实物，它包括两种类型：一种是财务报酬；另一种是非财务报酬，如宽大的办公室、私人秘书、动听的头衔以及特定的停车位等。货币报酬又可分为两类，一是直接报酬，如工资、绩效奖金、股票期权和利润分享等；二是间接报酬，如保险、带薪休假和住房补贴等各种福利。报酬的构成见图 8-1。

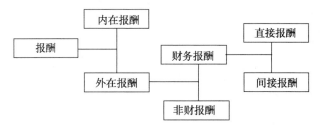

图 8-1　报酬的构成

薪酬则是指员工从企业那里得到的各种直接的和间接的经济收入，简单地说，它就相当于报酬体系中的货币报酬部分。在企业中，员工的薪酬一般由三个部分组成的，一是基本薪酬；二是激励薪酬；三是间接薪酬。基本薪酬指企业根据员工所承担的工作或者所具备的技能而支付给他们的较为稳定的经济收入；激励薪酬则是指企业根据员工、团队或者企业自身的绩效而支付给他们的具有变动性质的经济收入，这两个部分加起来就相当于货币报酬中的直接报酬部分，这也构成了薪酬的主体。间接薪酬就是给员工提供的各种福利，与基本薪酬和激励薪酬不同，间接薪酬的支付与员工个人的工作绩效并没有直接的关系，往往具有普遍性，通俗的讲就是"人人有份"。

工资一般是货币形式或可以转化为货币形式的报偿，薪酬则还包括一些完全非货币形式的报偿，如终生雇佣的承诺（职业保障）、安全舒适的办公条件。参与决策的机会、反映个人兴趣和爱好的工作内容等；工资指单位耗费一定的经济资源支付给员工的，薪酬则还包括员工从工作本身所得到的报偿。工资是员工薪酬的主要组成部分。基本工资是指按照工资等级标准支付且在一定时间内固定不变的工资。工资等级标准一般以劳动技能、劳动责任、劳动强度和劳动条件等因素为依据，根据员工实际完成的劳动定额、工作时间或劳动消耗而决定。

奖金是根据员工的工作努力程度和工作绩效大小而决定的劳动报酬。由于基本工资在一定时期内固定不变，难以及时反映员工的实际工作努力程度及工作绩效的变化，因此需要以奖金来补充基本工资，对员工的突出表现和超额贡献进行回报。

2. 薪酬管理的含义

薪酬管理是指企业在经营战略和发展规划的指导下，综合考虑内外部各种因素的影响，确定自身的薪酬水平、薪酬结构和薪酬形式，并进行薪酬调整和薪酬控制的整个过程。

薪酬水平指企业内部各类职位以及企业整体平均薪酬的高低状况，它反映了企业支付的薪酬的外部竞争性。薪酬结构指企业内部各个职位之间的薪酬的相互关系，它反映了企业支付的薪酬的内部一致性。薪酬形式则是指在员工和企业总体的薪酬中，不同类型的薪酬组合方式。薪酬调整是指企业根据内外部各种因素的变化，对薪酬水平、薪酬结构和薪酬形式进行相应的变动。薪酬控制指企业对支付的薪酬进行测算和监控，以维持正常的薪酬成本开支，避免给企业带来过重的财务负担。

全面理解薪酬管理的含义，需要注意以下几个问题。

（1）薪酬管理要在企业发展战略和经营规划的指导下进行，作为人力资源管理的一项重要职能，薪酬管理必须服从和服务于企业的经营战略，要为企业的战略实现提供有力的支持，决不能狭隘地来进行薪酬管理。

（2）薪酬管理的目的不仅是让员工获得一定的经济收入，使他们能够维持并不断提高自身的生活水平，而且还要引导员工的工作行为、激发员工的工作热情，不断提高他们的工作绩效，这也是薪酬管理更为重要的目的。

（3）薪酬管理的内容不单是及时准确地给员工发放薪酬，这只是薪酬管理最低层次的活动，由上述的含义可以看出，薪酬管理涉及一系列的决策，是一项非常复杂的活动。

8.1.2　薪酬管理的意义

作为人力资源管理的一项主要职能活动，薪酬管理具有非常重要的意义，这主要表现在以下几个方面。

1. 有效的薪酬管理有助于吸引和保留优秀的员工

这是薪酬管理最为基本的作用，企业支付的薪酬，是员工最主要的经济来源，是他们生存的重要保证。一项调查的结果显示，在企业各类人员所关注的问题中，薪酬问题排在了最重要或次重要的位置（见表 8-1）。薪酬管理的有效实施，能够给员工提供可靠的经济保障，从而有助于吸引和保留优秀的员工。

表 8-1　企业各类人员关注的问题

排序	管理人员	专业人员	事务人员	钟点工
1	薪酬	晋升	薪酬	薪酬
2	晋升	薪酬	晋升	稳定
3	权威	挑战性	管理	尊重
4	成就	新技术	尊重	管理
5	挑战性	管理	稳定	晋升

2. 有效的薪酬管理有助于实现对员工的激励

按照心理学的解释，人们的行为都是在需要的基础上产生的，对员工进行激励就是要满足他们没有实现的需要。马斯洛的需求理论指出，人们存在五个层次的需求，有效的薪酬管理能够不同程度的满足这些需要，从而可以实现对员工的激励。员工获得的薪酬，是他们生存需要满足的直接来源；没有一定的经济收入，员工就不可能有安全感，也不可能有与其他人进行交往的物质基础；此外，薪酬水平的高低也是员工绩效水平的一个反映，较高的薪酬表明员工具有较好的绩效，这也可以在一定程度上满足他们尊重和自我实现的需要。

3. 有效的薪酬管理有助于改善企业的绩效

由上面的分析可以看出，薪酬管理的有效实施，能够对员工产生较强的激励作用，提高他们的工作绩效，而每个员工个人绩效的改善将使企业整体的绩效得到提升。此外，薪酬管理对企业绩效的影响还表现在成本方面，对任何企业来说，薪酬都是一项非常重要的成本开支，在通常情况下，薪酬总额在企业总成本中占到 40%～90%的比重，通过有效的薪酬管理，企业能够将自己的总成本降低 40%～60%，这就可以扩大产品和利润空间，从而提升企业的经营绩效。

4. 有效的薪酬管理有助于塑造良好的企业文化

良好的企业文化对于企业的正常运转具有重要作用，而有效的薪酬管理则有助于企业文化的塑造。首先，薪酬是企业文化建设的物质基础，员工的生活如果不能得到保障，企业文化的建设就是一纸空文。其次，企业的薪酬政策本身就是企业文化的一部分内容，如奖励的导向、公平的观念等。最后，企业的薪酬政策能够对员工的行为和态度产生引导作用，从而有助于企业文化的建设。

8.1.3　薪酬管理的内容

企业薪酬管理主要包括以下几个方面的内容。

1. 确定薪酬管理目标

薪酬管理目标根据企业的人力资源战略确定，具体地讲包括以下三个方面：建立稳定的员工队伍，吸引高素质的人才；激发员工的工作热情，创造高绩效；努力实现组织目标和员工个人发展目标的协调。

2. 选择薪酬政策

所谓企业薪酬政策，就是企业管理者对企业薪酬管理运行的目标、任务和手段的选择和组合，是企业在员工薪酬方面所采取的方针策略。企业薪酬政策的主要包括如下内容。

（1）企业薪酬成本投入政策。比如，根据企业组织发展的需要，采取扩张劳动力成本或紧缩劳动力成本政策。

（2）根据企业的自身情况选择企业合理的工资制度。例如，是采取稳定员工收入的策略，还是激励员绩效的政策？前者多与等级和岗位工资制度相结合，后者与绩效工资制度相结合。

（3）确定企业的工资结构以及工资水平。例如，是采取向高额工资倾斜的工资结构，还是采取均等化，或者向低额结构倾斜的工资政策？前者要加大高级员工比例，提高其薪酬水平；后者要缩减高薪人员比例，降低员工薪酬水平。

3. 制订薪酬计划

一个好的薪酬计划是企业薪酬政策的具体化。所谓薪酬计划，就是企业预计要实施的员工薪酬支付水平、支付结构及薪酬管理重点等。企业在制订薪酬计划时，要通盘考虑，同时要把握一系列原则。

（1）与企业目标管理相协调的原则。在企业人事管理非规范化阶段，员工的薪酬管理也缺乏科学性。例如，一些企业不是根据企业自身发展的需要选择工资制度和薪酬标准，而是在很大程度上模仿其他企业。事实上，并不存在一个对任何企业都适用的薪酬模式。对此，一些企业明确指出，企业薪酬计划应该与企业的经营计划相结合。例如，在工资支付水平上，很多企业都不再单纯考虑与同行业工资率的攀比，而主要取决于三个要素的综合考虑：其一，该水平是否能够留住企业优秀人才；其二，企业的支付能力；其三，该水平是否符合企业的发展目标。

（2）以增强企业竞争力为原则。工资是企业的成本支出，压低工资有利于提高企业的竞争能力，但是，过低的工资又会导致激励的弱化。所以企业既要根据其外部环境的变化，也要从内部管理的角度，选择和调整适合企业经营发展的工资计划。任何工作计划都不是固定的，必须在实施过程中根据需要随时调整。

4. 调整薪酬结构

薪酬结构是指企业员工之间的各种薪酬比例及其构成。主要包括：企业工资成本在不同员工之间的分配；职务和岗位工资率的确定；员工基本、辅助和浮动工资的比例以及基本工资及奖励工资的调整等。

对薪酬结构的确定和调整主要掌握一个基本原则，即给予员工最大激励的原则。公平付薪是企业管理的宗旨。要避免员工的报酬不是给得过多，就是给得太少的现象。给多了会造成不称职员工不努力工作；给少了会造成高素质的人才外流。同时，对薪酬结构的确定还必须与企业的人事结构相一致，如企业中高级员工占的比重较大，那这一块的工资成本就高。

8.1.4 薪酬管理的影响因素

在市场经济条件下，企业的薪酬管理活动会受到内外部多种因素的影响，为了保证薪酬管理的有效实施，必须对这些影响因素有所认识和了解。一般来说，影响企业薪酬管理各项决策的因素主要有这三类：一是企业外部因素；二是企业内部因素；三是员工个人因素。

1. 企业外部因素

（1）国家的法律法规。法律法规对于企业的行为具有强制的约束性。一般来说，它规定了企业薪酬管理的最低标准，因此企业实施薪酬管理时应当首先考虑这一因素，要在法律规定的范围内进行活动。例如，政府的最低工资立法规定了企业支付薪酬的下限；社会保险法律规定了企业必须为员工交纳一定数额的社会保险费。

（2）物价水平。薪酬最基本的功能是保障员工的生活，因此对员工来说更有意义的是实际薪酬水平，即货币收入（或者叫作名义薪酬）与物价水平的比率。当整个社会的物价水平上涨时，为了保证员工的生活水平不变支付给他们的名义薪酬相应地也要增加。

（3）劳动力市场的状况。按照经济学的解释，薪酬就是劳动力的价格，它取决于供给和需求的对比关系，在企业需求一定的情况下，当劳动力市场紧张造成供给减少时，企业的薪酬水平就应当提高；反之，企业就可以维持甚至降低薪酬水平。

（4）其他企业的薪酬状况。其他企业的薪酬状况对企业薪酬管理的影响是最为直接的，这是员工进行横向的公平性比较的非常重要的一个参照系。当其他企业，尤其是竞争对手的薪酬水平提高时，为了保证外部的公平性，企业也要相应地提高自己的薪酬水平，否则就会造成员工的不满意甚至流失。

2. 企业内部因素

（1）企业的经营战略。薪酬管理应当服从和服务于企业的经营战略，在不同的经营战略下，企业的薪酬管理也会不同。表8-2列举了在三种主要经营战略下薪酬管理的区别。

表8-2　不同经营战略下的薪酬管理

经营战略	经营重点	薪酬管理
成本领先战略	1. 一流的操作水平 2. 追求成本的有效性	1. 重点放在与竞争对手的成本比较上 2. 提高薪酬体系中激励部分的比重 3. 强调生产率 4. 强调制度的控制性及具体化的工作说明
创新战略	1. 产品领袖 2. 向创新性产品转移 3. 缩短产品生命周期	1. 奖励在产品及生产方法方面的创新 2. 以市场为基准的工资 3. 弹性/宽泛性的工作描述
客户中心战略	1. 紧紧贴近客户 2. 为客户提供解决问题的办法 3. 加快营销速度	1. 以顾客满意为奖励的基础 2. 由顾客进行工作或技能评价

（2）企业的发展阶段。由于企业处于不同的发展阶段时其经营的重点和面临的内外部环境是不同的，因此在不同的发展阶段，薪酬形式也是不同的。表8-3对企业不同发展阶段下的薪酬管理进行了简单的比较。

表8-3　企业不同发展阶段下的薪酬管理

企业发展阶段		开创	成长	成熟	稳定	衰退	再次创新
薪酬形式	基本薪酬	低	有竞争力	高	高	高	有竞争力
	激励薪酬	高	高	有竞争力	低	无	高
	间接薪酬	低	低	有竞争力	高	高	低

（3）企业的财务状况。企业的财务状况会对薪酬管理产生重要的影响，它是薪酬管理各项决策得以实现的物质基础。良好的财务状况，可以保证薪酬水平的竞争力和薪酬支付的及时性。

3. 员工个人因素

（1）员工所处的职位。在目前主流的薪酬管理理论中，这是决定员工个人基本薪酬以及企业薪酬结构的重要基础，也是内部公平性的重要体现。职位高低对员工的薪酬水平的影响并不完全来自他的级别，而主要是职位所承担的工作职责以及对员工的任职资格要求。随着薪酬理论的发展，由此衍生出另一个影响因素，那就是员工所具备的技能。这些问题在下一节会有详细的阐述。

（2）员工的业绩表现。员工的业绩表现是决定其激励薪酬的重要基础，在企业中，激励薪酬往往都与员工的绩效联系在一起，具有正相关的关系。总的来说，员工的绩效越好，其激励薪酬就会越高。此外，员工的绩效表现还会影响他们的绩效加薪，进而影响基本薪酬的变化。

（3）员工的工作年限。工作年限主要有工龄和司龄两种表现形式。工龄指员工参加工作以来整个的工作时间，司龄指员工在本企业中的工作时间。工作年限会对员工的薪酬水平产生一定的影响，在技能工资体系下，这种影响更加明显。一般来说，工龄和司龄越长的员工，薪酬的水平相对也会高些。

8.2 薪酬设计

企业在为员工提供高收入的同时，还需要建立一套科学有效的薪酬支付体系，即进行科学的薪酬设计，为员工提供一个公平的、规范的、可靠的薪酬管理环境。因此掌握一些薪酬设计的基本原则、方法和技巧，对于薪酬管理者来说是十分必要的。

8.2.1 薪酬设计的原则

薪酬设计的目的是建立科学合理的薪酬制度，为此在薪酬设计中要始终坚持贯彻以下几项原则和要求。

1. 公平原则

薪酬制度的公平原则包括内在公平和外在公平两个方面的含义。

（1）内在公平。内在公平是指企业内部员工的一种心理感受，企业的薪酬制度制定以后，首先要让企业内部员工对其表示认可，让他们觉得与企业内部其他员工相比，其所得薪酬是公平的。为了做到这一点，薪酬管理者必须经常了解员工对公司薪酬体系的意见，采用一种透明、竞争、公平的薪酬体系，这对于激发员工的积极性具有重要的作用。

（2）外在公平。这是企业在人才市场加强竞争力的需要，它是指与同行业内其他企业特别是带有竞争性质的企业相比，企业所提供的薪酬是具有竞争力的，只有这样才能保证在人才市场上招聘到优秀的人才，也才能留住现有的优秀员工。为了达到外部公平，管理者往往要进行各种形式的薪酬调查。国外的管理者比较注重正式的薪酬调查，国内管理者比较习惯于通过与同行业内其他企业管理者的交流，或者通过公共就业机构获取薪酬资料，这种非正式的薪酬调查方式成本低廉，但信息准确度较低，从而影响企业的薪酬决策。

2. 竞争原则

根据调查，高薪对优秀人才具有不可替代的吸引力，因此企业在市场上提出较高的薪酬水平，无疑会增加企业对人才的吸引力。但是企业的薪酬标准在市场上处于一个什么位置，要视该企业的财力、所需人才的可获得性等具体条件而定。竞争力是一个综合指标，有的企业凭借企业良好的声誉和社会形象，在薪酬方面只要满足外在公平性的要求也能吸引一部分优秀人才。

另外劳动力市场的供求状况也是我们在进行薪酬设计遵循竞争原则需要考虑的重要因素。就我国而言，劳动力市场的供求状况总的趋势是供大于求，但就某种类型的人才来说，可能会出现供不应求的情形，如高级管理人员与专业技术骨干人员这类人才，在我国目前尚属于稀缺资源。反映在薪酬方面，这两类资源不仅有较高的货币性要求，而且有较多的非货币性要求和其他类型的要求。因此在进行薪酬设计时要充分考虑到这种类型的人力资源对薪酬设计的独特性要求。

3. 经济原则

企业的薪酬制度的主要目的是吸引和留住人才，为此一些企业不惜一切代价提高企业的薪酬标准，这种做法也是不可取的，一方面除了高薪以外，吸引优秀人才的条件还有很多，有时候如果其他条件不能满足人才需求，高薪也很难吸引更难留住人才；另一方面也是最主要的方面还要计算人力成本的投入产出比率，如果用高薪吸引了优秀人才，但发挥不了作用，创造不出同等级的绩效，对企业也就失去了意义。因此薪酬设计要遵循经济原则，进行人力成本核算，把人力成本控制在一个合理的范围内。

4. 激励原则

外在公平是和薪酬的竞争原则相对的，内在公平则和激励原则相对应。一个人的能力是有差别的，因而贡献也是不一样的，如果贡献大者与贡献小者得到的报酬一样，表面上看是平等的，但实质上是不公平的。因此要真正解决内在公平问题，就要根据员工的能力和贡献大小适当拉开收入差距，让贡献大者获得较高的薪酬，以充分调动他们的积极性。

5. 合法原则

薪酬设计当然要遵守国家法律和政策。这是最起码的要求，特别是国家有关的强制性规定，在薪酬设计中企业是不能违反的，比如国家有关最低工资的规定、有关职工加班加点的工资支付问题等，企业必须遵守。因此有人在对人力资源岗位进行工作分析时，对人力资源管理者特别是薪酬管理者的资格要求，加入了必须接受过国家有关法律法规特别是劳动法律法规的培训，这是有道理的。

6. 战略原则

以上各项原则都是薪酬设计应该遵循的原则，除了这些原则之外，还有一项原则，那就是战略原则，以往人们都忽视这一项原则，但是这是一条非常重要的原则，而且近几年来战略原则在薪酬设计诸原则中的地位和作用逐步加强。这一原则要求我们一方面在进行薪酬设计过程中，要时刻关注企业的战略需求，要通过薪酬设计反映企业的战略，反映企业提倡什么，鼓励什么，肯定什么，支持什么；另一方面要把实现企业战略转化为对员工的期望和要求，然后把对员工的期望和要求转化为对员工的薪酬激励，体现在企业的薪酬设计中。

基于战略的结构化薪酬体系设计时要考虑三个层面。

第一战略层面：每个企业的存在都有其自身的意义，有的是为成就一项事业，有的就是为了赚钱，有的为了做大，而有的只想在某一领域做强。这种不同的价值取向必然决定了企业是关注长期利益还是短期利益，在对员工的评价上企业是鼓励创新还是因循守旧。人力资源战略必须与企业的发展战略和价值导向匹配，这样才能驱使人的行为按企业倡导的方向转变。在薪酬制度设计时必须赋予企业之"魂"，只有从战略上来系统化设计薪酬制度才能达到薪酬分配的根本目的。

第二制度层面：制度是战略与理念落实的载体。在战略指引下，制度设计的方向更加明确，制度的存在才有了意义。在薪酬制度设计时要避免孤立地去考虑单个制度，这一错误很容易犯。因为企业在由小到大发展过程中遇到的问题不同，因此薪酬制度设计的出发点也不同。许多企业的薪酬制度都是在企业发展过程中逐步形成的，如去年设计了工资制度，今年设计了奖金制度，明年还要设计股权制度。企业在设计这些制度时往往没有去考虑工资、奖金、股权之间的关联性，而且设计这些制度的人可能也是不同的。因此，不能对薪酬制度进行系统化结构设计，可能会造成各种制度都强调一种导向，而不是发挥各项制度的个性化作用。各项分配制度的设计要有个性化，但薪酬系统的组合要发挥整体效能，其最终目标是：实现企业的战略目标、提升企业的外部竞争能力、促进内部组织的均衡发展。

第三技术层面：薪酬设计技术是操作层面的事情，但许多人力资源专业人员经常陷入技术误区，采用各种所谓先进的科学方法来设计制度，而没有从战略层面来思考制度设计。因此，经常发现企业老总对人力资源部设计的制度没有感觉。技术是制度设计时运用的方法而不是出发点。但如果没有技术也很难设计出能够有效运作的制度，也会给制度的落实带来困难。

战略、制度和技术是一个不可分割的有机体。它是一个企业薪酬体系设计的系统工具。

8.2.2　薪酬设计的基本流程

一个规范的薪酬设计基本流程到底应包括哪些步骤和操作程序？图 8-2 清晰地描绘了这一流程。

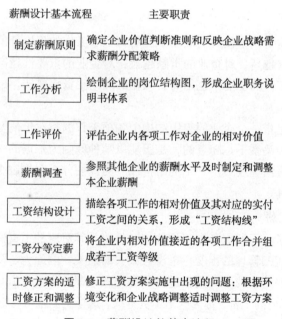

图 8-2　薪酬设计的基本流程

1. 制定薪酬原则和策略

企业薪酬策略是企业人力资源策略的重要组成部分，而企业人力资源策略是企业人力资源战略的落实，说到底是企业基本经营战略、发展战略和文化战略的落实。因此制定企业的薪酬原则和策略要在企业的各项战略的指导下进行，要集中反映各项战略的需求。薪酬策略作为薪酬设计的纲领性文件要对以下内容做明确规定：对员工本性的认识。对员工总体价值的认识、对管理骨干即高级管理人才、专业技术人才和营销人才的价值估计等核心价值观；企业基本工资制度和分配原则；企业工资分配政策与策略，如工资拉开差距的分寸标准、工资、奖金、福利的分配依据及比例标准等。

2. 岗位设置与工作分析

配合公司的组织发展计划做好岗位设置，在做好岗位设置的基础上，进行科学的工作分析，这是做好薪酬设计的基础和前提，通过这一步骤将产生清晰的企业岗位结构图和工作说明书体系。

3. 岗位评价

工作分析反映了企业对各个岗位和各项工作的期望和要求，但并不能揭示各项工作之间的相互关系，因此要通过岗位评价来对各项工作进行分析和比较，并准确评估各项工作对企业的相对价值，这是实现内在公平的关键一步。

4. 薪酬调查

企业要吸引和留住员工，不但要保证企业工资制度的内在公平性，而且要保证企业工资制度的外在公平性，因此要组织力量开展薪酬调查。要通过调查，了解和掌握本地区、本行业的薪酬水平状况，特别是竞争对手的薪酬状况。同时要参照同行业同地区其他企业的薪酬水平，及时制定和调整本企业对应工作的薪酬水平及企业的薪酬结构，确保企业工资制度外在公平性的实现。

5. 工资结构设计

通过工作分析和薪酬调查使我们确定了公司每一项工作的理论价值：工作的完成难度越大，对员工的素质要求越高，对企业的贡献越大，对企业的重要性越高，就意味着该工作的相对价值越大，因此工作的工资率也越高。工作的理论工资率要转换成实际工资率，还必须进行工资结构设计。

所谓工资结构，是指一个企业的组织结构中各项工作的相对价值及其对应的实付工资之间保持何种关系。这种关系不是随意的，是服从以某种原则为依据的一定规律的，这种关系的外在表现就是"工资结构线"。"工资结构线"为我们分析和控制企业的工资结构提供了更为清晰、直观的工具。

6. 工资分等及定薪

工资结构线描绘了公司所有各项工作的相对价值及其对应的工资额，如果仅以此来开展薪酬管理，势必加大薪酬管理的难度，也没有太大的意义。因此为了简化薪酬管理，就有必要对工资结构线上反映出来的工资关系进行分等处理，即将相对价值相近的各项工作合并成一组，统一规定一个相应的工资，称为一个工资等级，这样企业就可以组合成若干个工资等级。

7. 工资方案的实施、修正和调整

工资方案出台以后，关键还在落实，在落实过程中不断地修正方案中的偏差，使工资方案更加合理和完善。另外要建立薪酬管理的动态机制，要根据企业经营环境的变化和企业战略的调整对薪酬方案适时地进行调整，使其更好地发挥薪酬管理的功能。

8.2.3　工资结构设计

通过岗位评价这一步骤，不论采取何种评价方法，总可以得到每一职务对企业的相对价值的顺序、等级、分数或象征性工资额。比如采用简单排序法，可得到企业内每一职务的相对价值的排列顺序；采用分类套级法可得到企业内每一职务相对价值的等级，即属于何种级别；采用元素比较法可得到一个赋予企业内每一职务相对价值的象征性工资额；采用评分法和海氏岗位评价系统可得到反映企业内每一职务相对价值的分数。

这些都是企业内每一职务的理论价值，如何将它们转换为实际的工资额呢？前面我们在讨论工作分析方法时已有所涉及，下面我们用一种更直观的方法，即通过工资结构设计来讨论职务相对价值的转换问题。

将企业内各个职务的相对价值与其对应的实付工资之间的关系用两维的直角坐标系直观地表现出来，就形成了工资结构线。工资结构线可以是线性的，也可以是非线性的。图 8-3 中的工资结构线是线性的工资结构线，图中横坐标表示通过岗位评价所获得的企业内各项工作的相对价值的分数，纵坐标表示对应的付给该工作的工资值，由此绘制出 a、b、c、d 共四根典型的线性工资结构线。

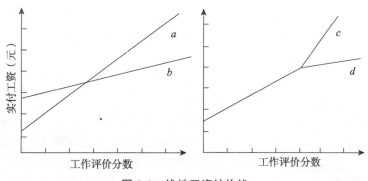

图 8-3　线性工资结构线

理论上讲，工作的相对价值与实付工资之间是一种线性的直线关系，也就是说，工作的相对价值越大，实付工资越大；工作的相对价值越小，实付工资越小，两者之间应成正比。

图 8-3 中的 a 和 b 两条工资结构线是单一的直线，说明采用这两种结构线的企业中所有工作都是按某个统一的原则定薪的，工资值是严格正比于工作的相对价值的。a 线较陡直，斜率较大，反映采用 a 种工资结构线的企业偏向于拉大不同业绩员工的收入差距；b 线较平缓，斜率较小，反映采用 b 种工资结构线的企业则偏向于照顾大多数，不喜欢收入差距悬殊。

c 线和 d 线是两条拆线，线后段斜率增大，d 线后段斜率减小。采用 c 线的企业可能是基于某一职级以上的员工为公司的骨干，对企业经营成败影响很大，是企业最宝贵的人力资源，因此给予高薪以示激励；采用 d 线的企业可能是为了平息某一职级以下员工的抱怨，因而降低该职级以上员工的薪水。

现实生活中，企业基于种种原因，工资结构线往往被设计成曲线，因而表现出非线性的特征。如图 8-4 中的 e 和 f 即是两条典型的非线性工资结构线，图 8-4 中工资结构线 e 和 f 表明，工作的相对价值与付给该工作的工资值并不是按照相同的比率增长的。采用 e 线的企业，职务较低的员工工资增长速度较快，职务较高的员工工资增长速度相对较为缓慢，反映了主要是靠工资来进行激励，而对职务较高的员工，则主要用工资之外的其他方式对他们进行激励。采用 f 线的

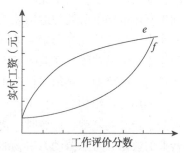

图 8-4　非线性工资结构线

企业，情况则相反，职务较低的员工工资增长速度较慢，然而职务较高的员工工资增长速度相对较快，这主要是由于职务较低的员工社会供给量大，因而付给其相对较低的工资；而职级较高的员工社会供给量小，因而付给其相对较高的工资以增加企业对他们的吸引力。

由以上分析可以看出，工资结构设计是企业薪酬政策与管理价值观的集中体现，通过工资结构设计建立企业的薪酬体系，使每一工作的工资都对应于它的相对价值，因而充分体现薪酬的内在公平性。

工作结构设计还可以用来检验已有的薪酬体系的合理性，为薪酬体系的改善提供依据。很多企业在成立之初，薪酬体系的设计往往未采用合理的、系统化的设计程序，因而薪酬的确定是无序的、随意的。或者建立之初本是有规律的，但随着时间的推移，经历多次升降调整，变得紊乱了，这时可绘制相应的工资结构图，进行分析诊断。图 8-5 是利用工资结构设计对企业的薪酬体系进行诊断调整的范例，其具体步骤如下所述。

（1）选定岗位评价法对企业的所有职务进行评价，获得反映它们相对价值的分数。

（2）绘制以岗位评价分数为横轴、现有实付工资为纵轴的坐标系，坐标系中有各项工作的对应点，见图 8-5 中的黑点。

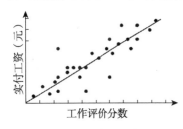

图 8-5　企业薪酬分布点及特征结构线

（3）利用线性回归技术绘出反映各项工作对应点分布规律的特征结构线。

（4）调整偏离特征结构线的薪酬点。通常的做法是，对于那些位于特征结构线以下、所获薪酬少于按其价值应获薪酬的各点所代表的工作，较频繁或较大幅度予以调高，提升到与特征结构线相当的水平；对那些位于特征以上、所获薪酬多于按其相对价值应获薪酬的各点所代表的工作，则不是简单的调低，而是予以暂时冻结或延期提升，这是因为人们心理上难于接受降薪的做法。或者采取增大工作负荷与责任，加强工作效率，使其相对价值相应提高的做法。

工资结构设计除了考虑企业的内在公平性外，还需要考虑其外在公平性，即应顾及全国、地区及行业劳动力市场的供需情况、人才竞争优势的保持、人力成本的合理比重、政府法律与法规的制约等其他因素的影响。此时利用工资结构线又显示其特有的便利性。

首先我们可以在直角坐标图中划出企业通过岗位评价所获得的工资结构特征线，它体现企业的内在公平性。然后将通过薪酬调查了解到的同类企业的员工工资也在图中表示出来，用不同的线分别代表市场上最高及最低工资线。此外也将代表市场工资平均水平（即 50%）的特征线也画上，把企业的特征结构线与那些反映市场状况的线对照一下，就能发现本公司的工资在市场上所处的地位及其竞争力的强弱。企业结合自己的管理价值观、竞争策略、付酬实力、盈亏状况等因素，进行综合考虑后，便可对已有工资结构线酌情调整。经过调整后的企业工资结构线，便兼顾了内外在公平性等因素。这种线不存在标准的唯一最佳解，也无简单的惯例可循，必须结合企业实际内外条件来分别评判。

利用工资结构线进行工资结构设计，能保证工资的内外在公平性，使企业的工资系统具备公平合理的基础，但费时、费力，成本高昂。实践中企业往往根据公司战略，参照市场同行业的数据，考虑劳动力市场的供求情况，确定本公司工资结构，这样做成本低了不少，调整灵活方便，较为实用，但只能保证外在公平性，内部公平性则只能根据实施效果逐步进行调整来实现了。

8.2.4　工资分级方法

理论上讲，每一项工作根据其相对价值都有一个对应的工资值，但实际中人们常常把多种类型工作对应的工资值归并组合成若干等级，形成一个工资等级系列，这就是工资分级。通过工资分级，将根据岗位评价得到的相对价值相近的一组职务编入同一等级。图 8-7 是工资分级的范例，其中经评分法所评出的分数，每隔 100 分的一个区间便成为一个职务等级，尽管它们的相对价值并不完全相等，同一等级中的职务将付给相同的工资，因而有的吃点亏，有的占点便宜，不尽合理。但因差别不大，大大简化了管理，所以是切实可行的。至于职级划分的区间宽窄及职级数多少的确定，则主要根据工资结构线的斜率。职务总数的多少及企业的工资管理政策和晋升政策等确定。总的原则是，职级的数目不能少到相对价值相差甚大的职务都处于同一职级而无区别，也不能多到价值稍有不同便处于不同职级而需做区分的程度。此外，级数太少，难以晋升，不利士气；太多则晋升过频而刺激不强。实践中，企业工资等级系列平均在 10~15 级。

图 8-6 中每一个工资等级只有一个单一的工资值，但实际上工作级别所对应的工资水平往往是一个范围，即薪幅，其下限为等级起薪点，上限为顶薪点。薪幅可不随等级变化而变化，也可以随等级上升而呈累积式的扩大。见图 8-7，级别越高，薪幅越大。

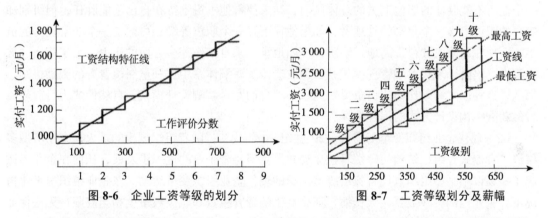

图 8-6　企业工资等级的划分　　　　图 8-7　工资等级划分及薪幅

工资范围的确定不仅与工资等级的多少相关联，也与相邻等级工资范围的重叠程度有关。实际工作中，这种重叠是必要的。相邻职级重叠程度与工资结构线的斜率有关（越平缓则重复越多），但更取决于职级的薪幅，即变化范围的大小。当职级所包含的相对价值范围较广，职务较多，而工作绩效又主要取决于员工的个人能力与干劲而非客观条件，企业的政策又是提薪较频时，职级的工资变化幅度宜大，这才是那些因主客观条件未能升级但有能力且经验丰富的员工，能有较多的提薪机会。当然，职级薪幅增大，也会带来一些消极影响。因此，职级数目与宽度、工资结构线斜率及各职级的变化幅度等因素，必须统筹兼顾，恰当平衡。

8.2.5　宽带薪酬管理

宽带薪酬是与现代企业组织结构扁平化和以能力、绩效导向管理模式相适应的一种新型薪酬结构设计方式。宽带薪酬打破了传统薪酬结构重视和强化的岗位等级制度，而突出员工的工作能力与绩效。但是，绩效测量的困难、管理成本的上升、晋升激励功能的弱化等因素使宽带薪酬并非能够适应所有企业而成为解决薪酬管理问题的万用灵药。建议实施宽带薪酬管理的企业首先要明确企业战略管理重点，分阶段引进宽带薪酬模式，有步骤、有计划地设计宽带薪酬管理体系。

1. 宽带薪酬的兴起背景

综观薪酬管理发展脉络，薪酬管理模式随着"以人为本"管理思想的逐渐建立，其薪酬管理体系也在不断完善和发展。传统薪酬设计主要从对员工"偷懒"行为约束出发，现代薪酬设计结构则强调对员工主动性、协作性和创造性的发挥，对薪酬的定位并不简单地认为只是对员工贡献的承认和回报，它已成为公司战略目标和价值观转化的具体行动方案，是支持员工实施这些行动的管理流程，宽带薪酬管理模式正是基于现代薪酬管理思想及现代企业组织改革潮流应运而生。具体来说，宽带薪酬的兴起其背景主要来自两个方面。

（1）跳出"彼得高地"陷阱。传统薪酬管理模式中，薪酬往往与一个人在组织中的行政地位或行政等级相匹配，即一个人在组织中所担任的职位越高，其薪酬自然就越高。在这种薪酬体系的激励下，员工为了获得与自身努力相对应的回报，就会不遗余力地往上爬，而无论他最终爬上去的这个岗位是否真的适合他去做。同时，企业也一厢情愿地认为，在低一级职位上干得好的员工，在高一级职位必然也会干得很出色，于是就出现了如管理学家劳伦斯·彼得在《彼得原理》中的所述情况：在企业和各种其他组织中都普遍存在将员工晋升到一个他所不能胜任的职位上去的总体倾向，结果使得他不得不待在自己不能胜任，但级别却较高的职位上当一个蹩脚的管理者，如果他往下降一个职位等级，可能是一个非常优秀的员工，而现在却陷入"彼得高地"陷阱，郁闷地承受来自工作等多方面的压力。为了跳出"彼得高地"陷阱，现代薪酬管理模式就必须改造传统薪酬体系中这种重岗位晋升的激励机制，那么，这种以"绩效比岗位更重要"为核心理念的宽带薪酬管理模式，自然便成为目前较流行的薪酬结构设计方式的一种选择。

（2）现代企业组织变革的需要。20世纪90年代初，随着组织规模的扩大，金字塔型多层级"官僚式"组织结构的弊端日益显现并严重阻碍着企业的进一步发展，从而在企业界掀起了一场以扁平型组织取代官僚层级型组织的现代企业组织变革运动。在企业组织扁平化情况下，企业内的等级数目大大压缩，那么员工的晋升级数和职位数量就相当有限，无法保证以传统晋升工资体制为激励机制的薪酬管理激励效应的发挥。即薪酬等级的垂直方向变化在企业总体级数减少，导致晋升机会随之减少的客观现实中受阻，只能在薪酬各个等级的水平方向上加强变化幅度。而宽带薪酬结构设计的最大特点就是压缩等级，将企业原来薪酬等级中的几十个压缩成几个，比如IBM公司将20世纪90年代以前的24个薪酬等级压缩成后来的10个等级。因此，宽带薪酬是一种符合现代企业组织变革需要的现代薪酬管理模式，它的兴起有着客观的动力机制和组织支撑。

2. 宽带薪酬模式的基本含义和特征

宽带薪酬或薪酬宽带实际上是一种新型的薪酬结构设计方式，是对传统上那种带有大量等级层次的垂直型薪酬结构的一种改进和替代。美国薪酬管理学会的定义是，宽带薪酬结构就是指对多个薪酬等级以及薪酬变动范围进行重新组合，从而变成只有相对较少的薪酬等级以及相应较宽的薪酬变动范围。

　　宽带薪酬模式中薪酬等级的提升通常根据个人能力、绩效、贡献或市场薪酬水平来确定。具体来说，就是企业将原来十几个甚至二十几个、三十几个薪酬等级压缩成几个级别（一般不超过 10 个），同时，将每个薪酬级别所对应的薪酬浮动范围拉大，形成一种新的薪酬管理系统及操作流程。一般情况下，每个薪酬等级的最高值与最低值之间的区间变化比率要达到 100% 或以上，而在传统薪酬结构中，薪酬区间的变化比率通常只有 40%～50%。在宽带薪酬体系设计中，员工不是沿着公司中唯一的薪酬等级层次垂直往上走，相反，他们在自己职业生涯的大部分或所有时间里可能都只是处于一个薪酬宽带中，员工在企业中的流动是横向的，随着能力的提高，他们将承担新的责任，只要在原有岗位上不断改善自己的绩效，就能获得更高的薪酬，甚至即便是被安排到低层次的岗位工作，也一样有机会获得较高的报酬。从这个意义上说，宽带薪酬突破了传统行政职务与薪酬的联系，传达着一种绩效比岗位更重要的薪酬价值理念。与企业传统的薪酬结构模式相比，宽带薪酬模式具有 5 个方面的特征。

　　（1）打破了传统薪酬结构所维护和强化的严格等级观念，使得员工不用过多地考虑是处于什么样的职位，而着重考虑在公司中是处于什么样的角色，即对公司贡献的大小，让职位概念逐渐淡化。这样员工可以根据组织战略的需要，自主灵活地组织工作团队，减少因等级制度造成人为的分工偏见与合作屏障，有利于增强集体凝聚力，提高企业的整体工作效率。同时，有助于企业保持自身组织灵活性和外部环境适应性。

　　（2）宽带薪酬的实质在于：绩效是衡量薪酬的最终标准和尺度，它传导着以绩效和能力为导向的企业文化。在宽带薪酬管理模式下，员工勿需为薪酬的增长而绞尽脑汁地考虑职位晋升的问题，而应注重在本岗位尽职，发展企业所需的技术和能力。即企业通过薪酬模式，在内部形成注重员工绩效水平和贡献能力的企业文化氛围，从而有利于引导员工重视个人技能的培养和提高。

　　（3）在宽带薪酬模式中，由于企业将多个薪酬等级进行重新组合，将过去处于不同等级薪酬中的大量职位纳入现在的同一薪酬宽带中，这样，对员工进行不同工种的横向调动甚至向下调动时，遇到的阻力就小得多。在传统薪酬体系中，员工进行职位的横向调动，到新的岗位要重新进行岗位学习，工作难度和辛苦程度也可能更高。由于处于同一薪酬等级而不能受到薪酬激励，这样容易挫伤员工的工作积极性，阻碍内部员工的岗位或职位调动。在宽带薪酬体系中，员工横向调动甚至向下调动时，企业根据个人绩效可以进行薪酬激励，从而有利于企业内部员工职位的轮换。

　　（4）在宽带薪酬体系设计中，薪酬水平以市场薪酬调查的数据为基准，结合本企业承受条件来确立，薪酬设计流程比传统僵化的薪酬体系更加科学合理。因为企业定期对市场薪酬水平进行调查分析，再结合本企业薪酬水平对薪酬进行调整，促使本企业薪酬体系向"外有竞争力，内有公平性"的良好状态发展。简言之，宽带薪酬设计从其出发点来看，是密切配合劳动力市场供求状况的、市场化的薪酬模式。

　　（5）宽带薪酬模式中，每个薪酬等级中的区间变化幅度增大，直线部门经理在薪酬决策上拥有对下属薪酬定位更多的权利和责任，他可以将薪酬与员工的能力和绩效紧密结合起来对一员工采取更加灵活的激励措施，即直线部门经理对有稳定突出业绩表现的员工拥有较大的加薪影响力，不像在传统薪酬体制下，其加薪主要是通过晋升来实现，即使部门经理知道员工业绩的好坏和能力的高低，也无法向优秀员工提供薪酬方面的倾斜。而宽带薪酬制度则有利于通过直接薪酬激励帮助企业培育积极的绩效文化，以提升企业整体业绩。

3. 宽带薪酬模式实施的难点

（1）企业实施宽带薪酬时必须考虑的基本问题。宽带薪酬模式虽然具有以上种种传统模式所不具备的优点，但并不是解决所有薪酬管理问题的灵丹妙药，其设计模式也并不是在所有企业都"放之四海而皆准"。

通常，实施宽带薪酬的企业或其他组织要事先周密权衡原有薪酬制度与现今将采用的宽带薪酬制度的利弊大小。引入宽带薪酬结构，首先，最根本的一点是看其是否有利于企业战略目标的实现。我国企业的传统薪酬体制存在的最大问题是薪酬制度与企业经营战略目标脱钩或错位，因此，实施宽带薪酬制度事先一定要明确宽带的引入到底会对企业战略目标的实施产生多大的影响，企业不是为了赶时髦，为引入"宽带"而引入。例如，据有关专家研究，通常情况下，技术型、创业型企业比较适合宽带薪酬模式，而劳动密集型企业则不宜。其次，企业的组织结构是否适合宽带实施。换句话说，宽带薪酬制度的产生几乎是为"扁平型"组织量身定做的，所以在薪酬制度改革前，要看企业组织制度是否改革，企业组织"扁平"了没有。再次，在操作技术层面上，企业是否具备相应的条件。例如，企业是否具备科学完善的绩效评价系统，绩效管理是否能到位；各部门经理是否具备在宽带薪酬实施中应具备的素质。公司治理结构是否完善；等等。最后，原有薪酬制度与新的宽带薪酬制度是否能对接也是必须考虑的问题，引入宽带薪酬时，涉及一个对所有员工起薪的设立问题，这是新旧薪酬结构是否能整合的关键。

（2）宽带薪酬实施过程中的难点。宽带薪酬模式其本身虽有不少优点，但也有缺点，具体实施过程中难免困难重重。

① 由于绩效薪酬制度本身难以弥补的缺陷，导致宽带薪酬制度的实施及激励效应的发挥产生困难。由宽带薪酬的基本含义与特征可知，宽带薪酬制度是以绩效为实质内容和管理灵魂的，绩效本身评估和管理难点的不可避免会"移植"到宽带薪酬管理模式中来。譬如，在团队作业中，由于各种信号噪声降低了个人努力与绩效之间的依存度，使得个人努力与绩效的函数关系界定困难，难免产生团队中部分员工"搭便车"现象，严重影响了绩效评价的公正性。还有，如果员工认为直线经理对于他们薪酬级别的评价主观或带有偏见，工作绩效评价缺乏一系列可衡量指标和可观测准则，那么，整个薪酬结构体系就可能遭到破坏。另外，从事同类职业的员工，尽管其能力水平明显不同，但由于处于同一工资带中，意味着能力和技术水平高的员工和比其都逊色的员工可能得到相同薪酬，这样最终也会影响士气，尤其影响那些更有能力的员工。最后，非人为因素导致绩效的不稳定性，可能引发薪酬短期波动，即工资浮动的大起大落，使员工总是处于收入的不确定状态，产生心理不稳定感，从而使以绩效为基础的宽带薪酬模式遭受具有稳定偏好的员工的抵制，使制度运行的摩擦成本上升，更严重的可能造成员工对企业归属感的丧失。

② 宽带薪酬设计程序与其实施结果使宽带薪酬结构管理模式成本上升。一方面，宽带的设计首先要在市场薪酬水平充分调查前提下进行，因此要花费大量的人力、物力、财力来掌握市场薪酬水平资料，并在对其进行科学分析的基础上结合本企业的特点来制定合适的薪酬结构，这无疑是一项浩大的工程；其次，企业每个薪酬等级中薪酬浮动幅度宽泛化，将使单个员工的工资控制点不精准，如果直线经理滥用薪酬决策权，可能导致资源浪费，而且，实

际操作中也很难与市场薪酬水平对接，如果企业与市场对接并制定更具竞争力的薪酬水平，将意味着付出比其竞争对手更高的人力资源成本。另一方面，在传统窄带薪酬管理体系中，职位晋升是薪酬增加的前提，即薪酬增加具有内在自动控制机制，固定时期内薪酬增加幅度有限，而宽带薪酬结构缺乏类似严格增薪自动控制机制，因此，宽带薪酬结构中，薪酬成本上升的速度比传统工资结构快。

③ 宽带结构中晋升机会的缺少导致相应薪酬激励功能弱化。在宽带薪酬结构模式下，随着职位等级的"扁平化"及职位数量的减少，员工晋升机会也大大缩减，可能一生都只在一个职级里移动，长期内员工只有薪酬的变化而没有职位的晋升。实际上，职位晋升对员工来说是一种相当重要的激励手段，它不仅激发员工掌握企业特殊技能，激励"同期"员工间竞争，更重要的在于它是上级领导或雇主对拟晋升员工整体素质的一种肯定与鼓励信号，因为通常情况下人们普遍认为，薪酬的增加只意味着员工特定时期内在某一方面工作有突出表现，而职位的晋升则是在对一个员工整体素质鉴别的基础上做出的决定，是一个员工价值提升的重要表现标志。对于那些崇尚自我价值体现以及不断追求与挑战更高职位的员工来说，晋职是激励他的一个不可或缺的要素，而在宽带薪酬结构中，由于晋升机会减少，长期雇佣激励功能也会因此而弱化。因为部分优秀员工如果长期得不到晋职激励，便会考虑"跳槽"到更能够提供有助于自身职业生涯发展职位的公司。另外，研究也表明：同一职位中，当薪酬涨幅达到原来基准工资的175%时，员工在现有职位其能力的发挥就已达到较高水平，难有突破，在此阶段的激励手段如果是涨薪，员工会产生惰性和倦怠心理，这无疑又是对实施宽带薪酬模式的另一挑战。

8.3　工资制度

企业工资制度是关于企业定额劳动、标准报酬的制度，它是企业内部多种分配的基础，是确定和调整企业内部各类人员工资关系的主要依据，也是企业制定内部工资计划的重要参考。

典型的薪酬类型主要包括这五种：绩效薪酬；技能薪酬；年功薪酬；职务薪酬；结构薪酬。其各自的分配原则、特点、优缺点的详细情况见表 8-4 典型的薪酬类型及其特征。

表 8-4　典型的薪酬类型及其特征

薪酬类型	分配原则	特点	优点	缺点
绩效薪酬	根据员工近期绩效确定	工资与绩效直接挂钩	激励效果明显	易助长员工短期行为
技能薪酬	根据工作能力确定	因人而异，技高薪提	鼓励员工学习技术，有利于人才队伍建设	工资、绩效和责任没有关系，导致员工倦怠
年功薪酬	根据年龄、工龄、学历和经历确定	工资与工龄同步增长	稳定员工队伍，增强员工安全感和忠诚度	论资排辈，不利于调动员工积极性
职务薪酬	根据与职务相关的因素确定	一岗一薪、薪随职变	鼓励员工争挑重担，承担责任	激励设计面临职务高低限制
结构薪酬	综合考虑员工年资、能力、职务及绩效确定	由基本工资、年薪工资、职务工资、绩效工资及各种补贴构成	综合考虑员工对企业的贡献	设计和实施都比较麻烦

8.3.1　结构工资制

1. 结构工资制的含义

结构工资制是指基于工资的不同功能，划分为若干个相对独立的工资单元，各单元又规定不同的结构系数，组成有质的区分和量的比例关系的工资结构。结构工资制的构成一般包括六个部分：一是基础工资；二是岗位工资；三是技能工资；四是效益工资；五是浮动工资；六是年功工资。图 8-8 为某企业员工结构工资体系。

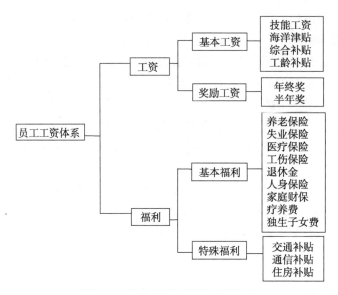

图 8-8　某企业员工结构工资体系

结构工资制有四大优点：一是工资结构反映劳动差别的诸要素，即与劳动结构相对应，并紧密联系成因果关系。劳动结构有几个部分，工资结构就有几个相对应的部分，并随前者变动而变动。二是结构工资制的各个组成部分各有各的职能，并分别计酬，可从劳动的不同侧面和角度反映劳动者的贡献大小，发挥工资的各种职能作用，具有比较灵活的调节功能。三是有利于实行工资的分级管理，从而克服"一刀切"的弊病，为改革工资分配制度开辟了道路。四是能够适应各行各业的特点。

但是结构工资制也有缺点：一是合理确定和保持各工资单元比重的难度较大；二是由于工资单元多且各自独立运行，工资管理工作较复杂。

2. 结构工资制的实施步骤

实施结构工资制一般要经过以下几个步骤。

（1）建立健全人力资源的基础工作。将全体员工的人数、工资、工作年限、学历、职称、技术等级、生产（工作）岗位、职务等登记造表，进行综合分析，对员工劳动进行归类分析。

（2）设计结构工资制的基本模式。确定设立工资单元的数量和每个工资单元所占比重。

（3）确定各工资单元的内部结构。即按照岗位测评办法，确定岗位工资单元中各类岗位的岗位顺序。若实行一岗一薪的，需确定各岗位之间的岗差系数；若实行一岗多薪的，还需确定每类岗位内部各等级的工资系数。同时根据各工资单元内部结构的安排，规定相应的技术业务标准、职责规范条例、劳动定额等各项要求，并拟定具体的考核办法。

（4）确定各工资单元的最低工资额和最高工资额。各单元最低工资加上奖金和一部分津贴的总和不能低于本地区执行的最低工资标准。

（5）测算、检验并调整结构工资制方案。通过以上几个步骤，在结构工资制雏形基本形成的情况下，再做进一步的模拟、试运转，并进行适当的修改调整。

（6）结构工资的实施、套改。在原有工资制度的基础上进行结构工资制度的改革，一般是按照员工原标准工资的一定百分比就近套入岗位（职务）工资，或套入技能（技术）等级工资。如工资结构中设置了基础工资单元的，则原工资应先冲掉基础工资部分，再套入上述各单元。岗位变迁者，应按新岗位确定工资，然后再分别确定员工的年功工资，并确定计提效益工资的办法。

3. 结构工资制的适应范围

结构工资制是我国国有企业在工资制度改革过程中创造出来的一种新的工资制度。工资改革之初，为了打破旧的工资体制，在政府允许的自主权范围内，进行内部的工资制度改革，就是在保留旧的工资制度的基础上，引进新的分配机制，建立了新的工资单元，逐步形成了兼顾各方面关系、体现各种劳动因素的结构工资制。结构工资制的适用范围较广，目前我国有很多企业包括一些国有企业、民营企业和三资企业都实行了这种工资制度。从严格意义上讲，岗位技能工资也属于结构工资制。

8.3.2 岗位技能工资制

1. 岗位技能工资制的含义

岗位技能工资制是以按劳分配为原则，以劳动技能、劳动责任、劳动强度和劳动条件等基本劳动要素评价为基础，以岗位和技能工资为主要内容的企业基本工资制度。岗位技能工资制充分突出了工资中岗位与技能这两个结构单元的特点。它更有利于贯彻按劳分配的原则，更能够调动员工努力提高技术业务水平的积极性。

2. 岗位技能工资制的适应范围

岗位技能工资具有极强的适应性，各种企业，不论大小，均可采用岗位技能工资制，特别是对生产性企业和技术含量较高的企业，采用岗位技能工资制更能显示其优越性。

8.3.3 岗位薪点工资制

1. 岗位薪点工资制的含义

岗位薪点工资制是在岗位劳动评价"4 要素"（岗位责任、岗位技能、工作强度、工作条件）的基础上，用点数和点值来确定员工实际劳动报酬的一种工资制度。员工的点数通过一系列量化考核指标来确定，点值与企业和专业厂、部门效益实绩挂钩。其主要特点是：工资标准不是以金额表示，而是以薪点数表示；点值取决于经济效益。

2. 岗位薪点工资制的实施要点

薪点工资制是采取比较合理的点因素分析法，根据员工的劳动（工作）岗位的因素和员工个人的表现因素，测定出每个员工的点数，再加上按预先规定增加的点数，得出总点数。然后再用总点数乘以点值，即为员工的工资标准。员工的工资标准由点数和点值决定。点数的多少与员工的劳动岗位及个人劳动贡献直接联系，岗位类别高，个人劳动贡献大，表现好，点数就多；反之，点数就少。点值是与企业的经济效益直接联系的，可设置成基值和浮动值，分别与整个企业及员工所在部门的经济效益紧密相连。效益好，点值就大；反之，点值就小。

点数的确定要经过"点因素"考核或评价。"因素"是指考核评价的内容，"点"是指考核评价所得出的分数。"点因素"考核就是根据每个员工的岗位职责以及实际成绩，按考核评价标准进行评定，获得总点数，决定相应的等级。点数越多，等级（或岗位档次）越高，获得工资报酬也越多。一般来说，确定点数的内容有岗位点数、表现点数和加分点数。

（1）岗位点数的确定。首先必须拟定岗位评价的测评标准方案。根据劳动"4要素"，对每个岗位运用经验评估或仪器设备手段进行测评，并经过综合分析评价得出每个岗位的点数。

（2）表现点数的确定。一般分别按操作人员和管理人员制定计分标准。计分标准的确定一般也要参考岗位（职务）劳动差别级岗位的重要性程度等情况。按计分标准，经考核评定，得出员工在考核期内的表现点数。

（3）加分点数的确定。对岗位点数和表现点数不能体现的，而且现阶段又必须鼓励、强调、照顾的合理因素，适用加分点数来体现。如对员工的本企业工龄、学历、职称或做出突出贡献的情况，可采用加分点数的办法酌情增加点数。

员工个人，总点数等于个人岗位点数、表现点数、加分点数的总和，个人的工资标准等于员工个人总点数乘以企业当年确定的点值。

实践中岗位薪点工资制具体操作方法如下所述。

（1）工作分析。将企业内所有职位进行科学的工作分析，对每一职位具体工作职责、权限、内容、强度、环境、任职资格等进行全面的分析，在此基础上，不同职务制定职务说明书（或称岗位工作规范）。

（2）职位评价。在全面的工作分析的基础上，对每一职务按该职务所应承担的责任、知识和技能、工作环境和其他要素等进行评价。每一职务应承担责任通常有：风险责任、成本控制责任、决策责任、法律责任、指导监督责任等因素。从事该职务应有的知识和技能包括：工作时间特征、舒适程度、危险性。工作环境对身体的影响等。从事该职务的其他要求包括：体力、精力、创新、工作紧张程度等方面。综合考虑以上因素，按国际通用的方法进行评价打分，最后得出各个职位的岗位点数。

（3）员工考评。员工考评主要是以职务说明书规定的岗位职责履行情况为标准，对员工在考核期内的表现和业绩进行评价和考核，得出每个员工的表现点数。

（4）对员工进行综合评价，得出员工的加分点数。在确定加分点数时，企业要制定统一的评分标准，应尽量做到客观公正。

（5）对员工所在职位的岗位点数、表现点数和加分点数进行汇总，得到员工的个人总点数。

（6）确定工资率。影响工资率的确定因素很多，主要有企业所在的行业特征、所在的地区的生活水平、企业自身经营状况等，对近期的工资进行测算，最终确定合理的工资率，即点值。

（7）计算薪点工资。点值或工资率确定以后，薪点工资就等于员工个人总点数乘以工资率。

薪点工资确定后，通常情况下，企业为了增加薪点工资的激励作用，还会将薪点工资进行必要的组合，如将薪点工资的40%固定发放、60%则根据业绩考核发放，由此得到薪点工资的另一计算公式，即薪点工资=员工个人总点数×工资率×考核系数。

也有的企业将企业的经营效益体现到员工的薪点工资中，由此又得到一个薪点工资的计算公式，即薪点工资=员工个人总点数×工资率×企业效益系数。

还有的企业将多种方式加以组合，以激励员工，产生良好个人努力、业绩、组织认可、个人目标实现、企业发展的良性循环。

3. 岗位薪点工资制的适应范围

薪点工资制是我国企业在工资制度改革实践中创造的一种工资模式，它的内涵和基本操作过程类似于岗位工资，但在实际操作过程中更为灵活。因此，这种新工资制度刚一出现就广受企业青睐。

8.3.4 技术等级工资制

1. 技术等级工资制的含义

技术等级工资是员工工资等级制度的一种形式，其主要作用是区分技术工种之间和工种内部的劳动差别和工资差别。

技术等级工资制是按照员工所达到的技术等级标准确定工资等级，并按照确定的等级工资标准计付劳动报酬的一种制度。这种工资制度适用于技术复杂程度比较高，员工劳动差别较大、分工较粗及工作物不固定的工种。

技术等级工资是一种能力工资制度，它的优点是能够引导企业员工钻研技术，提高个人的技术水平，缺陷是不能把员工的工资与其劳动绩效直接联系在一起。

2. 技术等级工资制的组成要素

技术等级工资制由工资标准、工资等级表和技术等级标准三个基本因素组成。通过对这三个组成要素的分析和量化，给具有不同技术水平或从事不同工作的员工规定适当的工资等级。

（1）工资标准。亦称工资率，就是按单位时间（小时、日、周、月）规定的工资数额，表示了某一等级在单位时间内的货币工资水平。我国企业员工的工资标准大部分是按月规定的，企业可根据需要，将月工资标准换算为日或小时工资标准。

按照规定的工资标准支付的工资，是员工完成规定的实际工作时间或劳动定额后所支付的工资，称作标准工资。

技术等级工资标准的确定需要四个步骤：

第一步：根据劳动的复杂程度、繁重程度、精确程度等因素确定和划分等级；

第二步：对工作物进行分析比较，纳入相应的等级；

第三步：规定技术等级标准，即确定最高等级和最低等级工资的倍数以及各工资等级之间的工资级差；

第四步：确定各等级的工资标准和制定技能工资等级表。

表 8-5 是一个根据八级标准模拟的技术等级工资表，采用等比级差的工资标准确定，假定一级工资标准为 100 元，其他各级计算公式为：某一等级工资标准=最低等级标准×等级系数。

表 8-5　技术等级工资表

工资等级	11	2	3	4	5	6	7	8
等级系数	1.000	1.181	1.395	1.647	1.945	2.279	2.713	3.204
级差%	—	18.1	18.1	18.1	18.1	18.1	18.1	18.1
工资标准	100	118	140	165	195	230	271	320

（2）工资等级表。

① 工资等级表概述。工资等级表是用来规定员工的工资等级数目以及各工资等级之间差别的一览表。它由工资等级数目、工资等级差别以及工种等级线组成。它表示不同的劳动熟练程度和不同工作之间工资标准的关系。

工资等级数目是指工资有多少个等级。工资等级是员工技术水平和员工技术熟练程度的标志，其数目多少是根据生产技术的复杂程度、工作强度和员工技术熟练程度的差异规定的。凡是生产技术比较复杂、繁重程度及员工技术熟练程度差别较大的产业或工种，工资等级数目就相应多一些。

工资等级差别是指各工资等级之间的差别，具体指相邻两个等级的工资标准相差的幅度。级差有两种表示方法：一种是用绝对金额表示；另一种是用工资等级系数表示。所谓工资等级系数，就是某一等级的工资标准同最低级工资标准的对比关系，它说明某一等级的工资比最低级工资高出多少倍，某一等级的工作就比最低等级的工作复杂多少倍。知道最低等级的工资标准和某一等级的工资等级系数，就可以通过系数换算求出某一等级的工资标准。

工种等级线是用来规定各工种（岗位）的起点等级和最高等级的界线。起点等级线是熟练工、学徒工转正定级后的最低工资。最高等级线是该工种在一般情况下不能突破的上限。凡技术复杂程度高、责任大以及掌握技术所需要的理论知识水平较高的工种，等级的起点就高，等级线长；反之，则起点低，等级线短。一些技术简单而又繁重的普通工种，由于体力消耗大，其等级起点较高，但等级线不宜过长，见图 8-9。

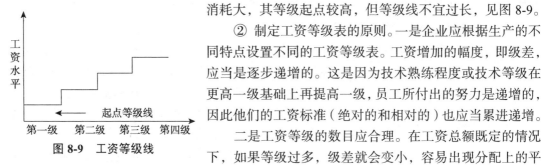

图 8-9　工资等级线

② 制定工资等级表的原则。一是企业应根据生产的不同特点设置不同的工资等级表。工资增加的幅度，即级差，应当是逐步递增的。这是因为技术熟练程度或技术等级在更高一级基础上再提高一级，员工所付出的努力是递增的，因此他们的工资标准（绝对的和相对的）也应当累进递增。

二是工资等级的数目应合理。在工资总额既定的情况下，如果等级过多，级差就会变小，容易出现分配上的平均主义倾向。如果等级数目过少，又会形成分配上的差别过大。

三是确定最高工资标准与最低工工资标准的关系，即工资差额的倍数。在工资总额既定的情况下，首先考虑工资的最低标准，然后再考虑最高工资标准所达到的水平，最后考虑基础等级和最高等级的劳动复杂程度的差别。具体工作中工资倍数的确定，可以先确定级差系数，然后再计算倍数；也可先确定倍数，然后再求出级差系数。

③ 制定工资等级表的步骤：确定等级数目；划分工种等级线；确定工资等级表幅度；制定工资等级系数；对工资等级表进行修正。

④ 工资等级系数的确定。制定工资等级系数，先确定级差百分比，后算出各等级的工资系数。工资等级系数，可以是等比系数、累进系数、累退系数或不规则系数。

等比系数的特点是，级与级之间相差的百分比相同，但级与级之间工资绝对额是逐步扩大的，有明显的物质鼓励作用。

累进系数的特点是，级差的百分比是逐级扩大的。等级越高，级差的绝对金额也越大。这种系数的物质鼓励作用更强，但由于相差悬殊，在我国极少采用。

累退系数，又称递减系数，其特点是级与级之间的级差系数逐渐缩小，但级与级之间的工资差额绝对相等。

不规则系数的特点是：级与级之间相差的百分比无一定规律，忽高忽低。目的是随着工资等级的提高，使工资绝对金额逐级稳步提高，不致级与级之间差别过大。

3. 技术等级标准

技术等级标准又称技术标准，是按生产和工作分类的所有技术工种员工的技术等级规范，是用来确定员工的技术等级（简称员工等级）和员工工资等级的尺度。它包括"应知""应会"和"工作实例"三个组成部分。

"应知"是指完成某等级工作所应具有的理论知识。也可以同时规定员工应达到的文化水平。

"应会"是指员工完成某等级工作所必须具备的技术能力和实际经验。

"工作实例"是根据基本知识和专门技能的要求，列举不同技术等级员工应该会做的典型工作项目或操作实例，对员工进行培训和考核。

技术等级标准有国家标准，部门、行业标准和企业标准等几个级别。国家标准着重通用技术工种标准的制定，是指导性的；部门和行业标准主要是为了在本行业和部门中统一标准；企业标准根据本企业内部的需要制定。等级标准的制定遵循一定的程序进行。

8.3.5 岗位等级工资制

1. 岗位等级工资制的含义

岗位等级工资制，简称岗位工资制，它是按照员工在生产中的工作岗位确定工资等级和工资标准的一种工资制度。它是劳动组织与工资组织密切结合的一种工资制度。岗位等级工资制与职务等级工资制的性质基本相同，区别在于我国主要将前者应用于企业员工，后者应用于行政管理人员和专业技术人员。

岗位等级工资制是等级工资制的一种形式，它是根据工作职务或岗位对任职人员在知识、技能和体力等方面的要求及劳动环境因素来确定员工的工作报酬。员工工资与岗位和职务要求挂钩，不考虑超出岗位要求之外的个人能力。

其特点表现在以下几个方面。

（1）按照员工的工作岗位等级规定工资等级和工资标准。岗位工资知识按照各工作岗位的技术复杂程度、劳动强度、劳动条件、责任大小等规定工资标准，不是按照员工的技术能力规定工资标准。员工在哪个岗位工作，就执行哪个岗位的工资标准。在这种情况下，同一岗位上的员工，尽管能力与资历可能有所差别，执行的都是同一工资标准，就是所谓的以岗定薪。

（2）员工要提高工资等级，只能到高一级岗位工作。岗位工资制不存在升级问题，员工只有变动工作岗位，即只有到高一等级的岗位上，才能提高工资等级。但这并不等于说，一个员工不变动岗位，就不能提高工资标准。在企业经济效益提高，或社会整体经济水平增长以及物价上涨过快而工资等级数目不变的情况下，对于不能上升到高一级岗位上工作的员工，就必须通过提高岗位工资标准的手段来提高工资。

（3）员工要上岗工作必须达到岗位既定的要求。虽然岗位工资制不制定技术标准，但各工作岗位都规定有明确的职责范围。技术要求和操作规程，员工只有达到岗位的要求时才能上岗工作。如果在未达到岗位的要求时就上岗工作，只能视为熟练期间，领取熟练期的工资。

2. 岗位等级工资制的形式

岗位等级工资制主要有三种形式。

（1）一岗一薪制。即一个岗位只有唯一的工资标准，凡是同一岗位上的员工都执行同一工资标准。岗位工资标准由低到高顺序排列，形成一个统一的岗位工资标准体系，它反映的只是不同岗位之间的工资差别，反映不出岗位内部的工资差别。其特点是一职一薪，同职同薪，标准互不交叉，提职才能增薪。劳动者只要达到岗位和职务要求，才能取得标准工资；岗位变动，则工资随之变动。试行一岗一薪制，岗内不升级。新员工上岗采取"试用期"或"熟练期"办法，期满经考核合格后正式上岗，即可执行岗位工资标准。

一岗一薪制强调在同一岗位上的人员执行统一的工资标准，具有以下三个方面的优点：

① 能保证员工在最佳年龄、最佳技术、付出劳动量最多的时候得到最佳报酬；

② 简化工资构成，工资外津贴减少；

③ 一岗一薪，岗动薪动，对员工的激励性大，且操作简便灵活。

一岗一薪制比较适用于专业化、自动化程度较高，流水作业、工作技术比较单一和工作物等级比较固定的行业及工种。

一岗一薪制也有缺陷，主要是不便于体现同岗位员工之间由于经验、技术熟练程度不同而产生的劳动差别以及新老员工之间的差别，因此同样职务、岗位或工种内部缺乏激励。

表 8-6 是一个典型的一岗一薪制工资表，该企业岗位分为三类，每类职务分为不同的级别的岗位，每个岗位规定一个岗位工资。

（2）一岗数薪制。即在一个岗位内设置好几个工资标准，以反映岗位内部不同员工之间的劳动差别。岗内级别是根据岗位内不同工作的技术复杂程度、劳动强度、责任大小等因素确定的，工作的确定有时主要对事，其次对人，即在岗位内部，对技术熟练程度较高的员工规定较高的工资标准。由于一岗数薪，高低相邻的两个岗位之间的工资级别和工资标准产生交叉是很正常的。

实行一岗数薪制，员工在本岗位内可以小步考核升级，直至达到本岗最高工资标准。

由于一岗数薪融合了技术等级工资制和岗位工资制的优点，可以反映生产岗位之间存在的劳动差异和岗位内部不同员工之间的劳动熟练程度的差异，使劳动报酬更为合理。一岗数薪制适合岗位划分较粗、同时岗位内部技术要求有些差异的工种。

表 8-7 是某企业电工岗位的工资系数表，是一个典型的一岗数薪制，处于同样岗位的员工由于熟练程度、技术水准、操作能力和责任不同，享受不同级别的工资系数，并且每个岗位的最高级工资系数可以达到下一个高级别的岗位的最低工资系数，从而提高员工学技术和提高业绩的积极性。

表 8-6 一岗一薪工资制

岗级	岗位工资	管理类职务	技术类职务	生产操作类职务	
				岗级	岗位工资
12 级	2 340	总经理		员工 1	450
11 级	2 150	副总经理	正高级工程师	员工 2	470
10 级	1 970	各中心主任		员工 3	500
9 级	1 800	中心副主任	副高级工程师	员工 4	540
8 级	1 640	部门经理		员工 5	590
7 级	1 490	部门副经理	工程师	员工 6	650
6 级	1 350	科长		员工 7	720
5 级	1 220	副科长	助理工程师	员工 8	800
4 级	1 100	主管		员工 9	890
3 级	990	管理员	技术员	员工 10	990
2 级	890	办事员		员工 11	1 100
1 级	800	实习员	实习员	员工 12	1 220
				员工 13	1 350
				员工 14	1 490
				员工 15	1 640

表 8-7 某企业电工岗位的工资系数

工种	技能等级	综合技能评定	工资系数
	实习岗（未独立操作）		1.0
	起始岗		1.1
		一级	1.1
	初级工	二级	1.2
		三级	1.3
		一级	1.4
电工	中级工	二级	1.5
		三级	1.6
	标准岗	一级	1.7
	高级工	二级	1.8
		三级	1.9
		一级	1.9
	操作能手	二级	2.0
		三级	2.2

（3）复合岗薪制。复合岗薪制即每一个职务内设置若干个工资标准，但不同职务的工资标准有部分等级交叉。其特点是：一职数薪，同职可不同薪，标准适当交叉，不同职亦可同薪，不升职亦可增薪。

8.3.6 职能等级工资制

1. 职能等级工资制的含义

职能等级工资制是根据职工所具备的与完成某一特定职位等级工作所相应要求的工作能

力等级确定工资等级的一种工资制度。其特点表现在以下几个方面。

（1）决定个人工资等级的最主要因素是个人相关技能和工作能力，即使不从事某一职位等级的工作，但经考核评定其具备担任某一职位等级工作的能力，仍可执行与其能力等级相应的工资等级，即职位与工资并不直接挂钩。

（2）职能等级及与其相应的工资等级数目较少。其原因是，对上下相邻不同的职位等级来说，各职位等级所要求的知识和技能的差别不是很明显。所以，可以把相邻职位等级按照职位对工作能力的要求列为同一职能等级。这样制定出来的职能等级一般只有职位等级的一半甚至更少。

（3）要有严格的考核制度配套。由于决定工资等级的是个人能力等级，所以要确定一个员工的工资等级，首先要确定其职能等级。这就需要制定一套客观、科学而完整的职位等级标准和职能等级标准，并按照标准对个人进行客观、准确的考核与评定。否则，职能等级就很容易只按照资历确定。另外，由于员工的能力是不断提升的，但速度是不一致的。所以需建立长期的考核制度，定期对员工的职能等级进行考核。

（4）人员调整灵活，有很强的适应性。这是由第一个特点决定的。由于职能工资等级与员工职位等级的变动无关，因而有利于人员的变换工作和调整，能够适应企业内部组织机构随市场变化而做相应调整的要求。

2. 职能等级工资制的形式

按照每一职能等级内是否再细化档次，职能等级工资制可以分为一级一薪制、一级数薪制和符合岗薪制三种形式（参照岗位等级工资制）。

按照员工工资是否主要由职能工资决定，职能等级工资制可以分为以下两种形式。

（1）单一型职能工资制，即工资标准只按职能等级设置，职能等级工资几乎占到工资的全部。然而实践中，职能工资也包含了年龄或工龄因素，如"一级数薪"制。在同一职能等级内，个人的工资级别或档次主要由工龄长短来决定。当然这里的工龄被认为是与能力呈正相关的。

（2）多元化职能工资制，即按职能设置的职能工资与年龄要素或基本生活费用确定的生活工资或基础工资并列存在，如在全部工资中，职能工资占 25%，生活工资占 65%。一般趋势是：对新进人员，生活工资占较大比重，职能工资的比重较小。随着工龄的增加，生活工资的比重逐渐下降，职能工资的比重提高，直到职能工资占绝大部分。严格来说，多元化的工资已不全部由工作能力所决定了。

8.3.7 谈判工资制

谈判工资制是一种灵活反映企业经营状况和劳务市场供求状况并对员工的工资收入实行保密的一种工资制度。

职工的工资额由企业根据操作的技术复杂程度与员工当面谈判协商确定，其工资额的高低取决于劳务市场的供求状况和企业经营状况。当某一工种人员紧缺或企业经营状况较好时，工资额就上升，反之就下降。企业对生产需要的专业技术水平高的员工愿意支付较高的报酬。如果企业不需要该等级的专业技术的员工，就可能降级使用或支付较低的报酬。只有当企业和职工双方就工资额达成一致，工资关系才能建立。企业和员工都必须对工资收入严格保密，不得向他人泄露。

　　谈判工资制的优点是有利于减少员工之间工资上的攀比现象，减少矛盾。工资是由企业和员工共同谈判确定，双方都可以接受，一般都比较满意，有利于调动职工的积极性。

　　谈判工资制的弊端在于这种工资制度与劳资双方的谈判能力、人际关系等有关，弹性较大，容易出现同工不同酬。在企业实行这种制度，由于制度、仲裁机构和监督机构不健全，容易使以权谋私者从中舞弊，产生亲者工资高、疏者工资低等不合理现象。

8.4　可变薪酬制度

　　对员工的奖励是根据员工的绩效来确定的。企业通过分发资金，或将奖金拨入退休金累积或分出企业股票给出色员工，以激励员工。奖励也称作可变薪酬，即这种薪酬直接与员工的工作成果挂钩，随其实际工作绩效的变化而上下浮动。大量的研究表明以奖励为主要方的可变薪酬制度有助于提高员工的绩效，广为企业所采用。

　　奖励性可变薪酬可以分为三种基本类型。

　　一是现金利润分享（Cash profit sharing）。这种体系的支付额是利润或盈利性的某些度量的函数。起决定作用的度量标准包括完全会计利润、经营利润、资产回报、投资回报及其他可能的回报。纯利润可以完全分享或从一个标准起开始分享。盈利性度量标准可应用于一贯公司、部门、机构或其他组织实体。

　　二是收益分享（Gain sharing）。经济收益的分享是伴随组织的业绩改善而产生的，通常使用的度量标准包括成本、生产率、原料和库存利用、质量、时效性或反应灵敏性、安全性、环境的协调性出勤率和客户满意程度。这些度量标准的基础水平包括目前表现、过去表现以及对目前或过去表现的改善。

　　三是目标分享（Goal sharing）。当完成小组或组织的目标后，企业将支付预先确定数额的薪酬。通常确定目标所涉及的变量与收益分享所涉及的变量相同。一些计划对每个变量只设立一个目标，而其他一些计划为每个变量设立多个目标层次，其支付额逐步递增。

　　在实际应用中，以上三种方式可以复合使用。

　　在设计奖励性可变薪酬制度时，需要考虑奖励的单位究竟是在个人层面、小组层面、部门层面还是在企业层面上。

8.4.1　个人层面的奖励制度

　　个人奖励制度是根据员工个人的生产数量和品质来决定其奖金的金额，常见形式如下所述。

1. 计件制

这是按产出多少进行奖励的方式，包括以下几种。

（1）简单计件制。

$$应得工资 ＝ 完成件数 × 每件工资率$$

此方法将报酬与工作效率相结合，可奖励员工勤奋工作。但每件工资率往往很难确定，容易引起员工猜忌，且无最低工资保障。另外，还容易导致员工一味追求数量而忽视质量，因此必须有检验制度加以配合。

（2）梅里克多级计件制。这种计件制将工人分成三个以上的等级，随着等级变化，工资率逐级递减 10%，中等和劣等的工人获得合理的报酬，而优等的工人则会得到额外的奖励。

$EL=NRL$		在标准 83%以下时
$EM=NRM$	$RM=1.1RL$	在标准 83%~100%时
$EH=NRH$	$RH=1.2RL$	在标准 100%以上时

其中：RH、RM、RL 表示优、中、劣三个等级的工资率，依次递减 10%；N 代表完成的工作件数或数量；EH、EM、EL 分别表示优、中、劣三个等级工人的收入。

（3）泰勒的差别计件制。这种计件制首先要制定标准的要求，然后根据员工完成标准的情况有差别地给予计件工资。

$E=NRL$		当完成量在标准的 100%以下时
$E=NRH$	$RH=1.5RL$	当完成量在标准的 100%以上时

其中：E 代表收入，N 代表完成的工作件数或数量，RL 代表低工资率，RH 代表高工资率，通常为低工资率的 1.5 倍。

梅里克和泰勒的计件制的特点在于用科学的方法加以衡量，高工资率要高于单纯计件制中的标准工资，对高效率的员工有奖励作用，对低效率员工改进工作也有一定刺激作用。

2. 计效制

这是把时间作为奖励尺度，鼓励员工努力提高工作效率，节省人工和各种制造成本，主要方式如下所述。

（1）标准工时制。这种奖励制度以节省工作时间的多寡来计算应得的工资，当工人的生产标准要求确定后，按照节约的百分比给予不同比例的奖金，对每位员工均有最低工资做保障。

（2）哈尔西 50—50 奖金制。此方法的特点是工人和公司分享成本节约额，通常进行五五分账，若工人在低于标准时间内完成工作，可以获得的奖金是其节约工时的工资的一半。

（3）罗恩制。罗恩制的奖金水平不固定，依据节约式时间占标准工作时间的百分比而定。

根据这种方法所计算出的奖金，其比例可以随着节约时间的增多而提高，但平均每超额完成一个标准工时的资金额会递减，即节省工时越多，工人的奖金水平低于工作超额的幅度，这不仅避免了过度高额奖金的发出，而且也使低效率员工能支取计时的薪金。

3. 佣金制

佣金制常用于销售行业。企业销售人员的薪金相当大部分是其产品所赚得的佣金。其具体形式如下所述。

（1）单纯佣金制。

$$收入 = 每件产品单价 \times 提成比率 \times 销售件数$$

对销售人员而言，单纯佣金制是一种风险较大而且挑战性极强的制度。

（2）混合佣金制。

$$收入 = 底薪 + 销出产品数 \times 单价 \times 提成比率$$

（3）超额佣金制。

$$收入 = 销出产品数 \times 单价 \times 提成比率（一般为 2.5\%） -$$
$$定额产品数 \times 单价 \times 提成比率$$

8.4.2 小组/部门层面的奖励制度

以小组/部门的生产或绩效为单位，奖励小组/部门内所有成员。当工作成果是由小组/部门的合作所促成，便很难衡量个别员工的贡献，或当企业在急剧转型中，无法订立个人的工作标准时，皆宜采用小组/部门奖励制度（见图 8-10）。

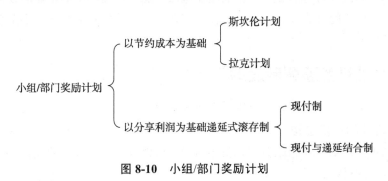

图 8-10　小组/部门奖励计划

下面我们分别讨论。

1. 斯坎伦计划

斯坎伦计划的目的是减少员工劳动力成本而不影响公司的运转，奖励主要根据员工的工资（成本）与企业销售收入的比例，鼓励员工增加生产以降低成本，因而使劳资双方均可以获得利益，其计算公式为

员工奖金 = 节约成本 × 75% =（标准工资成本–实际工资成本）× 75%

= （商品产值 × 工资成本占商品产值百分比–实际工资成本）× 75%

其中，工资成本占商品产值的百分比由过去的统计资料得出。

2. 拉克计划

拉克计划在原理上与斯坎伦计划相仿，但计算方式复杂得多。拉克计划的基本假设是工人的工资总额保持在工业生产总值的一个固定水平上。拉克主张研究公司过去几年的记录，以其中工资总额与生产价值（或净产值）的比例作为标准比例，以确定奖金的数目。

3. 现付制

现付制通常将所实现利润按预定部分分给员工，将奖金与工作表现直接挂钩，即时支付、即时奖励。需要注意的是，要将奖金与基本工资区分开，防止员工形成奖金制度化认识。

4. 递延式滚存制

递延式滚存制是指将利润中发给员工应得的部分转入该员工的账户，留待将来支付。这对跳槽形成一定约束，但因为员工看不到眼前利益，因而会降低鼓励员工的作用。

5. 现付与递延结合制

即以现金即时支付一部分应得的奖金，余下部分转入员工账户，留待将来支付，它既保证了对员工有现实的激励作用，而且还为员工日后，尤其是为退休以后的生活提供了一定的保障。

8.4.3 企业层面的奖励制度

企业层面的奖励制度多采用利润分享的形式。当企业的利润超过某个预定的水平时，而将部分利润与全体员工分享。分享的形式包括发放现金、拨作退休金积累或发放企业股票。在目前，股票奖励制主要有两种形式。

一是股票折扣优惠制，即员工可按股票市场价格折扣，优惠买进本公司股票。

二是股票期权奖励制，即员工拥有优惠购买或不购买公司股票的权力。

利润分享旨在鼓励努力的员工，帮助企业赚取利润，加强员工对企业的投入感和提高他们继续留在企业工作的可能性。利润分享较宜用在劳资关系良好的企业、小型企业或适用在行政管理人员身上。

8.4.4 奖励性可变薪酬制度的设计与实施

可变薪酬制度的设计与实施可以遵循以下步骤。

1. 体系设计的准备过程

由于任何组织变革一开始就会面临很多障碍，所以可变薪酬体系的设计与实施必须有充分的准备，准备的过程有以下几步。

第一步，让管理层及其他风险承担者尽量详细地了解可变薪酬。

第二步，决定可变薪酬是否能对组织的经营成果产生积极的影响，即是否与企业和组织战略相适应。

第三步，确定可变薪酬计划的参与者。

第四步，明确小组界限。奖金应该以整个公司的业绩为基础还是以一个业务单元（例如一个部门或子公司）或工作团队为基础？

第五步，试行可变薪酬计划。先在一个或几个工作地点试行可变薪酬计划。

第六步，评价组织准备的充分性。准备是否充分涉及的因素有：管理层对变革的责任感、员工的参与、信息分享方式、员工的信任、团队合作的范围、就业稳定性、变革的可接受性以及经营状况。

第七步，设计过程决策，包括选择设计小组，确立指导方针和程序，与企业内其他成员、高级经理沟通获取支持等过程。

2. 选择基本计算公式

计算公式是可变薪酬制度的核心，因为它确立了需要改善哪些类型的业绩，这种改善将为参与的员工提供报酬。公式的选择分为以下几步。

第一步，回顾管理层的商业计划、发展战略、期望和设计原则。

第二步，确认适合加入可变薪酬计划的业绩变量。变量的选择标准包括：对企业的重要性、员工的可控性、影响的广泛性。

第三步，决定基本的公式类型。基本的公式类型包括：现金利润分享、收益分享和目标分享。

不同公式类型的优点和缺点见表8-8，企业应根据不同的情况决定公式的基本类型及组合。

3. 奖励性可变薪酬在实施中常见的问题

我国企业目前实行的可变薪酬主要是以个人层面为主的奖金制度，小组层面、部门层面和企业层面的奖励较少，利润分享计划和收益分享计划更是鲜见，这是我国企业在奖励制度设计中存在的最大不足。另外，在实行奖励计划时也常常存在以下问题：

（1）奖励福利化，即把奖金作为一种福利性待遇支付给员工。

（2）奖励平均化，即奖金人人皆有，人人一样。

（3）奖励工资化，即企业将奖金的数额固定并且每月定期与工资一起支付。

（4）奖励职务化，即奖金按照职务等级高低发放，而不看工作绩效的差异。

（5）奖励人情化，即奖金的支付受到人情关系的影响，如管理者按照自己的喜好和印象奖励其下属，或由员工相互评选先进来给予奖励。表面上看，由员工评选先进的办法似乎很民主。但是并不科学，有违奖励的本质。因为企业奖励的目的是酬报和激励员工的工作绩效，而不是考核员工相互间的关系。

表 8-8　不同公式类型的优点和缺点

公式类型	优点	缺点
利润分享	1. 设计、管理简单 2. 当经营业绩不佳时不用支付 3. 有条件补偿的理想公式	1. 员工难以理解 2. 对员工行为几乎不产生影响
收益分享	1. 产生对关键性经营变量的重视 2. 能够奖励"软"变量 3. 支持行为改变的目标	1. 设计复杂 2. 当经营业绩不佳时仍要支付
目标分享	1. 产生对关键性经营变量的重视 2. 能够奖励"软"变量 3. 容易理解 4. 能将薪酬与商业计划书目标绑在一起 5. 支持行为改变的目标	1. 目标缺乏可信性 2. 可能会限制进一步改善 3. 存在没有支付的高风险 4. 当经营业绩不佳时仍要支付

8.5　福利制度

员工福利制度是指企业内的所有间接报酬，包括有带薪休假、员工保险、员工服务、退休计划、教育津贴和房屋贷款等。员工取得的福利数额是由年资和职级决定。福利制度和薪酬制度一样，也会影响员工的流失率和企业的竞争能力，故应谨慎设计和运用。

20 世纪 80 年代初，对日本企业管理模式的研究发现日本企业对员工全面关怀的家长式管理风格，正是日本员工对本企业有较高忠诚心与认同感的重要影响因素之一。同时，对美国成功企业管理经验的调研与总结，也发现它们无一不是强调以员工为中心，重视对员工的全面关怀，把企业办成了一兼具工作性与社会性的组织。由此使企业更为重视员工福利制度，使之不断丰富化和多样化起来。以美国为例，其企业中福利开销占奖酬总成本中的比例，视具体企业类型，性质与政策的不同，在 8%和 70%之间，平均已达 1/3 左右。

企业要重视设置适当的员工福利制度，它归根结底是对企业与员工双方两利的，这也恰是它的主要功能与目的。

8.5.1　福利的特点

福利是指企业支付给员工的间接薪酬，在劳动经济学中，福利又曾被称为小额优惠。与直接薪酬相比，福利具有两个重要的特点：一是直接薪酬一般都采取货币支付和现期支付的方式；而福利一般采取货物支付和延期支付的方式。二是直接薪酬具有一定的可变性，与员工个人直接相连；而福利则具有准固定成本的性质。

相比直接薪酬，福利具有自身独特的优势：首先，它的形式灵活多样，可以满足员工不同需求；其次，福利具有典型的保健性质，减少员工的不满意，有助于吸引和保留员工，增强企业的凝聚力；最后，福利还具有税收方面的优惠，可以使员工得到更多的实际收入；此外，由企业集体购买某些产品，具有规模效应，可以为员工节省一定的支出。但是福利也存在一定的问题：首先，由于它具有普遍性，与员工的个人绩效并没有什么太大联系，因此在提高员工工作绩效方面的效果并不如直接薪酬那么明显，这也是福利的主要问题；其次，福利具有刚性，一旦委员工提供了某种福利，就很难将其取消，这样就会导致福利的不断膨胀，从而增加企业的负担。

8.5.2　福利制度的设计

福利制度的设计必须符合劳动力市场的标准、政府法规和工会的要求，并应按照企业的竞争策略、文化和员工的需要而制定，福利制度的设计应考虑外在和内在因素。

1. 外在因素

（1）劳动力市场的标准。与薪酬制度一样，企业在订立福利制度时，应参考劳动力市场调查的资料，并决定企业的福利水平，究竟是应该超过、相等于或是低于竞争对手的水平?常用的参考资料包括行业内企业提供的福利范围、成本和受惠员工的比例等，而常用的比较指标则包括福利费用总成本、平均员工福利成本和福利费用在整个薪酬中的百分比等。

（2）政府法规。企业在制订福利计划时，必须遵守企业所在地的政府规定，如对劳动保险、法定假期、产假的规定以及歧视条例等，以免触犯法律、法规，引起法律诉讼。

（3）工会咨询。有时企业需要和工会进行洽商，以决定福利计划的范围和内容。

2. 内在因素

（1）企业竞争策略。不同的竞争策略，需要有不同的福利制度相配合。在企业的成长初期，致力于开创事业，应尽量减低固定的员工福利，如退休金；企业应以直接的方法，如企业股票认购计划，奖励出色的员工，鼓励员工投入创业。

（2）企业文化。企业如注重关怀和照顾员工，会为员工提供优厚的福利。企业如注重业务，便会为企业的绩效而调整福利制度。事实上，大多数企业会在关怀员工和业务发展两者之间取一个平衡点，采用合适的福利制度。

（3）员工的需要。员工的需要因人而异，因年龄、学历、收入和家庭状况而应有所不同。一般来说，收入低的员工喜欢薪金多于福利，收入高的员工则较关心福利；年轻的员工较喜欢带薪休假，年长的员工则较关心退休福利。因此，福利制度的设计应考虑企业员工需要。

8.5.3　福利的类型

鉴于福利在企业生产经营中不可忽视的作用和影响，组织中的福利五花八门、不胜枚举。每个组织除了法律政策规定的福利以外，可以提供人和有利于组织和员工发展的福利项目。

近几年各种各样的福利项目概括起来主要有以下几种类型。

1. 金钱性福利

如受赡养者奖学金；健康组织费用；培训补贴、子女教育补助、托儿托老补助；生日礼金、结婚礼金、直系亲属奠礼金；年终或国庆等特殊节日加薪、分红、物价补贴；商业与服务业单位的小费；超时加班费、节假日值班费；发放住房补贴；市内交通工具补贴或报销，个人交通工具（自行车、摩托车或汽车）购买津贴、保养费或燃料费补助等；公关饮食报销；报刊订阅补贴、专业书刊购买补贴；药费或滋补营养品报销或补助；意外工伤补偿费、伤残生活补助、死亡抚恤金等；退休金；公积金及长期服务奖金（工龄达规定年限时发给）等；支付额外困难补助金；洗澡、理发津贴，降温、取暖津贴；解雇费；海外津贴等。

2. 实物性福利

如免费单身宿舍、夜班宿舍；免费工作餐，工间免费饮料（茶水、咖啡或冷饮，食品免费发放）；企业自建文体设施（如运动场游泳池、健身房、阅览室、书法、棋、牌、台球室等；无费电影、戏曲、表演、球赛票券等）。

3. 服务性福利

家庭保健护理；保姆家庭护理；企业接送员工上下班的免费或廉价通勤车服务；食品集体折扣代购；免费提供计算机或其他学习设施服务等；全部公费医疗，免费定期体检及防疫注射，职业病免费防护；无费订票服务；咨询性服务，包括免费的员工个人发展设计的咨询服务（给予分析、指导和建议、提供参考资料与情况等）、员工心理健康咨询（过分的工作负荷与压力导致的高度焦虑或精神崩溃等，心理症状的诊治）及免费的法律咨询等；保护性服务，包括平等就业权力保护（反性别、年龄等歧视），性骚扰保护、隐私保护等，团体汽车保险、团体家庭保险、个人事故险、相互保险及其他各项保险等。

4. 优惠性福利

如廉价公房出租或出售给本企业员工，提供购房低息或无息贷款；个人交通工具（摩托车或汽车）低息贷款；低价工作餐；部分公费医疗，优惠疗养等；折扣价电影、戏曲、表演、球赛票券等；优费车、船、机票；信用储金、存款户头特惠利率、低息贷款等；优惠价提供本企业产品或服务；优惠的法律等咨询服务。

5. 机会性福利

如企业内在职或短期脱产培训；企业外公费进修（业余、部分脱产或全脱产）；带薪休假；俱乐部成员资格；有组织的集体文体活动（晚会、舞会、郊游、野餐、体育竞赛等）；企业内部提升政策、员工参与的民主化管理等；提供具有挑战性的工作机会等。

6. 荣誉性福利

如以本企业员工名义向大学捐助专用奖学金；授予各种引人注目的头衔等。

以上这些福利项目只是现实生活中各种福利项目的简单概括，实际生活中的福利项目比这要广泛、丰富得多，并且随着人们物质文化生活的不断提高和发展，新的福利项目会不断地研究和开发出来。

8.5.4　实施福利计划应注意的几个问题

福利是保健因素，福利计划实施得不好，员工会觉得不满意。为了满足员工对高质量生活水准的追求，现代企业福利在整个薪酬体系中所占的比重会越来越大，因此福利计划的设计与操作逐步成为人们关注的话题。

设计好福利计划要注意处理好以下几个问题。

1. 福利计划要与企业整体的薪酬计划通盘考虑、配套实施

企业工资总额确定以后，就要全面考虑薪酬和福利各自所占的比重，既要避免取消福利即在其薪酬体系中不考虑福利的倾向，又要避免福利无限膨胀的倾向。据有关资料显示，美国企业的福利在员工薪酬中的比例日益增大，美国企业 1961 年该比例为 25.5%，到 1995 年上升到了 41%，而且有不断上升的趋势，大大加重了企业的负担。而我国部分企业则出现了另一种情形，为了改变过去那种企业"办社会"的局面，出现了一种员工福利全面工资化的倾向，这同样是要避免的。因为福利的许多积极作用是货币性工资无法实现的。因此在设计薪酬体系时，要注意保持福利的合理比重，这个比重对不同地区不同经济性质的企业有不同的要求，需要企业根据实际情况加以确定。

2. 要强化个性化的福利观念与加强团队合作结合起来

过去我们企业的福利很少考虑个性化的员工需求，千篇一律，没有变化。这样导致企业花了钱、员工却不买账的不良现象。比如，对于年轻的员工，对个人能力提升和晋升等机会性福利需求较明显，而对实物性福利可能更淡化一些。如果企业一视同仁，对所有员工都实施实物性福利，就必然导致一部分年轻员工的不满。而这正是我们一些传统型企业容易犯的毛病，因此在实施福利计划时一定要强化个性化的福利观念，以满足不同员工不同的福利需求。为此一些企业提出了"自助餐式"的福利计划，即把企业每一个员工的年福利总额设定在一个范围内，由员工根据需要自己决定享受何种形式的福利。比如微软公司有一种"自助餐厅"式的福利方案，它付给每一位员工一定金额的福利。一个员工可以假设各种情况，以设计不同的模式。

个性化的福利计划给了员工选择的自由，在一定程度上既会冲击员工的团队合作精神，又是我们需要避免和加以重视的。

3. 要处理好实现企业福利目标和引导员工享受福利的关系

企业制定福利政策时有一定的目标，员工的福利需求大多数情况下也是有目标的，那么这两个目标能否达成一致是企业能否实现企业福利目标的关键。因此企业在实施福利计划是要有意识地加以引导，将员工的福利需求引导到企业的福利目标上来。这就需要人力资源部门做好员工职业生涯规划的指导工作，并指导他们进行适合自身成长需要的福利选择。

本章小结

薪酬管理涉及一系列的决策，是一项非常复杂的活动。主要包括确定薪酬管理目标、选择薪酬政策、制订薪酬计划、调整薪酬结构。对薪酬方案的设计本章介绍评分法中比较流行的海氏岗位评价系统。在探讨企业工资制度时着重阐述了结构工资制、岗位技能工资制、岗位薪点工资制、技术等级工资制、岗位等级工资制、职能等级工资制、提成工资制、谈判工资制、自助式薪酬等常用的工资制度。同时，按照个人、部门、企业三个层面介绍了可变薪酬制度。并依照企业和员工的实际阐述了菜单式福利制度。

 复习与思考

一、单项选择题（请从每题的备选答案中选出唯一正确的答案，将其英文大写字母填入括号内）

1. （　　　）是指企业内的所有间接报酬，包括带薪休假、员工保险、员工服务、退休计划、教育津贴和房屋贷款等。

A. 津贴　　　　　　　　　　　　　B. 奖金

C. 基本工资　　　　　　　　　　　D. 员工福利

2. 适用于那些岗位划分较粗，岗位之间存在工作差别、岗位内部的员工之间存在技术熟练程度差异的企业或部门的岗位工资类型是（　　　）。

A. 一岗一薪工资制

B. 一岗多薪工资制

C. 技能工资制

D. 提成工资制

3. （　　　）反映不同岗位之间在工资结构中的差别。

A. 工资等级　　　　　　　　　　　B. 工资级差

C. 工资档次　　　　　　　　　　　D. 浮动幅度

4. 工资结构具有高稳定性的工资制度是（　　　）。

A. 岗位工资制　　　　　　　　　　B. 技能工资制

C. 考核工资制　　　　　　　　　　D. 年功序列制

二、多项选择题（每题正确的答案为两个或以上，请从每题的备选答案中选出正确的答案，将其英文大写字母填入括号内）

1. 影响企业薪酬管理各项决策的因素主要有（　　　）。

A. 企业外部因素　　　　　　　　　B. 直属上司因素

C. 企业内部因素　　　　　　　　　D. 员工个人因素

2. 薪酬设计的原则包括（　　　）。

A. 公平原则　　　　　　　　　　　B. 竞争原则

C. 经济原则　　　　　　　　　　　D. 激励原则

3. 奖励性可变薪酬可以分为（　　　）的基本类型。

A. 现金利润分享　　　　　　　　　B. 目标分享

C. 收益分享　　　　　　　　　　　D. 基本工资

4. 有效的薪酬管理应遵循的原则是（　　　）。

A. 对内具有竞争力　　　　　　　　B. 对外具有竞争力

C. 对内具有公正性   D. 对外具有公正性

E. 对员工具有激励性

5. 薪酬市场调查常用的方式有（   ）。

A. 企业之间相互调查   B. 委托调查

C. 直接调查   D. 公开调查的信息

E. 调查问卷

6. 传统的薪酬结构类型有（   ）。

A. 以绩效为导向的薪酬结构   B. 以工作为导向的薪酬结构

C. 以能力为导向的薪酬结构   D. 组合薪酬结构

E. 以结果导向的薪酬结构

7. 薪酬制度的设计要点有（   ）。

A. 薪酬水平与薪酬结构设计   B. 薪酬等级设计

C. 固定薪酬设计   D. 浮动薪酬设计

E. 过渡办法设计

8. 技能工资的种类包括（   ）。

A. 技术工资   B. 提成工资

C. 能力工资   D. 薪点工资

E. 效益工资

三、名词解释

1. 报酬

2. 薪酬

3. 薪酬管理

4. 企业薪酬政策

5 宽带薪酬结构

6. 结构工资制

四、问答题

1. 全面理解薪酬管理的含义，需要注意哪些问题？

2. 薪酬管理的意义是什么？

3. 薪酬管理的影响因素包括哪些？

4. 薪酬设计的原则有哪些内容？

5. 基于战略的结构化薪酬体系设计时要考虑的层面有哪些？

6. 结构工资制的实施步骤？

7. 岗位技能工资制的含义和实施步骤？

8. 岗位薪点工资制的含义和操作方法？

9. 实施福利计划应注意哪些问题？

10. 企业不同战略和发展阶段薪酬管理的重点有何差异？

中国金融电子化公司薪酬体系设计道

中国金融电子化公司（以下简称金电公司）隶属于中国人民银行，多年来金电公司一直有两块牌子，一块是事业单位，在中编委登记注册；另一块是企业，在工商局注册。这种集两种身份于一体的状况，给公司经营管理带来一定困难，造成公司发展方向不确定，管理方式不明确，职能定位不固定，政策依据不连贯，财务收入无保证。金电公司的这种状况，已经不适应市场经济的发展，必须进行彻底的改革。在人力资源管理方面，金电公司请来外部专家为公司重新设计薪酬体系。

一、金电公司薪酬现状分析

通过对金电公司实地调研访谈、问卷调查以及工资体系数据资料的分析，发现金电公司的薪酬体系存在如下问题。

1. 薪酬结构复杂，逻辑关系不清

在金电公司薪酬结构中，各种固定性补贴项目繁多，属于典型的事业单位工资体系。金电公司的基本工资可看作是由三项构成：基本工资、基本津贴和岗位津贴。基本工资和基本津贴（基本津贴可看作是基本工资的补充），约占工资总额的 17.5%，岗位津贴（可简单看作是岗位工资部分），约占工资总额的 8.5%。各种固定补贴项目共有 10 项，分别为菜篮补贴、未纳津贴、物价补贴、住房补贴、生活补贴、津补贴、职务补贴、通信费、交通费、伙食补贴，名目繁多，其比重远超过了基本工资部分，约占工资总额的 55%。以动态项目列支的只有奖金一项，但奖金核定时既没有与个人绩效挂钩，又没有与公司效益挂钩，实际发放只与职位对应，形成了固定工资中的一部分，根本没有起到应有的作用，这部分数额占工资总额的 12%。工资构成中以医疗和劳保福利性质列支的项目占工资总额的 6.6%，也以固定工资形式发放。另外一项为工龄工资，不到工资总额的 0.3%，而且也是名实不符。这样一个项目繁多、逻辑关系不清、名实不符的工资体系，使员工对自己的收入很难形成一个清晰、完整的认识，从而大大影响了工资本身的劳动补偿和激励作用。

2. 薪酬的层级划分没有与组织和业务相结合

金电公司的职能部门和业务部门，采用的是两种不同的标准体系进行层级划分的，而且每种体系中与公司的组织、业务和岗位联系很小，不能全面反映"按劳分配、按能分配和按贡献分配"相结合的综合分配原则，也不符合现代经济组织人力资源管理的基本原则。现代经济组织一般按着管理层级和业务关系设立组织机构，根据组织机构和业务性质设定岗位，然后再根据岗位需求去选人。根据这样的逻辑关系，岗位与业务的重要程度成正比，人的能力和贡献与岗位需求成正比，所以薪酬也应该与岗位成正比。

3. 动态工资没有得到体现

动态工资是激励薪酬的重要组成部分，也是员工与企业"同呼吸、共命运"的重要体现。在金电公司的主体薪酬结构中，仅有奖金项目反映了动态工资部分，占工资总额的 12.1%。但最关键的是奖金构成仅是以奖金名称列支，并没有与任何绩效或贡献挂钩，实际发放也与一般补贴项目没有任何区别差异，基本上成了工资的固化部分，使动态工资名存实亡。比如，在技术开发中心聘用制薪酬结构中，奖金构成占到了工资总额的 48.2%，但奖金的起步额度占到了工资总额的 34.8%，相当于奖金的 34.8%，又固化到了工资中，真正的奖金浮动空间仅

为 12%左右，且也很少进行考核并与个人绩效或公司效益挂钩。这样一来，金电公司的静态工资实际上占到了工资总额 90%以上的程度，工资的保障作用比较强，激励作用很少。

二、薪酬设计思路

1. 建立三维的薪酬结构

基本的薪酬体系应该由薪酬层级和薪酬结构两个维度构成。薪酬层级为薪酬的差别系列，以岗位为主线；薪酬结构为薪酬的构成项目，以薪酬的作用因素为主线。根据薪酬项目的作用性质，薪酬结构又进一步细分为静态结构、动态结构和人态薪酬。

在薪酬体系中加入动态衡量和测评维度会使薪酬体系更加合理，因为人力资本的使用过程是一种动态和主观能动性发挥的过程，仅以一个静态的标准去衡量一个动态的劳动和分配过程，就会失去薪酬的真正公平与合理，更不利于薪酬激励作用的发挥。另外，将人力资本作为投入要素来参与分配，必然要通过公司的最终经营结果才能确定人力资源的创造性报酬。公司的经营结果始终是动态的，在过程中难以确定，所以，与个人绩效和公司效益挂钩的薪酬也是动态的，事先只能做比例关系的约定。

静态薪酬大多是对员工付出劳动的一种报酬，基本属保障范畴，主要表现了公司对员工和员工对公司应尽的一种对等责任和义务；动态薪酬主要是对员工或团队超值贡献的一种鼓励，基本属激励范畴，主要表现了员工对公司的一种贡献和公司对员工贡献的一种回报；人态薪酬是现代公司"尊重员工、以人为本"的基本体现，也是社会在不断进步的一种体现。未来随着经济和社会的发展，人态薪酬比重还有不断增加的趋势。

2. 以岗位报酬为结构主体

公司为实现良好的经济效益，首先按有效的运作方式形成相应的组织结构，然后在组织结构的框架下产生必要的管理和业务岗位，最后是选择合适的人来到这个岗位，执行这个岗位所需要做的工作。按照这个原理，岗位工资是根据某个岗位所应该发挥的作用，岗位工作的重要和繁重程度，岗位应该承担的职能等所确定的公司结构性的岗位价值工资，是指这个企业岗位值多少钱，而不是指具体某个人值多少钱，谁能胜任这个岗位，并在这个岗位上完成了所应承担的工作，谁就可以获得这个岗位的报酬。

3. 薪酬的经济性激励

企业管理也常涉及 20/80 定理，即企业 80%的贡献是由 20%的关键人所创造的。完全从经济公正的角度，应该将 80%的薪酬和激励兑现给这 20%的关键人。但管理的团队论、组织行为理论不支持这种绝对的、理想化的激励分配。因为公司是一个有机的整体，每个人的作用都是不可或缺的，所以一般公司都采用折中的"公平"激励。这种"公平"激励的实际作用是为了安抚其余 80%非关键人的"不公平感"。所以在制定薪酬和激励政策时要找到二者最佳的结合点。首先，薪酬投入和激励的重点应该放在 20%的关键人，但对 80%非关键人的薪酬投入也必须超过保障因素，并在保障因素的基础上取得一定的激励效果；其次，薪酬的投入和激励应符合人们的心理因素，尽量避免员工在进行横向和纵向比较时，产生个人主观上的不公平感，以此产生适得其反的作用。

将 20/80 理论进一步延伸，产生了 20/60/20 理论，即公司存在 20%的关键人、60%的合格发展人和 20%的不合格培养人，这样划分了 20%的不合格培养人并进行适当的更替有利于公司的不断进步。所以，合理的公司薪酬也将按这个原理进行设计，将 20%的薪金设计得低于市场的工资水平，使这部分人自行进步或淘汰，从而使公司有自动调节的新陈代谢功能（见图 8-11）。

4. 薪酬的多样性激励

对于金电公司，将依据管理的权变理论和马斯洛的需求层次理论采用复合薪酬，对不同的群体采用不同的薪酬种类，不同的薪酬种类设置不同的薪酬结构，最终使金电公司的薪酬体系对人力资源管理有较强的针对性，对人力资源开发有足够的弹性，与市场经济接轨有较宽泛的包容性。同时，针对不同的群体采用不同的薪酬种类，还可以有效避免公司决策层、

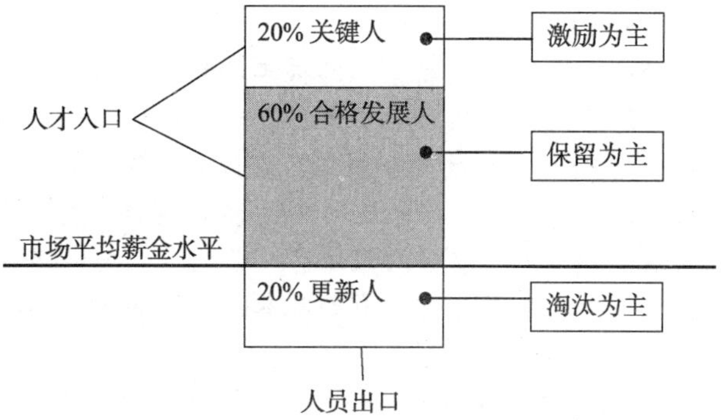

图 8-11　薪酬的 20/60/20 理论

管理层、执行层、操作层等不同层次之间，工作性质和业务性质本来纵向不可比，却采用相同的薪酬种类，容易造成亚当斯公平理论（社会比较理论）所提出的"自我评价虚夸所产生的不公平感"。为此，金电公司采用了多样性的薪酬。

三、薪酬体系设计

1. 静态薪酬设计

在公司的薪酬框架中，静态薪酬包含人态薪酬。而在薪酬的分类中，人态薪酬又基本上属于福利性薪酬，将其列出来放在后面单独讨论，这里我们只讨论静态薪酬中的岗位薪酬。金电公司将岗位薪酬按着 10% 调整级差设置为 20 个岗位薪酬层级。这 20 个岗位薪酬层级分别为 C1～C4、D1～D11、E1～E5。其中 C1～C4 主要是为公司中层管理岗位而设计的；D1～D11 主要是为公司的主要员工而设计的。在 D1～D11 又分了三段，D1～D3 主要是针对公司的业务管理岗位和技术骨干而设计的，D4～D7 主要是针对关键业务岗位而设计的，D8～D11 主要是针对核心业务岗位而设计的。E1～E5 主要是针对公司的普通岗位和辅助岗位而设计的，其中 E1～E5 又分了两段，E1～E3 主要是针对公司的一般岗位而设计的，E4～E5 主要是针对公司的辅助岗位而设计的（见图 8-12）。

在月薪制的 20 个层级中，金电公司选择了 D11 岗为岗位基准点，D11 岗普遍适用于目前金电公司的一般员工。这个基准点的动态薪酬部分加上公司福利和年功工资与金电公司目前的薪酬水平相当。但 D11 岗是 D 类的最低岗，金电公司目前的大部分职工都会高于这个基准点，所以改制后金电公司原有员工的薪酬普遍不会降低，反而有所增加。只有后进入到金电公司的少数低职位员工和未来新进入到金电公司的员工，薪酬水平会比目前水平有所下降，

层级	职位		
A₁	董事长		
A₂	总经理		
A₃	副总经理		
B₁	总监		
B₂	副总监		
B₃			
C₁	部门经理		
C₂			
C₃		副经理	
C₄			
D₁	业务经理	高级开发员	
D₂			
D₃			
D₄		中级开发员	
D₅	关键岗位员工		
D₆			
D₇			
D₈	核心岗位员工	初级开发员	
D₉			
D₁₀			
D₁₁			
E₁	一般员工		
E₂			
E₃			辅助员工
E₄			
E₅			
J	兼职董事监事		
T	特殊人才		
L	临时工		

图 8-12　金电公司的薪酬体系

这样正好与市场接轨。

对于金电公司的高管，实行年薪制。年薪制中属于静态薪酬的部分为基准年薪。基准年薪中设计了两层五级，A 层为高管的决策层，分为 A1～A3 共三个级差；B 层为高管的执行层，分为 B1～B2 共两个级差。在设计高管年薪时，主要考虑了高管应发挥团队协作精神，故级差设计较小，基本也在 10%左右。这样，金电公司的静态薪酬基本上是采用小级差的原则而设计的，采取这样的做法有利于金电公司从事业制向企业化改制的平稳过渡，不利因素是在短期内增加了金电公司的成本。但随着时间的推移，市场和内部调节因素会使这种负面影响逐步减少，直至消失。

2. 动态薪酬设计

动态岗位薪酬部分。动态薪酬主要体现在动态岗位薪酬和岗位薪酬以外的奖励中。岗位薪酬中含有动态部分的原因很简单，因为人力资源报酬是为人力资源的劳动和贡献而付的报酬，并不是从事某个岗位的人理所当然应该得到某个岗位的全部报酬，而是从事这个岗位的人在完成这个岗位所规定的工作任务后能拿到这个岗位的全部报酬。比如某人因为缺勤或消极怠工等耽误或影响了工作，就应该酌情从当月的岗位薪酬中扣除相应的数额。所以在岗位薪酬中设置了 10%~20%不等的动态部分，根据公司制度待考核结果出来后发放。同时，加班工资也在当月考核中随同岗位工资一同发放，加班工资的计算以岗位工资为基准，而不是以全额工资为基准。

除加班工资以外，还设计了动态绩效奖励部分，即我们平时所说的奖金。该部分主要依据公司业绩、部门业绩和个人绩效三方面因素而定的。公司的业绩决定了公司对员工和部门的总体奖励程度，部门的业绩决定了在公司内独立核算的单位或团队应该受奖惩的程度，个人绩效只涉及个人应受奖惩的程度。

在设计了动态绩效奖励时，采用了岗位固定系数与考核调整系数相结合的综合方法。岗位固定系数类似岗位级差，比较好理解。考核调整系数（T）为部门考核绩效（Tb）加个人考核绩效（Tp）。动态绩效奖励系数为

$$个人奖励系数（Kp = 固定岗位系数（Ki+40\% \times 部门考核调整系数（Tb） +$$
$$60\% \times 个人考核调整系数（Tp）$$

动态绩效奖励额为

$$个人奖励额=个人奖励系数（Tp） \times 公司确定的基数点$$

绩效考核调整系数的确定。绩效考核调整系数一般由绩效考核的结果来确定。绩效考核的评定方法有两种，一种是定性考核，另一种是定量考核。虽然大部分公司一般会将两种方式结合起来使用，但为了进行衡量和比较，最终都会将考核结果转化为可明确说明问题的数量值，而且这种数量统计以百分制的应用最为普遍。

另外，大多组织都追求一种相互依赖、相互信任的团队精神，员工之间的友善也不断证明：无论是上级对下级的考核，还是同事之间的民主评议，乃至以经济指标所进行的硬性考核，最终结果很少出现巨大的反差，而大多是围绕着某一个相对集中的值呈现正态分布（见图 8-13）。

为了体现考核的真正意义，也为了将考核分值转化为调整系数，应该将 0~100 的绩效考核分值转化为-0.5＜T＜2 的绩效考核调整系数。为此，设置绩效考核调整系数对照表，计算每次考核的分值，按正态分布填入对照绩效考核调整系数表，确定其调整系数。

将绩效考核调整系数的范围设定为-0.5＜T＜2，设置低限主要考虑两个原因：其一，最低岗位的员工，如果绩效考核也最低，至多得不到绩效薪酬（当然这也是小概率事件），但不能再从其他薪酬里扣除；其二，通过考核来调减一小部分员工的绩效薪酬系数，其主要

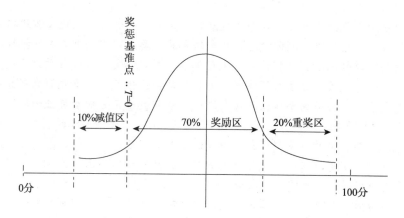

图 8-13　绩效考核分值分布及系数确定方式

目的是提醒全体员工努力，而不是惩罚落后员工。设置高限也主要考虑两个原因：其一，激励的程度终归是有限的，公司的承受能力也不是无限的；其二，激励的差异应该在一定的限度，激励差别太大容易引起员工的心理不平衡。当然，金电公司可根据薪酬的实际运行情况来适当调整动态薪酬系数和绩效考核调整系数，使动态薪酬真正能发挥薪酬的补充和激励作用。

3. 人态薪酬设计

金电公司的人态薪酬设计有这样几个原则：法律规定为员工缴纳的"三险一金"足额缴纳；设置与改善工作条件、提高工作效率有关的公司福利；调节整体薪酬水平，使金电公司的薪酬体系既与市场接轨，又尽量使员工的薪酬水平不降低；利用人态工资中的年功工资来调整老员工与新体制之间的差异。在设置金电公司的人态薪酬时，除了考虑法律规定的"三险一金"以外，还考虑了北京的交通成本、业务联系与沟通的费用以及工作餐（工作餐实际上主要指午餐）补助这三个具有普遍意义的薪酬项目，除此以外，还增加了年功工资一项。年功工资近些年在我国已经不多见了，金电公司不但为员工设置了年功工资，而且还加大了年功工资报酬的力度，使得年功工资成为公司留住人才、调节老员工与新体制之间差异的重要手段。

4. 薪酬体系说明

E1～E5 是为金电公司发展而设计的补充空间和为部分员工调整不平衡心态而设计的对比空间。公司的岗位序列原来从正处级岗位到最低的中级工岗位，跨越了 7 个岗位层级。其中，大部分员工的工资水平与市场工资水平相当，但骨干员工的工资水平缺乏激励和挑战，不利于人才竞争，辅助员工的工资水平远远高于市场劳动力的平均价格，不能体现经济原则。因此，在设计金电公司的薪酬体系时，不仅要考虑金电公司员工收入的现状，更要考虑金电公司未来的发展，使金电公司的薪酬体系与公司的发展相适应，薪酬体系应本着"岗位有主有辅、贡献有大有小、薪酬有高有低"的差异化原则而进行长远规划和设计。这样，在设计整体薪酬体系时，E1～E5 是为金电公司保留的将来从市场招收辅助岗位员工的基本空间。另外，有了 E1～E5 市场化辅助岗位工资的对比，原有的辅助员工在对照自己的位置时，会多一种平衡感，这也是本次薪酬改制除年功薪酬外的另一种对辅助老员工的照顾和平衡。

绩效薪酬为金电公司的薪酬体系补充了很大的弹性调整空间，这不仅是薪酬与公司、部门及个人绩效挂钩的原则所决定的，而且也是对整体薪酬的重要补充。在金电公司的薪酬体系中，静态薪酬只是整体薪酬的一部分，动态薪酬尤其是动态绩效薪酬乃是弹性调整空间较大的整体薪酬中的重要组成部分。动态绩效薪酬是金电公司通过企业化改制进行自主经营这一重大经营模式转变过程中薪酬制度进行相应转变的重要内容，金电公司可根据每年的经营业绩，通过动态绩效薪酬对薪酬整体水平进行调整，并激励员工提高工作水平。

通过一些隐含、过渡的办法来解决部分老员工与企业化薪酬改革之间的可能存在的某些矛盾，不但有利于金电公司的整体改革顺利进行，还有利于充分调动员工的积极性。解决这些问题的办法包括：年功薪酬的设计技巧、职位层级的评定、动态薪酬的调整、兼职工作的系数调整等。通过这些公平的办法来保证老员工的收入基本不降低的同时，还会激励员工更加努力。另外，通过鼓励老员工以人民银行内部行员的身份退休，由人民银行支付这部分员工的退休金，金电公司再以人员需求找机会将部分员工以临时工的身份（执行 L 类薪酬制度）返聘回来。这部分员工既有退休保障，收入水平又有大幅度提高，同时金电公司的人力资源成本还会大幅度下降，薪酬制度也能得到更好地执行，有利于解决金电公司的老员工问题。

资料来源：http://wenku.baidu.com/view/5e9464e9551810a6f5248698.html.

 讨论题

（1）论述中国金融电子化公司工资结构特点。（提示：案例中有具体的说明）

（2）论述中国金融电子化公司员工奖金、福利制度的特点、类型和存在哪些问题。（提示：奖金和福利制度需要考虑到的注意事项）

学习目标

- 职业生涯管理的含义
- 职业生涯发展的影响因素
- 职业管理的内容
- 个人职业规划的内容
- 组织职业规划的内容
- 职业生涯管理理论
- 职业生涯开发

互联网资料

http: http://www.e8621.com
http://boshiemc.com

职业生涯（career planning）　　　职业性向测试（vocational preference test，VPT）
职业性向（occupational orientatio）　职业锚（career anchor）
职业发展周期（career development cycle）

9.1 职业生涯管理概述

9.1.1 职业生涯管理的相关概念

1. 职业

职业（Career）一般是指人们在社会生活中所从事的以获得物质报酬作为自己主要生活来源并能满足自己精神需求的、在社会分工中具有专门技能的工作。它是人类文明进步、经济发展以及社会劳动分工的结果。同时，职业也是社会与个人或组织与个体的结合点。通过这个结合点的动态相关形成了人类社会共同生活的基本结构。这也就是说，个人是职业的主体，但个人的职业活动又必须在一定的组织中进行。组织的目标靠个体通过职业活动来实现，个体则通过职业活动对组织的存在和发展做出贡献。因此，职业活动对员工个人和组织都具有重要的意义。从个人的角度来讲，职业活动几乎贯穿于人一生的全过程。人们在生命的早期阶段接受教育与培训，为的是为职业作准备。从青年时期进入职业世界到老年退离工作岗位，职业生涯长达几十年，即使退休以后仍然与职业活动有着密切的联系。职业不仅是谋生的手段，也是个人存在意义和价值的证明。选择一个合适的职业，度过一个成功的职业生涯，是每一个人的追求和向往。对于组织来说，不同的工作岗位要求具有不同能力、素质的人担任，把合适的人放在合适的位置上，是人力资源管理的重要职责。只有使员工选择了适合自己的职业并获得职业上的成功，真正做到人尽其才、才尽其用，组织才能兴旺发达。组织能不能赢得员工的献身精神，能不能充分调动员工积极性，一个关键因素在于其能不能为自己的员工创造条件，使他们有机会获得一个有成就感和自我实现感的职业。

2. 职业生涯

简单地说，职业生涯就是一个人从首次参加工作开始的一生中所有的工作活动与工作经历按编年的顺序串接组成的整个过程。也有研究者把职业生涯定义为：以心理开发、生理开发、智力开发、技能开发、伦理开发等人的潜能开发为基础，以工作内容的确定和变化、工作业绩的评价、工资待遇、职称职务的变动为标志，以满足需求为目标的工作经历和内心体验的经历。

3. 职业生涯管理

职业生涯管理是指组织和员工对企业及员工个人的职业生涯进行设计、规划、执行、评估、反馈和修正的一个综合性的过程，是组织提供的用于帮助组织内正从事某类职业员工的行为过程。通过员工和组织的共同努力与合作，使每个员工的生涯目标与组织发展目标一致，使员工的发展与组织的发展相吻合。因此，职业生涯管理包括两个方面。

（1）从个人的角度来讲，职业生涯管理就是一个人对自己所要从事的职业、要去的工作组织、在职业发展上要达到的高度等作出规划和设计，并为实现自己的职业目标而积累知识、开发技能的过程，它一般通过选择职业，选择组织（工作组织），选择工作岗位，在工作中技能得到提高、职位得到晋升、才干得到发挥等来实现。个人可以自由地选择职业，但任何一个具体的职业岗位，都要求从事这一职业的个人具备特定的条件，如教育程度、专业知识与技能水平、体质状况、个人气质及思想品质等。并不是任何一个人都能适应任何一项职业的，这就产生了职业对人的选择。一个人在择业上的自由度在很大程度上取决于个人所拥有的职业能力和职业品质，而个人的时间、精力、能量毕竟是有限的，要使自己拥有不可替代的职业能力和职业品质，就应该根据自身的潜能、兴趣、价值观和需要来选择适合自身优点的职业，将自己的潜能转化为现实的价值，这就需要对自己的职业生涯做出规划和设计。因此，人们越来越重视职业生涯的管理，越来越看重自己的职业发展的机会。

（2）从组织的角度对员工的职业生涯进行管理，集中表现为帮助员工制定职业生涯规划，建立各种适合员工发展的职业通道，针对员工职业发展的需求进行适时的培训，给予员工必要的职业指导，以促使员工职业生涯的成功。

组织是个人职业生涯得以存在和发展的载体。同样，组织的存在和发展依赖于个人的职业工作，依赖于个人的职业开发与发展。在人才激烈竞争的今天，如何吸引和留住优秀的职业人才是人力资源管理所面临的难题。如果一个人的职业生涯规划在组织内不能实现。那么他就很有可能离开，去寻找新的发展空间。所以，员工的职业发展就不仅是其个人的行为，也是组织的职责。事实上，筛选、培训、绩效考评等诸如此类的人力资源管理活动在组织中可以扮演两种角色。首先，从传统意义上来讲，人力资源管理的重要作用在于为组织找到合适的人选，即用能够达到既定兴趣、能力和技术等方面要求的员工来填补工作岗位的空缺。然而人力资源管理活动还越来越多地在扮演着另外一种角色，这就是确保员工的长期兴趣受到企业的保护，其作用尤其表现在鼓励员工不断成长，使他们能够争取发挥出其全部潜能。人力资源管理的一个基本假设就是企业有义务最大限度地利用员工的能力，为每一位员工提供一个不断成长以及挖掘个人最大潜力和建立职业成功的机会。这种趋势得到强化的一个信号是，许多组织越来越多地强调重视职业规划和职业发展。换言之，许多组织越来越多地强调为员工提供帮助和机会，以使他们不仅能够形成较为现实的职业目标，而且能够实现这一目标。

4. 职业期望

职业期望，又称职业意向，是员工对某项职业的向往，也就是希望自己从事某项职业的态度倾向。职业期望来自员工个体方面的行为；职业期望不是空想、幻想，而是员工的一种主动追求，是员工将自身的兴趣、价值观、能力等与社会需要、社会就业机会不断协调，力求实现的个人目标；职业期望不同于职业声望。职业声望是职业地位的反映，是社会的人们对某种职业的权力、工资、晋升机会、发展前景、工作条件等社会地位资源情况，亦即社会地位高低的主观评价。其含义完全有别于职业期望，二者不可混淆。同时，二者也有联系，员工个体所追求和希望从事的职业，当然多是社会声望高的职业。

职业期望直接反映着每个人的职业价值观。每种职业有各自特性。不同人对职业特性可能有不同的评价和取向，这就是所谓的职业价值观。萨柏曾经将职业价值观或职业取向概括为 15 种类型：助人；美学；创造；智力刺激；独立；成就感；声望；管理；经济报酬；安全；环境优美；与上级的关系；社交；多样化和生活方式。

5. 职业选择

所谓职业选择，是员工依照自己的职业期望和兴趣，凭借自身能力挑选职业，使自身能力素质和职业需求特征相符合的过程。职业选择与职业期望有密切联系，职业期望得以实现，职业选择是第一步。需要明确以下三点。

（1）员工是职业选择主体，是择业行为能动的主导方面，各种职业则是被选择的客体。

（2）尽管员工是择业主体，但不能随心所欲任意进行选择。一则受到员工不能也不可能有从事一切职业的能力与兴趣的限制；二则各项职业由于有各自的劳动对象、劳动手段，又有不相同的劳动条件和作业环境，必须受到各种职业对员工能力有相应的特定要求的制约。

（3）职业选择是一个过程，一方面是员工作为主体自动择业的过程；另一方面是职业选择员工的过程，它是员工与职业岗位互相选择、相互适应的过程。

9.1.2　职业生涯管理研究的意义

职业不仅提供了个人谋生的手段，而且创造了迎接挑战、实现自我价值的大好机会和广阔空间。企业也越来越认识到，人是最本质最重要的资源。企业一方面想方设法保持员工的稳定性和积极性，不断提高员工的业务技能以创造更好的经济效益；另一方面，企业又希望能维持一定程度的人员、知识、观念的重新替代以适应外界环境的变化，保持企业活动和竞争力。而开展职业生涯管理工作则是满足员工与企业双方需要的最佳方式。

1. 职业生涯管理对员工个人而言其意义与重要性

其主要体现在三个方面。

（1）职业生涯管理可以增强员工对职业环境的把握能力和对职业困境的控制能力。职业生涯开发与管理及其所开展的职业生涯规划等方面的工作，不仅可以使员工个人了解自身的长处和短处，养成对环境和工作目标进行分析的习惯，又可以使员工合理计划、安排时间和精力开展学习和培训，以完成工作任务、提高职业技能。这些活动的开展都有利于强化员工的环境把握能力和困难控制能力。

（2）职业生涯管理可以帮助员工协调好职业生活与家庭生活的关系，更好地实现人生目标。良好的职业规划和职业生涯开发与管理工作可以帮助员工从更高的角度看待职业生活中的各种问题和选择，将各分离的事件结合在一起，相互联系起来，共同服务于职业目标，使职业生活更加充实和富有成效。同时，职业生涯管理帮助员工综合地考虑职业生活同个人追求、家庭目标等其他生活目标的平衡，避免顾此失彼、左右为难的窘境。

（3）职业生涯管理可以使员工实现自我价值的不断提升和超越。员工寻求职业的最初目的可能仅仅是找一份可以养家糊口的差事，进而追求的可能是财富、地位和名望。职业规划和职业生涯开发与管理对职业目标的多次提炼可以逐步使员工工作目的超越财富和地位之上，追求更高层次自我价值实现的成就感和满足感。因此，职业生涯开发与管理可以发掘出促使人们努力工作的最本质的动力，升华了成功的意义。

2. 职业生涯开发与管理对组织而言也同样具有深远的意义

其主要体现在以下几点。

（1）职业生涯管理可以帮助组织了解组织内部员工的现状、需求、能力及目标，调和它们同存在于企业现实和未来的职业机会与挑战间的矛盾。职业生涯开发与管理的主要任务就是帮助组织和员工了解职业方面的需要和变化，帮助员工克服困难，提高技能，实现企业和员工的发展目标。

（2）职业生涯管理可以更加合理与有效地利用人力资源。合理的组织结构、组织目标和激励机制都有利于人力资源的开发利用。同薪水、奖金、待遇、地位和荣誉的单纯激励相比，切实针对员工深层次职业需要的职业生涯开发与管理具有更有效的激励作用，同时能进一步开发人力资源的职业价值。而且，职业生涯开发与管理由于针对组织和员工的特点"量身定做"，同一般奖惩激励措施相比具有较强的独特性和排他性。

（3）职业生涯管理可以为员工提供平等的就业机会，对促进企业持续发展具有重要意义。职业生涯开发与管理考虑了员工不同的特点和需要，并据此设计不同的职业发展途径和道路，以利于不同类型员工在职业生活中扬长避短。在职业生涯管理中年龄、学历、性别的差异，不是歧视，而是不同的发展方向和途径，这就为员工在组织中提供了更为平等的就业和发展机会。因此，职业生涯开发与管理的深入实施，有利于组织人力资源水平的稳定和提高。尽管员工可以流动，但通过开展职业生涯开发与管理工作可以使全体人员的技能水平、创造性、主动性和积极性保持稳定，甚至提升，这对于促进组织的持续发展具有至关重要的作用。

9.1.3　职业生涯管理的特点

职业生涯管理具有以下特点。

1. 职业生涯管理是组织与员工双方的责任

组织和员工都必须承担一定的责任，双方共同完成对职业生涯的管理。在职业生涯管理中，员工个人和组织须按照职业生涯管理工作的具体要求做好各项工作。无论是个人或组织都不能过分依赖对方，因为许多工作是对方不能替代的。从员工角度来看，个人职业生涯规划必须由个人决定，要结合自己的性格、兴趣和特长进行设计。而组织在进行职业生涯管理时，所考虑的因素主要是组织的整体目标，以及所有组织成员的整体职业生涯发展，其目的在于通过对所有员工的职业生涯管理，充分发挥组织成员的集体潜力和效能，最终实现组织发展目标。

2. 职业生涯信息在职业生涯管理中具有重要意义

组织必须具备完善的信息管理系统，只有做好信息管理工作，才可能有效地进行职业生涯管理。在职业生涯管理中，员工个人需要了解和掌握有关组织各方面的信息，例如组织的发展战略、经营理念、人力资源的供求情况、职位的空缺与晋升情况等。组织也需要全面掌握组织成员的情况，例如员工个人性格、兴趣、特长、智能、潜能、情绪以及价值观等。此外，职业生涯信息总是处于变动过程之中，组织的发展在变、经营重点在变、人力需求在变、员工的能力在变、员工的需求在变、员工的生涯目标也在变，这就要求必须对管理信息进行不断的维护和更新，才能保证信息的有效性。

3. 职业生涯管理是一种动态管理，它贯穿于员工职业生涯发展的全过程和组织发展的全过程

每一个组织成员在职业生涯的不同阶段及组织发展的不同阶段，其发展特征、发展任务以及应注意的问题都是不相同的。每一阶段都有各自的特点，各自的目标和各自的发展重点，所以对每一个发展阶段的管理也应有所不同。由于决定职业生涯的主客观条件的变化，组织成员的职业生涯规划和发展也会发生相应变化，职业生涯管理的侧重点也应有所不同，以适应情况的变化。

根据职业生涯管理的内涵与特点，职业生涯管理的流程见图 9-1。

9.2　职业生涯管理理论

9.2.1　职业选择理论

1. 择业动机理论

美国心理学家佛隆（Victor. H. Vroom）通过对个体择业行为的研究认

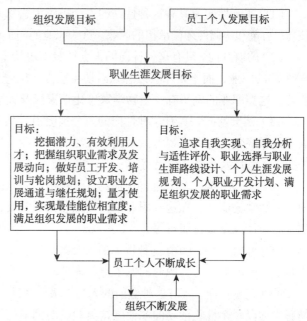

图 9-1　职业生涯管理的流程

为，个体行为动机的强度取决于效价的大小和期望值的高低，动机强度与效价及期望值成正比，即

$$F = V \cdot E$$

式中 F 为动机强度，指积极性的激发程度；V 为效价，指个体对一定目标重要性的主观评价；E 为期望值，指个体估计的目标实现概率。

择业动机的强弱表明了择业者对目标职业的追求程度，或者对某项职业选择意向的大小。按照上述观点，择业动机取决于职业效价和职业概率，即

$$择业动机 = f（职业效价，职业概率）$$

（1）职业效价——择业者对某项职业价值的主观评价，它取决于以下两个因素：①择业者的职业价值观；②择业者对某项具体职业要素如兴趣、劳动条件、报酬、职业声望等的评估。

（2）职业概率——择业者认为获得某项职业的可能性大小，它通常取决于以下四个因素：① 某项职业的社会需求量。职业概率与社会需求量呈正相关关系。②择业者的竞争能力，即择业者自身的工作能力和求职就业能力。职业概率与择业者的竞争能力呈正相关关系。③竞争系数，即谋求同一种职业的竞争者人数的多少。职业概率与竞争系数呈负相关关系。④其他随机因素。

一般而言，择业者对其视野内的几种目标职业进行职业价值评估和职业获取概率评价之后，将进行横向择业动机比较。择业动机是对职业和自身的全面评估，是对多种择业影响因素的全面考虑和得失权衡。因此，择业者多以择业动机分值高的职业作为自己的最终目标。

2．职业性向理论

美国心理学教授约翰·霍兰德（John Holland）认为，职业性向，包括价值观、动机和需要等，是决定一个人职业选择的重要因素。约翰·霍兰德基于自己对职业性向的测试（vocational preference test，VPT）研究，一共发现了六种基本的人格类型或性向。

（1）实际性向。具有这种性向的人会被吸引去从事那些包含着体力活动并且需要一定的技巧、力量和协调性才能承担的职业。这些职业的例子有：森林工人、耕作工人以及农场主等。

（2）调研性向。具有这种性向的人会被吸引去从事那些包含着较多认知活动(思考、组织、理解等)的职业，而不是那些以感知活动（感觉、反应或人际沟通以及情感等）为主要内容的职业。这类职业的例子有：生物学家、化学家以及大学教授等。

（3）社会性向。具有这种性向的人会被吸引去从事那些包含着大量人际交往内容的职业而不是那些包含着大量智力活动或体力活动的职业。这种职业的例子有：诊所的心理医生、外交工作者以及社会工作者等。

（4）常规性向。具有这种性向的人会被吸引去从事那些包含着大量结构性的且规则较为固定的活动的职业，在这些职业中，员工个人的需要往往要服从于组织的需要。这类职业的例子有会计以及银行职员等。

（5）企业性向。具有这种性向的人会被吸引去从事那些包含着大量以影响他人为目的的语言活动的职业。这类职业的例子有：管理人员、律师以及公共关系管理者等。

（6）艺术性向。具有这种性向的人会被吸引去从事那些包含着大量自我表现、艺术创造、情感表达以及个性化活动的职业。这类职业的例子有：艺术家、广告制作者以及音乐家等。

霍兰德的六种人格类型及相应的职业见表9-1。

表 9-1　霍兰德的六种人格类型及相应的职业

人格类型	人格特点	职业兴趣	代表性职业
实际型	真诚坦率、重视现实讲求实际、有坚持性实践性、稳定性	手工技巧、机械的、农业的、电子的技术	体力员工、机器操作者、飞行员、农民、卡车司机、木工、工程技术人员等
研究型	分析性、批判性好奇心、理想的内向的、有推理能力的	科学、数学	物理学家、人类学家、化学家、数学家、生物学家、各类研究人员
艺术型	感情丰富的、理想主义的、富有想象力的、易冲动的、有主见的、直觉的、情绪性的	语言、艺术、音乐、戏剧书法	诗人、艺术家、小说家、音乐家、雕刻家、剧作家、作曲家、导演、画家
社会型	富有合作精神的、友好的、肯帮助人的、和善的、爱社交和易了解的	与人有关的事、人际关系的技巧、教育工作	临床心理学家、咨询者、传教士、教师、社交联络员系的技巧、教育工作
企业型	喜欢冒险的、有雄心壮志的、精神饱满的、乐观的、自信的、健谈的	领导、人际关系的技巧	经理、汽车推销员、政治家、律师、采购员、各级行政领导者
常规型	谨慎的、有效的、无灵活性的、服从的、守秩序的、能自我控制的	办公室工作、营业系统的工作等	出纳员、统计员、图书管理员、行政管理助理、邮局职员等

　　然而，大多数人实际上都并非只有一种性向（比如，一个人的性向中很可能是同时包含着社会性向、实际性向和调研性向这三种性向）。霍兰德认为，这些性向越相似，相容性越强，则一个人在选择职业时所面临的内在冲突和犹豫就会越少。为了帮助描述这种情况，霍兰德建议将这六种性向分别放在一个正六角形的每一个对应的角（见图 9-2）。

　　此图形一共有六个角，每一个角代表一个职业性向。根据霍兰德的研究，图中的两种性向越接近，则它们的相容性就越高。霍兰德相信，如果某人的两种性向是紧挨着的话，那么他或她将会很容易选定一种职业。然而，如果此人的性向是相互对立的(如同时具有实际性向和社会性向的话)，那么他或

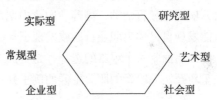

图 9-2　职业性向及职业类型分类

她在进行职业选择时将会面临较多的犹豫不决的情况，这是因为他或她的多种兴趣将驱使他们在多种十分不同的职业之间去进行选择。

9.2.2　职业生涯阶段理论

1. 萨柏的职业生涯阶段理论

　　萨柏是美国一位有代表性的职业管理学家，他以美国白人作为自己的研究对象，把人的职业生涯划分为五个主要阶段：成长阶段、探索阶段、确立阶段、维持阶段和衰退阶段。

　　（1）成长阶段。成长阶段大体上可以界定在 0～14 岁这一阶段上。在这一阶段，个人通过对家庭成员、朋友以及老师的认同以及他们之间的相互作用，逐渐建立起自我的概念。到这一阶段结束后，进入青春期的青少年已经形成了对于兴趣和能力的某些基本看法，开始对于各种可选择的职业进行某些现实性的思考。

（2）探索阶段。一般来说，探索阶段属于 24 岁以前的高中、大学或技校中的学习阶段。人们尝试去寻找自己的职业选择与他们对职业的了解，以及通过学校教育、休闲活动和业余工作中所获得的个人兴趣和能力匹配起来，并从伙伴、朋友和家庭成员那儿收集关于职务、职业生涯及职业的信息。在这一阶段开始的时期，他们往往做出一些带有试验性质的较为广泛的职业选择，一旦他们找到了自己感兴趣的工作或职业类型，他们就开始接受必须的教育和培训。然而，随着个人对所选择职业以及对自我的进一步了解，这种最初的选择往往要被重新界定。当员工开始一份新工作时，会继续进行探索。在大多数情况下，处于探索阶段的员工，如果没有他人的指导和帮助，往往较难以完成工作任务并承担工作角色。

从公司管理的角度来说，必须对他们进行岗位培训和社会化活动，以帮助新员工尽可能快的适应新的工作和工作伙伴，从而实现公司的目标。这一阶段也是公司管理员工职业生涯阶段的真正开始。

（3）确立阶段。确立阶段约处于员工的 25～44 岁这一年龄阶段上。它是大多数工作生命周期的核心部分。个人在这一阶段会找到合适的职位，并为之全力以赴的奋斗。然而，这一阶段人们仍然会不断地尝试与自己最初的职位选择所不同的各种能力和理想。

这一阶段的员工会在公司中找到自己的位置，独立做出贡献，承担更多的责任，获得更多的收益，并建立一种理想的生活方式。对于这一阶段的员工，公司需要制定政策，来协调其工作角色和非工作角色。同时，该阶段的员工需要更积极地参与职业生涯规划活动。

对于这一阶段可以分成不同的三个子阶段：尝试子阶段、发展子阶段和职业中期危机阶段。尝试子阶段是最早期，此阶段的人们将会确定现在的这份工作是否适合自己，如果是否定的话，这阶段的人就会进行不同的尝试。发展子阶段中，人们往往已经定下了较为坚定的职业目标，并制订了较为明确的职业计划来确定自己晋升的潜力、工作调换的必要性以及实现这些目标需要开展哪些教育活动，等等。职业中期危机阶段，人们开始对自己半生的职业生涯发生怀疑，可能发现自己偏离职业目标或发现了新的目标，认为自己前半生的梦想并不是自己真正想要的。人们开始面临一个艰难的选择，是否放弃自己半生的事业，开始涉足另一片领域。这个年龄阶段重新开始一段新的职业生涯的例子并不少见。表 9-2 为以上三个阶段的子阶段。

表 9-2　萨柏职业生涯五阶段理论中的前三个阶段的子阶段

主阶段名称	子阶段名称		
成长阶段	幻想期（10 岁之前）	兴趣期（11～12 岁）	能力期（13～14 岁）
	在幻想中扮演自己喜欢的角色	以兴趣为中心，理解、评价职业，开始作职业选择	更多地考虑自己的能力和工作需要
探索阶段	试验期（15～17 岁）	转变期（18～21 岁）	尝试期（22～24 岁）
	综合认识和考虑自己的兴趣、能力，对未来职业进行尝试性选择	正式进入职业，或者进行专门的职业培训，明确某种职业倾向	选定工作领域，开始从事某种职业，对职业发展目标的可行性进行试验
确立阶段	稳定期（25～30 岁）	发展期（31～44 岁）	中期危机阶段（44～退休前）
	个人在所选的职业中安顿下来，重点是寻求职业及生活上的稳定	致力于实现职业目标，是富有创造性的时期	职业中期可能会发现自己偏离职业目标或发现了新的目标，此时需要重新评价自己的需求，处于转折期

（4）维持阶段。维持阶段一般发生在人们的 45~64 岁的时期。这一阶段的人们关注技能的更新，希望人们仍将其看成是一个对公司有贡献的人。他们有多年的工作经验，拥有丰富的工作知识，对于公司及其目标、文化的理解将会更加透彻。他们往往能够充当新员工的培训导师。在这一职业的后期，人们将大多数精力都放在了保有这一工作的方面上。

从企业管理的角度来讲，对于这一阶段的员工，主要是防止他们的技能老化，提供学习更新的机会，帮助该阶段的员工达到职业顶峰。

（5）衰退阶段。当退休临近的时候，员工需要准备调整其工作活动和非工作活动时间比例，将不得不面临这样的一种前景：接受权利和责任减少的现实。退休是每个人都必须面对的。

从企业管理的角度而言，对于衰退阶段的员工主要的职业生涯管理活动是制订并实施员工退休计划和分流计划。在我国的一些国有企业中，处于企业经营的需要、安排新员工的需要，往往使这一阶段提前发生，称之为"内部退休"。这种现象还是相当普遍的。

员工在职业生涯的不同时期都会遇到不同的问题，合格的管理人员应该制订政策和计划，以帮助员工处理这些问题。另外，公司还需要提供一个职业生涯规划体系，以了解员工的职业生涯发展需求，帮助员工进行有效的自我策划。

2. 金斯伯格的职业生涯阶段理论

美国著名的职业指导专家、职业生涯发展理论的先驱和典型代表人物——金斯伯格研究的重点是，从童年到青少年阶段的职业心理发展过程，他将职业生涯的发展分为幻想期、尝试期和现实期三个阶段，参见表 9-3。金斯伯格的职业生涯阶段理论，实际上解释了初次就业前人们职业意识和职业追求的发展变化过程。金斯伯格的职业生涯理论对实践活动曾产生过广泛的影响。

表 9-3　金斯伯格职业生涯三阶段理论

阶段	幻想期（11 岁前）	尝试期（11~17 岁）	现实期（17 岁以后）
主要心理和活动	对外面的信息充满好奇和幻想，在游戏中扮演自己喜爱的角色。此时的职业需求特点是：单纯由自己的兴趣爱好决定，并不考虑自己的条件、能力和水平，也不考虑社会需求和机遇	由少年向青年过渡，人的心理和生理均在迅速成长变化，独立的意识、价值观形成，知识和能力显著提升，初步懂得社会生产与生活经验。开始注意自己的职业兴趣、自身能力和条件、职业的社会地位	能够客观地把自己的职业愿望或要求，同自己的主观条件、能力，以及社会需求密切联系和协调起来，已有具体的、现实的职业目标

3. 格林豪斯的职业生涯阶段理论

萨柏和金斯伯格的研究侧重于不同年龄段对职业的需求与态度，而美国心理学博士格林豪斯的研究则侧重于不同年龄段职业生涯所面临的主要任务，并以此为依据将职业生涯分为五个阶段：职业准备阶段、进入组织阶段、职业生涯初期、职业生涯中期和职业生涯晚期，见表 9-4。

表 9-4　格林豪斯职业生涯五阶段理论

阶段	职业准备阶段（0~18 岁）	组织阶段（18~25 岁）	职业生涯初期（25~40 岁）	职业生涯中期（40~55 岁）	职业生涯后期（55 岁直至退休）
主要任务	发展职业想象力，培养职业兴趣和能力，对职业进行评估和选择，接受必需的职业教育和培训	进入职业生涯，选择一种核实的、较为满意的职业，并在一个理想的组织中获得一个职位	逐步适应职业工作，融入组织，不断学习职业技能，为未来职业生涯成功作好准备	努力工作，并力争有所成就。在重新评价职业生涯中强化或转换职业道路	继续保持已有的职业成就，成为一名工作指导者，维护自尊，准备引退

4. 施恩的职业生涯阶段理论

美国著名的心理学家和职业管理学家施恩教授，根据人生命周期的特点及其在不同年龄阶段面临的问题和职业工作主要任务，将职业生涯分为九个阶段，参见表9-5。

表 9-5 施恩职业生涯九阶段理论

阶段	角色	主要任务
成长、幻想、探索阶段（0~21岁）	学生、职业工作的候选人和申请者	①发现和发展自己的需要、兴趣、能力和才干，为进行实际的职业选择打好基础。②学习职业方面的知识，寻找现实的角色模式，获取丰富信息，发展和发现自己的价值观、动机和抱负，作出合理的受教育决策，将幼年的职业幻想变为可操作的现实。③接受教育和培训，开发工作领域中所需要的基本习惯和技能
进入工作世界（16~25岁）	应聘者、新学员	①进入职业生涯。②学会如何寻找、评估和申请一项工作，并做出现实有效的第一项工作选择。③个人和雇主之间达成正式可行的契约，个人成为一个组织或一种职业的成员
基础培训（16~25岁）	实习生、新手	①了解、熟悉组织，接受组织文化，克服不安全感，学会与人相处，并融入工作群体，尽快取得组织成员资格。②适应日常的操作程序，承担工作，成为一名有效的成员
早期职业的正式成员资格（17~30岁）	取得组织正式成员资格	①承担责任，成功地履行与第一次工作分配有关的义务。②发展和展示自己的技能和专长，为提升或进入其他领域的横向职业成长打基础。③根据自身才干和价值观，根据组织中的机会和约束，重新评估当初追求的职业，决定是否留在这个组织或职业中，或者在自己的需要、组织约束和机会之间寻求一种更好的平衡。④寻求良师和保护人
职业中期（25岁以上）	正式成员、任职者、终生成员、主管、经理等	①选定一项专业或进入管理部门。②保持技术竞争力，在自己选择的专业或管理领域内继续学习，力争成为一名专家或职业能手。③承担较大责任，确认自己的地位。④开发个人的长期职业计划。⑤寻求家庭、自我和工作事务间的平衡
职业中期危险阶段（35-45岁）	正式成员、任职者、终生成员、主管、经理等	①现实地估价自己的才干、动机和价值观，进一步明确自己的职业抱负及个人前途。②就接受现状或者争取看得见的前途作出具体选择。③建立与他人的良师关系
职业后期（40岁到退休）	骨干成员、管理者、有效贡献者等	①成为一名良师，学会发挥影响，指导、指挥别人，对他人承担责任。②扩大、发展、深化技能，或者提高才干，以担负更大范围、更重大的责任。③选拔和培养接替人员。④如果求安稳，就此停滞，则要接受和正视自己影响力和挑战能力的下降
衰退和离职阶段（40岁到退休）		①学会接受权力、责任、地位的下降。②基于竞争力和进取心下降，要学会接受和发展新的角色。③培养新的工作以外的兴趣、爱好，寻找新的满足源。④评估自己的职业生涯，着手退休
退休		①适应角色、生活方式和生活标准的急剧变化，保持一种认同感。②保持一种自我价值观，运用自己积累的经验和智慧，以各种资深角色，对他人进行传、帮、带

5. 职业生涯发展"三三三"理论

"三三三"理论是将人的职业生涯分为三大阶段：输入阶段、输出阶段和淡出阶段，参见表9-6。每一个阶段又分为三个子阶段：适应阶段、创新阶段和再适应阶段，而每一个子阶段又可分为三种状况：顺利晋升、原地踏步、降到低谷。

表 9-6　职业生涯的"三三三"理论

阶段	输入阶段（从出生到就业前）	输出阶段（从就业到退休）	淡出阶段（退休前后）
主要任务	输入信息、知识、经验、技能，为从业做重要准备；认识环境和社会，锻造自己的各种能力	输出自己的智慧、知识、服务、才干；进行知识的再输入、经验的再积累、能力的再锻造	精力渐衰，但阅历渐丰。经验渐多，逐步退出职业，适应角色的转换

6. "职业锚"理论

美国著名职业指导专家埃德加·施恩首先提出了"职业锚"的概念。他认为，职业生涯发展实际上是一个持续不断的探索过程。在这一过程中，每个人都在根据自己的天资、能力、动机、需要、态度和价值观等慢慢地形成较为明晰的与职业有关的自我概念。随着一个人对自己越来越了解，这个人就会越来越明显地形成一个占主要地位的"职业锚"。

"职业锚"就是指当一个人不得不做出选择的时候，他无论如何都不会放弃的职业中的那种至关重要的东西或价值观。正如"职业锚"这一名词中"锚"的含义一样，"职业锚"实际上就是人们选择和发展自己的职业时所围绕的中心。一个人对自己的天资和能力、动机、需要以及态度和价值观有了清楚的了解之后，就会意识到自己的职业锚到底是什么。施恩根据自己在麻省理工学院的研究指出，要想对"职业锚"提前进行预测是很困难的。

这是因为一个人的"职业锚"是不断发生着变化的，它实际上是一个不断探索过程所产生的动态结果。有些人也许一直都不知道自己的"职业锚"是什么，直到他不得不做出某种重大选择的时候，比如到底是接受公司将自己晋升到总部的决定，还是辞去现职，转而开办和经营自己的公司。正是在这一关口，一个人过去的所有工作经历、兴趣、资质、性向等才综合成"职业锚"。

一个有意义的模式(或"职业锚")，是告诉此人对他来说到底什么东西是最重要的。施恩根据自己对麻省理工学院毕业生的研究，提出了以下五种职业锚：技术/功能能力型"职业锚"、管理型"职业锚"、创造型"职业锚"、自主与独立型"职业锚"和安全型"职业锚"。

（1）技术/功能能力型职业锚

具有较强的技术或功能型职业锚的人往往不愿意选择那些带有一般管理性质的职业。相反，他们总是倾向于选择那些能够保证自己在既定的技术或功能领域中不断发展的职业。

（2）管理型职业锚

管理型职业锚的人会表现出成为管理人员的强烈动机。他们的职业经历使得他们相信自己具备提升到那些一般管理性职位上去所需的各种必要能力以及相关的价值倾向。承担较高责任的管理职位是这些人的最终目标。当追问他们为什么相信自己具备获得这些职位所必需的技能的时候，许多人回答说，他们之所以认为自己有资格获得管理职位，是由于他们认为自己具备以下三个方面的能力：①分析能力（在信息不完全以及不确定的情况下发现问题、分析和解决问题的能力）；②人际沟通能力（在各种层次上影响、监督、领导、操纵以及控制他人的能力）；③情感能力（在情感和人际危机面前只会受到激励而不会受其困扰和削弱的能力以及在较高的责任压力下不会变得无所作为的能力）。

（3）创造型职业锚

麻省理工学院的有些学生在毕业之后逐渐成为成功的企业家。在施恩看来，这些人都有这样一种需要："建立或创设某种完全属于自己的东西———件署着他们名字的产品或工艺、一家他们自己的公司或一批反映他们的成就的个人财富等。"比如，麻省理工学院的一位毕业生已经成为某大城市中的一个成功的城市住房购买商、维修商和承租商；另外一位麻省理工学院的毕业生则成功的创办了一家咨询公司。

（4）自主与独立型职业锚

麻省理工学院的有些毕业生在选择职业时似乎被一种自己决定自己命运的需要所驱使着，他们希望摆脱那种因在大企业中工作而依赖别人的境况，因为，当一个人在某家大企业中工作的时候，他／她的提升、工作调动、薪金等诸多方面都难免受别人的摆布。这些毕业生中有许多人还有着强烈的技术或功能导向。然而，他们却不是到某一个企业中去追求这种职业导向，而是决定成为一位咨询专家，要么是自己独立工作，要么是作为一个相对较小的企业中的合伙人来工作。具有这种职业锚的其他一些人则成为了工商管理方面的教授、自由撰稿人或小型零售公司的所有者等。

（5）安全型职业锚

麻省理工学院还有一少部分毕业生极为重视长期的职业稳定和工作的保障，他们似乎比较愿意去从事这样一类职业：这些职业应当能够提供有保障的工作、体面的收入以及可靠的未来生活。这种可靠的未来生活通常是由良好的退休计划和较高的退休金来保障的。

对于那些对地理安全性更感兴趣的人来说，如果追求更为优越的职业，意味着将要在他们的生活中注入一种不稳定或保障较差的地域因素的话——迫使他们举家搬迁到其他城市，那么他们会觉得在一个熟悉的环境中维持一种稳定的、有保障的职业对他们来说是更为重要的。对于另外一些追求安全型职业锚的人来说，安全则是意味着所依托的组织的安全性。他们可能优先选择到政府机关工作，因为政府公务员这个职位在他们看来是一种终身性的职业。这些人显然更愿意让他们的雇主来决定他们去从事何种职业。

9.3   影响职业生涯的因素

一般来说，影响职业生涯的因素可以分为内在因素和外在因素。

9.3.1   内在因素

1. 职业性向

按霍兰德的划分，一共有六种基本的职业性向，不同的人可能有着不同的职业性向，吸引着他们从事不同的工作。而且，实际上大多数人拥有多种职业性向。有些性向较相似或相容，那么个人在选择职业时所面临的内在冲突和犹豫就会越少，反之，其在选择职业时将会面临较多犹豫不决的情况。

2. 个性特征

不同气质、性格、能力的人适合不同类型的工作。个性特征最好能与工作的性质和要求相匹配，比如外向的人可以做营销方面的工作，内向的人适合做文秘等方面的工作。

3. "职业锚"

"职业锚"与职业性向有相似之处，但又不等同于职业性向，它是人们选择和发展自己的职业时所围绕的中心。但是要想对"职业锚"提前进行预测是很困难的，因为一个人的"职业锚"是在不断变化的，它实际上是一个不断探索过程所产生的动态结果。有些人也许一直都不知道自己的"职业锚"是什么，直到他不得不做出某种重大决定的时候才知道。

4. 能力

对企业的员工而言，其能力是指劳动的能力，也就是运用各种资源从事生产、研究、经营活动的能力，包括体能、心理素质、智能三个方面，而这三方面构成了一个人的全面综合能力，它是员工职业发展的基础，与员工个体发展水平成正比。能力越强者，对自我价值实现、声望和尊重的要求越高，发展的欲望越强烈，对个体发展的促进也越大，同时，其接收新事物、新知识的速度以及自我完善和提高也越快。所以，能力既对员工个体发展提出了强烈需求，又为个体发展的实现提供了可能条件，它是员工职业发展的重要基础和影响因素。

5. 人生阶段

在不同的人生阶段，人们的年龄、生理特征、心理素质、智能水平、社会负担、责任、主要任务等都不同，这就决定了在不同阶段，其职业发展的重点和内容也是不同的。

9.3.2　外在因素

1. 社会环境因素

（1）经济发展水平。在经济发展水平高的地区，企业相对集中，优秀企业也比较多，个人职业选择的机会就比较多，因而就有利于个人职业发展；反之，在经济落后地区，个人职业发展也会受到限制。

（2）社会文化环境。社会文化环境包括教育条件和水平、社会文化设施等。在良好的社会文化环境中，个人能受到良好的教育和熏陶，从而为职业发展打下更好的基础。

（3）政治制度和氛围。政治和经济是相互影响的，它不仅影响到一国的经济体制，而且影响着企业的组织体制，从而间接影响到个人的职业发展；政治制度和氛围还会潜移默化地影响个人的追求，从而对企业生涯产生影响。

（4）价值观念。一个人生活在社会环境中，必然会受到社会价值观念的影响。大多数人的价值取向，甚至都是为社会主体价值取向所左右的。一个人的思想发展、成熟的过程，其实就是认可、接受社会主体价值观念的过程。社会价值观念正是通过影响个人价值观而影响了个人的职业选择。

2. 生活圈因素

（1）家庭的影响。家庭对人的职业选择和职业发展都有较大的影响。首先，家庭的教育方式影响个人认识世界的方法；其次，家人是孩子最早观察模仿的对象，比如他们会受到家人职业技能的熏陶；最后，家人的价值观、态度、行为、人际关系等对个人的职业选择有着较大的直接和间接影响。

（2）朋友、同龄群体的影响。朋友、同龄群体的工作价值观、工作态度、行为特点等不可避免地会影响到个人对职业的偏好和选择，以及职业选择和职业变换的机会。

3. 企业环境因素

（1）企业文化。企业文化决定了一个企业如何看待它的员工，所以，员工的职业生涯，是为企业文化所左右的。一个主张员工参与的企业显然比一个独裁的企业能为员工提供更多的发展机会；渴望发展、追求挑战的员工也很难在论资辈的企业中受到重用。

（2）管理制度。员工的职业发展，归根结底要靠管理制度来保障，包括合理的培训制度、晋升制度、考核制度、奖惩制度等。企业价值观、企业经营哲学也只有渗透到制度中，才能得到切实的贯彻执行。没有制度或者制度定得不合理、不到位，员工的职业发展就难以实现，甚至可能流于空谈。

（3）领导者素质和价值观。一个企业的文化和管理风格与其领导者的素质和价值观有直接的关系，企业经营哲学往往也就是企业家的经营哲学。如果企业领导不重视于员工的职业发展，这个企业的员工也就没有希望了。

9.4 职业生涯规划与开发

9.4.1 个人职业生涯规划

从个人的角度而言，职业生涯规划是指员工根据对自身的主观因素和客观环境的分析，确立自己的职业生涯发展目标，选择实现这一目标的职业，以及制订相应的工作、培训和教育计划，并按照一定的时间安排，采取必要的行动实施职业生涯目标的过程。个人职业生涯规划流程一般包括自我剖析与定位、职业生涯机会评估、职业生涯目标与路线的设定、职业生涯路线、职业生涯策略、职业生涯规划的反馈与修正五个方面的内容。

1. 自我剖析与定位

自我剖析就是对自己进行全面的分析，通过自我剖析认识自己、了解自己，以便准确地为自己定位。自我剖析的内容包括自己的兴趣、爱好、特长、性格、学识、技能、智商、情商以及协调、组织管理、活动能力等。

职业生涯规划的过程是从个人对自己的能力、兴趣、职业生涯至需要及其目标的评估开始的。自我剖析的过程，实际上是自我暴露和解剖的过程。其重点是分析自己的条件特别是性格、兴趣、特长与需求。性格是职业选择的前提，内向的人从事外向性的工作，难以成功。兴趣是工作的动力，如果一个人的工作与自己的兴趣相符，那么工作就是一种享受和乐趣。特长主要是分析自己的能力与潜力。需求主要是分析自己的职业价值观，弄清自己究竟要从职业中获得什么。因此，个人剖析是职业生涯规划的基础，直接关系到个人的职业成功与否。

自我剖析的方法有多种，常用的有三种。

（1）橱窗分析法。橱窗分析法是自我剖析的重要方法之一。心理学家把对个人的了解比成一个橱窗。为了便于理解。可以把橱窗放在一个直角坐标中加以分析。坐标的横轴正向表示别人知道，负向表示别人不知道；纵轴正向表示自己知道，负向表示自己不知道。

（2）自我测试法。自我测试法是通过回答有关问题来认识自己、了解自己。测试题目是由心理学家们经过精心研究设定的，只要如实回答，就能大概了解自己的有关情况。这是一种比较简便经济的自我剖析方法。在自测回答问题时，切忌寻找标准答案，而应该是自己怎么想、怎么认识就怎么回答，这样的测试才有实际意义。自我测试的内容和量表很多，包括方方面面，如性格测试、气质测试、情绪测试、智力测试、技能测试、记忆力测试、创造力测试、观察力测试、应变能力测试、想象力测试、管理能力测试、人际关系测试、行动能力测试等，可供选择和使用。

（3）计算机测试法。计算机测试法是一种了解自己、认识自己的有效的现代测试手段和方法，这种方法的科学性、准确性相对较高。目前，用于测试的软件多种多样，许多网站也开设了网上测试。国内外比较常用的几种测试方法有：人格测试、智力测试能力测验和职业倾向测验等。

通过自我剖析了解自己的职业兴趣，认识自己的职业性格，判断自己的职业能力，确定自己的职业性向，以便根据自身的特点设计自己的职业发展方向和目标。

2. 生涯机会评估

生涯机会评估主要是分析内外环境因素对自己职业生涯发展的影响。人是社会的人，任何一个人都不可能离群索居，都必须生活在一定的环境之中，特别是要生活在一个特定的组织环境之中。环境为每个人提供了活动的空间、发展的条件、成功的机遇。特别是近年来，社会的快速变迁，科技的高速发展，市场竞争的加剧，对个人的发展产生了很大的影响。在这种情况下，个人如果能很好地利用外部的环境，就会有助于事业的成功。否则，就会处处碰壁，寸步难行，事倍功半，难以成功。在制定职业生涯规划时，要分析环境的特点、环境的发展变化情况、个人与环境的关系、个人在环境中的地位、环境对个人提出的要求以及环境中对自己有利与不利的因素等。环境分析主要是通过对组织环境特别是组织发展战略、人力资源需求。晋升发展机会的分析，以及社会环境、经济环境等有关问题的分析与探讨，弄清环境对职业发展的作用及影响，以便更好地进行职业目标的规划与职业路线的选择。

3. 职业生涯目标与路线的设定

职业发展必须有明确的方向与目标，目标的选择是职业发展的关键。目标的抉择是以自己的最佳才能、最优性格、最大兴趣、最有利的环境等条件为依据的。

在确定目标的过程中要注意如下几个方面的问题：

（1）目标要符合社会与组织的需要，有需要才有市场、人才有位置；

（2）目标要适合自身的特点，并使其建立在自身的优势之上；

（3）目标要高远但决不能好高骛远，一个人追求的目标越高，其才能就发展得越快，对社会越有益；

（4）目标幅度不宜过宽，最好选择窄一点的领域，并把全部身心力量投进去，这样更容易获得成功；

（5）要注意长期目标与短期目标间的结合，长期目标指明了发展的方向，短期目标是实现长期目标的保证，长短结合更有利于生涯目标的实现；

（6）目标要明确具体，同一时期的目标不要太多，目标越简明、越具体，就越容易实现，越能促进个人的发展；

（7）要注意职业目标与家庭目标以及个人生活与健康目标的协调与结合，事业的成功，家庭与健康是基础和保障。

4. 职业生涯路线

职业生涯路线是指一个人选定职业后从什么方向上实现自己的职业目标，是向专业技术方向发展，还是向行政管理方向发展。发展方向不同，要求就不同。因此，在职业生涯规划时必须对此做出选择，以便安排今后的学习和工作，使其沿着职业生涯路线和预定的方向发展。

在进行职业生涯路线选择时可以从三个方面考虑。

（1）个人希望向哪一条路线发展，主要考虑自己的价值、理想、成就动机，确定自己的目标取向。

（2）个人适合向哪一条路线发展，主要考虑自己的性格、特长、经历、学历等主观条件，确定自己的能力取向。

（3）个人能够向哪一条路线发展，主要考虑自身所处的社会环境、政治与经济环境、组织环境等，确定自己的机会取向。

职业生涯路线选择的重点是对生涯选择要素进行系统分析，在对上述三个方面的要素综合分析的基础上确定自己的职业生涯路线。职业生涯路线选定后，还要画出职业生涯路线图。典型的职业生涯路线图是一个"V"字型的图形。假定一个人 22 岁大学毕业参加工作，即 V 型图的起点是 22 岁。从起点向上发展，V 型图的左侧是行政管理路线，右侧是专业技术路线。按照年龄或时间将路线划分为若干部分，并将专业技术等级或行政职务等级分别标在路线图上，作为自己职业生涯的目标。当然，职业生涯路线也可能出现交叉与转换，这可以根据自身的情况与处境来决定。

5. 职业生涯策略

在确定了职业生涯目标后，要实现职业生涯目标还必须有相应的职业生涯策略做保证，职业生涯策略是指为争取职业生涯目标的实现所采取的各种行动和措施。如为达到工作目标，计划采取哪些措施提高效率？在业务素质方面，计划采取哪些措施提高业务能力？在潜能开发方面，计划采取哪些措施等，都要有具体的计划与措施。参加公司的教育、培训与轮岗，构建人际关系网，参加业余时间的课程学习，掌握额外的技能与知识等，这些都是职业目标实现的具体策略，也包括为平衡职业目标与其他目标（如生活目标、家庭目标等）而做出种种努力。通过这些努力，实现个人在工作中的良好表现与业绩。职业生涯策略要具体、明确，以便定期检查落实的情况。

6. 职业生涯规划的反馈与修正

事物都是处在运动变化中的，由于自身及外部环境条件的变化，职业生涯规划也要随着时间的推移而变化。在制定职业生涯规划时，由于对自身及外界环境都不十分了解，最初确定的职业生涯目标往往都是比较模糊或抽象的，有时甚至是错误的。经过一段时间的工作以后，有意识地回顾自己的言行得失，可以检验自己的职业定位与职业方向是否合适。在实施职业生涯规划的过程中自觉地总结经验和教训，评估职业生涯规划，员工可以修正对自我的认知，通过反馈与修正，纠正最终职业目标与分阶段职业目标的偏差，保证职业生涯规划的行之有效。同时，通过评估与修正还可以极大地增强员工实现职业目标的信心。其修订的内容主要包括：职业的重新选择；生涯路线的选择；生涯目标的修正；实施策略计划的变更等。

9.4.2　个人职业生涯开发

个人职业生涯开发，是指为了获得或改进个人与工作有关的知识、技能、动机、态度、行为等因素，以利于提高其工作绩效、实现其职业生涯目标的各种有计划、有系统的努力。个人职业生涯开发的内容和形式多种多样，下面主要从个人要素开发和社会资本开发两个方面加以介绍。

1. 个人要素开发

（1）能力开发。

① 能力开发的概念。能力，是一个人可否进入职业的先决条件，是能否胜任职业工作的主观条件。无论从事什么职业总要有一定能力作保证。没有任何能力，根本谈不到进入职业工作，对个人来讲也就无所谓职业生涯而言。职业工作能力包含两大方面能力：体能、智能，具体化为 5 大能力要素：体力、智力、知识、技能、人际交往。

② 职业个人能力的开发策略。增强实力，学习当然是根本措施。首先，尽可能提高自己的学历。进入组织之后，千万不要停止对学历的追求，尤其是低等或较低文化水平者更是如此。学历标志着一个人的知识水平，追求学历，是扩大知识面、增加新知识，甚至是学习和掌握专业知识的过程，这是任何一项职业工作所需要的。进入组织内的员工要据个人情况，制订出可行的上学计划，一步一层楼脚踏实地的向上走。其次，采取多种形式，不断自觉的加强专业知识和职业技能的学习。在现代科学技术信息时代，停止学习，意味着原有专业知识和职业技能的丧失。必须积极、主动、自觉的参加各种形式的职业教育、职业技能培训。再者，丰富工作经验。不要拒绝一切提高自己，丰富发展自己实力的机会，特别是不要拒绝一些复杂工作任务或委以的重任。

获取新能力。第一，在关键性的事业变动时，新能力获得特别重要。人的职业生涯中有以下主要的转折点：中学至大学（教育程度）；大学生至工作（投入的领域）；工作至精通专业（专门化过程）；精通专业至权力（高位）；权力至最高限度（停止增长）；最高限度至退休（生活形态的选择及衰退）。每一个转折点都代表个人发展的一次挑战，不可忽视或回避。抓住机遇，扩展新能力，迎接挑战，才有前途。第二，变更职业工作，获得新能力。长期或较长期位于一职业岗位往往限定他们的从业者，要在你目前的职务以外获得新能力，并非易事。变换工作岗位，会因能获取新能力而令人惊喜。

（2）态度开发。

① 态度开发的概念。良好的思维方式可以让你拥有正确的处事态度，而这种态度是个人职业生涯成功的关键。态度其实是一切，它是你每天对生活所作的回应。作家罗本森指出："态度是一个人的信仰、想象、期望和价值的总和，既然决定了事物在个人眼中的意义，也决定了人们处理事情的方式。"态度令人们成功，每个人都会经历各种艰难，然而他们乐天的积极态度让他们重新崛起。

② 培养正确态度的方法。选择自己的态度。确定什么态度是所希望拥有的。比如，你也许原本想给下属更多的爱护，但表现出来的却是挑剔，这就违背了你的初衷。尽管态度决定着一个人发挥其潜势的程度，但只有将态度付诸行动以后才会实现。选择了一种特定的态度，也就建立了你自己未来的位置。因此，你必须知道自己现在的位置，明确自己有哪些思想及情感上的问题。然后，选定合适的目标来改变自己的态度。确定目标是态度变化的必要因素，我们要首先确定目标，分析自己目前的状况以及未来的发展方向，这样才能更好地促进态度的转变。

做记录。可以每天将日记写在笔记本上或计算机上。每天增加如何表现新态度的具体例子。如果在转变过程中犯了一些错误，也一样记录下来。将这些错误列出来，然后把注意力集中在如何成功转变态度上。

（3）职业资本开发。职业资本是一个人选择职业、发展自我、运作金钱和创造财富等能力的总和，它是在与生俱来的先天基础上，通过后天的社会生活和教育改造而逐步形成的。因此，一个人只有自身拥有雄厚的职业资本，才能获得更大的择业自由，获得更多的就业机会，才能获得更多的职业生涯发展与成功机会。能力的开发、职业资本的保值增值是没有终结的人生课题，提高能力和职业资本的附加值，可以从以下几个方面做起。

① 努力汲取知识营养。这不仅是指接受系统的学校教育，更是指在离开学校后的自我修炼。知识是知识经济社会最重要的生产要素，不掌握最新的职业知识，就无法为企业、为社会和国家做出更多的贡献。没有一个老板喜欢不学习的员工。靠经验和感觉去处理问题的时代已经一去不复返，持续的学习和知识更新已成为必然。活到老，学到老，进行终身学习，已成为现代职业发展的必然要求。

② 树立效率观念，强调功效。没有效率就谈不上竞争，提高工作效率，才能降低成本（生产成本与机会成本）。提高效率、合理规划与利用时间，是实现职业生涯成功的重要措施。

③ 高瞻远瞩，树立国际化观念。站得高才能看得远，随着全球化与国际化步伐的加快，没有国际化的思路，没有广博的知识与先进观念，就不能称为现代人，特别是外语、计算机和涉外法律等与外商打交道的工具和知识更是必不可少。因此，职业生涯的开发与发展，必须从全球化的角度进行思考，按照国际人才标准要求自己，并从全球的角度进行职业定位。

④ 脚踏实地，积极参与。职业生涯能力的培养需要从小事着手，从大处着眼，现代社会不欢迎那些"一屋不扫"而想"扫天下"的空想家。在职业生涯发展过程中要积极地参与各项开发活动，这不仅可以锻炼能力，更可以扩大和传播思想，更新观念，从而能够更好地促进个人的发展。

2. 社会资本开发

（1）社会资本开发概念。

社会资本是指处于一个共同体之内的个人或组织，通过与内部、外部对象的长期交往、合作、互利形成的一系列认同关系，以及由此而积淀下来的历史传统。价值理念、信仰和行为范式。随着社会的进步与发展，影响人类发展的因素将逐渐由物资资本向人力资本转化，资本的智能化是知识经济发展的必然结果。人力资本的无限性、稳定性与普惠性使其成为现代社会经济发展中的真正资本与首要财富。社会资本作为影响个人行动能力以及生活质量的重要资源，在任何经济体制下都有着重要的作用。特别是在我国社会经济转型期，社会资本作为沟通个人和制度的中间物，能够提供个人与制度的缓冲，影响制度的开放性，造成不平等竞争。如职业知名度和职业信用度等都是非常重要的社会资本。一个在某种行业、某个领域有影响力的人，无论在哪个角落里，都会有人去请他出马；相反，一个人尽管满腹经纶，但是无人知晓，就像一块埋在沙里的金子，无人发现他的闪光之处，他也没办法为个人和社会创造财富。同样，职业信用度也是一笔宝贵的个人无形资产和社会资本，在同样遭受一种毁灭性的打击下，信用度良好的人可以很快获得别人的帮助而东山再起；相反，那些信用较差甚至以骗为生的人则会遭到灭顶之灾。因此，在个人的职业生涯发展中。积极开发与利用社会资本，注重个人形象传播和个人公关等社会资本，对促进个人职业生涯发展具有重要意义。

（2）社会资本开发对象。

① 服饰与仪表。服饰与仪表虽然是外在的东西，却能起到非常重要的作用。注重职业形

象的员工往往能赢得更多的职业资本。

② 对权力关系的把握。一般情况下，领导都喜欢通过一定的方式表达自己的权威和权力，聪明的员工和管理人员总是善于把握这点，并依此规范自身的行为，显示出对领导权威的尊重，达到升迁的目的。如领导的座位总要高于来访者或下属；领导总是背光而坐，来访者或下属则必须面向领导，向光而坐；领导在接见来访者或下属之前总要让其等一段时间；领导总是将烟灰缸放于刚好够不着的地方，来访者必须稍微欠身将烟灰弹入烟灰缸内等，他们常常用这种细微的方式表达自己的权力。那么，如果明白了这一点，并据此行动，对那些致力于往上爬的员工将会有很大的帮助。

③ 争取领导的注意。要想升迁一个很重要的问题是怎样获取上司和领导的重视。在军队，不主动要求任务，一切听从指挥是一个基本的原则。而在公司或企业则不同，管理人员必须主动地争取任务，这样才能获得与上司、与领导接触的机会。晋升迅速的员工总是争取那些相对短期而且能够很快显示绩效的工作任务，这样，他们才能够更多地被赏识和重视。

④ 人际关系的处理。要获得职业生涯的成功，就要注意利用负责任、勤于做事、注意仪表来为成功铺路，并时刻以成功为念，避免想到失败。同时，还要注意经营人际关系，因为良好的人际关系是达到晋升目的的重要手段和途径。

⑤ 构建职业人际关系网的技巧。职业生涯成功在很大程度上取决于你拥有多大的权力和影响力，而与恰当的人建立稳固的人际关系对此至为关键。构建职业人际关系网应注意以下三个方面的技巧：构建稳固的人际关系内部圈，为人要慷慨大方和掌握人际关系的维护技巧。

9.4.3　组织职业生涯规划

组织职业生涯规划一般经过四个步骤来完成。

1. 对员工进行分析与定位

这一阶段组织应帮助员工进行比较准确的自我评价，同时还必须对员工所处的相关环境进行深层次的分析，并根据员工自身的特点设计相应的职业发展方向和目标。这一阶段的主要任务是开展员工个人评估、组织对员工进行评估和环境分析三项工作。

2. 帮助员工确立职业生涯目标

组织应开展必要的职业指导活动，通过对员工的分析与组织岗位的分析，为员工选择适合的职业岗位。职业生涯路线选择的重点是组织通过对生涯路线选择要素进行分析，帮助员工确定职业生涯路线并画出职业生涯路线图。值得注意的是，组织帮助员工设立的职业生涯目标可以是多层次、分阶段的，这样既可以使员工保持开放灵活的心境，又可以保持员工的相对稳定性，提高工作效率。

组织内部的职业信息系统是为员工制定职业生涯目标的重要参考。在员工确立实际的职业目标之前，需要知道有关职业选择及其机会方面的情况，包括可能的职业方向、职业发展道路以及具体的工作空缺。组织或企业应根据既定的经营方针和发展战略，预测并做出未来可能存在的职位以及这些职位所需的技能类型的规划，并对每一职位进行彻底的工作分析，公布其结果，如某项工作的最低任职资格。具体职责、工作规范等，员工可以根据它们来确定自己的职业目标或职业规划。同时，组织还要鼓励员工去思考不同职位的成功者所经历的职业发展道路，为员工勾画出职业发展道路与前景。组织可以通过多种方式向员工传递有关职业发展方面的信息，如文字的或口头的。许多职业生涯发展规划比较正规的企业，通常使用企业内部职位海报、工作手册。招聘材料等来向员工提供职业选择与职业发展机会信息。

3. 帮助员工制定职业生涯策略

职业生涯策略是指为争取职业目标的实现，而积极采取的各种行动和措施。如参加公司的各类人力资源开发与培训活动，构建人际关系网，参加业余时间的课程学习，掌握额外的技能与知识等都是职业目标实现的具体策略，也包括为平衡职业目标与其他目标（如生活目标、家庭目标等）而做出的种种努力。通过这些努力，实现个人在工作中的良好表现与业绩，从而使组织获得员工的"忠诚"。

4. 职业生涯规划的评估与修正

经过一段时间的工作以后，有意识地回顾员工的工作表现，检验员工的职业定位与职业方向是否合适。这样，在实施职业生涯规划的过程中评估现有的职业生涯规划，组织就可以修正对员工的认识与判断，通过反馈与修正，纠正最终职业目标与各阶段职业目标的偏差。同时，通过评估与修正还可以极大地增强员工实现职业目标的信心。

通过职业生涯规划的评估与修正，架设组织发展战略与员工职业目标之间的桥梁是实现组织职业规划目标的重要手段。组织在了解了员工的自我评价与职业目标之类的信息后，就可以据此结合组织的发展战略来全盘规划与调整其人力资源。当组织未来的人力资源需求与某些员工的职业目标和个人条件大体一致时，组织就可以事先安排这些员工接触这些工作并使之熟悉起来，也可以根据本来职位的要求有的放矢地安排有关员工进行相关的培训，以便做好承担此项工作的任职准备。有些员工对本职工作并不喜欢，而对组织的另一些工作很感兴趣，如果这些工作的要求与这些员工和条件相匹配并且又有空缺的话，组织也可安排他们转岗。当然，"公平"是组织开展这些工作时应该恪守的基本原则，它包括信息公开，即将组织内部的职位空缺、职业变动信息等及时、公开地告示广大员工，既引导对空缺职位感兴趣、又符合一定条件的员工进行公平竞争；公正选择，即对职位候选人采用同一套标准加以考评；以及全面发展，即使所有的员工都能在自己的职业领域获得发展，以求得组织获得最佳人选，员工获得最佳发展。

9.4.4　组织职业生涯开发

1. 组织职业生涯开发的概念

组织职业生涯开发是指组织为提高员工的职业知识、技能、态度和水平，以提高员工的工作绩效，促进职业生涯发展而开展的各类有计划、有系统的教育训练活动。组织职业生涯开发是人力资源开发管理的一个手段，是组织发展战略的重要组成部分，对组织的未来发展，以及员工个人的发展前景都有着特殊的重要影响。

2. 组织职业生涯开发的目标

组织职业生涯开发的目标是人的全面发展，开发的对象是组织的全体员工集合，职业生涯开发要求在董事会和管理人员双重高度参与下，充分利用资金、时间、技术、人才以及组织外部力量，实现组织员工的职业生涯发展目标。

3. 组织职业生涯开发的特点

（1）长期性。员工个人而言，组织职业生涯开发战略涉及其从进入组织第一天到在组织工作的最后一天的全部职业历程，并对其离开该企业后的职业生涯继续起到重大影响和作用；而对组织而言，该战略从组织创建之日起至组织本来都与其有着非常密切的关系。

（2）全局性和战略性。员工个人而言，组织职业生涯开发将影响到人一生的各个方面；而对组织而言，由于涉及各层、各类所有人员的发展，所以必将对组织的各项工作产生直接或间接的影响，同时也对组织的未来发展产生战略性影响。

4. 组织职业生涯开发的方法

组织职业生涯开发的方法有多种，开发的方法随职业种类和岗位的不同而有所不同；而每种开发方法也各有自己独特的优点。在某一职业生涯开发计划中采用何种方法，最好由职业生涯管理专家和心理学家来决定。一般而言，组织职业生涯开发方法有两类：一是各种人员通用的一般开发方法；二是专门针对管理人员的特殊开发方法。

（1）一般开发方法。这类开发方法既可以用于中低层次的员工，也可以用于对较高级的员工进行开发，具有一定的普遍适应性。这类方法又可以分为两种类型：一种为现场培训；另一种为脱产培训。

① 现场培训法。现场培训是在原来工作场所和原工作过程中所进行的培训。现场培训方法主要有以下几种。

a. 在职培训法。在职培训特别适用于许多技术性和半技术性职业的新招工作人员的培训，其中最典型的方法是艺徒培训。在职培训成为一种非常有效的新员工的职业生涯开发方法。它对于培训办事员、生产经营人员和零售推销员尤为有效。

b. 见习培训法。见习培训是在实际生产线的附近安排适当的培训任务，培训并不影响正常的生产活动。这种培训方法比较适合于那些技术要求比较高的职业岗位。见习培训方法比较灵活，易于安排和设计；很受人力资源管理部门欢迎。但这种方法的训练效率比较低，不可能同时培训很多人。

c. 工作轮换法。工作轮换法是让员工通过轮换从事各种工作职务而接受训练的方法。这种方法既适合于普通工人也适用于管理人员，比较适宜于组织的职业生涯开发培训。采用工作轮换法进行培训，使员工有机会熟悉各种职务的特点及其相互关系；培训内容丰富多样，能够提高学员的学习兴趣，有利于员工掌握多种技能，从而大大提高员工对工作任务的适应性；使员工树立全局的观念，能从不同部门的实际考虑问题。当然，工作轮换法也有一些不足之处。由于员工的能力各有差异，并非所有人都适宜于以工作轮换法来培训，有的员工能力有限，只宜从事比较单一的工作任务。在运用工作轮换法时，有的员工可能会混淆各种任务的不同要求、影响培训效果。

② 脱产培训法。为使员工获得更好的职业生涯开发，在许多情况下，组织需要让员工离开原来的工作岗位进行专门培训，这就是脱产培训。脱产培训可以在组织内进行，也可以在学校和专门的培训中心进行。脱产培训的方法很多，可以根据不同学习对象和开发需要提供不同的培训内容。

a. 演讲授课法。请教员上课和作演讲是学校常用的方法，也是组织职业生涯开发的基本途径。演讲授课法主要由培训者或教员讲授知识，受训者记忆知识，中间会穿插一些提问，由受训者来回答。它可以同时对一大批学员进行培训，成本比较低。演讲的内容往往比较概括和一般化，学员听了以后常常觉得听起来很有道理，可就是不知道怎样实行。因此，在采用演讲法时，培训对象应该比较同质，文化程度和工作要求都很相似，以便使教师有可能讲得更为具体和实用。这种方法的效果完全取决于培训师的演讲水平。有时培训师的水平很高，但培训效果仍不理想，主要原因是这种方法不符合成人学习原则。由于演讲法是单向沟通的方式，很少有对话、提问和讨论的机会，缺乏反馈、练习和迁移，所以这种方法不太适合于工作技能训练。

b. 计划性指导。计划性指导是一种以书面教材和计算机屏幕提供阶段性培训信息的培训方法。学员在学习了每一阶段的教材后，首先必须回答这一阶段的有关问题，每一问题回答后，计算机会提供正确答案作为反馈。受训者只有通过前一阶段的所有问题后，才能进入下一阶段学习。计划性指导的优点是：学员可以根据自己的速度进行学习、反馈程度高而又及时、对答对问题的学员能提供激励、有很多机会做练习、不受时间地点的限制等。计划性指导的缺点是：教材或软件的开发成本较高、学到的知识较难转移到实际工作中。

c. 游戏。游戏可以分为两种：普通游戏和商业游戏。普通游戏是指一些经过精心设计、表面上与其他游戏相差无几的活动，其实内含许多与管理或原工作有密切关系的一类活动。普通游戏很受受训者的欢迎，他们很愿意参加。对游戏结果的分析涉及工作的延伸，且培训内容与技能很易掌握，因而是一种较好的培训方法，但设计要求较高。商业游戏需要受训者做出一系列决策，每次做出决策不同，下一个情景也将变化，这可以看作是案例研究的动态化。商业游戏可以按一个市场划分，也可以按一家企业划分，或按一个职能部门划分。目前往往运用计算机来记录信息，计算出结果，时间跨度可以是半年，也可以是 3 年，而实际操作时间只是在 0.5~2 小时之间。商业游戏效果良好，受训者参与性高，实用性也强，但由于设计费用昂贵，企业租用费用也相对较高，同此限制了商业游戏的推广。

d. 电影录像等视听材料法。使用电影、幻灯、录像等视听材料进行培训的方法叫做视听材料法。使用这种方法能够提高学问的学习兴趣，使学员有机会同时运用视觉和听觉，信息加工效率高。视听材料可以重播，比较直观地观察到许多过程细节，活动的物体容易记忆，容易引起视觉想象，因而特别适合于有关生产流通等方面的培训，对于各种装配作业线操作程序，同技能培训有较好的培训效果。在视听材料中，录像方法对记录工作行为特别有用，可以直接向学员提供有关他们工作情况的反馈，给人以深刻的印象，在技术培训中可以发挥很大作用。

这种方法的缺点是：受训者处在消极的地位，无机会反馈强化或实际操作，制作成本大，一次性投资比较多，有时不符合受训者的实际情况，且材料的内容不容易更新和修改。

e. 培训部培训法。由于在职训练可能会影响正常的生产过程，所以许多公司喜欢采用培训部培训法。培训部的设备和程序与实际工作环境中的相同，学员在这里接受训练和指导，训练的时间可以大为缩短，学员的工作性能水平提高很快。

培训部培训有很多优点：由于培训部的目的是训练员工，因此没有生产指标的压力；指导训练的是专职训练员，可以根据需要对于不同情况的员工进行个别指导；学员不必担心因损坏设备而感到在未来的同事或领导面前出丑，学员可以专心致志地学习职业技能。

培训部训练的最大缺点是投资较大。公司必须为培训部提供设备和雇用训练员，尤其是那些不必要经常训练员工的单位，更感到另设一个训练部不合算。培训部训练的另一个缺点是学习的迁移问题。由于训练环境与实际工作环境不十分相符，常常会造成学习的负迁移，从而影响培训的效果。

（2）管理人员的开发。由于管理人员工作范围广、工作复杂多变、需要良好的协调能力和组织管理能力等工作的特殊性要求，所以也需要一些特殊的方法对其进行开发与培训。一般常用的管理人员的开发方法主要有以下几种。

① 研讨会法。研讨会法一般在宾馆和会议中心举行，这种方法对人数有一定的控制，强调双向信息沟通，适宜小群体范围的培训。研讨会法通过学员对有关工作特点和任务要求的讨论学习来掌握工作内容和方法。研讨会的效果与培训师的个性特点和技巧有关。较差的研讨会效果只相当于授课，但较成功的研讨会由于结合其他方法的长处，效果十分理想。这种方法比较适宜于加深对所学知识的理解和改善工作态度等方面。因此，学员的积极性对于培训是否取得成功是很重要的。组织的许多开发活动都可以采用讲课和研讨会相结合的方法。

② 工作模拟法。工作模拟法采用一组模拟情境和模拟工作任务来对管理人员进行培训，以提高其认知能力、解决问题的能力、决策能力和处理人际关系的能力。这种方法常常用于需要从事大量信息加工的高层管理人员的培训。

工作模拟可以运用适当的技术设备，也可以采取十几个人的群体模拟活动，还可以采取对策的方式，让学员在对策规则的范围内设法达到练习任务的目标。具体方法是：由学员组成小组，每个学员代表一家公司，相互竞争。关于每家公司的详细情况，如财政、销售、广告、生产、人事和库存等的材料，都告诉各个小组。然后由每个小组自己活动，并决定每个组员的责任和任务，通过大家讨论研究解决公司面临的问题。在小组做出决定后，教员再使用计算机评价小组所作的决定，小组还可根据评价做必要的补充。由于给学员提出的问题非常实际，所以大多数学员很关心本小组所代表的公司面临的问题，并着手进行解决。通过这种学习，学员学会了在规定的时间内，在与别的公司（小组）竞争的情况下如何解决各种问题。在各个小组都做出决定以后，教员对已经做出的决定进行讲评，并鼓励学员讨论，提出其他可能的决策。

③ 角色扮演。管理人员不仅需要掌握具体的管理技能，包括做决策、解决问题和支配下属的能力，而且还需要处理人际关系的技能。角色扮演法比较适用于培训人际关系技能。

此方法往往在一个模拟的真实情景中，由两个以上的学员相互作用，通过学员扮演不同的角色，并做出他们认为适合于某一角色的行为和情感，使其掌握必要的技能。学员要扮演的角色是工作中经常碰到的人，例如，上司、下属、客户、其他职能部门经理、同事等。可以要求学员扮演一个要解雇某个工作不得力的下属的管理者，让另一个人来扮演那个下属，然后相互交换一下他们所扮演的角色，重复一次上面的情境。

④ 敏感性训练。敏感性训练，也称 T 小组，是提高管理人员的意识水平和改善人际关系的一种很流行的方法。敏感性训练的目的是通过向管理者表明其他人是如何看待他们的，从而使他们对自己有一个更清晰、更精确的看法。它也使管理者有机会了解他们的行为对其他人将产生什么影响。

敏感性训练通常是把学员带到远离工作场所的地方接受几天训练。培训时没有固定的日程安排，每个小组配一位积极观察组员行为的培训师，每小组人数一般在 12 人以下。训练开始时，培训师仅极其简略地介绍一下会议讨论的程序，然后完全以观察员的身份出现。培训师有时指定讨论题目，有时连题目都不指定，一切由小组自由决定，一般是小组形成中"现时、现地"的问题。

当小组自行组织活动并尽力解决问题时，小组成员间的互动就开始了，他们对成功、挫折、失败、个人差异、激怒及嫉妒等的反应表露无遗。经过这一番散乱而无目的的挣扎之后，小组成员开始了解他人的行为，同时感受到他人的态度，因此称此方法为敏感性训练。

敏感性训练可以明显地提高人际关系技能，并能促进受训者成长与发展。许多接受过敏感性训练的人说，他们比以前更富于忍耐，更容易接纳别人，自我意识有所增强，更善于自控，更容易与别人合作，在与其他人打交道时态度和善。这一技术，已成为发达国家整个管理者开发规划中的一个重要部分。敏感性训练的效果很大程度上依赖培训师的水平，否则，很难把培训效果转移到实际工作中。

管理小故事：李离的故事

春秋晋国有一名叫李离的狱官，他在审理一件案子时，由于听从了下属的一面之词，致使一个人冤死。真相大白后，李离准备以死赎罪，晋文公说：官有贵贱，罚有轻重，况且这件案子主要错在下面的办事人员，又不是你的罪过。李离说："我平常没有跟下面的人说我们一起来当这个官，拿的俸禄也没有与下面的人一起分享。现在犯了错误，如果将责任推到下面的办事人员身上，我又怎么做得出来？"他拒绝听从晋文公的劝说，伏剑而死。

正人先正己，做事先做人。管理者要想管好下属必须以身作则。示范的力量是惊人的。不但要像先人李离那样勇于替下属承担责任，而且要事事为先、严格要求自己，做到"己所不欲，勿施于人"。一旦通过表率树立起在员工中的威望，将会上下同心，大大提高团队的整体战斗力。得人心者得天下，做下属敬佩的领导将使管理事半功倍。

本章小结

人力资源管理的一个基本观念就是，企业既要最大限度地利用员工的能力，又要为每一位员工都提供一个不断成长以及挖掘个人最大潜力和建立成功职业的机会，这就是职业生涯管理。职业生涯管理包括组织和员工两个方面进行的管理，主要内容包括职业生涯设计、规划、执行、评估、反馈和修正的一个综合性的过程。本章在重点介绍期流程的同时还介绍了择业选择理论、职业性向理论、职业生涯阶段理论等。对影响职业生涯的因素可以分为内在因素和外在因素进行了探讨。本章从个人和组织的角度对职业生涯规划和开发进行了较详细的阐述。最后对知识型员工职业生涯规划模型进行了探讨。

复习与思考

一、**单项选择题**（请从每题的备选答案中选出唯一正确的答案，将其英文大写字母填入括号内）

1. 影响职业生涯的内在因素是（　　　）。

A. 企业环境因素　　　　　　　B. 社会环境因素

C. 职业性向　　　　　　　　　D. 生活圈因素

2. 专门针对管理人员的特殊职业生涯开发方法的是（　　　）。

A. 演讲授课法　　　　　　　　B. 见习培训法

C. 研讨会法　　　　　　　　　D. 工作轮换法

3. 规划未来的职业生涯目标，涉及多种可变的因素，因此职业生涯规划应当具有一定的弹性，以增强其（　　　）。

A. 可行性　　　　　　　　　　B. 适应性

C. 适时性　　　　　　　　　　D. 持续性

二、**多项选择题**（每题正确的答案为两个或以上，请从每题的备选答案中选出正确的答案，将其英文大写字母填入括号内）

1. 人的职业生涯划分为（　　　）的主要阶段。

A. 成长阶段　　　　　　　　　B. 探索阶段

C. 确立阶段　　　　　　　　　D. 维持阶段

E. 衰退阶段

2. 个人职业生涯规划流程一般包括（　　　）等方面的内容。

A. 自我剖析与定位

B. 职业生涯机会评估

C. 职业生涯目标与路线的设定

D. 职业生涯路线

E. 职业生涯策略

F. 职业生涯规划的反馈与修正

3. 影响员工职业发展的个人因素有（　　　）。

A. 心理特质　　　　　　　　　B. 生理特质

C. 人际关系　　　　　　　　　D. 家庭背景

E. 人力评估

三、**名词解释**

1. 职业

2. 职业生涯管理

3. 职业锚

4. 职业生涯规划

四、问答题

1. 要深入理解职业生涯管理的内涵，必须注意哪些方面的问题？

2. 职业生涯管理对员工个人和组织而言各有什么意义？

3. 个人和组织职业生涯管理有何异同？

4. 职业生涯管理的特点包括哪些？

五、论述题

1. 组织职业生涯规划的步骤包括哪些内容？

2. 如何进行个人职业生涯规划？

3. 你认为一个人的职业成功与哪些因素关系密切？有人说，性格是决定职业成功的关键，你同意这一说法吗？请提出你的观点并分析。

4. 有人观察许多大学毕业生和研究生的职业道路，发现他们的职业成功与否和在校学习成绩没有必然的联系，你同意这样的看法吗？如果同意，你认为主要原因是什么？

案例：阿莫科制造公司职业生涯管理

1. 背景

阿莫科制造公司（APC）是阿莫科公司下属一家独资公司，在世界范围内勘探和生产石油与天然气，员工总数约为 14 000 人。阿莫科制造公司建立员工职业生涯规划开发体系的基本原因有两个：提高利润率和竞争力，帮助员工确定和追求自己的个人职业生涯成功愿景。公司认为，只有个人的能力、兴趣和志向与公司的业务目标相一致时，公司的整体能力才能得到加强。阿莫科制造公司的员工职业生涯开发体系似乎是实现这种统一的一个主要手段。

2. 实施

阿莫科制造公司 4 个相关阶段实施自己的这一体系：

（1）阶段 1：调研，组建筹划指导委员会，组建顾问小组；

（2）阶段 2：评估当前及未来的形势，外部调研；

（3）阶段 3：设计，开发；

（4）阶段 4：根据具体情况量身定制，实施。

3. 需求分析

筹划指导委员会利用两种方法来确定需求：通过员工核心组和各顾问小组的讨论来明确员工所面临的问题；通过公司战略与业务规划来明确公司的需求。他们发现了以下的员工需求。

（1）对职业生涯开发方向提出更多的意见，在影响个人职业生涯的决策中有更大的发言权。

（2）更充分的业务贡献能力及对业务贡献更多的承认。

（3）更多的专业及个人发展机会。

公司方面的需求包括实现战略目标和行业目标，网络战略性人才，于合适的时机安排合适的人选从事合适的工作。

筹划指导委员会从一开始就决定，经改进的员工职业生涯开发运做程序应该适用于世界各地的阿莫科公司员工（虽然这一认识并无任何改变，但尚未就是否使用某一示范过程作出最后的决定）。实施前的宣传工作包括一系列单页传单，大约每个月出版一期。其目的在于有计划地阐明新体系的目标、内容和预期的结果。

4. 系统的组成部分

"阿莫科员工职业生涯管理"计划的主要功能是员工与其领导之间关于职业生涯开发问题的对话。之后，这一对话以个人发展计划的形式书面化。其他辅助性功能包括员工及其主管的培训、岗位需求信息发布或竞争（在公司内部叫作自我推荐）、来自管理层的反馈与评审。"阿莫科员工职业生涯管理"的上述特征与过程如图 9-3 所示。之所以选择这些功能，主要是因为他们符合筹划指导委员会对员工、领导者和公司在卓有成效的职业生涯开发系统中的作用。

（1）员工负责对自己和公司进行评估，设定个人目标，制订行动计划。

（2）领导者负责提供观念，建议和支持。

（3）公司负责提供一种有助于切实开展员工职业生涯的环境，确定战略发展方向并扶持专业技术的发展。

5. 职业生涯管理的成果

如果按计划开展"阿莫科员工管理"项目、员工们将获得自己职业生涯开发远景的信息和支持，制订一个实现这一远景的行动计划，而且将获得或争取所需的机会。个人发展计划的形式设计面向公司员工，通过一个过程帮助他们明确自己的事业远景、认识这一憧憬如何与公司的需要和期待保持一致、制订一个发展计划，同时从自己的直接主管及其他相应管理层收集反馈。这一过程既对公司有益，也对员工个人有益，以便更加充分地将员工的能力与业务目标结合在一起，提高职工的工作热情。时至今日，主要问题之一是上述过程要求投入大量的时间，特别是主管方面。

"阿莫科员工职业生涯管理"过程被认为是一个体系，因为它的各个组成部分相互关联，同时也与阿莫科公司的战略、人力资源创意及实践相关联，特别是在绩效管理和持续改进方面。除此之外，公司正不断努力，将"阿莫科员工职业生涯管理"计划更紧密地与人员接替规划、多样化、晋升及奖励等系统结合在一起。

上述工作的重点不在于晋升调动，而在于发展、贡献和影响。这一领域的工作仍在进行之中，关键问题是观念的转变。个人职业生涯与绩效管理系统、持续改进及若干其他相关过程，旨在提高竞争优势，而不单纯是个人的升迁。老式的人力资源体系针对的是老式的观念，在这些老式观念中，员工职业生涯的成功以晋升的频率和速度来衡量。在某些情况下，新体系仍旧奖励和支持这样的思维。公司正在做的一项工作就是对这些体系重新进行评估，使它们与当前的战略目标相一致。

资料来源：http://wenku.baidu.com/view/bbd787164431b90d6c85c7d1.html.

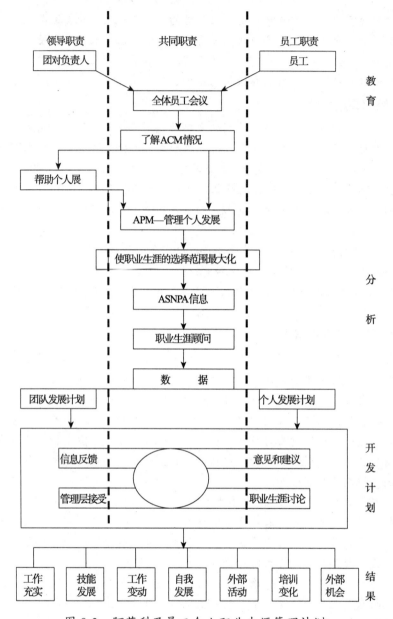

图 9-3　阿莫科及员工个人职业生涯管理计划

 讨论题

1. 阿莫科制造公司的职业生涯管理实施步骤？（提示：员工职业生涯管理实施步骤）

2. 阿莫科制造公司的职业生涯管理重点？（提示：员工职业生涯管理的特点）

3. 阿莫科制造公司的职业生涯管理有什么可以改进的地方？（提示：员工职业生涯管理的创新）

参 考 文 献

[1]　陈维政，余凯成. 人力资源开发与管理[M]. 北京：企业管理出版社，2004.

[2]　董克用，叶向峰. 人力资源管理概论[M]. 北京：中国人民大学出版社，2004.

[3]　徐丽娟. 员工培训与发展[M]. 上海：华东理工大学出版社，2008:145-148.

[4]　廖泉文. 人力资源管理[M]. 北京：高等教育出版社，2003.

[5]　董克用. 人力资源管理[M]. 北京：中国人民大学出版社，2003:229-230.

[6]　雷蒙伊. 人力资源管理[M]. 北京：中国人民大学出版社，2001:156-158.

[7]　徐纪良. 现代人力资源概论[M]. 上海：上海人民出版社，2000.

[8]　彭剑锋. 人力资源管理概论[M]. 上海：复旦大学出版社，2003.

[9]　李忠民. 人力资本：一个理论框架及其对中国一些问题的解释[M]. 北京：经济科学出版社，1999.

[10]　赵曙明. 人力资源管理新进展[M]. 南京：南京大学出版社，2002.

[11]　赵曙明. 人力资源战略与规划[M]. 北京：中国人民大学出版社，2002.

[12]　林泽炎. 转型中国企业人力资源管理[M]. 北京：中国劳动社会保障出版社，2004.

[13]　石金涛. 培训与开发[M]. 上海：上海交通大学出版社，2001.

[14]　张国初. 人力资源定量测度和评价[M]. 北京：社会科学文献出版社，2000.

[15]　陈元敦，陈全明. 人力资源开发和管理[M]. 北京：中国统计出版社，2001.

[16]　陆国泰. 人力资源管理[M]. 北京：高等教育出版社，2000.

[17]　萧鸣政. 人力资源开发的理论与方法[M]. 北京：高等教育出版社，2004.

[18]　郑晓明. 人力资源管理导论[M]. 北京：机械工业出版社，2005.

[19]　胡君辰. 人力资源开发和管理[M]. 上海：复旦大学出版社，2005.

[20]　加里·德斯勒. 人力资源管理[M]. 北京：中国人民大学出版社，2007（1）.

[21]　西马斯. 人力资源管理[M]. 北京：北京大学出版社，2006.

[22]　詹姆斯·W. 沃克. 人力资源战略[M]. 北京：中国人民大学出版社，2001.

[23]　约翰·M. 伊万切维奇. 人力资源管理[M]. 北京：机械工业出版社，2005.

[24]　德斯勒. 人力资源管理[M]. 北京：清华大学出版社，2010.

[25]　诺伊，霍伦贝克，格哈特，赖特. 人力资源管理[M]. 北京：中国人民大学出版社，2011.

[26]　克雷曼. 人力资源管理[M]. 北京：机械工业出版社，2009.

教学支持说明

▶▶ 课件申请

尊敬的老师：

您好！感谢您选用清华大学出版社的教材！为更好地服务教学，我们为采用本书作为教材的老师提供教学辅助资源。该部分资源仅提供给授课教师使用，请您直接用手机扫描下方二维码完成认证及申请。

任课教师扫描二维码
可获取教学辅助资源

▶▶ 样书申请

为方便教师选用教材，我们为您提供免费赠送样书服务。授课教师扫描下方二维码即可获取清华大学出版社教材电子书目。在线填写个人信息，经审核认证后即可获取所选教材。我们会第一时间为您寄送样书。

任课教师扫描二维码
可获取教材电子书目

 清华大学出版社

E-mail: tupfuwu@163.com	网址：http://www.tup.com.cn/
电话：8610-83470332 / 83470142	传真：8610-83470107
地址：北京市海淀区双清路学研大厦B座509室	邮编：100084

高级管理学（第三版）

本书特色

大师之作，畅销教材，实践性强，内容丰富，案例新颖，篇幅适中，结构合理，课件完备，便于教学。

教辅材料

教学大纲、课件

获奖信息

同济大学精品课程、考研指定教材

书号：9787302522980
作者：尤建新
定价：49.80 元
出版日期：2019.8

任课教师免费申请

现代企业管理（第五版）

本书特色

"十二五"国家规划教材，课件完备，便于教学。

教辅材料

教学大纲、课件

获奖信息

"十二五"普通高等教育本科国家级规划教材

书号：9787302516965
作者：王关义 刘益 刘彤 李治堂
定价：49.00 元
出版日期：2019.6

任课教师免费申请

管理理论与实务（第 3 版）

本书特色

中财考研指定教材，畅销十余万册，最新改版，课件齐全。

教辅材料

教学大纲、课件

获奖信息

北京市普通高等教育精品教材

书号：9787302481225
作者：赵丽芬 刘小元
定价：45.00 元
出版日期：2017.8

任课教师免费申请

管理学（第 14 版）（英文版）

本书特色

管理学大师罗宾斯最为经典的一本管理学教材，全球广泛采用，课件齐备，原汁原味。

教辅材料

课件

书号：9787302569732
作者：[美] 斯蒂芬·P. 罗宾斯 玛丽·库尔特
定价：99.00 元
出版日期：2021.1

任课教师免费申请

管理学

本书特色

实践性强，内容丰富，案例新颖，篇幅适中，结构合理，课件完备，便于教学。

教辅材料

课件

书号：9787302560821
作者：王国顺 主编 邓春平 王长斌 副主编
定价：59.00 元
出版日期：2020.9

任课教师免费申请

战略管理——新思维、新架构、新方法

本书特色

中国人民大学 MBA 教材，七个问题一张图，帮助管理者突破认知束缚，课件齐全。

教辅材料

课件

书号：9787302523871
作者：姚建明
定价：49.00 元
出版日期：2019.3

任课教师免费申请

企业战略管理（第2版）

本书特色
内容详实，案例丰富，结合实践，配套课件。

教辅材料
课件

书号：9787302524342
作者：徐大勇
定价：54.00 元
出版日期：2019.6

任课教师免费申请

战略管理与商业策略：全球化、创新与可持续性（第14版）

本书特色
英文原版，经典战略管理教材，配套教辅资源。

教辅材料
课件、题库

书号：9787302523086
作者：[美] 托马斯·L.惠伦等
定价：59.00 元
出版日期：2020.3

任课教师免费申请

企业伦理学（第四版）

本书特色
"十二五"国家级规划教材，新形态教材，课程思政特色教材，畅销多年，屡次重印，课件完备，应用性强。

教辅材料
教学大纲、课件、案例解析

获奖信息
"十二五"普通高等教育本科国家级规划教材

书号：9787302560326
作者：周祖城
定价：59.00 元
出版日期：2020.6

任课教师免费申请

领导学（第六版）

本书特色
名师佳作，畅销多年，内容新颖，结构合理，广泛好评、课件完备。

教辅材料
教学大纲、课件

书号：9787302496748
作者：理查德·达夫特著 苏保忠 译
定价：69.00 元
出版日期：2018.9

任课教师免费申请

领导学

本书特色
内容精炼，视角独特，侧重实用，配套课件。

教辅材料
课件

书号：9787302532613
作者：吕峰
定价：35.00 元
出版日期：2019.8

任课教师免费申请

商务沟通（第2版）

本书特色
简明实用，注重务实和操作性，案例丰富，教辅资源配套齐全。

教辅材料
课件

书号：9787302535256
作者：黄漫宇 彭虎锋
定价：42.00 元
出版日期：2019.8

任课教师免费申请

组织行为学（第15版）（英文版）

本书特色

管理学大师罗宾斯最为经典的一本组织行为学教材，全球广泛采用，课件齐备，原汁原味。

教辅材料

课件

书号：9787302465560
作者：[美] 斯蒂芬·罗宾斯 蒂莫西·贾奇
定价：98.00 元
出版日期：2017.3

任课教师免费申请

管理技能开发（第10版）

本书特色

理论与实践的完美结合，畅销经典，备有中文课件。

教辅材料

课件、教师手册、习题库

书号：9787302553045
作者：[美]大卫·惠顿 金·卡梅伦 著，
张晓云译
定价：79.00 元
出版日期：2020.7

任课教师免费申请

商务学导论（第11版·完整版）（英文版）

本书特色

原汁原味的英文经典教材，全文影印无删节，课件完备。

教辅材料

课件、教师手册

书号：9787302498766
作者：[美]威廉·尼克尔斯 詹姆斯·麦克休 苏珊·麦克休
定价：85.00 元
出版日期：2018.4

任课教师免费申请

战略管理：概念与案例（第16版）（英文版）

本书特色

经典战略管理教材，畅销数十年，英文原版，教辅资源丰富。

教辅材料

课件、习题答案、试题库

书号：9787302500872
作者：弗雷德·R.戴维 福里斯特·R.戴维
定价：79.00 元
出版日期：2018.6

任课教师免费申请

知识产权管理

本书特色

"互联网＋"教材，全面介绍专利、商标、著作权、商业秘密、知识产权资本、知识产权战略等知识产权管理概念与应用，以及知识产权管理体系的构建，理论与丰富的案例实践相结合，教辅资源丰富，配备MOOC。

教辅材料

教学大纲、课件

书号：9787302521525
作者：王黎萤 刘云 肖延高 等
定价：49.00 元
出版日期：2020.5

任课教师免费申请

知识管理

本书特色

"互联网＋"教材，全面介绍知识管理相关理论和应用，内容新颖、实用，提供课件、习题等丰富的教学辅助资源。

教辅材料

教学大纲、课件

书号：9787302546849
作者：姚伟 主编
定价：49.00 元
出版日期：2020.4

任课教师免费申请

企业管理咨询——理论、方法与演练

本书特色

"互联网+"教材，全面介绍企业管理咨询知识和应用，结合实战演练，应用性强。

教辅材料

教学大纲、课件

书号：9787302526759
作者：宋丹霞　冉佳森
定价：49.00 元
出版日期：2019.3

任课教师免费申请

商务学导论（第 12 版）（英文版）

本书特色

经典的商务学入门教材，具有很强的实践指导意义，英文影印，原汁原味，课件完备。

教辅材料

课件、教师手册

书号：9787302572473
作者：[美] 威廉·尼克尔斯　詹姆斯·麦克休
　　　苏珊·麦克休
定价：75.00 元
出版日期：2021.3

任课教师免费申请

小微企业经营与管理

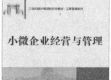

本书特色

"互联网+"教材，知识性、逻辑性、条理性和趣味性相结合，理论与实践相结合，教辅丰富。

教辅材料

教学大纲、课件、习题答案、案例解析、其他素材

书号：9787302559535
作者：张国良
定价：45.00 元
出版日期：2020.9

任课教师免费申请

大农业与食品企业案例集

本书特色

精选近年开发的优质案例，配合详细案例分析，内容前沿，配有课堂教学计划。

教辅材料

教学大纲、其他素材

书号：9787302577447
作者：谷征
定价：49.00 元
出版日期：2021.5

任课教师免费申请

组织行为学精要（第 14 版）

本书特色

经典战略管理教材，畅销数十年，教辅资源丰富。

教辅材料

教学大纲、课件、习题答案、试题库、模拟试卷、案例解析

书号：9787302541332
作者：（美）斯蒂芬·P. 罗宾斯　蒂莫西·A. 贾奇
著，郑晓明 译
定价：69.00 元
出版日期：2021.7

任课教师免费申请

管理决策方法

本书特色

同济大学课程团队力作，"互联网+"教材，教辅资源丰富。

教辅材料

教学大纲、课件、习题答案、试题库、模拟试卷、案例解析

书号：9787302561484
作者：张建同　胡一竑　段永瑞
定价：59.80 元
出版日期：2021.5

任课教师免费申请

管理咨询

本书特色

暨南大学名师力作，多年企业管理经验总结，"互联网+"教材，教辅资源丰富。

教辅材料

教学大纲、课件、习题答案、试题库、模拟试卷、案例解析

书号：9787302566694
作者：李从东
定价：49.00 元
出版日期：2021.3

任课教师免费申请

企业经营诊断和决策理论与实训教程

本书特色

实操性非常强，案例新颖，畅销教材。

教辅材料

教学大纲、课件、习题答案、试题库、模拟试卷、案例解析

书号：9787302548423
作者：奚国泉 盛海潇
定价：55.00 元
出版日期：2021.9

任课教师免费申请

企业伦理学

本书特色

案例丰富，配套资源完备，全书兼顾思想性与实用性，能够帮助读者理论联系实际，学以致用。

教辅材料

课件、习题答案、案例解析

书号：9787302502920
作者：田虹
定价：40.00 元
出版日期：2018.6

任课教师免费申请

物业管理概论（第 4 版）

本书特色

"互联网+"教材，全新改版，北京林业大学老师编写，结构合理，便于教学。

教辅材料

教学大纲、习题答案、课件

书号：9787302587743
作者：张作祥 张青山 董岩岩 温磊
定价：45.00 元
出版日期：2021.8

任课教师免费申请